中华人民共和国海船船员适任考试培训教材

船舶操纵与避碰

（船舶操纵）

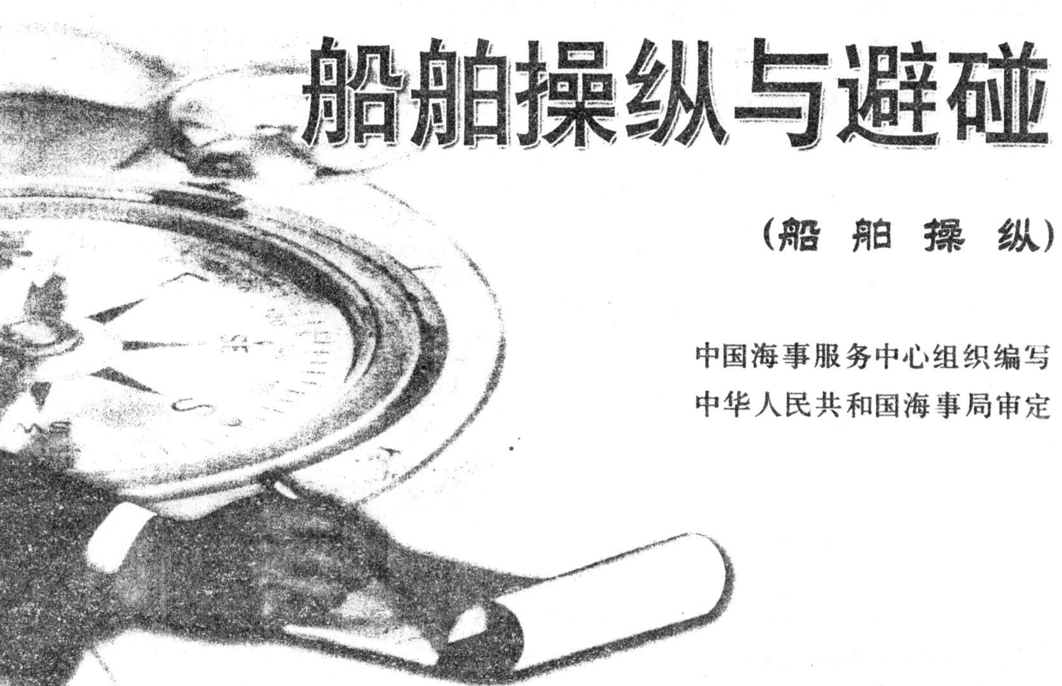

中国海事服务中心组织编写
中华人民共和国海事局审定

图书在版编目(CIP)数据

船舶操纵与避碰. 船舶操纵 / 中国海事服务中心组织编写. -- 北京：人民交通出版社；大连：大连海事大学出版社，2012.5

中华人民共和国海船船员适任考试培训教材

ISBN 978-7-114-09754-6

Ⅰ. ①船… Ⅱ. ①中… Ⅲ. ①船舶操纵 – 资格考试 – 教材 Ⅳ. ①U675.9

中国版本图书馆 CIP 数据核字(2012)第 072319 号

中华人民共和国海船船员适任考试培训教材

书　　名：船舶操纵与避碰（船舶操纵）
著 作 者：薛满福　杲庆林
责任编辑：钱悦良
出版发行：人民交通出版社
地　　址：(100011) 北京市朝阳区安定门外外馆斜街 3 号
网　　址：http://www.chinasybook.com
销售电话：(010)64981400，59757915
总 经 销：北京交实文化发展有限公司
印　　刷：北京鑫正大印刷有限公司
开　　本：787 × 1092　1/16
印　　张：17.75
字　　数：427 千
版　　次：2012 年 5 月　第 1 版
印　　次：2016 年 8 月　第 14 次印刷
书　　号：ISBN 978-7-114-09754-6
定　　价：55.00 元
(有印刷、装订质量问题的图书由本社负责调换)

编委会成员

前言

《中华人民共和国海船船员适任考试和发证规则》(简称11规则)已于2012年3月1日起生效,新的《中华人民共和国海船船员适任考试大纲》也将于2012年7月1日开始实施。为了更好地指导帮助船员进行适任考试前的培训,进一步提高船员适任水平,在交通运输部海事局领导下,中国海事服务中心组织全国有丰富教学、培训经验和航海实际经验的专家共同编写了与《中华人民共和国海船船员适任考试大纲》相适应的培训教材。本教材编写依据STCW公约马尼拉修正案,采用图文并茂的形式,改变了长期以来以文字为主的教材编写方式。本教材的创新模式对今后的船员适任培训具有重要的指导意义。

本套教材知识点紧扣考试大纲,具有权威、准确、系统、实用的特点,重点突出船员适任考前培训和航海实践需掌握的知识,旨在培养船员具备在实践中应用知识的能力,并可作为工具书帮助船员上船工作使用。

本套教材由航海英语、船舶操纵与避碰、航海学、船舶结构与货运、船舶管理(驾驶)、(高级)值班水手业务、高级值班水手英语,轮机英语、船舶动力装置、主推进动力装置、船舶辅机、船舶电气与自动化、船舶管理(轮机)、(高级)值班机工业务、高级值班机工英语,电子电气员英语、船舶电气、船舶机舱自动化、信息技术与通信导航系统、船舶管理(电子电气员)、电子技工业务、电子技工英语组成。

本套教材在编写、出版工作中,得到了各直属海事局、各航海院校、海员培训机构、航运企业、人民交通出版社、大连海事大学出版社等单位的关心和大力支持,特致谢意。

中国海事服务中心

2012年3月

编者的话

本教材是根据中华人民共和国海事局制定的《中华人民共和国海船船员适任考试大纲》和《STCW 公约》马尼拉修正案编写的。适用于无限航区和沿海航区各个等级的海船船长、大副、二/三副适任证书考试培训使用。本教材也可作为航海院校师生的教学参考书。

本教材编写的指导思想是教材能够覆盖《中华人民共和国海船船员适任考试大纲》的全部内容，帮助学员顺利地通过适任证书的考试，并尽可能考虑了海上实际船舶操纵过程中遇到的各种问题，以加强对船舶驾引人员海上实际操纵能力的培养。

本教材共分八章，第一章介绍船舶操纵性能；第二章介绍船舶的操纵设备及在操船中的运用；第三章介绍了包括风、流、受限水域等外界因素对船舶操纵的影响；第四章介绍了船舶港内操船的要领和锚泊操纵要领；第五章介绍了特殊水域的操船方法；第六章介绍了恶劣天气下的船舶操纵；第七章为应急操船；第八章为轮机概论，主要介绍船舶动力装置的基本操作原则。

本教材由薛满福、杲庆林主编，张秋荣主审。本教材共分八章，其中第一章由上海海事大学杲庆林编写，第二、四、六、七章由大连海事大学薛满福、房希旺编写，第三章由上海海事大学关克平编写，第五章由上海引航站胡建国编写，第八章由上海海事大学郭军武编写。全书最后由薛满福修改定稿。在教材的编写过程中得到了洪碧光教授的大力支持和指导，在此向其表示衷心感谢。中国海事服务中心的尹金岗参与了教材的主要审定工作。

为了便于读者的学习，在本书的编写过程中力求概念清楚、理论正确、重点突出、条理清晰、文字通顺、理论结合实际，并运用了相关的操船实例和碰撞案例。但由于编者水平有限，时间仓促，不足之处和差错在所难免，竭诚希望前辈、同行和读者批评指正。

编　者

2012 年 3 月

目录

第一章 船舶操纵性能

第一节　船舶变速运动性能

船舶通过改变主机转速从而改变螺旋桨的转速和方向(CPP螺旋桨通过改变螺距角),进行启动、变速、停车、倒车操纵时,船舶都具有维持其原来运动状态的特性(船舶惯性)。由于船舶惯性的作用,船舶从一种运动状态转变到另一种稳定运动状态的过程中需要经过一段时间的延续,在这段时间内船舶要航行一定的时间与距离。船舶运动惯性通常有两个指标来衡量:一是船舶完成变速过程中所航进的距离,称为冲程;另一是完成这段过程所需的时间,称为冲时。

一、船舶的启动性能

船舶由静止状态中开进车,使船舶达到与主机功率相对应的稳定速度所需的时间和航进距离,称启动惯性。为保护主机,由静止状态开进车时,转速应视船速的逐步提高而逐渐增加,用车时先开低转速,在船速达到与转速相对应的船速时再逐级加大转速。在船舶启动进车时,促使船舶产生加速运动的惯性力是推力 T 与阻力 R 之差。在启动之初,由于 $T>R$,船舶作加速运动,当经过时间 t_0 后,推力 T_0 和阻力 R_0 达到平衡,在此期间,船舶航进的距离也是随速度一起增大,当经过时间 t_0 时船舶航行距离为 S_0,并以 v_0 作均速运动。此时,可用 t_0 和 S_0 表示启动性能的优劣。

若船体前进方向的附加质量 m_x 近似取为船体质量 m 的1/5,则船舶启动后达到定常速度 v_0 所需的时间 t_0 以及航进的距离 S_0,可用下列近似式表示

$$t_0 = 0.004\frac{\Delta v_0}{R_0} \tag{1-1-1}$$

$$S_0 = 0.101\frac{\Delta v_0^2}{R_0} \tag{1-1-2}$$

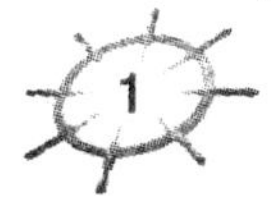

式中：t_0 单位为 min；S_0 单位为 m；排水量 Δ 单位为 t；v_0 单位为 kn；R_0 为船舶达到定常速度前进时的阻力，单位为 t。

由此可见，船舶由静止状态进车，达到相应稳定船速的前进距离 S_0 与 Δv_0^2 成正比，S_0 与 R_0 或 T 成反比。

根据经验，满载船舶由静止逐级加车，速度达到海上速度时，所航进的距离 S_0 约为 20 倍船长，轻载时约为满载时的 1/2 ~ 2/3（即 10 ~ 13 倍船长）。

二、船舶的减速、停车惯性

以某一速度航进中的船舶，从下令停车到船舶对水停止移动所需的时间和船舶滑行的距离，称为停车惯性。实船试验时，由于船舶对水停止移动不易观察，一般以船舶维持舵效最小速度为标准来计算，万吨级船可取为 2kn，大型船舶可取为 3.2kn。主机停车后，刚开始时，由于船速较高，阻力也大，速度下降率很高；随着船速下降，速度下降率变小，终速为零。

（一）停车冲程的理论估算法

前进中的船舶减速以及停车时，船舶直线运动方程式为

$$(m+m_x)\,\mathrm{d}v/\mathrm{d}t = T_1 - R \tag{1-1-3}$$

式中：T_1 为与减速后的主机转速相对应的前进推力，停车时 T_1 为 0。

英国 Topley 船长推导出减速停车时船舶运动的下列近似表达式。主机转速降低，船舶减速时，船舶从初速 v_0 减至与降低后的主机转速相对应的定常速度的过程中，某一时刻的船速以及在此期间船舶前进的距离 S 为

$$v = v_1 + (v_0 - v_1)\times 2^{-t/c} \tag{1-1-4}$$

$$S = v_1 t + \frac{C(v_0 - v_1)(1 - 2^{-t/c})}{0.693\times 60} \tag{1-1-5}$$

式中：C 为减速时间常数（船舶停车后船速每递减 1/2 所需的时间），单位为 min。C 值随船舶排水量的不同而不同。C 越小，减速越快，可由表 1-1-1 查出。v_0、v_1 单位为 kn；t 单位为 min；S 单位为 n mile。

减速时间常数表 表 1-1-1

排水量(t)	C(min)	排水量(t)	C(min)	排水量(t)	C(min)
1000	1	~36000	8	~120000	15
~3000	3	~45000	9	~136000	16
~6000	3	~55000	10	~152000	17
~10000	4	~66000	11	~171000	18
~15000	5	~78000	12	~190000	19
~21000	6	~91000	13	~210000	20
~28000	7	~105000	14		

（二）停车冲程经验估算式

主机停车操作（$v_1 = 0$ 时），从操作时起至船舶停止的过程中，某一时刻 t 的船速 v 及其在此期间船舶滑行的距离 S，以及停止距离 S_0 为

$$v = v_0 \cdot 2^{-t/c} \tag{1-1-6}$$

$$S = 0.024C \cdot v_0(1 - 2^{-t/c}) \tag{1-1-7}$$

$$S_0 = 0.024C \cdot v_0 \tag{1-1-8}$$

式中：S_0 为停车冲程（n mile）；v_0 为船舶停车时初速（kn）；C 为减速时间常数（min）。

（三）停车冲程实船经验数据

以常速航进中的一般船舶，主机停车后船速达到 2kn 时，其停车冲程约为船长的 8 ~ 20 倍，而 VLCC 满载时，从海上常速中停车达到余速 3kn 时，停车冲程约为船长的 23 倍。

三、船舶倒车停船性能及其影响因素

船舶紧急停船的距离是衡量主机制动能力的重要参数。船舶主机从全速前进下令全速后退，从发令起到船舶对水停止移动所需时间及船舶前冲的距离，称为倒车惯性。这一距离即通常所称的倒车冲程，亦称为最短停船距离（Shortest stopping distance）或紧急停船距离（Crash stopping distance）。

全速前进中的船舶进行紧急制动时，为了不使主机产生过大应力而导致主机损坏，通常应在主机转速降低后才能进行倒车启动。主机类型不同，制动方法与操作所需时间也不同。柴油机在紧急制动时，在发出倒车令后，主机停止供油，在主机转速降至额定转速的 25% ~ 35%，航速降至全速的 60% ~ 70% 时，方可将压缩空气通入气缸强迫主机停转，然后再用压缩空气进行倒车启动。当船速较低时，可立即进行制动，马上完成倒车启动。一般柴油机从前进三到后退三换向时间约需 90 ~ 120s。汽轮机的换向时间较长约需 120 ~ 180s。而蒸汽机的换向时间最短约为 60 ~ 90s。

（一）倒车停船时间和冲程的估算法

1. Lovett 式估算法

假定主机倒转的同时就给出与倒车功率成比例的倒车拉力，并且设船体阻力与速度平方成正比变化，船舶的附加质量为船体质量的 1/5，倒车拉力为正车推力的 90%，可得出下列关系式

$$t \approx 0.00089\Delta v_0 / R_0 \tag{1-1-9}$$

$$S \approx 0.0121\Delta v_0^2 / R_0 \tag{1-1-10}$$

式中：S——最短停船距离（m）；

t——冲时（min）；

Δ——船舶排水量（t）；

v_0——主机倒车时的船速（kn）；

R_0——船速为 v_0 时的阻力。

2. 倒车冲程的经验估算法

倒车冲程也可应用经验估算法计算。主机倒车后船速随时间变化关系可近似认为是一匀减速过程，如图 1-1-1所示。倒车冲程的大小就是速度曲线与时间轴围成的面积。即

$$S = \int_0^{t_s} v \cdot \mathrm{d}t = Cv_k \cdot t_s \tag{1-1-11}$$

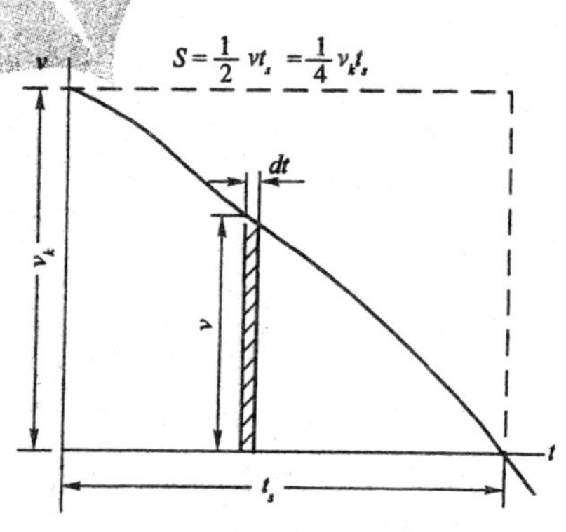

图 1-1-1　主机倒车后船速随时间的变化

式中:v_k 为倒车时船舶初速(kn);t_s 为倒车停船时间(s);C 为系数,一般货船 C 取为0.25 ~ 0.27,大型油轮取0.27 ~0.29,S 为紧急停船距离(m)。

大型油轮如停船时间单位用 min,则紧急停船距离的近似式可写成

$$S = 16v_k \cdot t_m \tag{1-1-12}$$

使用以上两个公式时,可不必考虑船舶主机种类和装载状态。

3. 力学估算法

假定主机倒转的同时就给出与倒车功率成比例的倒车拉力,而且主要依靠倒车拉力拉停船舶,并不考虑船体所受的阻力。因此本法仅适用于船舶低速航行时估算最短停船距离。要使以初速度为 v_0 的船舶停止前进,其动能损失量等于倒车拉力作功,即

$$(m + m_x)v_0^2/2 = S \cdot T_p$$

$$S = \frac{\Delta k_x v_0^2}{2gT_p} \tag{1-1-13}$$

停船过程中,船舶动量变化等于冲量,即

$$(m + m_x)v_0 = T_p \cdot t_s$$

$$t_s = \frac{\Delta k_x v_0}{gT_p} \tag{1-1-14}$$

式中:Δ——船舶排水量(t);

m——船舶质量;

m_x——船舶前进方向的附加质量;

g——重力加速度(9.8m/s^2);

k_x——船舶前进方向的虚质量系数;

T_p——倒车拉力(t),估算时取主机倒车功率(马力)的1%;

v_0——船舶倒车时的船速(m/s)。

(二)实船试验数据

除采用上述公式计算船舶倒车惯性之外,实际中应尽可能取得在不同状态下实船试验数据。

据统计一般万吨级船舶倒车冲程约在6 ~8 倍船长;5 万吨级货轮(内燃机),倒车冲程约为8 ~10 倍船长;10 万吨级油轮(汽轮机),倒车冲程约为10 ~13 倍船长;15 ~20 万吨级油轮(汽轮机),倒车冲程约为13 ~16 倍船长。现代大型船舶船速快,倒车冲程明显增大,操船时应特别引起重视。

(三)船舶紧急停船性能及其影响因素

对于通常的右旋式 FPP 单车船,倒车制动时,船舶在减速停船的过程中船首不断向右偏转。在其他条件相同时,在倒车的开始阶段,空载船较满载船右偏角大,但满载大型船舶,停船时间长,最终首向偏转也较明显。

实船倒车制动试验时的运动轨迹是一曲线,如图1-1-2 所示。试验时实际所测得的最短停船距离是船舶运动轨迹的长度,即图中曲线的长度,称为制动行程 R_t(Track reach)。船舶重心沿原航向方向所滑行的距离,称为制动纵距 R_h(Head reach)。船舶重心偏离原航向的横向距离称为制动横距 R_s(Side reach)或称偏航量。倒车制动时,船首向偏离原航向的角度称为首

偏角或偏航角。

船舶压载时偏航角和偏航量通常较小，满载时，停船时间长，偏航量和偏航角大。

船舶紧急停船性能是指在冲程试验条件下，以海上船速行驶的船舶，进行倒车制动后，在允许的偏航量和偏航角范围内，能否迅速停船的性能。影响紧急停船距离的因素主要有：

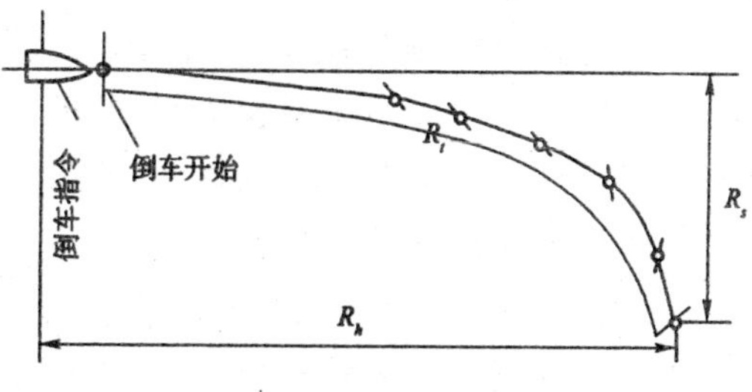

图 1-1-2　船舶倒车制动时的运动轨迹

1. 主机倒车功率、换向时间

吨位、载荷状态等相近的船舶，主机倒车功率越大，紧急停船距离越小。大型船舶倒车功率虽比小型船舶大，但每吨排水量所占主机功率小，而且大型船舶（18 万 DWT 以上）大多配备的是汽轮机，由于其换向时间长，倒车功率占常用功率比例低，所以大型船舶紧急停船距离明显增大。

2. 推进器种类

CPP 船"换向"操作时间短，通过调整螺距角和螺距大小即可在较短时间内产生最大的拉力。在其他条件相同时，CPP 船舶的最短停船距离一般约为 FPP 船的 60% ~80%。

3. 排水量

船速和倒车拉力相同时，排水量越大，紧急停船距离越长。压载时的倒车冲程为满载时的 40% ~50% 左右。应注意压载时的停车冲程约为满载时的 80%。

4. 船速

若其他条件相同，船速越大，冲程越大。

5. 其他因素

顺风、流时冲程增大，顶风、流时冲程减小。浅水中船舶阻力增加，冲程减小。船体污底严重，阻力增加，紧急停船距离相应减小。

四、船舶制动方法及其适用

（一）倒车制动法

通过倒车产生强大的拉力进行制动。不论船型、船速如何，也不论在港内或港外水域，均可采用该法。应注意的是，重载大型船舶在狭窄航道或港内倒车时，由于出现较大的偏航量和偏航角，易发生事故，故应谨慎使用。

（二）Z 形操纵制动法（Zig zag maneuver）

直航中的船舶通过左右来回操舵，同时减速、倒车，利用倒车拉力和旋回中速度下降的特点，将船尽快停住的方法。该方法的优点在于能保证船舶较少偏离原航向，而且由于采用分阶段降速的方法有利于维护主机。该方法对于大型船舶、方形系数较大的船舶，或在深水域中初速度较高时尤为有效。而在较窄水域或航道中不宜使用。方法如下：

（1）左满舵（$\delta=40°$），备车；

（2）当船舶向左改向 20°时，前进三；

（3）当船舶向左改向 40°时，右满舵；

（4）当船舶向左改向达最大时，前进二；

(5)当船舶回到原航向时,左满舵;

(6)当船舶向右改向达最大时,前进一;

(7)当航向再次回到原航向时,右满舵,后退三。

(三)满舵旋回制动法

利用船舶满舵旋回中,船速下降明显的特点,降低船速的方法。该方法对于大型船舶,方形系数大、船速较高时较为合适,但要求当时有足够的操船水域。

航行中的船舶需紧急避让时,选择车让还是舵让,除考虑当时有无他船影响和足够的操船水域外,主要根据船舶当时的速度来决定避让行动。如当时船速条件下满舵旋回时的最大进距小于倒车制动纵距,应考虑采用舵让。反之,如满舵旋回的最大进距大于倒车制动纵距,则应车让。由于船舶旋回圈大小随船速提高影响并不明显,但倒车制动纵距则急剧增大。因此在当时操船水域允许时,一般低速时采用车让,高速时采取舵让。

(四)拖锚制动法

拖锚制动法一般只适用吨位较小的船舶,而且抛锚时船速仅限于低速(2~3 kn)。大型船舶由于锚机的刹车力不足,不宜采用这种方法。

(五)拖船协助制动法

一般船舶当船速低于5~6kn时,可根据船舶当时吃水情况配备相应数量的拖船,利用拖船的作用可有效控制船舶进行制动。

(六)辅助装置制动法

作为研究开发项目,通过一些辅助装置如:在水中拖曳类似海锚的物件;在舷两侧增设可展开的阻力鳍(Flap);英国船舶技术研究所提出的在船首开设一通道(Duct),阻止流入的水以产生水阻力等。船舶在需要时可以运用这些辅助装置以增加运动阻力,尽快减低船速。这种方法在船舶以较高速度航进时才能发挥良好的效果。

上述六种方法能有效利用的速度和水域范围如表1-1-2所示。

制动方法适用范围综合表　　表1-1-2

船舶制动方法	有效速度范围	通用的环境
倒车制动法	高、低速均可	全部水域(大型船港内船速较大时不用)
Z形操纵制定法	高速	较宽水域
满舵旋回制定法	高速	较宽水域
拖锚制定法	低速	港内水域
拖船协助制定法	低速	港内水域
辅助装置制定法	高速	较宽水域或港内

第二节　船舶的旋回性能

船舶旋回性是船舶最基本的重要操纵性能之一,通常采用满舵时旋回初径 D_T 与船长 L 之比 D_T/L,即相对旋回初径来衡量。

一、船舶旋回运动的过程及其特征

船舶作舵旋回时根据其旋回过程中运动特征的不同，可将旋回运动分为三个阶段。

（一）转舵阶段

从开始转舵到舵转至指定舵角止为转舵阶段。在这个阶段，由于时间较短，船舶因运动惯性仍保持直线前进，随后船首出现向转舵一侧回转的趋势，船体开始出现向操舵相反一侧横移（反向横移），并会产生向转舵一侧少量横倾（内倾），船速也略有下降。

（二）过渡阶段

随着船舶斜航运动的出现，同时船首回转不断发展，漂角增大。在这个阶段，船舶一方面加速旋回，一方面由原来的反向横移逐渐转化为向操舵一侧的横移（正向横移），并且船体由原来的内倾转变成向操舵相反一侧横倾（外倾）。此外，随着旋回的发展船速明显下降。

（三）定常旋回阶段

在过渡阶段作用于船体的回转力矩和水阻尼力矩不断变化，最终达到平衡，船舶进入定常旋回阶段。在这个阶段，作用于船体的合力矩为零，转头角加速度为零，角速度达到最大值，船舶降速达到最大，船舶向外横倾角也趋于稳定，这时船舶围绕一固定的回转中心作匀速圆周运动。

二、旋回圈要素及影响旋回圈大小的因素

（一）旋回圈要素

定速直航（一般是全速）中的船舶操一舵角（一般是满舵）并保持此舵角，船舶将作旋回运动。旋回运动时船舶重心的轨迹，称为旋回圈。旋回圈及其要素如图 1-2-1 所示。

1. 反移量 L_k

船舶在旋回的初始阶段向操舵相反一侧产生横移。船舶重心偏离原航向线，向操舵相反一侧横移的距离称为反移量（Kick）。通常，船舶全速满舵旋回，当船舶回转达到 1 个罗经点左右（约 11.25°）时，反移量达最大值，约为船长的 1%。但在实际操船时，更应注意船尾部向操舵相反一侧的船尾反移量，船尾反移量最大值约为船长的 1/10～1/5，比重心处反移量要大得多。船速快、舵角大，反移量则大。反移量的大小与舵角、船速、操舵速度、载重状态、船型等有关。

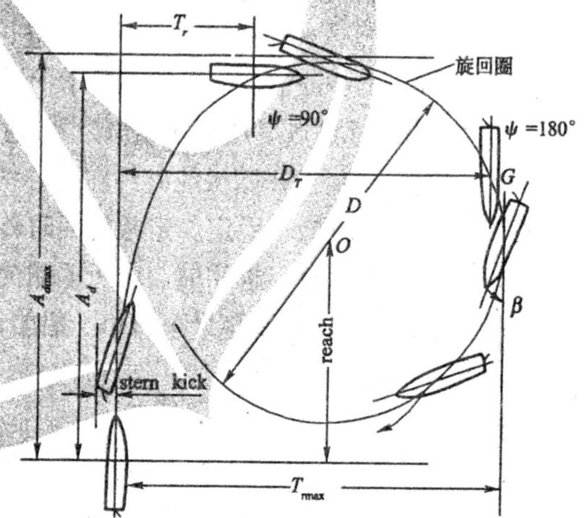

图 1-2-1　旋回圈及其要素

2. 旋回初径 D_T

旋回初径（Tactical diameter）是指自初始航向改变 180°时，船舶重心所移动的横向距离。

3. 进距 A_d

进距（Advance）是指自初始航向转过任一角度时船舶重心所移动的纵向距离。初始航向改变 90°稍后的进距称为最大进距。在船舶旋回资料中给出的进距是航向改变 90°时的进距，也称为纵距，约为旋回初径的 0.6～1.2 倍。

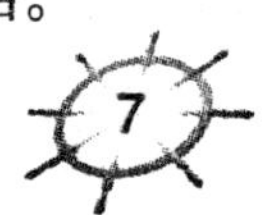

4. 横距 T_r

横距(Transfer)是指自初始航向转过任一角度时船舶重心所移动的横向距离。在初始航向改变180°稍后，船舶偏离初始航向的横向距离达到最大，称为最大横距。通常，在船舶旋回资料中给出的横距是航向改变90°时的横距，约为旋回初径的一半。

5. 定常旋回直径 D(Final diameter)

船舶作定常旋回运动时，重心轨迹圆的直径即为定常旋回直径，约为旋回初径的0.9～1.2倍。

6. 滞距 R_e

从发令位置起，船舶重心至定常旋回曲率中心的纵向距离，称为滞距(Reach)，也称心距。

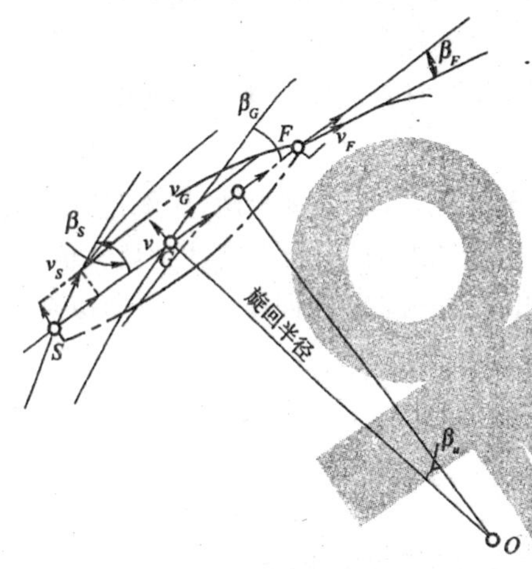

图1-2-2　船舶首尾线上各点的漂角

7. 漂角 β

船舶旋回时，船舶首尾线与首尾线上任何一点的旋回切线速度 v_t。方向之间的夹角，称为该点的漂角(Drift angle)，如图1-2-2所示。一般是指重心 G 处漂角 β_G，满舵旋回时，定常阶段的 β_G 约为3°～15°。

船舶首尾线上各点处的漂角值不相等。船尾部漂角 β_s 最大。漂角越大，旋回性能越好，旋回直径越小，降速越多，横倾角越大，转心也前移。船舶在浅水中旋回性比深水中差，所以浅水中漂角较深水中小。

8. 转心 P

船舶转舵后绕旋回曲率中心 O 的旋回运动，可以看成是两个方面运动的合成：一是船舶以切线速度 v_t 前进，另一则是船舶绕自身某一点为中心作自转，这一点就是转心 P(Pivoting point)。从几何学上讲，转心的位置是旋回中某瞬间的旋回中心至船舶首尾线的垂线的垂足点。P 点处漂角为零，横移速度为零。

转心 P 的位置，在开始操舵时约在重心稍前处，随船舶旋回不断加快，转心 P 位置向前移动，在定常旋回阶段趋于稳定。定常旋回时转心约在船首柱后1/5～1/3船长附近处，漂角大、旋回性能好的船舶，转心越靠前。由于船舶前进中旋回时转心在重心之前，因此在旋回时船首向内偏移量比船尾向外偏移量来得小。船舶在后退中回转时，转心位于重心之后，大约与前进中回转时转心位置相对称。

9. 旋回中船速

船舶旋回过程中船速不断下降，主要是由于船舶斜航阻力的增大，此外，舵阻力、惯性离心力的纵向分力的增加，推进器效率的下降等原因都将引起船速下降。定常旋回阶段船速下降达最大并趋于稳定，一般可降速1/4～1/2。定常旋回时的船速 v_t 与旋回初始船速 v_0 的比值 v_t/v_0 称为速降系数。图1-2-3所示为Davidson的试验结果。由图可知，旋回中船速下降与相对旋回初径 D_T/L 密切相关，D_T/L 越小旋回性能越好时，速降越明显，速降系数越小。因此，肥大型船舶旋回中速度下降比瘦削型船舶大。

10. 旋回时间

船舶旋回360°所需的时间即为旋回时间。它与旋回初始船速、船舶排水量有密切关系。

船速越低、排水量越大，旋回所需时间越长。大型船舶比普通万吨级船舶旋回时间明显增加。此外，不同船型，不同舵角旋回时间也不相同。一般万吨船快速满舵旋回时间约为6min，而大型船舶旋回时间几乎要增加1倍。

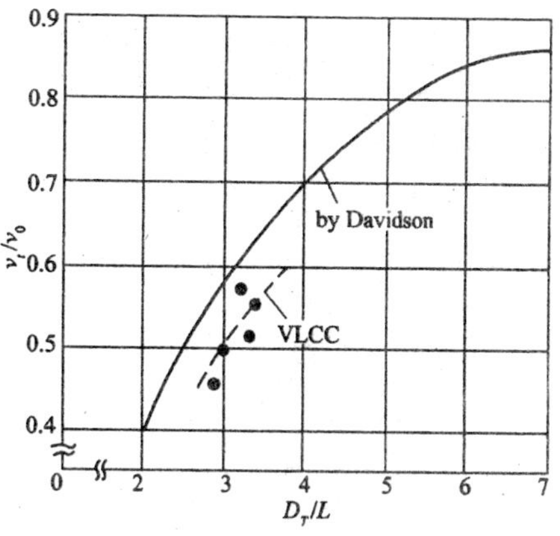

图1-2-3　船舶旋回中的速降

11. 旋回中横倾

船舶操舵后，船舶开始出现少量内倾，随后船舶由内倾变为外倾。在由内倾向外倾的过渡过程中，由于船舶横向摇摆惯性的原因，会出现最大外倾角 θ_m，这是旋回的过渡阶段尤其应注意的危险现象。进入定常旋回阶段，船舶将稳定在一定常外倾角 θ_c。

定常旋回时定常外倾角 θ_c 可由下式计算

$$\tan\theta_c \approx \frac{v_t^2 \cdot GB}{gR \cdot GM} \approx \frac{v_t r \cdot GB}{g \cdot GM} \tag{1-2-1}$$

式中：GM——初稳性高度(m)；

GB——重心浮心间距(m)；

v_t——定常旋回时切线速度(m/s)；

R——定常旋回半径(m)；

g——重力加速度(m/s^2)。

所以，定常旋回外倾角 θ_c 的大小与船舶定常旋回切线速度(v_t)、角速度(r)、重心浮心间距 GB 成正比，与船舶初稳性高度、重力加速度成反比。船的旋回直径越小，初稳性高度越低，航速越快，外倾角就越大。最大外倾角 θ_m 的大小除与影响定常外倾角的因素有关外，还与操舵速度有关。操舵速度快，θ_m 则大。瞬时最大外倾角 θ_m 约为定常外倾角 θ_c 的1～2倍。

船舶在风浪中操舵转向，应选择使操舵引起的横倾与外力导致的横倾时机错开。如果在操舵旋回时出现较大的外倾角，应避免急速回舵或操相反舷舵，而应逐渐降速，同时逐渐减小所用舵角。

（二）影响旋回圈大小的因素

1. 舵角

在极限舵角范围内，舵角大小与旋回初径之间的关系是：舵角增大，旋回初径变小。在所操舵角为15°以下时，舵角越大，旋回初径明显减小。所操舵角大于15°时，随着舵角增加，旋回初径减小的幅度减小。这种影响从图1-2-4所示的试验结果中可以看出。

2. 操舵时间

操舵时间按SOLAS公约要求从一舷35°至另一舷30°不应超过28s。一般船舶从正舵至一舷满舵大约需要15s。操舵时间越长，心距、进距越大。

3. 船速

除船速很低或高速船高速航行中旋回之外，在一般商船速度范围内，船速对旋回圈大小影响很小。船速增加，旋回初径将稍微变大。但船速对旋回时间影响明显，船速快，旋回时间大大缩短。

如果船舶在满舵旋回同时从全速前进中停止主机即减速旋回,由于停车后马上失去了螺旋桨排出流速度,舵力大大减小,旋回圈增大;相反,船舶从静止或低速状态时加车进行旋回即加速旋回,由于排出流速度立即增大,加之伴流较小,所以舵力较强,旋回圈明显变小。

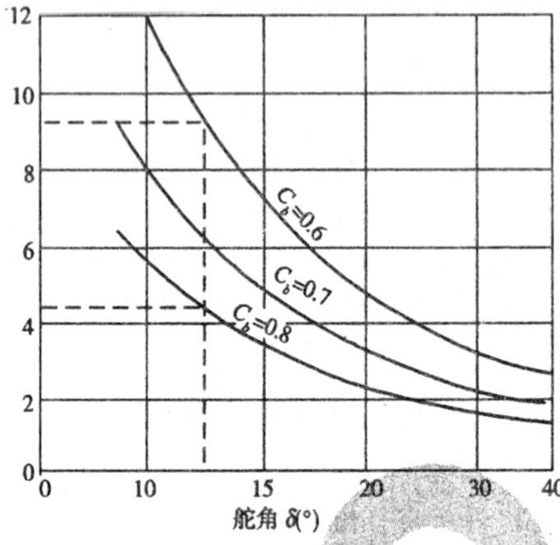

图 1-2-4　C_b 对旋回圈的影响

4. 方形系数

方形系数 C_b 小的瘦削型船比方形系数大的肥大型船舶旋回性差,旋回圈明显增大。图 1-2-4 所示为不同 C_b 值对相对旋回直径影响的试验结果。

5. 水线下船体侧面积

船首部水线下侧面积分布较多,船尾部水线下侧面积较少,比如球鼻首船或船尾比较削尖的船舶,旋回圈较小。相反,船尾有钝材或船首比较削进的船舶,旋回圈则较大。

6. 舵面积比

其他条件相同时,舵面积比大则舵力大,因而旋回圈减小。但舵面积比超过一定值后,旋回圈会有所增大。就一定类型的船舶,根据其不同用途和从船舶设计上的考虑,舵面积比有其最佳值。

7. 吃水

船舶吃水增加,舵面积比则减小,而且吃水增加时船舶绕重心的转动惯量增加,所以开始阶段船舶旋回缓慢。因此,船舶吃水增加,旋回时进距 A_d 加大,横距、旋回初径也将有所增加,但反移量有所减小。

8. 吃水差

船舶尾倾时旋回圈变大,尾倾量每增加 1% 船长,旋回初径约增大 10%。反之,首倾每增加 1% 船长,旋回初径约减小 10%。高速船在高速(傅汝德数 $Fr>0.3\sim0.4$)航行时,由于船尾下沉,增加尾倾,故旋回圈增大。

对于同一船舶,空船时吃水较浅,舵面积比增大,但往往尾倾较大,尤其尾机型船。与此相反,满载时舵面积比减小,但尾倾常较小,因此总体而言,空船和满载时旋回圈大小相差不大。

9. 横倾

横倾状态对旋回圈大小的影响呈较为复杂的变化,不仅与横倾角有关,而且在不同船速时,影响结果也不相同。但总的来说,横倾对旋回圈大小的影响并不大。低速时,在阻力推力转矩的作用下,向低舷侧旋回时旋回初径小。高速时,首波峰压力转矩的作用将大于阻力推力转矩的作用,此时向高舷侧旋回旋回初径小。

10. 浅水

船舶在浅水中航行与在深水中比较,操相同舵角时舵力变化不大,但浅水中旋回时阻力明显增加,因此旋回圈变大,漂角减小。当水深与吃水之比小于一定值($H/d\leqslant2$)时,旋回圈增大趋势明显。

11. 船体污底和风、流因素

船体污底严重,旋回时阻尼力矩增加,旋回圈略微变大。

有风、流影响进行旋回时,旋回圈大小受风、流方向和大小所影响。如顺风(流)旋回时旋回圈增大,顶风(流)旋回时旋回圈减小。

三、旋回圈要素在实际操船中的应用

(一)反移量应用

在操舵后的初始阶段应特别注意克服或利用反移量,尤其是船尾反移量,例如:

(1)航行中发现本船有人落水,应立即向落水者一舷操满舵,使船尾向另一侧摆开,以避免落水者卷入螺旋桨。

(2)在船首极近距离内发现障碍物或紧急避让时,应首先操舵使船首让开,当船首已经让开而估计有可能与船尾发生碰撞时,应立即操另一舷舵使船尾甩开。

(3)在船舶驶离码头或并靠船时,船首刚刚摆出泊位,如果很快操大舵角进车,则会产生较大反移量而易导致尾部触碰码头或他船。

(4)船舶过弯道时,高速大舵角转向,会引起较大的反移量,应注意保持足够的船岸间距并采用正确的操船方法。

(二)其他要素的应用

(1)两船对遇时,可用两船进距之和估算最晚施舵点。同样在其他会遇局面中也可相应估算出最晚施舵点。

(2)心距可用来估算两船对遇时用舵无法让开的距离。如果船舶对遇时,两船间距大于两船心距之和而小于进距之和,理论上讲,可通过两船左右来回操舵协调行动进行避让(先使船首让开,再操相反舷舵,使船尾让开),但实际操作时极为困难。

(3)旋回初径和进距可以用来估算用舵旋回掉头所需水域的大小。

第三节　航向稳定性和保向性

一、航向稳定性的定义、判别方法及其影响因素

(一)航向稳定性的定义

平静水面中航行的船舶,如受到风、浪、流等外力的瞬时干扰作用,船首发生偏转,当干扰消失后在船舶保持正舵的条件下,船舶转头运动将如何变化的性质称为航向稳定性。

根据外界干扰消除后船舶运动状态的不同可分为以下几种情况:

1. 直线稳定

当干扰消除后,在船舶保持正舵的条件下,如船舶最终能以一个新的航向作直线运动,则称具有直线稳定性。

2. 方向稳定

当干扰消除后,在船舶保持正舵的条件下,如船舶最终能恢复到原来航向上作直线运动,仅仅是与原来运动轨迹存在一横向偏量,则称具有方向稳定性。

3. 位置稳定

当干扰消除后,在船舶保持正舵的条件下,如船舶最终能自行恢复到原来航线上去,航向与原航向相同,且运动轨迹没有偏离,则称具有位置稳定性。

当然,也可能在干扰消除后船舶最终将进入一个回转运动,这类船舶则不具备航向稳定性。

对于通常船舶而言,航行中如果不操舵纠偏,就不可能具备方向稳定性和位置稳定性,至多具有直线稳定性,某些性能差的船可能还不具备航向稳定性。航行中的船舶一般都通过操舵来控制航向,船舶在自动舵条件下实现的是方向稳定性;而在人—机系统控制下,通过预配风流压差保证船舶行驶在预定航线上,此时实现的是位置稳定性。

如图 1-3-1 所示,船舶受到外力作用而稍稍偏离航向,但船舶重心仍在原航向上前进,这时的漂角 β 是否渐渐变大,这个性质称为静航向稳定性。船舶在斜航中常常表现为静航向不稳定。船舶越首倾,船体侧面积在船首分布越多,静航向稳定性就越差。

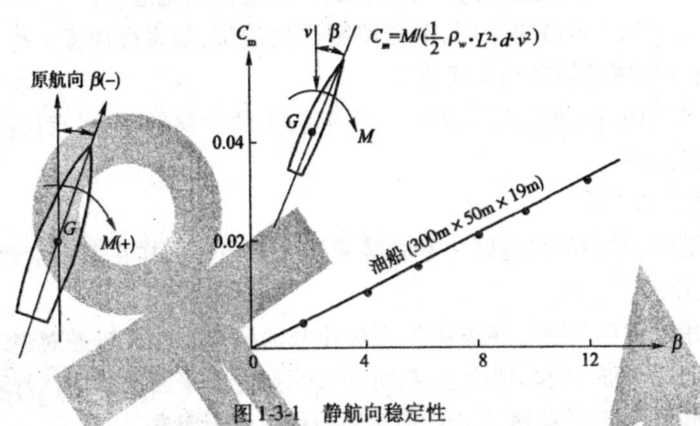

图 1-3-1 静航向稳定性

船舶在航行中当外界干扰过去后,船舶偏离原航向在不用舵纠偏的情况下,能尽快稳定于新航向的性质称为船舶动航向稳定性。稳定得较快,惯性转头角较小的船,其动航向稳定性较好;稳定得较慢,惯性转头角较大的船,其动航向稳定性较差;一直转头而偏转下去的船,则不具备动航向稳定性。一般所说的船舶航向稳定性指的就是动航向稳定性,即船舶直线运动稳定性。

(二)航向稳定性的判别方法

1. T 指数判别

船舶在保持正舵条件下($\delta_0=0°$),外界干扰消失后任意时刻 t 船舶偏离原航向转头角速度 r,可通过求解一阶操纵运动方程式得到

$$r = r_0 e^{-t/T} \tag{1-3-1}$$

式中:r_0 为外界干扰消失后的初始回转角速度。当 $T>0$,T 值越小,回转角速度 r 衰减得越快,船舶很快稳定在新航向上。相反,若 $T>0$,T 值越大,则回转角速度 r 减得越慢,航向稳定性越差。如果 $T<0$,随着时间 t 延迟,船舶将不断偏转下去,船舶不具备航向稳定性。而且 $T<0$ 时,T 的绝对值 $|T|$ 越小,航向越不稳定。外界干扰消失后船舶回转角速度 r 与 T 之间的关系如图1-3-2所示。

在干扰消除后,船舶惯性转头角 ψ 为

$$\psi = r_0 T$$

由上式可知,船舶偏离原航向的角度大小即惯性转头角,由干扰消失后的初始回转角速度 r_0 与操纵性指数 T 决定。在相同的干扰情况下,T 为小的正值,则惯性转头角较小,T 为大的

正值，则惯性转头角大。若 T 为负值，船舶则一直偏转下去，如图 1-3-3 所示。

2. 经验判断

一艘航向稳定性较好的船舶，直线航进中很少操舵也能较好地保向；而当操舵改向时，又能较快地应舵；旋回中操正舵，又能较快地把航向稳定下来。

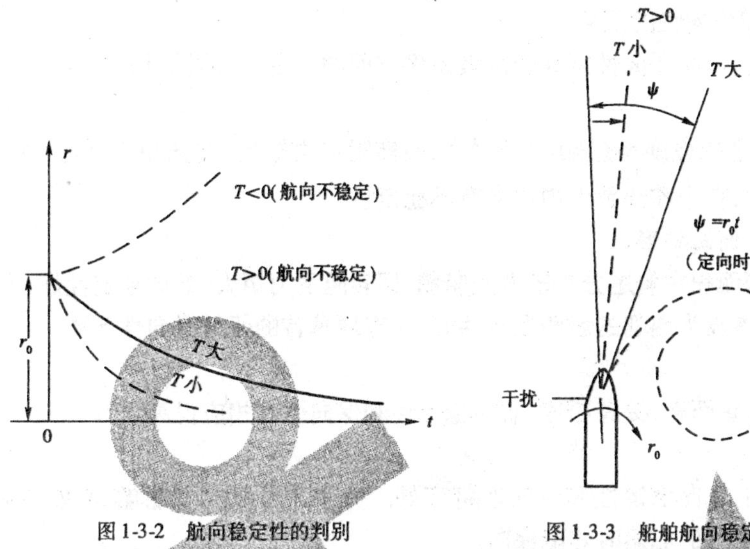

图 1-3-2　航向稳定性的判别　　图 1-3-3　船舶航向稳定性

一艘航向不稳定的船舶，为了保持航向，就需频繁操舵，而且所用舵角也偏大，使得操舵者劳动强度增大且难以"把定"。

3. 实船试验结果

船舶航向稳定性还可以根据实船试验来判断，一般而言，实船试验的结果比较可靠。判断航向稳定性的实船试验主要是螺旋试验。螺旋试验包括正螺旋试验和逆螺旋试验。主要观察试验结果中转头角速度(ROT)与舵角的对应关系，若成单值对应，则具有航向的稳定性；若成多值对应，则不具有航向的稳定性。

(三)影响航向稳定性的因素

航向稳定性主要取决于船体本身的特点，如几何形状、水线下侧面积形状等。

据统计，船速和船舶长度均较接近的船舶，其航向稳定性与该船的方形系数、长宽比有密切关系。一般而言，方形系数较小，长宽比较大的船舶具有较好的航向稳定性。类似超级油船之类的肥大型船舶，方形系数一般在 0.8 左右，其航向总带有不稳定性。

水下船体侧面积的分布影响水动力作用中心的位置，因此对航向稳定性影响也较大。船首侧面积较大的船舶，斜航时水动力作用中心靠近船首，航向稳定性差；反之，船尾侧面积较大的船舶，斜航时水动力作用中心靠近船尾，航向稳定性差。

对于给定船舶，空载或压载时往往尾倾较大，尾部水下侧面积较首部大得多，水动力作用中心要比满载平吃水时明显后移，航向稳定性变好。

二、船舶保向性的定义及影响保向性的因素

(一)船舶保向性的定义

保向性是指船舶在外力干扰下产生首摇，通过操舵抑制或纠正首摇使船舶驶于预定航的

能力。

船舶保向性与航向稳定性密切相关,但保向性还同时受操船环境因素以及操舵人员的技能及熟练程度、自动舵的控制能力、舵的性能等因素影响。当然,航向稳定性好的船舶,保向性也好。

(二)影响船舶保向性的因素

在实际操船时,影响保向性好坏的因素是多方面的。主要有以下几方面:

1. 方形系数

方形系数 C_b 小的瘦削型船舶(L/B 大),回转阻尼力矩大、航向稳定性好,保向性好。相反,肥大型船 C_b 大,在小舵角范围内常带有不稳定性。

2. 水线下船体侧面积形状

船体水线下侧面积在船尾分布较多的船舶,回转阻尼力矩大,航向稳定性好,保向性能好。如船尾有钝材、船首较为瘦削的船舶保向性好,而有球鼻首的船舶保向性下降。

3. 船速

对于同一艘船舶而言,提高船速,航向稳定性和保向性也相应提高。

4. 舵角

所操舵角增加,航向稳定性和保向性将变好。尤其对于肥大型船舶,小舵角时航向不稳定,需操超过一定范围的舵角时才能保向。

5. 吃水

船舶满载时与轻载时相比较,转动惯量明显增大,航向稳定性和保向性变差。应注意的是,如受强风影响时,船舶空载或轻载时,由于受风面积大保向性反而较差。

6. 舵面积比

舵面积比越大,船尾附近水线下侧面积增加,航向稳定性和保向性提高。

7. 纵倾与横倾

船舶首倾时首部水线下侧面积增加,航向稳定性和保向性下降。尾倾时航向稳定性和保向性提高。船舶在横倾时比没有横倾时保向性下降。

8. 其他因素

浅水中航行时,回转阻尼力矩增加,航向稳定性和保向性比深水中好。同理船体污底严重时保向性提高。顺风、顺流航行时,保向性下降;顶风、顶流时,保向性提高。

第四节 船舶操纵性指数

一、船舶操纵性指数 K、T 的物理意义及与船舶操纵性的关系

(一)船舶操纵运动方程

日本学者野本谦作提出的一阶近似操纵运动方程为:

$$T\dot{r} + r = K\delta \tag{1-4-1}$$

式中:T——船舶追随性指数;

K——船舶旋回性指数;

$\dot{r}$——旋回角加速度；

r——旋回角速度；

δ——所用舵角。

通常将上式称为响应模型。对于单纯因改变舵角而引起的各种操纵运动，可看作是对“输入”舵角的响应而产生的“输出”操纵运动，可以运用该模型来分析。

（二）K、T 指数的物理意义

航进中的船舶操一舵角后作旋回运动时，作用于船体的力矩有舵力转船力矩和水阻尼力矩两方面。舵力转船力矩 M_δ 大小与所操舵角 δ 成正比，水阻尼力矩 M_w 与旋回角速度 r 成正比，根据力学有关定律，可知下列关系式

$$I_G\dot{r} = M_\delta - M_W \tag{1-4-2}$$

式中：I_G 为船舶绕重心 G 竖轴的惯性矩，$\dot{r}$ 为回转角加速度。由于 $M_\delta \approx a\delta$，$M_w \approx br$，则

$$I_G\dot{r} = a\delta - br \tag{1-4-3}$$

式中：a 为转船力矩系数，b 为阻尼力矩系数。

将上式稍加整理，可得

$$(I_G/b)\dot{r} + r = (a/b)\delta \tag{1-4-4}$$

将式(1-4-4)与一阶操纵运动方程式(1-4-1)作比较，可见

$$T = I_G/b \qquad K = a/b \tag{1-4-5}$$

因此，T 指数的物理意义是船舶绕其重心 G 竖轴的惯性矩与阻尼力矩系数之比所决定的常数；K 指数的物理意义是操舵后转船力矩系数与阻尼力矩系数之比所决定的常数。

（三）K、T 指数与操纵性关系

船舶直航中，设在阶跃操舵条件下（即自正舵至舵角 δ_0 操舵时间 $t_1 = 0$），给定初始条件 $t = 0$时，旋回角速度 $r = 0$，则根据式(1-4-1)可求出操舵后船舶旋回角速度 r 随时间 t 变化的关系式

$$r = K\delta_0(1 - e^{-t/T}) \tag{1-4-6}$$

其所对应的曲线如图 1-4-1 所示。r 在操舵 δ_0 后的变化是开始上升快而后上升慢，最终稳定于 $r_0 = K\delta_0$。

同样从式(1-4-1)可推导出操舵后旋回角加速度、转首角随时间变化的关系式

$$\dot{r} = (K/T)\delta_0 e^{-t/T} \tag{1-4-7}$$

$$\psi = K\delta_0(t - T + Te^{-t/T}) \tag{1-4-8}$$

式(1-4-7)和(1-4-8)对应的曲线分别是如图 1-4-2和图 1-4-3 所示。

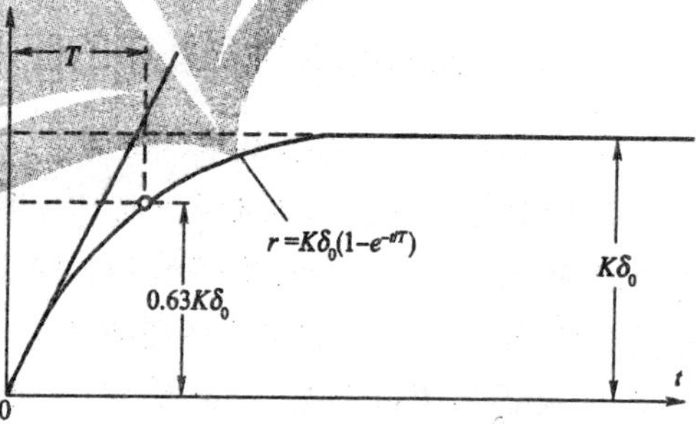

图 1-4-1 操舵后 r 随 t 的变化曲线

由此可见，操舵后任意时刻船舶旋回的角加速度 $\dot{r}$、角速度 r 以及回转角 ψ 均与 K、T 指数有关。刚操舵时，$t = 0$，尽管回转角 $\psi = 0$、回转角速度 $r = 0$，但回转角加速度 $\dot{r}$ 却为最大，$\dot{r} = (K/T)\delta_0$。当操舵后 $t = T$ 时，则回转角加速度降为 $\dot{r} = 0.37(K/T)\cdot\delta_0$，回转角速度增至 $r = 0.63KT\delta_0$，此时回转角 $\psi = 0.37KT\delta_0$。当船舶进入定

常旋回($t \to \infty$)时,回转角加速度 $\dot{r}=0$,但回转角速度最大,稳定于 $r=K\delta_0$ 旋回,而回转角 $\psi \to \infty$。因此,K、T 指数可用于衡量船舶操纵性的优劣,故称之为操纵性指数。

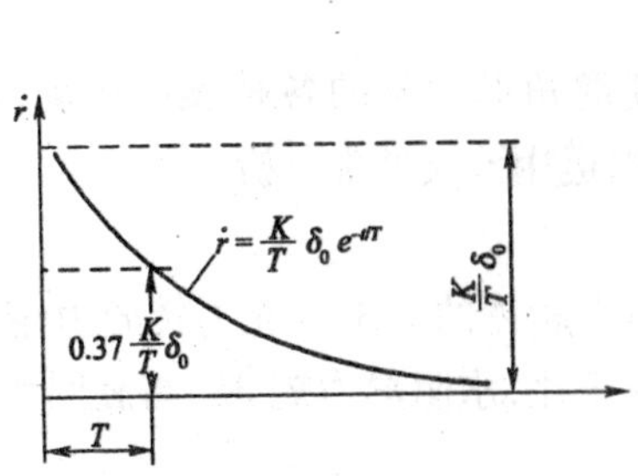

图 1-4-2　操舵后 r 随 t 的变化曲线

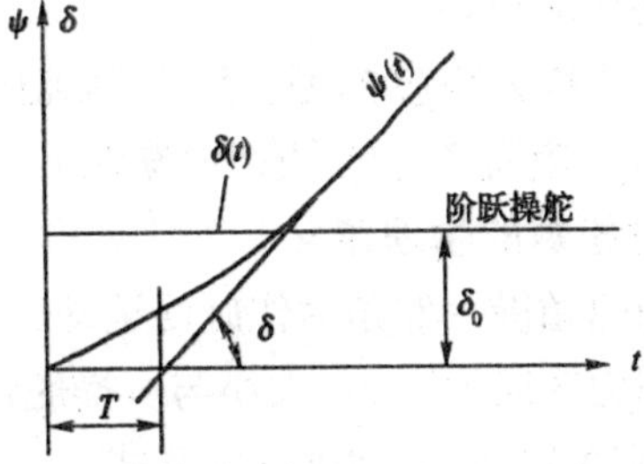

图 1-4-3　操舵后 ψ 随 t 的变化曲线

1. *K* 指数与船舶旋回性

其他条件相同时,K 值大,则旋回角速度、角加速度、转首角也大,故旋回性就越好。船舶定常旋回时角速度 $r=K\delta_0$,也就是说 K 值决定了单位舵角在定常旋回中产生的转首角速度大小。所以,K 指数反映了船舶的旋回性,称之为旋回性指数。另外,船舶定常旋回时的切线速度 v_t 与定常回转角速度 r 的关系为:$R=v_t/(K\delta_0)$。因此 K 值越大,则定常回转角速度也越大,回转半径越小,船舶定常旋回性能越好;反之 K 值越小,船舶定常旋回性越差。

2. *T* 指数与船舶追随性

其他条件相同时,T 值小,则船舶具有较大的初始转首角加速度,同时能较快地达到定常角速度,在较短时间内转过较大的转首角度。同样,要达到相同的角加速度、角速度、转首角,T 值小的船舶所需的时间短。所以 T 指数代表了船舶追随性,即用舵后船舶应舵的快慢。从数值上看,T 指数代表了操舵后船舶回转角速度达到 $0.63K\delta_0$ 所需的时间。T 值小,则船舶旋回时达到 0.63 倍定常旋回角速度所需的时间短,即较快就能达到了某一固定旋回角速度,同样船舶能较快进入定常旋回阶段,船舶追随性则好。

3. *T* 指数与航向稳定性

航向稳定性的优劣可用船首偏离原航向的角度来衡量。若 $T>0$,T 值小时船舶惯性转头角则小,船舶能较快稳定在新航向上,航向稳定性则好;反之,T 值大则航向稳定性差。若 $T<0$,则船舶不具备航向稳定性。因此 T 指数还可衡量船舶的航向稳定性。

二、K、T 指数在实际操船中的应用

(一)用于不同船舶操纵性的比较

K、T 指数的大小,在实船中是通过 Z 形试验的结果来求取的。为了便于比较船舶的操纵性优劣,通常须将计算试验结果所得到的 K、T 值化成无因次量,即消去其量纲。因为即使两船具有相同的 K、T 值,若船长和船速不同,实用中操纵性也是有差别的,如 K、T 相同,则以船长大、船速低者,操纵性好;如两船 K'、T' 相同,则以船长大、船速低者,操纵性为差。

K、T 指数的无因次化按下列公式计算

$$K'=KL/v_S \tag{1-4-9}$$

$$T'=Tv_S/L \tag{1-4-10}$$

式中:v_S 为船速(m/s);L 为船长(m);K 为旋回性指数(1/s);T 为追随性指数(s)。

K'、T'指数对于同一船舶而言，因舵角、吃水、吃水差和水深与吃水之比等因素的不同而不同。在其他条件均相同时，同一船舶的K'、T'，随Z形试验时所用舵角的增大而同时减小；随船舶吃水增大而同时增大；随尾倾增加而同时减小；随水深变浅而同时减小。此外，K'、T'的大小随方形系数增大而同时增大。

通常认为，实船Z形试验（10°/10°）中测得的K'、T'值处于下列数值范围内，即可认为该船具备一般的操纵性能。

满载货船（$L=100\sim150$m）：$K'=1.5\sim2.0$，$T'=1.5\sim2.5$；

满载油轮（$L=150\sim250$m）：$K'=1.7\sim3.0$，$T'=3.0\sim6.0$。

（二）用于船舶操纵性的分类

不同船种、状态和大小的船舶，其操纵性会有很大差异。运用操纵性指数K、T可比较船舶操舵后的转头现象和旋回轨迹，它们大致可分成四类，如图1-4-4所示。

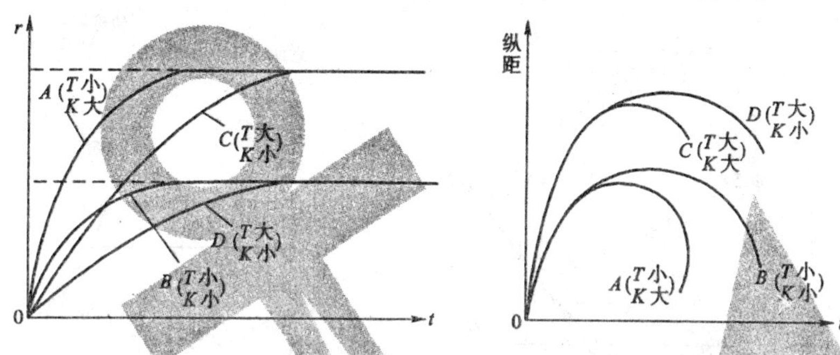

图1-4-4　按K、T指数对操纵性分类

A型：K大T小。这类船舶旋回性好，追随性好。操舵后，船舶应舵快，转头角速度增加快，定常旋回角速度大，旋回圈小。如拖船、渔轮及定线的集装箱班轮属此类船舶。

B型：K小T小。这类船舶旋回性差，追随性好。操舵后，虽然应舵较快，但定常旋回角速度小，旋回圈大。浅吃水或空载状态的船舶属于这种类型。

C型：K大T大。这类船舶旋回性好，追随性差。操舵后，应舵慢，但定常旋回角速度大，旋回圈比较小。满载的大型油轮，虽其舵面积比较小，但也具有K大、T大的特点。

D型：K小T大。这类船舶旋回性差，追随性也差。操舵后，船舶应舵慢，旋回角速度增加缓慢，定常旋回角速度也小，因此旋回圈也大。舵面积较小的船舶、瘦削型船均属于这种类型。

（三）用K、T指数估算旋回圈的大小的方法

如图1-2-1所示的旋回圈轨迹中，如需求取操舵开始后任意时刻的横距、纵距大小，则可分别用下式计算的坐标位置x和y表示

$$x = \int_0^t v\sin\psi_t \mathrm{d}t$$

$$y = \int_0^t v\cos\psi_t \mathrm{d}t \tag{1-4-11}$$

式中：v、ψ_t分别为旋回中某一时刻的航速和转首角。v应考虑旋回中的速降影响。操舵后船舶转首角随时间的变化关系，可根据一阶近似操纵运动方程式（1-4-1）解出，转首角ψ_t的计算公式为

$$\psi_t = K\delta_0[t-(T+t_1/2)] + K\delta_0 T^2(e^{-t/T}-1)e^{-t/T}/t_1 \tag{1-4-12}$$

式中：δ_0 为操舵舵角，t_1 为操舵时舵角达到 δ_0 所需时间。上式与式(1-4-1)阶跃式操舵是有所不同的。因为实际上船舶是作台形操舵(而不是阶跃式操舵)，也就是操舵后经过 t_1 才达到指定舵角 δ_0。

上式可近似写成

$$\psi_t = K\delta_0[t-(T+t_1/2)] \tag{1-4-13}$$

该近似式所对应的曲线如图 1-4-5 所示。由于上列方程式近似为直线方程式，因此图中的 $\psi(t)$。曲线可近似用折线 OAB 表示。

因此旋回圈轨迹可作如下近似描述：船舶在操舵后 $T+t_1/2$ 时间内，一直保持以原航向在原航线上惯性滑行，这段时间前进的距离即惯性滑行距离，相当于心距大小。其次，近似认为船舶经过 $T+t_1/2$ 时间后，由惯性滑行立即进入定常旋回。并且在整个旋回过程中，忽略船速下降的影响，如图 1-4-6 所示。因此，可用 K、T 指数估算旋回圈的一些要素。

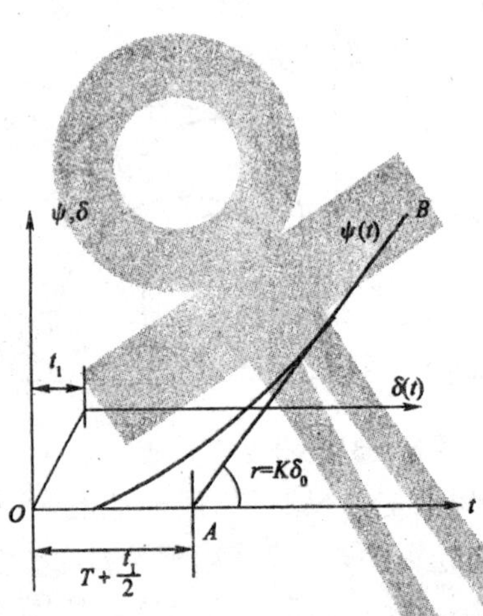

图 1-4-5　台形操舵后 ψ 随 t 的变化

图 1-4-6　R 和 R_e 的计算

(1) 惯性滑行距离即滞距 R_e 为

$$R_e = v_S(T+t_1/2) \tag{1-4-14}$$

式中：v_S——旋回初始速度(m/s)；

T——船舶追随性指数(s)；

t_1——操舵时舵角由正舵至 δ_0 所需时间(s)。

(2) 旋回圈半径 R 为

$$R = v_t/r = v_S/(K\delta_0) \tag{1-4-15}$$

式中：δ_0 为所操舵角(rad)；K 为旋回性指数(1/s)；v_S 为船速(m/s)。

(3) 旋回圈进距 A_d 为

$$A_d = R_e + R = v_S(T+t_1/2) + v_S/(K\delta_0) \tag{1-4-16}$$

第五节　船舶操纵性能试验

实船操纵性试验包括旋回试验(Turning test)、Z 形试验(Zigzag maneuver test)、停船试验(Stopping test)三种。

一、试验条件

为了使实船试验尽可能准确可靠，试验时一般应注意做到：

(1)选择海面平静、海流潮流较小的水域。螺旋试验要求无风和静水，逆螺旋试验和Z形试验要求风力不超过4级。

(2)试验水域要有足够的水深，水深至少应大于5倍吃水。停船实验时水深应不小于3$\sqrt{Bd}$(B为船宽，d为吃水)。

(3)一般应在满载条件下进行试验，油轮和散货船还应进行压载状态的试验。

(4)试验前主机转速、航速应达到稳定的试验速度。

(5)校准有关仪器设备。

二、旋回圈的测定

旋回试验的目的是测定船舶旋回圈，从而确定船舶旋回要素，评价船舶旋回的迅速程度和所需水域的大小。

旋回试验通常是在试验速度下以最大舵角分别向左、右舷进行旋回操纵，首向角变化达360°时(有轻微风流影响时应为540°)测定其旋回圈。其中试验速度按IMO的操纵性临时标准规定，至少为主机最大输出功率的85%时对应的船速的90%，根据需要，测定不同载况(满载、半载、压载)、不同船速(全速、半速、低速)、不同舵角(10°、15°、20°、35°)情况下的旋回资料。

旋回试验大致操作步骤如下：

(1)调整好预定的航向和航速，并作记录。

(2)发出操舵口令，并应尽可能快地操舵至规定舵角δ_0。

(3)从转舵开始，首向角变化了1°、5°、15°、30°、60°及以后每隔30°分别记下对应的时间和航速、船位以及螺旋桨转速。

(4)当船首向角变化达到360°(540°)以后，回复直线航行。

(5)试验过程中记录横倾角的变化。

实际中可根据情况采用不同的方法测定旋回圈的轨迹。下面介绍使用航向、航速计算方法求旋回圈的过程。

(1)把试验记录的船速和首向角以时间为横坐标绘成如图1-5-1所示的形式。

(2)设船舶操舵位置O为原点，纵向、横向分别定为y、x轴，如图1-5-2所示。则船舶转心P的位置坐标值(x,y)可由式(1-4-11)求取。转心P处的船速及首向角可近似采用试验中测定的资料代入。

(3)根据转心P位置的计算结果，然后再按照重心G位于转心P的后方$0.4L$处的假设，即可求出重心G的位置，绘出重心的轨迹——旋回圈。

该方法中转心处船速测定是难点，船速误差影响到轨迹误差。船速测定也可采用掷木板方法，试验中向船两侧均匀投掷小木板，根据小木板投掷数计算船速平均值。如果仅向一舷侧投掷木板测定船速时，则应对其进行修正。

另外根据情况还可采用浮标方位、无线电方位、GPS定位(是值得推荐的首选法)等方法

进行旋回试验。

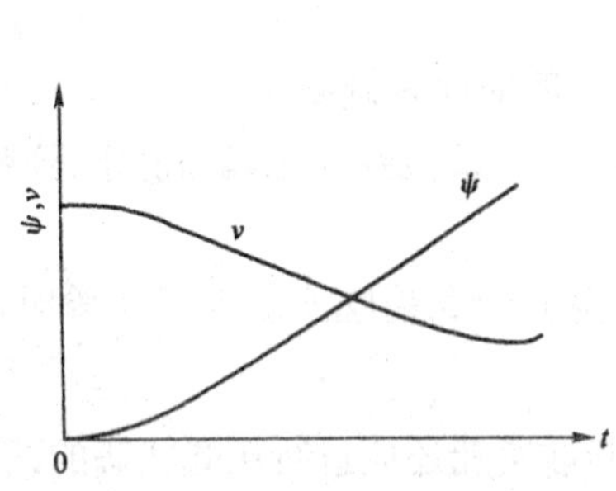

图 1-5-1 旋回试验时 ψ、v 随 t 的变化

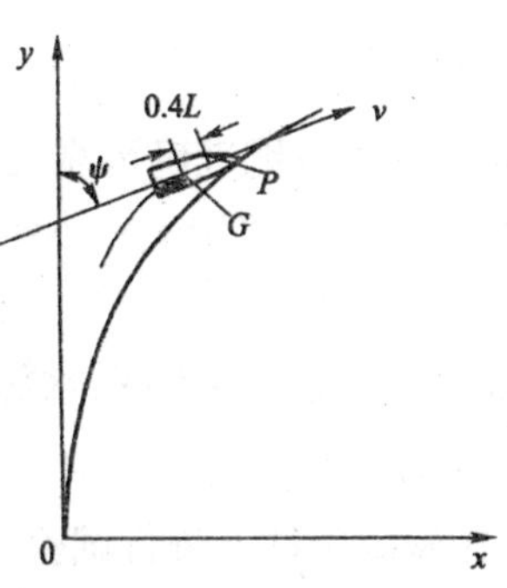

图 1-5-2 转心与重心的关系

三、船舶冲程的测定

停船试验(Stopping test)测定时应选择在无风、流影响的水中进行,水深应以不影响船舶所受阻力为准,一般不应小于 $3\sqrt{Bd}$。通常测定船舶在空载和满载状况下,主机在不同转速时使用停车和倒车的冲程和冲时。至少应进行船舶从前进三至停车、前进二至停车的停车冲程试验和前进三至后退三及前进二至后退三的倒车冲程试验。测定时,船舶应保持正舵,船舶必须处于稳定的转速、航速条件下保持直航。

测定冲程的方法很多,可用电子定位、光学仪器定位或岸标的方位、距离定位或 GPS 定位等方法,通过连续测定船位求得冲程。但目前仍有许多船舶采用传统的掷木块法,下面简要介绍该方法测定冲程的操作要领。

船舶从稳定的航向、航速作直线航进,两观测组分别位于船首及船尾的固定点。当驾驶台发出停车(或倒车)令时,船首观测组立即沿垂直于首尾线方向掷出第一块木块,并启动秒表;当第一木块通过船尾观测组时,尾观测组即发出信号通知驾驶台及船首,船首接到信号时立即掷下第二块木块,驾驶台则记录时间及船首向,如此循环往复,直至船舶完全停止前进为止,按停秒表。秒表上记录的时间即为发令起至船完全停住所需的时间。冲程可由下式求取

$$S=(n-1)L+l_1=nL-l_2 \tag{1-5-1}$$

式中:S 为冲程(m);n 为掷下木块总数;L 为首尾观测组间的距离(m);l_1 为最后一木块距首观测组的距离(m);l_2 为最后一木块距尾观测组的距离(m)。

在记录船舶距离的同时,还应记录船舶滑行时间及船首偏转的角度,据此可大致绘出船舶滑行轨迹。船舶倒车冲程也可按照该方法测定,同样可计算出制动纵距和横距。

在每个单项试验测完后,应加速至稳定速度后才能进行下一个项目测定。

四、船舶 Z 形试验

Z 形操纵试验是 Krmpf 提出的测定船舶对操舵响应的一种很重要的操纵性试验法。通过测定船舶左右来回操同样舵角时作蛇航运动一周期所航进的距离来判断操纵性。该距离与船长 L 之比越大,则操纵性越差。反之则好。Z 形试验又叫做标准操纵性试验。1957 年野本谦作提出利用 Z 形试验的结果进行理论分析,求取操纵性指数 K、T。根据野本的建议,Z 形试验通常采用 10°/10°试验(分子表示舵角,分母表示操相反侧舵时的船首向改变量)。

Z 形试验的目的是求船舶的操纵性指数 K、T,从而评价船舶的旋回性、追随性和航向稳定性等重要操纵性能。由 Z 形试验可以判断出船舶用舵后的初始运动及舵效优劣,旋回性能、追随性能和船舶转头惯性。

(一)试验方法

(1)以规定航速保持匀速直航。

(2)操右舵 10°,并保持之。船首向右转向,当船首向右转头的角度达 10°,即转首角与所操舵角相等时,立即回舵并操左舵 10°,并保持之。

(3)船首在向右回转达最大值后,向左回转并当航向向左偏离原航向达 10°即转首角出现与所操舵角相等时,立即回舵再操右舵 10°。

用该方法如此继续,共完成至少 3 次蛇航运动(最好 5 次)为止。

在试验中应准确记录各舵角到位时间、特征转头角的时间和惯性超越角的大小。将这些数据描绘成 $\delta\sim t$ 和 $\psi\sim t$ 曲线,如图 1-5-3 所示。

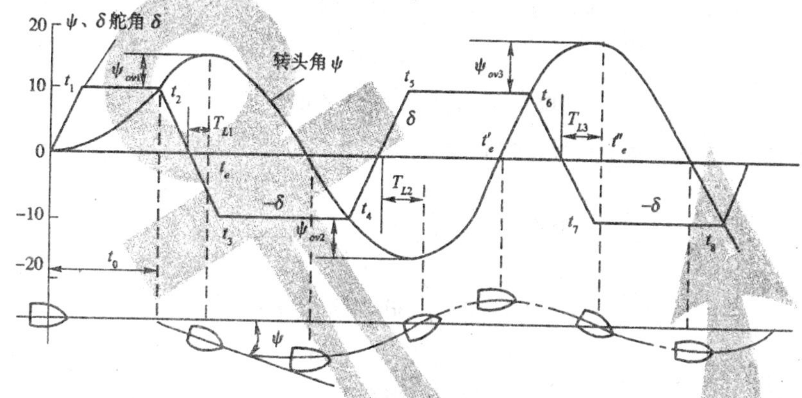

图 1-5-3　10°Z 形试验

(二)试验结果分析

1. 从试验结果曲线分析

可直接从试验曲线上的有关操纵特征参数来分析船舶操纵性。

(1)图中 t_0 为船舶初始回转时间,即操一定舵角 δ_0 后,船首向改变一定角度所需的时间。t_0 越小,初始回转性越好,反之则差。

(2)惯性超越角 ψ_{ov} 和转首滞后时间 T_L 可用来评价船舶偏转抑制能力。惯性超越角是指操相反舵时的瞬时首向角和最大首向角间的差值。如图中的 ψ_{ov1}、ψ_{ov2}、ψ_{ov3}。转首滞后时间 T_L 是指回舵通过零舵角位置的瞬时至最大转首角的时间间隔。如图中 T_{L1}、T_{L2}、T_{L3}。

2. 计算 K、T 值

对 Z 形试验结果还可进行 K-T 分析,即 K-T 的标准算法,从而求取 K、T 指数。

如考虑所操舵角中存在固定的舵角误差 δr,则操纵运动的一阶近似方程应为

$$T\dot{r}+r=K(\delta+\delta r) \tag{1-5-2}$$

式中:$\dot{r}$ 为回转角加速度,r 为回转角速度。将上式从 $0\sim t$ 时间积分后可得

$$T[r(t)-r(0)]+[\psi(t)-\psi(0)]=K[\delta r(t-0)+\int_0^t\delta \mathrm{d}t] \tag{1-5-3}$$

(1)如图 1-5-4 所示,在试验曲线 $\psi,\delta\sim t$ 上 $t=0$ 处作首向角 $\psi(t)$ 曲线之切线,其斜率记

为 $r(0)$，并在首向角曲线 $\psi(0)$ 上作切线之平行线，在三个峰上的切点分别为 e, e', e''，其对应的时间分别记为 t_e, t'_e, t''_e，此三点的斜率显然为 $r(t_e) = r(t'_e) = r(t''_e) = r(0)$，此三点处所对应的首向角为 $\psi(t_e)$、$\psi(t'_e)$、$\psi(t''_e)$，可从试验曲线上量得。对操舵角曲线 $\delta(t)$ 上几个典型点按次序记为 $t_1, t_2, \cdots, t_7$，分别对应于曲线 $\delta(t)$ 曲线各转折点相应的时间。其中 t_2, t_4, t_6 三点相应的首向角 $\psi(t_2) = \delta_1$、$\psi(t_4) = \delta_2$、$\psi(t_6) = \delta_3$，相应的转首角速度 $r(t_2)$、$r(t_4)$ 和 $r(t_6)$ 可分别从 $\psi(t)$ 曲线上的斜率求得。整个计算过程对上述 6 个特征点进行。

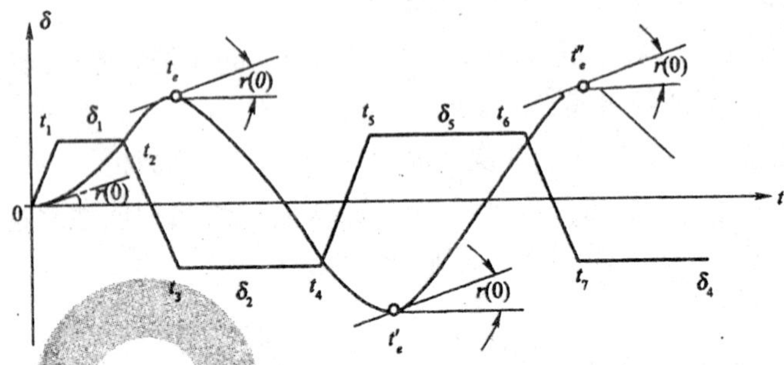

图 1-5-4　由 Z 形试验结果求 K'、T'

(2) 分别从 $0 \to t'_e$，$0 \to t''_e$ 积分，可得

$$\psi(t'_e) = K\int_0^{t'_e} \delta \mathrm{d}t + K \cdot \delta r \cdot t'_e$$

$$\psi(t''_e) = K\int_0^{t''_e} \delta \mathrm{d}t + K \cdot \delta r \cdot t''_e \tag{1-5-4}$$

将上二式联立求得 K 和 δr，并将 K 记为 $K_{6,8}$。

(3) 将方程从 $0 \to t_e$ 积分，得

$$\psi(t_e) = K\int_0^{t_e} \delta \mathrm{d}t + K \cdot \delta r \cdot t_e \tag{1-5-5}$$

将上面已求得的 δr 代入上式，即可求得 K，记为 K_4，取 $K_{6,8}$ 和 K_4 的平均值作为整个试验过程中之 K 值。

$$K = (K_{6,8} + K_4)/2 \tag{1-5-6}$$

(4) 从 $t_2 \to t_e$，$t_4 \to t'_e$，$t_6 \to t''_e$ 积分，可得到

$$T[r(0) - r(t_2)] + [\psi(t_e) - \psi(t_2)] = K\int_{t_2}^{t_e} \delta \mathrm{d}t + K\delta r(t_e - t_2) \tag{1-5-7a}$$

$$T[r(0) - r(t_4)] + [\psi(t'_e) - \psi(t_4)] = K\int_{t_4}^{t'_e} \delta \mathrm{d}t + K\delta r(t'_e - t_4) \tag{1-5-7b}$$

$$T[r(0) - r(t_6)] + [\psi(t''_e) - \psi(t_6)] = K\int_{t_6}^{t''_e} \delta \mathrm{d}t + K\delta r(t''_e - t_6) \tag{1-5-7c}$$

将已求出的 δr、K_4 代入式(1-5-7a)，将求得的 T 记为 T_4；将已求出的 δr，$K_{6,8}$ 代入式(1-5-7b)和式(1-5-7c)，求得的 T 分别记为 T_6, T_8。则整个试验过程中的 T 值为

$$T = \frac{1}{2}\left[T_4 + \frac{1}{2}(T_6 + T_8)\right] \tag{1-5-8}$$

至此，由 Z 形试验结果曲线可求得 K、T。无因次化后可得 K'、T'。

在上述求解过程中各特征量可由试验曲线直接求得。对舵角 δ 的积分,可以按不同的积分限,分别求舵角 δ 曲线与横轴 t 所包围的面积。

对于船型肥大的大型船,通常采用变 Z 形试验,这是因为这类船舶在 Z 形试验中若将船舶转头角度也设定为与所操舵角相等时才回舵并操相反舵角,就会出现所操相反舵角抑制不了船舶转头运动的情况。在变 Z 形试验中船舶转头角度设定与所操舵角不相等,例如试验时 $\delta_0=5°$,则采用 $\psi=\delta_0/5,\delta_0/10$ 方法。即 5°/1°,5°/0.5°变 Z 形试验。5°/1°试验时如先操右舵 5°,$\psi=1°$时,操左舵 5°。当 ψ 为左舵 1°时再操右舵 5°。如此 10 次以上重复进行。

第六节　IMO 船舶操纵性衡准的基本内容

1978 年 IMO 作出了有关提供和显示船舶操纵资料的建议,其内容有引航卡(Pilot card)、有关本船操纵性能试验结果和模拟结果的明细图表(Wheelhouse Poster),以及操船小手册(Maneuvering booklet)三种。引航卡应记入引航员登船后可立即掌握的最低限度的重要性能资料。驾驶室张贴的性能明细表也是一种较详尽的性能资料,而操船小手册则应最详尽地记入本船操纵性能,使驾驶人员能充分了解本船的操纵性能资料。

驾驶专业

IMO 2002 年 12 月 4 日通过了"船舶操纵性标准"(standards for ship maneuverability),该标准适用于 2004 年 1 月 1 日或之后建造的舵桨推进方式、长度≥100m 的船舶,化学品油轮及液化气船不限长度。试验条件要求:平静深水中,满载平吃水,以试验速度(不小于 85% 主机最大输出功率时船速的 90% 的速度)稳定直航。该标准规定的几种操纵性指标及容许界限值如表 1-6-1 所示。

操纵性指标及容许界限值　　表 1-6-1

评价指标	容许界限范围
旋回性	进距≤4.5L,旋回直径≤5L
初始回转性	操左(右)舵 10°时,当船首向改变 10°时,船舶前进距离≤2.5L
偏转抑制性 保向性	10°/10°Z 形试验 第一惯性超越角≤10°　$L/V<10s$ ≤20°　$L/V\geq30s$ ≤(5 +0.5L/V)　$10s\leq L/V<30s$ 第二惯性超越角≤25°　$L/V<10s$ ≤20°　$L/V\geq30s$ ≤(17.5 +0.75L/V)　$10s\leq L/V<30s$ 20°/20°Z 形试验 第一惯性超越角≤25°
停船性	倒车冲程≤15L(然而,如因船舶排水量大而使该衡准值不切实际时,主管机关可修改该值,但不得超过 20 倍船长。)

注:L 为船长,V 为船速。

具体对某一艘船舶,应在试航时或以其他适当时机尽可能取得详尽的船舶操纵性资料,这对实际操船应用大有帮助。

思考题

1. 何谓船舶的倒车冲程,影响倒车冲程的因素有哪些?
2. 船舶制动方法有哪些,分别适用什么情况?
3. 试述船舶旋回运动三个阶段及其特征。
4. 影响旋回性的因素有哪些?
5. 试举例说明旋回圈要素(反移量,纵距,旋回初径,心距)在实际操船中的应用。
6. 何谓航向稳定性,如何经验判断一艘船舶航向稳定性的好坏?
7. 影响航向稳定性的因素有哪些?
8. 船舶的保向性与航向稳定性的之间有什么关系?影响保向性的因素有哪些?

第二章 操纵设备及助操设施

船舶操纵设备也称为船舶运动控制设备，是指船舶本身所装备的推进器、舵、锚及系泊设备和装置。船舶在不同运动状态下，所运用的操纵设备不尽相同，航行状态下最常用的操纵设备是推进器和舵。船舶在进出港和靠离泊操纵时，推进器、舵、锚和系泊设备将综合应用。为了提高船舶在受限水域的操纵性能，有些船舶还配备了侧推器以及特种推进装置等设备。在船舶本身的操纵设备不能有效控制船舶运动状态的情况下，还需要港作拖船的协助。本章将对常用的操纵设备和拖船及其作用进行讲述。

第一节　螺旋桨的作用

将主机发出的功率转换成推动船舶前进功率的装置或机构，统称为推进器。目前船舶最常使用的是螺旋桨（螺旋推进器）。

一、螺旋桨的种类

（一）固定螺距螺旋桨（Fixed pitch propeller，FPP）

固定螺距螺旋桨的桨叶是固定的，当船舶倒车时螺旋桨必须倒转，这可以通过倒转离合器或者主机的转动方向来实现。固定螺距螺旋桨具有坚固、不易受损的特点；当船舶靠码头时，主机停车，螺旋桨不转动，不会影响周围系泊的船舶，同时也不会缠绕系泊用缆，见图 2-1-1。

（二）可变螺距螺旋桨（Controllable pitch propeller，CPP）

这种类型的桨叶可以顺着桨叶轴旋转，从而可以改变螺旋桨的螺距，见图 2-1-2，调整桨叶位置的机械结构位于与桨叶连接的突出部里（boss or hub），由机舱驱动，驾驶台远距离控制螺旋桨舵叶的位置。可变螺距螺旋桨最大的特点是它只向一个方向旋转，并不需要倒转离合器或主轴的转动方向。

可变螺距螺旋桨的推力方向示意见图 2-1-3。

图 2-1-1 固定螺距螺旋桨

图 2-1-2 可变螺距螺旋桨

1-桨叶(propeller blade);2-桨毂(propeller boss);3-水(油)密封(watertight/oil tight seal);4-尾柱骨架(stern frame);5-螺旋桨轴(propeller shaft);6-尾轴管(stern tube)

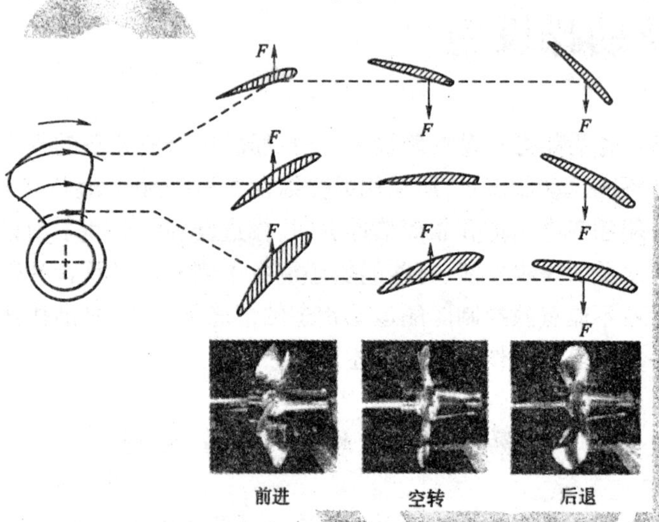

图 2-1-3 可变螺距螺旋桨的推力方向示意图

相对于固定螺距螺旋桨,可变螺距螺旋桨的优点是:

(1)可以驱动船舶以任何速度行驶,并能保证在不停主机的情况下,使船以很低的速度行驶。

(2)它能迅速改变船舶的推力方向,并提高船舶的推进效率,还能很容易地与轴带发电机并联。

(3)它能以最大功率倒车停船。

(4)当螺旋桨桨叶损坏时,有时可以在漂浮的状态下更换。

(5)轴带发电机与可变螺距螺旋桨并联时,万一主机发生故障,轴带发电机也可以作为船舶发电机的电马达而产生推力驱动船舶。

当然,相对于固定螺距螺旋桨,可变螺距螺旋桨也存在一些不足:可变螺距螺旋桨系统的液压部件和密封圈相对容易损坏,有时会由此产生油污染。此外,可变螺距螺旋桨造价也相对较高。

(三)其他类型的螺旋桨

1. 带导流罩的螺旋桨(nozzles)

导流罩的目的是增加螺旋桨的推力(图2-1-4)。由于进入导流罩的水流速度高于螺旋桨外的水流速度,产生的压力梯度增加了螺旋桨的推力。导流罩还可以减少噪声和震动,减少了空泡和空泡剥蚀效应(cavitation)的发生(通过减少进入水流的局部压力差)。带导流罩的螺旋桨适用于除了高速船外几乎所有的船舶,尤其是内河船舶、挖泥船、渔船和供应船。

图2-1-4　带导流罩的螺旋桨

2. 舵螺旋桨(rudder propeller)

舵螺旋桨(Z型推进器)的主要特征是螺旋桨能像舵一样旋转,甚至能360°旋转(图2-1-5)。

Z型推进器的倒航推力与进航推力基本相同,进退转换也非常迅速,同时,只要将螺旋桨向左或向右转动,即可产生侧向推力,从而起到舵的作用。因此,其操纵性能特别好,广泛用于拖船和操纵性能高的船上。

3. 电动船用螺旋桨

电动船用螺旋桨(图2-1-6)是一种用于高速海船的电动船用螺旋桨,它的驱动设备可以安放在船壳外,电动船用螺旋桨的驱动不需要齿轮箱、离合器、螺旋桨轴和舵,和当前其他螺旋桨驱动设备相比,船舶的设计和建造都相对简单。电动船用螺旋桨最先是为破冰船设计的,随后在供应船、远洋客轮、油轮、渡轮和具备DP系统的船舶所采用。

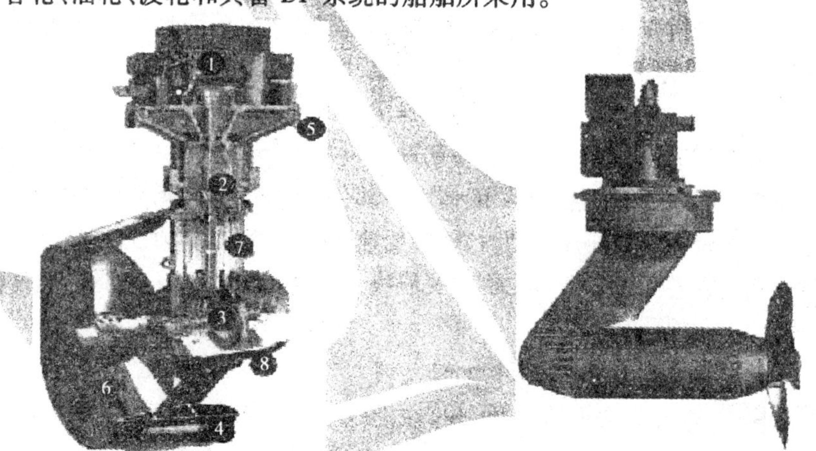

图2-1-5　舵螺旋桨

1-驱动轴及齿轮(drive shaft from engine with gears);2-垂直驱动轴(vertical driveshaft);3-螺旋桨轴及齿轮(propeller shaft with gears);4-导流罩(nozzle);5-旋转点(rotation point);6-可变螺距螺旋桨(CPP);7-液压管线(hydraulic lines);8-齿轮箱(gear box)

图2-1-6　电动船用螺旋桨

4. 平旋推进器(Voith-Schneider Propulsion)

平旋推进器(图2-1-7)安装在船舶的船底,通过控制桨叶的角度,达到控制船舶前进或后退及船舶航向的目的。因此,倒航推力与进航推力基本相同,进退转换也非常迅速并起到舵的

作用,广泛用于拖船和操纵性能高的船上。

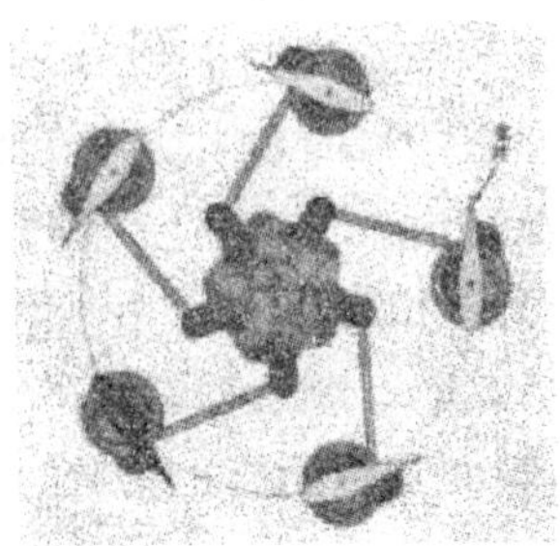

图 2-1-7 平旋推进器

二、船舶的阻力

船舶在水面上以一定的航速航行,船舶必须依靠主机发出的功率,驱动推进器产生推力,从而克服船舶本身所受的各种阻力。

船舶在水面上航行时,水和空气对船体有相对运动,则产生水动力和风动力。船体水动力和风动力也称为船舶阻力,它是影响船舶运输效率和运动性能的主要因素之一。

(一)船舶阻力的构成

营运中的船舶所受的阻力总量 R_T 由基本阻力 R_0 和附加阻力 ΔR 两部分构成。

船舶阻力表示为

$$R_T = R_0 + \Delta R \tag{2-1-1}$$

(二)基本阻力

基本阻力是指新出坞的裸船体(不包括附属体)在平静水面行驶时对船体产生的阻力。由摩擦阻力、兴波阻力、涡流阻力三部分组成,即

$$R_0 = R_F + R_W + R_E \tag{2-1-2}$$

1. 摩擦阻力 R_F(frictional resistance)

摩擦阻力的大小与船舶吃水、船体水下部分的湿水面积、船体表面的粗糙度和船速等因素有关。船舶推进器推动船舶运动时,随着船速的提高,摩擦阻力以船速的二次方的速率迅速增大。摩擦阻力在总阻力中所占比例主要取决于船速的大小。一般商船速度范围内,摩擦阻力约为总阻力的 70% ~90%。

2. 剩余阻力 R_R(residual resistance)

剩余阻力 R_R 包括兴波阻力 R_W 和涡流阻力 R_E。兴波阻力指船舶对水运动过程中船体周围产生的兴波造成的能量损失;而涡流阻力指流体与船体分离产生的涡流造成的能量损失。

剩余阻力的大小取决于船体的形状和船速。其中兴波阻力占有比例较大。在低速时,兴波阻力与船速的平方成正比,但在高速时,兴波阻力急剧增大。因此,在高速情况下,船舶的推进功率并非全部用于提高船速,很大一部分转换为兴波能量。在低速时,剩余阻力通常占总阻力的 8% ~25%,而高速时,甚至达到 45% ~60%。

浅水对剩余阻力的影响较大,这是由于浅水造成船底的流体向后流动较为困难,进而产生比深水更大的兴波从而造成的阻力增量。

基本阻力的大小主要与船速和吃水有关。吃水越大,阻力越大;船速较低时,基本阻力近

似于线性变化；当船速较高时，基本阻力变化明显加快，几乎与船速的平方成正比。

（三）附加阻力

指船舶营运过程中由于船舶附体的增加、船体表面粗糙度、海况、风以及海流等引起的船舶阻力增量。附加阻力包括：

1. 附体阻力（appendage resistence）

指由于舵、舭龙骨及轴包架等附体对水运动而增加的部分阻力。

2. 坞底阻力（fouling resistence）

船舶营运过程中，船壳板上漆层的脱落、海生物的生长都会使船体表面变为粗糙，意味着船舶摩擦阻力的增加。这种船体表面粗糙度的增大，在整个船舶使用寿命期间可能使总阻力增加 25% ~50% 。有关数据显示，每米长度的粗糙度厚度为 25μm 时，船速降低 1% 。

3. 汹涛阻力（rough water resistence）

船舶阻力也会由于风、浪和船身的剧烈摇摆运动的影响而增加。顶浪航行时，一般船舶总阻力比静水状态增加 50% ~100% 。

4. 空气阻力（air resistence）

空气阻力指在静水状态下（3 级风以下），船舶水上部分对空气的相对运动产生的阻力。一般来说，空气阻力与船速的平方以及船体水线以上部分正投影面积成正比。一般情况下，空气阻力通常占总阻力的 2% ~4% 左右，但集装箱船由于其船体水线以上部分正投影面积较大，且船速较高，其空气阻力占总阻力的比例可达 10% 。

附加阻力的大小与风浪大小、船体污底轻重及航道浅窄有关。

三、螺旋桨的推力与转矩

（一）推力与转矩

螺旋桨在主机的驱动下旋转推水向后运动，而水对螺旋桨的反作用力称为推力（thrust）。

主机提供的使螺旋桨旋转的力矩称为转矩（torque）。

流向螺旋桨盘面的水流称为吸入流（suction current），其特点是作用范围较广，流线几乎平行，流速较低；推离螺旋桨盘面的水流称为排出流（discharge current），其特点是作用范围较窄，流线旋转，流速较快。如图 2-1-8 所示。

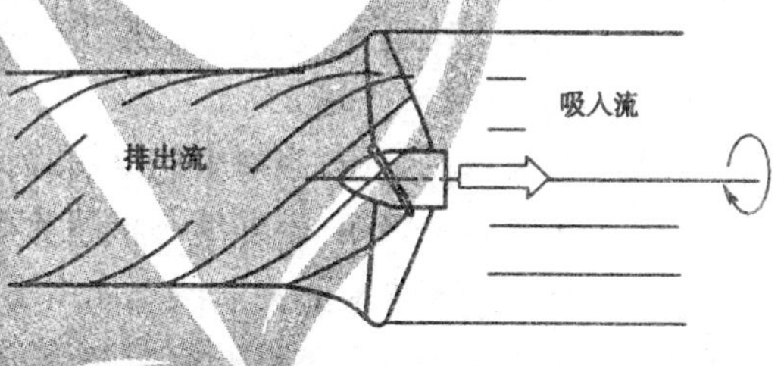

图 2-1-8　吸入流和排出流

主机提供的使螺旋桨旋转的力矩称为转矩（torque）。螺旋桨的推力与转矩用下式计算：

$$T=\rho \cdot D^4 \cdot n^2 \cdot K_T \qquad (2\text{-}1\text{-}3)$$

$$Q=\rho \cdot D^5 \cdot n^2 \cdot K_Q \qquad (2\text{-}1\text{-}4)$$

式中：ρ——水密度；

D——螺旋桨直径；

n——螺旋桨转速；

K_T——螺旋桨的推力系数；

K_Q——螺旋桨的转矩系数。

一般来讲,推力与主机的转速、船速、螺旋桨的沉深、滑失和伴流有关。

(1)当船速一定时,转速越高,推力就越大,推力的大小与转速的平方成正比;

(2)当转速一定时,船速越高,推力越小;即推力与船速成反比。船速为零时推力最大称为系柱推力。

(3)沉深越小,推力越小;滑失越大,推力越大。

(4)伴流越大,推力越大。

螺旋桨沉浸水中的深度对螺旋桨的推力与转矩影响较大,当螺旋桨浸在水中的深度不足,螺旋桨转动造成空气吸人现象或部分桨叶露出水面,螺旋桨的推进效率将大大降低,螺旋桨的推力与转矩也将随之降低。

当主机倒车时,主机的拉力和转矩具有与正车时相同的特性,由于螺旋桨及主机结构方面的原因,一般船舶倒车拉力只有进车推力的60% ~70%,大型船舶只有30% ~40%左右。

(二)滑失

滑失(slip)是指螺旋桨对水纵向运动的理论速度与实际速度之差。即

$$s = np - v_p = np - v_s(1 - w_p) \quad (2\text{-}1\text{-}5)$$

式中:s——滑失;

n——螺旋桨的转速;

p——螺旋桨的螺距;

v_p——螺旋桨对水的实际速度;

v_s——船舶对水的速度;

w_p——螺旋桨处的伴流系数或伴流分数。

滑失与螺旋桨对水运动的理论速度的比值称之为滑失比 s_r(slip ratio),即

$$s_r = s/np = (np - v_p)/np = 1 - v_p/np \quad (2\text{-}1\text{-}6)$$

若以船速 v_s 代替 v_p 时,则分别称为虚滑失和虚滑失比,即不考虑螺旋桨处伴流的影响。

螺旋桨的滑失比越大,螺旋桨的推力系数与转矩系数也越大。当螺旋桨的转速一定时,船速越低,螺旋桨的滑失比越大。

从以上分析可以看出,当滑失比增加时,在增加推力的同时也增加了螺旋桨的转矩,这就需要主机克服更大的转矩,容易使主机超负荷工作而损坏主机。因此在实际工作中应避免船舶在静止中突然高速进车和高速倒车而损坏主机。另外,船舶在大风浪中或浅窄水域航行时,因船速下降而导致螺旋桨的滑失增加,亦容易造成船舶主机超负荷工作,应引起足够的重视。

尽管滑失比的增大会降低螺旋桨的推进效率并增加螺旋桨负荷,但从船舶操纵角度来看,滑失比的增大有利于提高船舶的转向效率。在实际操船中,船舶操纵人员常常通过降低船速、增加螺旋桨转速来增大螺旋桨的滑失比,进而提高舵效。

(三)伴流

船舶以某一速度向前航行时,附近的水受到船体的影响而产生运动,其表现为船体周围将存在一股水流以某一速度随船前进,这股水流称为伴流或迹流。伴流的存在使得船后螺旋桨附近流场中水流对桨的相对速度与船速不同,从而使螺旋桨产生的推力也不同。伴流主要由摩擦伴流、势伴流和兴波伴流组成。通常所说的伴流速度是指相应位置处伴流沿首尾方向的分量。和船体运动方向运动一致的伴流称为正伴流,反之为负伴流。摩擦伴流是船体运动由

于水与船体之间的摩擦而引起的一种水流，其方向与船体的运动方向一致，故为正伴流，摩擦伴流是伴流的主要成分。如船体前进一段距离，首部须将水向两舷挤开，而外围水自首和两舷挤入，这种随船体运动自首经两舷再流向船尾的水流称为势伴流，显然首尾附近的伴流为正伴流，而船中附近的伴流为负伴流。因势伴流稍离船体迅速分散，所以其作用不甚明显。兴波伴流是船行波形成的伴流，其影响较前两者小。

伴流分布的特点为：船舶在前进时，伴流大小与厚度自船首至船尾逐渐扩大，船首最小，船尾最大，离船体越远，伴流越小。船舶后退时，则船尾的伴流最小；船尾处沿螺旋桨的径向，上大下小，左右对称，如图 2-1-9 所示。

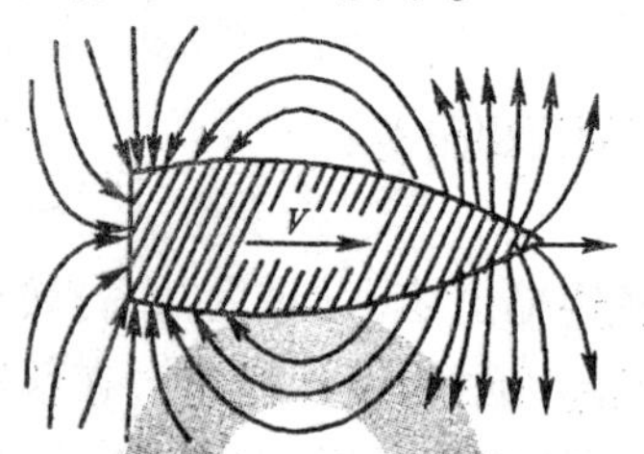

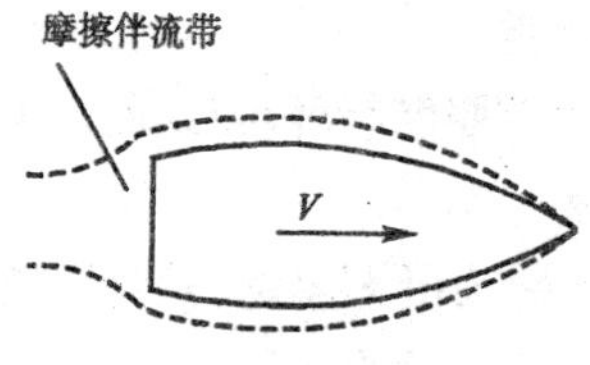

图 2-1-9　伴流的分布

由于伴流的存在，使得螺旋桨进速比船速低，船后螺旋桨的推力将比单独螺旋桨的推力大，但会使舵效变差。伴流对提高螺旋桨推力是个有利因素，因此一般船舶其正伴流的最大位置在螺旋桨的桨盘处。

四、主机功率和船速

对于给定的船舶主机，可提供的功率是有限的，船舶的船速也是受到限制的。此外，由于功率以及转矩的限制，主机或螺旋桨的转速也受到船速以及外界环境条件的制约，在特定的船速和环境条件下，主机并不是能随时提供任意的转速。

（一）主机功率

从功率的传递情况来看，主机发出的功率，除了驱动螺旋桨转动产生推力为船舶作前进运动提供有效功率外，还必须提供驱动螺旋桨产生相应转矩以及克服主机和传动轴系摩擦所需要的功率。

主机功率主要有以下几种：

1. 机器功率（Machinery Horse Power，MHP）

机器功率是指主机发出的功率。根据主机种类的不同，测定机器功率的部位不同，机器功率在不同类型主机中就有不同的表示方式。蒸汽机主机常用指示功率（IHP，Indicated Horse Power）来表示主机的机器功率，IHP 指主机在气缸内产生的功率。内燃机主机常用制动功率（BHP，Brake Horse Power）来表示主机的机器功率，BHP 指输出于主机之外可实际加以利用的功率。汽轮机主机常用轴功率（SHP，Shaft Horse Power）来表示主机的机器功率，SHP 指传递到与螺旋桨尾轴相连接的中间轴上的功率。

2. （螺旋桨）收到功率（Delivered Horse Power，DHP）

指机器功率经过传动装置和其他机件的摩擦损失，传至主轴尾端与螺旋桨连接处的功率。

3. 推力功率（Thrust Horse Power，THP）

指螺旋桨获得收到功率后，螺旋桨发出的推进功率，它等于螺旋桨发出的推力与螺旋桨进速(对水)的乘积。

4. 有效功率(Effective Horse Power,EHP)

指克服船舶阻力而保持一定船速所需要的功率,它等于船舶阻力与船速的乘积。

(二)各功率之间的关系

螺旋桨收到功率 DHP 与机器功率 MHP 的比值称为传递效率,其值通常为0.95~0.98。

有效功率 EHP 与收到功率 DHP 之比称为推进器效率,该值约为0.60~0.75。

有效功率 EHP 与主机机器功率 MHP 之比称为推进系数,该值约为0.5~0.7。这就是说,主机发出功率变为船舶推进有效功率后已损失了将近一半。

(三)船速分类

船速(对水)按照航行环境以及主机工况的不同可以分为:

1. 额定船速

额定船速也称为最大船速,是指船舶主机按额定输出功率(最大功率)航行时所能达到的最高船速。对应的主机转速称为额定转速。额定船速通常为设计船速,在新船试航时也可通过实船试验测得。投入营运后由于主机的磨损和船体的陈旧,额定船速将会降低。

2. 海上船速

船舶在海上实际航行时,通常保留一定的功率储备,采用低于额定功率的常用功率称为海上功率,通常为额定功率的90%,相应的海上常用主机转速则为额定转速的96%~97%。

主机按海上常用输出功率、常用转速运转时,在平静深水域中取得的船速即为海上船速。船舶以海上速度行驶时,只是意味着主机按海上常用输出功率、常用转速运转,由于海上气候多变,船舶装载状态不同,船速并不是固定不变的。

3. 港内船速

船舶在进出港航行时,因船舶密集,水深较浅,弯道较多,需要频繁用车(变速操纵)、用舵。为便于操纵和不使主机超负荷,港内航行时主机最高转速应较海速为低,一般港内的最高主机转速约为海上常用转速的70%~80%左右。该转速通常由船长和轮机长商定并共同遵守执行。因为螺旋桨设计的原因,倒车时转矩往往比正车时大,通常港内"后退三"时的主机转速约为海上常用转速的60%~70%。

此外,主机正车转速常划分为"前进三(Full ahead)"、"前进二(Half ahead)"、"前进一(Slow ahead)"以及"微速前进(Dead slow ahead)"四档,微进时的主机输出功率和转速,是主机可以输出的最低功率和最低转速。在倒车档次中也分为"后退三(Full ahead)"、"后退二(Half astern)"、"后退一(Slow astern)"以及"微速后退(Dead slow astern)"四档。与海上船速类似,港内船速指主机按港内各级转速运转时,在平静深水域中取得的船速。港内船速也称为备车(主机做好随时操纵的准备)速度或操纵速度,船舶以港内速度行驶时,往往意味着备车航行。由于船舶装载状态以及水深等外界条件不同,船速并不是固定不变的。

4. 经济航速

所谓的经济航速是指能使船舶费用和燃料费用之和(即运输成本)达到最低的航速。营运中的船舶为了最大限度地节约成本,常常采用以经济航速航行,尤其是大洋航行时,航程和航时均较长,掌握船速和主机燃油消耗的关系,运用最佳船速,可以提高船舶运输的经济效益。

如果考虑船舶折旧费、保险费、船员费用、修理费、港口使费、润滑油费用等,确定经济航速比较困难。

(四)船速测定

船舶操纵性能受水深、水域宽度、气象条件、水文条件等诸多因素的影响,所以为了使实船试验结果具有普遍意义,需要对试验条件做出规定。IMO安全委员会在MSC/Circ.644中作出了详细规定。

1. 水深、水域宽度

应在深水、宽度不受限制,遮蔽条件较好的水域进行标准操纵性试验,其水深应大于4倍的船舶平均吃水。

2. 船舶载况和吃水差

船舶应在满载(达到夏季吃水)、平吃水的条件下进行试验。即确保螺旋桨有足够的沉深。

3. 气象与海况

应尽可能在比较平静的水域进行试验,具体规定如下:

风力不超过蒲氏5级,即风速不超过19kn;

海浪不超过4级;即有义波高不超过1.9m、最大波周期不超过8.8s;

流场比较均匀,即在试验时间和水域范围内,流速、流向相对是稳定的。

因此,船舶测速要求在专用测速水域进行,应沿与测速标方位垂直的航向行驶。通常需测定满载、合理压载等常用吃水条件状态的前进一、前进二、前进三时的船速。无风、浪、流的影响时,船舶测速(对一种装载状态和一种主机转速,下同)通常需要进行一个往返:

$$v = (v_1 + v_2)/2$$

船舶测速时如果有风流影响,为减小误差,应往返多次测速并求平均速度。

仅有均匀流影响时,通常需要进行3次:$v = (v_1 + 2v_2 + v_3)/4$

有不均匀流影响时,通常需要进行4次:$v = (v_1 + 3v_2 + 3v_3 + v_4)/8$

船舶在进行测速操纵时,除满足以上所需条件外,应注意(图2-1-10):

(1)保持稳定的主机转速和航向,航向偏差不得超过±2°;

(2)把定航向所操舵角应不大于5°,旋回掉头时所用舵角不应大于10°。

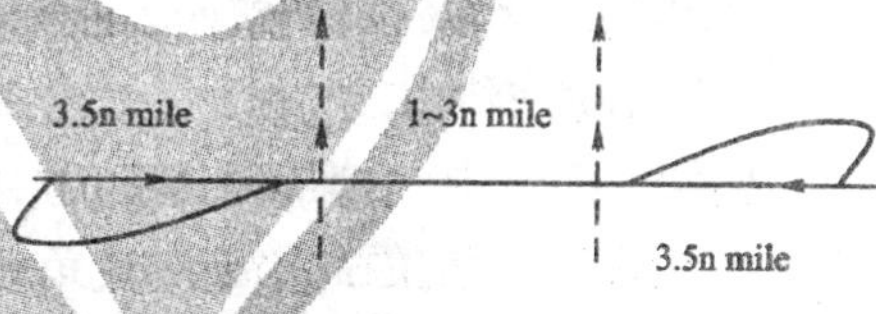

图2-1-10 测速操纵示意图

五、螺旋桨的致偏效应及其运用

螺旋桨转动时,除了产生前后方向的推力或拉力,以控制船舶的前后运动之外,还会产生左右不对称的横向力使船舶产生偏转。船舶驾引人员必须注意这些横向力对船舶操纵的影响,了解和掌握这些横向力的特性、大小、方向等,在实际操船中趋利避害地加以运用。根据产生机理的不同,螺旋桨横向力可以分为沉深横向力、伴流横向力、排出流横向力以及推力中心偏位,这几种作用力在不同的条件下作用大小和方向各异。下面以右旋固定螺距螺旋桨(FPP)单桨船为例讨论螺旋桨横向力产生的机理及作用规律。

(一)沉深横向力

螺旋桨盘面中心距水面的垂直距离称为螺旋桨的沉深 h,沉深与螺旋桨直径 D_P 之比 h/D_P 称为沉深比,见图 2-1-11。

沉深横向力的产生机理是由于流体静压力随深度的增加而增大,当螺旋桨转动时,上下桨叶所处的深度不同,在周向(即切线方向)的横向力方向相反,但大小不同,因此产生横向力。此外,当沉深比较小($h/D_P<0.65\sim0.75$)时,上方有空气吸入或桨叶暴露于空气中($h/D_P\leqslant0.5$),则其所受的转力小,因而产生较大的横向力。

随沉深的增大,螺旋桨桨叶距水面较深,空气就不易吸入,沉深横向力逐渐减小。但如果水深较浅,螺旋桨桨叶距离海底较近,由于水流受阻或搅入泥沙使流体密度增大,下部桨叶受到的水动力会大于上部桨叶,同样产生较大的横向力。

由沉深横向力产生的机理可以看出,作用在桨叶上的横向力方向(由船尾向前看)总是与螺旋桨的旋转方向相同。对于右旋固定螺距螺旋桨而言,进车时,沉深横向力推尾向右,船首左偏;倒车时相反,推尾向左,船首右偏,见图 2-1-12。

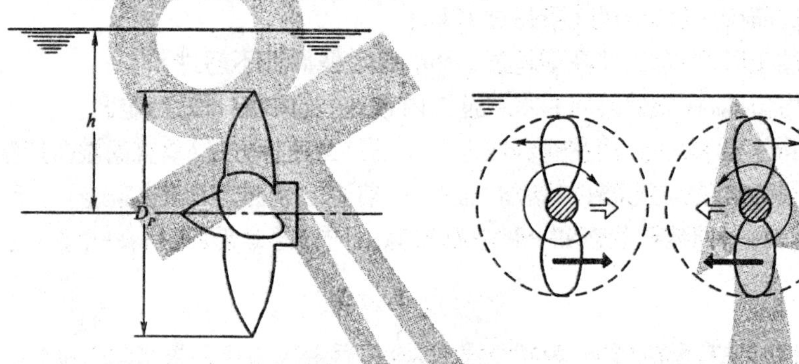

图 2-1-11 螺旋桨沉深　　图 2-1-12 螺旋桨沉深横向力

沉深横向力的大小除了与沉深及螺旋桨转速有关外,受船速的影响较大,在转速不变的情况下,随船速的提高,沉深横向力逐渐减小。

(二)伴流横向力

船舶在前进中,当螺旋桨转动时,由于受纵向伴流影响,螺旋桨上部桨叶相对于水的进速比下半部桨叶要低,因此水流的攻角相对较大,所受到的升力也相对较大,偏转力也要比下部桨叶的转力要大,该转力之差即称为伴流横向力,见图 2-1-13。

由伴流横向力产生的机理可以看出,作用在桨叶上的横向力方向(由船尾向前看)总是与螺旋桨的旋转方向相反。对于右旋单桨船而言,前进中进车时,推尾向左,船首右偏;船舶在前进中倒车时相反,伴流横向力推尾向右,船首左偏。上述的船首偏转方向正好与螺旋桨的沉深横向力相反。

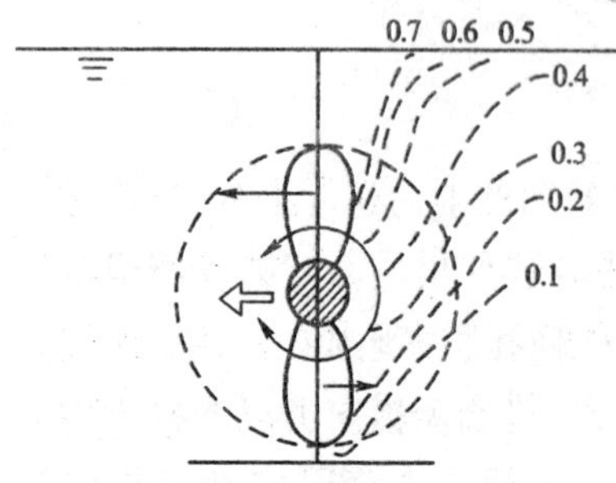

图 2-1-13 螺旋桨伴流横向力

伴流横向力还随转速的提高而增大,由于船速较低时伴流相应减弱,伴流横向力随船速的降低而减小。在船舶静止或后退中,船尾伴流可以忽略,伴流横向力也可以忽略。但总体而言,不论是进车还是倒车,伴流横向力均是一个较小的量。

(三)排出流横向力

离开螺旋桨的流称为排出流,其特点是流速较快,作用范围较小,水流旋转激烈,如图2-1-8所示。

船舶前进中进车,排出流作用在舵上。正舵时,由于旋转作用,螺旋桨上半部排出流作用在舵叶右下部,下半部排出流作用在舵叶左上部。受伴流影响,上半部排出流轴向速度较小,因此作用在舵上的冲角较大,使舵叶右侧的水动力大于左侧,造成推尾向左的横向力,见图2-1-14。

船舶进速较低或船舶后退中倒车时,螺旋桨的排出流打在船体的尾部,由于船体尾部线型的上肥下瘦,相比较而言,在船尾右舷尾外板上不仅排出流冲角较大,而且冲击的外板面积较为宽广,所以形成较强的冲击力,使船尾向左偏转,船首向右偏转,见图2-1-15。

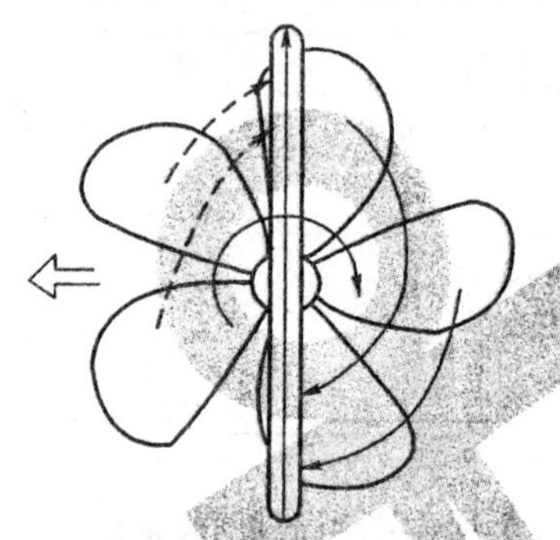

图2-1-14　螺旋桨正车排出流横向力

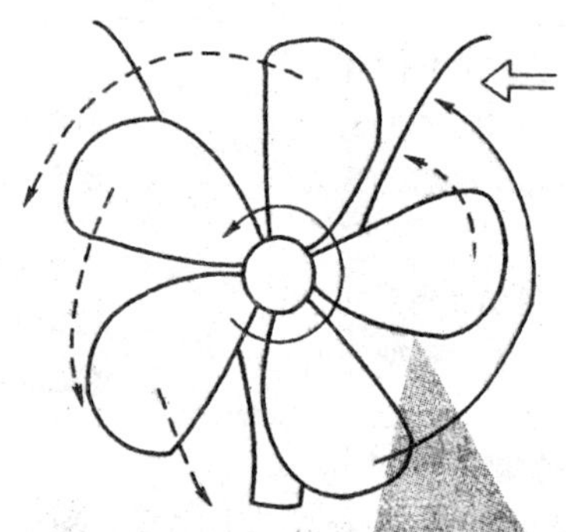

图2-1-15　螺旋桨倒车排出流横向力

综上所述,无论处于何种状态,右旋固定螺距螺旋桨单桨船的排出流横向力方向均向左,使船首向右偏转。

(四)中心偏位

推力中心偏位是由吸入流和伴流引起的。由于吸入流和伴流在船尾的分布是三维的,在垂向的分布是沿水下船尾型线由船底向上呈斜上方向汇集于螺旋桨的盘面内。螺旋桨右旋时右半圆的桨叶呈顶流、左半圆的桨叶呈顺流状态,使右侧桨叶的推力大于左侧桨叶的推力,整个螺旋桨的推力中心偏向于螺旋桨中心的右侧,使船首左偏,同时,由于左右桨叶垂直力右大左小,船尾受到一定程度的抬升。船舶前进时倒车时,左侧的桨叶呈顶流、右侧的桨叶呈顺流状态,使左侧桨叶的拉力大于右侧桨叶的拉力,整个螺旋桨的拉力中心偏向于螺旋桨中心的左侧,使船首左偏(图2-1-16)。

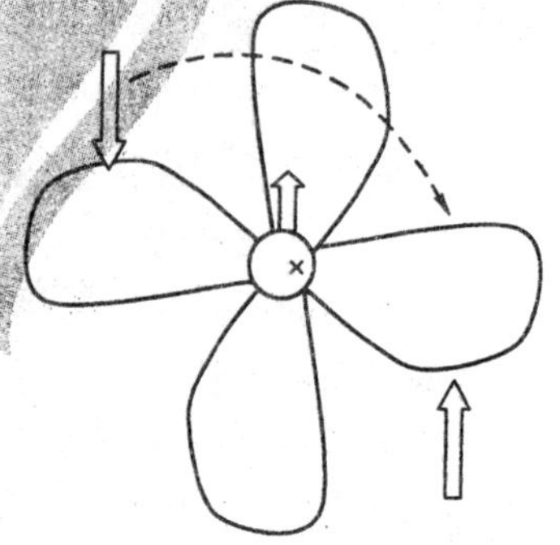

图2-1-16　推力偏心力

总而言之,螺旋桨推(拉)力中心偏位的方向与螺旋桨旋转的方向一致,引起的横向力使船尾向右,船首向左偏转。船速越高、螺旋桨转速越高,则推力中心偏位越明显。但总体而言,不论是进车还是倒车,螺旋桨推力中心引起的横向力均是一个较小的量。船舶在后退中,因为舵吸入流和伴流均微弱,推力中心偏位的效果可以忽略。

右旋固定螺距螺旋桨(FPP)单桨船各种螺旋桨横向力产生的条件及作用规律如表2-1-1

所示。

表 2-1-1

横向力种类	产生条件	量级	影响因素	方向	致偏作用
沉深横向力	h/D_P <0.65 ~ 0.75 或水深较小	较大	h/D_P 越小、水深越浅、船速越低、转速越高,横向力越大;空载时作用明显	与螺旋桨旋转方向相同	进车,尾右偏,首左偏 倒车,尾左偏,首右偏
伴流横向力	船有进速,伴流存在	小	船速越高、转速越高,该力越大	与螺旋桨旋转方向相反	进车,尾左偏,首右偏 倒车,尾右偏,首左偏
排出流横向力	进车时伴流存在; 倒车时排出流能够作用于船体尾部	进车较小 倒车时大	排出流速度越大、船尾吃水越浅,该力越大	向左	尾左偏,首右偏
推力中心偏位	船舶在前进中,伴流(垂向)存在	小	船速越高、螺旋桨转速越高,推力中心偏位越明显	推力偏右,拉力偏左	尾右偏,首左偏

(五)螺旋桨致偏作用

船舶在不同的运动状态下用车时,螺旋桨旋转产生横向力引起船体偏转的方向和大小各不相同,以下以右旋固定螺距螺旋桨单桨船为例讨论螺旋桨致的致偏作用。

1. 静止中进车

开始动车时,因为不存在伴流(吸入流引起的伴流可以忽略),伴流横向力、进车排出流横向力以及推力中心偏位的影响均较小,船舶在沉深横向力的作用下使船首左偏。

空船或轻载时,螺旋桨的沉深比 h/D_P 比较小,沉深横向力较大,船首左偏比较明显。重载船沉深比 h/D_P 比较大,沉深横向力较小,但在水深吃水比 H/d 比较小时,沉深横向力仍可能较大,但由于船舶质量和吃水较大,沉深横向力致偏作用不明显。

船舶在静止中进车,螺旋桨排出流的作用能够产生足够的舵效,用 2° ~ 3°舵角即可克服横向力的致偏作用保证船舶直航。

2. 静止中倒车

静止中的船舶操正舵倒车时,由于不存在伴流,只有倒车排出流横向力及沉深横向力的影响使船首向右偏转。

空船或轻载时,螺旋桨的沉深比 h/D_P 比较小,沉深横向力较大,而且船舶质量及吃水较小,船首右偏比较明显。重载船沉深比 h/D_P 比较大,沉深横向力较小,但在水深吃水比 H/d 比较小时,沉深横向力仍可能较大,同时倒车排出流横向力总是较大的量,因此仍有明显的船首右偏。

船在静止中由于吸入流产生的舵力极低,即便使用右满舵也不能控制这种船首右转的现象。

3. 前进中进车

船舶在正车前航时,沉深横向力、伴流横向力、进车排出流横向力以及推力中心偏位均存

在,其作用方向相反,致偏作用取决于各种横向力的大小,总体偏转不明显。

低速时,伴流横向力、进车排出流横向力以及推力中心偏位的影响均较小,船舶在沉深横向力的作用下使船首左偏。随着船速的提高,沉深横向力减小,伴流横向力、排出流横向力推尾向左的影响增强,将逐渐削弱甚至克服沉深横向力的作用。

船舶在正车前航时,螺旋桨横向力致偏作用极小,且可用舵角保证船舶直航。

4. 前进中倒车

船舶在前进中倒车,船舶在正车前航时,沉深横向力、伴流横向力、进车排出流横向力以及推力中心偏位均存在,但其大小和作用方向各异,而且随船速的变化,致偏作用也不尽相同。

开始倒车时,船速仍较高,伴流仍很强,伴流横向力的影响使船首左偏,推力中心偏位的影响也使船首左偏。而因船前进的速度较高,沉深横向力较小,倒车排出流难以作用到船尾,使船首右偏的影响则较弱。因此总体而言船舶的偏转方向不定,此时由于有一定舵效,用舵就能克服偏转。

随着船速降低,沉深横向力与倒车排出流横向力的影响逐渐增强,而伴流横向力与推力中心偏位逐渐减弱,船首将出现明显的向右偏转。此时,船虽仍在前进中,但倒车排出流却大大降低了舵处的来流速度,舵效极差,因此即使操舵也无效果。一般船舶为控制船首右转,只有在倒车开出之前先操左舵,使船先具备左转趋势,上述右偏现象才有所缓解。

5. 后退中倒车

船舶在后退中倒车,与静止中的船舶操倒车时相同,由于不存在伴流,只有倒车排出流横向力及沉深横向力的影响使船首向右偏转。只有具有相当的后退速度,舵与水的相对速度较大,才能产生足够的舵力转船力矩以削弱船首向右偏转的趋势。实船经验表明,后退中的舵力,一般仍不能制止船首向右偏转。

6. 后退中进车

船舶在后退中进车,与静止中的船舶进车时相同,因为不存在伴流(吸入流引起的伴流可以忽略),伴流横向力、进车排出流横向力以及推力中心偏位的影响均较小,船舶在沉深横向力的作用下使船首左偏。

螺旋桨排出流的作用能够产生一定的舵效,可以用舵克服横向力的致偏作用。

(六)螺旋桨致偏作用的运用

如前所述,就右旋固定螺距螺旋桨单桨船而言,螺旋桨横向力最明显的致偏作用是在低速前进中、静止中或后退中倒车时出现的船首右偏。这一现象在实际操船中可以趋利避害地加以运用。

1. 向右就地掉头

为了在狭小的水域完成掉头180°的操纵,右旋单桨船(FPP)多采取向右掉转的方法。操纵得当应能在两倍船长左右或更小的水域内实现掉转。

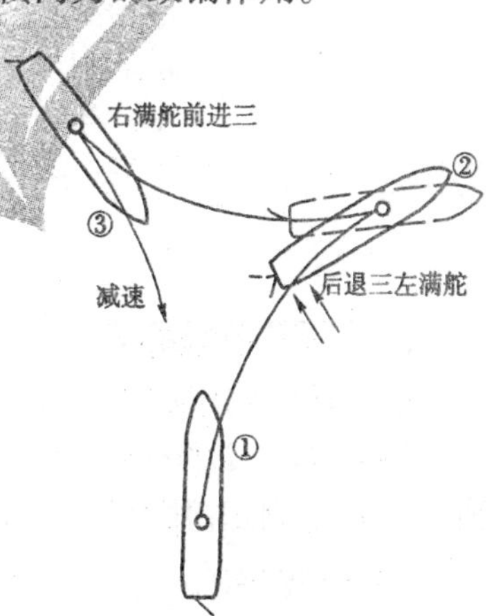

图 2-1-17　向右就地掉头

如图 2-1-17 所示,船舶停车淌航至位置①时,操右满舵全速进车。此时螺旋桨的滑失很大,船首迅速向右偏转,但由于船速不大,故而前冲的距离不大。在未到位置②之前即

用后退三,此时舵力、螺旋桨沉深横向力、倒车排出流横向力均推尾向左,进一步使船首继续右转。当船舶到达位置②时,即船舶前进运动停止后操正舵,待船舶开始后退时即操左满舵,船首继续右转。当至位置③时,若确信位置已够,可操右满舵并全速进车,待船首掉转到接近180°时适当减速。

2. 系靠单浮或单点系泊中的应用

如图2-1-18所示,在系靠单浮筒或单点系泊时的自力操船中,通常以右舷浮筒横距大约为1~1.5倍船宽入泊。在接近浮筒前倒车,这样既可以刹减船速,又可以使船首向右偏转,从而使船首缓慢接近浮筒。

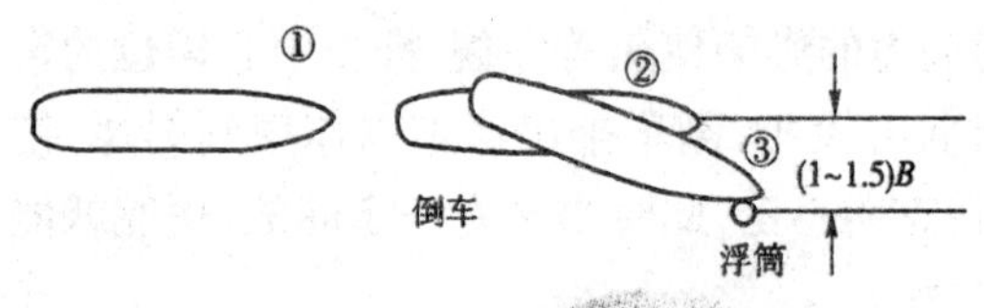

图2-1-18 系靠单浮筒

3. 自力靠泊操纵中的应用

左舷靠码头时,一般应调整本船对码头线的靠拢角为(越是倒车偏转特性强的小型船该角度也较大)10°~20°,以备在适当时间倒车时既可将船拉停在码头边,又能使船外转该靠拢角度,正好平行地或近乎平行地停于码头泊位处。如图2-1-19a)所示。

右舷靠泊如图2-1-19b)所示。考虑到为了停船必须使用的倒车会使船舶右转,因此应尽量减小靠拢角,而略加大船与码头线的横距,以便倒车时,使船首平安地接近码头线,然后再采取适当措施解决船尾入泊的问题。

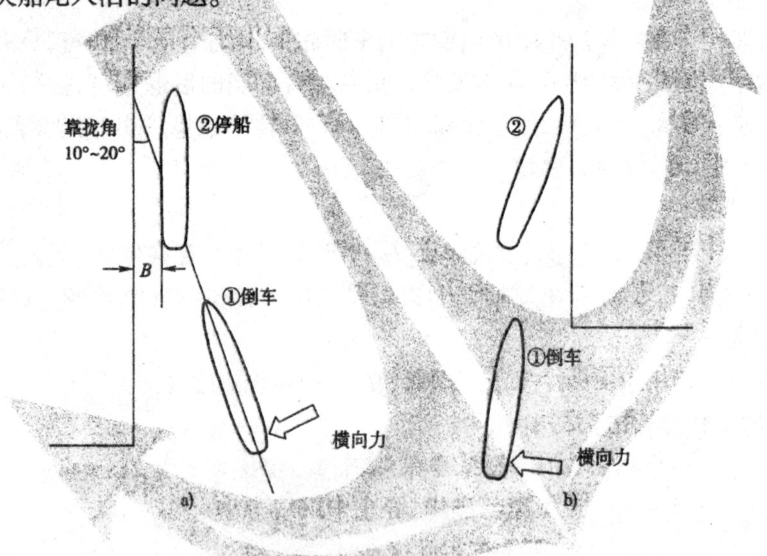

图2-1-19 自力靠泊操纵

(七)CPP与双桨船

除了右旋固定螺距桨FPP外,实际中有的商船装备可变螺距桨即CPP(controlable pitch propeller),另外也有的船舶装备双车(可能是FPP也可能是CPP)。为了趋利避害的利用螺旋桨横向力的致偏作用,可变螺距桨及双桨的旋转方向并不总是右旋的。

1. 可变螺距桨

如前所述,可变螺距螺旋桨的特点在于其在停车、正倒车操纵中不需要改变旋转方向和转速,而右旋固定螺距桨横向力最明显的致偏作用是在低速前进中、静止中或后退中倒车时出现

的船首右偏。因此对于可变螺距螺旋桨(CPP)单桨船而言,为了使其在操纵中与右旋固定螺距单桨船的致偏作用一致,常常采用左旋式。

2. 双桨船

双螺旋桨船的两个推进器推力的大小可分别进行控制。对于双桨船而言,为了抵消正车前航时的螺旋桨致偏作用,不论是 FPP 或 CPP,两个桨的旋转方向总是相反的。固定螺距螺旋桨双车船多采用外旋式,这样设置是为了充分发挥港内操纵时的螺旋桨致偏作用,利用一进一倒进行转船时,两个螺旋桨的横向力都有助于船舶的转动。同理,对于可变螺距螺旋桨,一般采用内旋推进方式(图 2-1-20)。

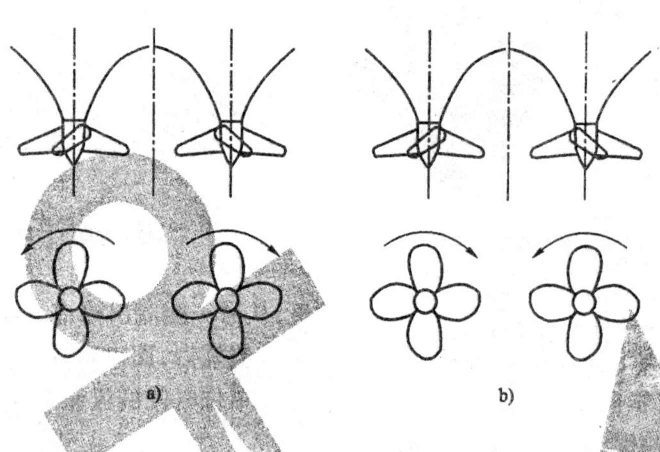

图 2-1-20　双螺旋桨

a)固定螺距螺旋桨;b)可变螺距螺旋桨

六、侧推器的使用

操舵可以产生横向力和转船力矩,进而控制船舶的航向,且船速越高舵控制航向的能力越强。但在船舶进港船速逐渐降低的过程中,操舵产生的舵力转船力矩逐渐减小,控制航向的能力逐渐变差。为了解决这个问题产生了另一种产生转船力矩的方法,即在船上安装侧推装置,简称为侧推器。

(一)侧推器概述

侧推器可以作为船舶的辅助操纵装置,广泛应用于港内船舶操纵。靠离码头中船舶的横向移动、航道内低速航行时调整航向、抑制倒车过程中的船首偏转等都是侧推器在船舶操纵中的具体应用。侧推器适用于靠离泊操纵频率较高的船舶,如滚装船、大型客船、大型集装箱船以及部分化学品船舶和油船等等。

(二)侧推器的构造

广泛采用的侧推器为一种槽式侧推器,在船体水下的首部或尾部各开一个或多个贯穿船体的槽道,槽道与船舶纵舯剖面垂直,其中装设螺旋桨,利用螺旋桨旋转形成向船侧的喷流以产生作用于船体的横向力。改变螺旋桨的旋转方向,可以改变作用力的方向,可对船舶进行控制。图 2-1-21 给出了侧推器的构造情况。

侧推器主要由电动机、竖向传动装置和螺旋桨组成。侧推器的螺旋桨一般采用可变螺距螺旋桨。侧推器可直接在驾驶台用手柄控制作用力的大小和方向,其侧推力一般分为2~3个档次。

(三)侧推器的布置及功率

普通船舶仅在船首布置一个首侧推装置情况居多。为了更进一步提高其低速情况下的操纵性能,有些船舶在船的首、尾各装上了一至数个侧推装置,侧推器的功率一般为主机额定功率的10%。如图2-1-22所示。尾侧推器的构造完全与首侧推器相同,这样的布置可大大提高船舶低速情况下的操纵性能,并减少对港口拖船的依赖。

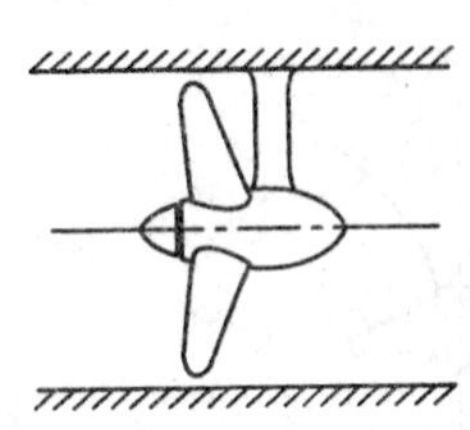

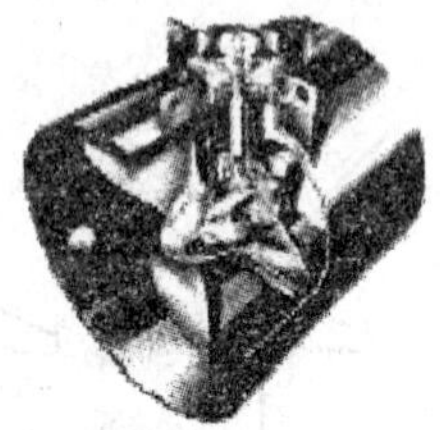

图2-1-21 槽式侧推器的结构图

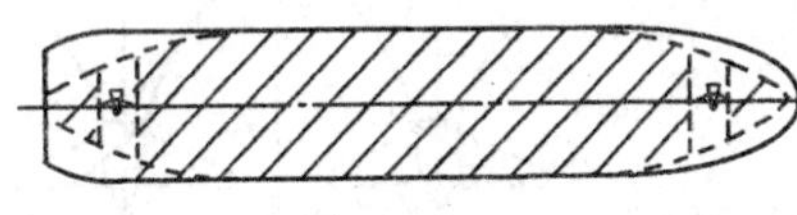

图2-1-22 首尾侧推器的布置

(四)侧推器工作原理及侧推力

侧推器在流体中工作时,流体从一侧进入槽道,从另一侧流出槽道,产生侧推力,进而产生转船力矩。动量理论分析表明,进口处流动不影响侧推力,而出口处的流动产生流体的反作用力称为侧推力(横向力)。侧推力的大小与槽道内单位时间的流量有关。流量越大,侧推力越大,也就是说,侧推器的功率越大,侧推力也越大。

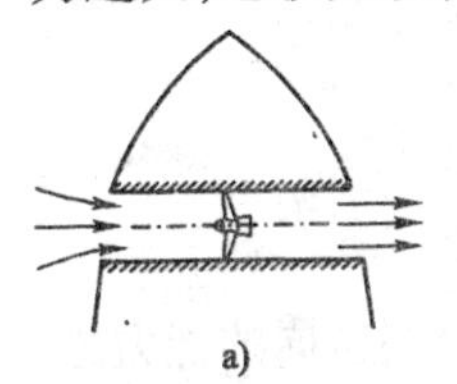

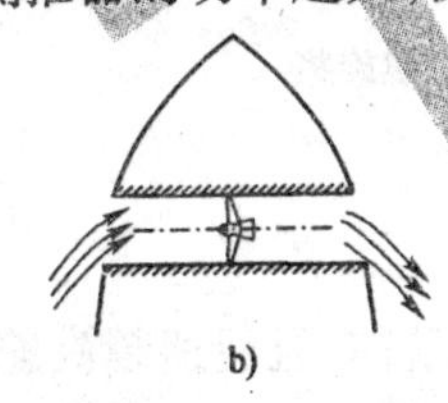

图2-1-23 船速对侧推水流的影响

侧推力的大小还与船速和船舶载况有关。其中船速是最主要的因素。船舶静止(无纵向运动速度)时,首侧推器工作时的流态见图2-1-23a),流的方向基本垂直于船舶首尾线,发出的侧推力也垂直于船舶首尾线。但有船速时,槽道出口的流体不是垂直于船舶的纵舯剖面,而是弯向船体的后方,见图2-1-23b),则发出的侧推力也不是垂直于船舶首尾线,则有效侧推力有所降低。随着船速的增加,这种流体的弯曲程度越加严重,它所产生的有效侧推力将显著下降。在高速航行时,基本不产生侧推力。同样,尾侧推器的侧推力也受船速的影响,但由于所处的位置不同,其影响程度要小一些。因此,槽式侧推器在船速为零时能产生最大的侧推力,有航速时有效推力下降,这是它的主要缺点。

侧推力的大小还与船舶载重状态有关,同一船速下,压载时侧推器的效率比满载时的效率低。这是由于两种状态下侧推器的不同沉深造成的。

(五)侧推器效应及技术指标

侧推器效应是指侧推力对船舶的作用效果,即平移和转船效果。侧推器效应取决于船舶运动状态和侧推力的大小、方向及作用点。其中影响最大的是船舶运动状态。侧推力的作用点是固定的,即在艏柱之后或尾柱之前。

衡量侧推器效应有一些技术指标,船舶操纵人员掌握这些技术指标,有利于了解侧推器的性能和操纵特点,进而正确使用。

1. 侧推器失效船速

侧推器效应随着船速的增加而降低，达到某一船速时，其效率为零，该船速称为侧推器失效的极限船速，简称为侧推器失效船速。对于大型集装箱船舶，一般首侧推器失效船速基本为4~6kn。一般在侧推器的控制台边上都附有“航速超过×节不可使用”的警告牌。首侧推器和尾侧推器的效率受船速的影响不尽相同，一般首侧推器受船速的影响要比尾侧推器要大。尾侧推器失效船速要高一些。

2. 船舶最大旋回角速度

衡量侧推器效率的另一个指标是在船速为零时侧推器作用下的最大旋回角速度。该最大旋回角速度与船舶大小、侧推器功率、船舶载况等诸多因素有关。

3. 启动时间和换向

由于机器的性能与螺旋桨推进器一样，在使用最大侧推力时，侧推器从侧推力从零增至最大值的过程中有一个时间延迟，该时间延迟称为启动时间；另一个指标是侧推器的换向时间，即侧推器从一侧侧推力最大转换为另一侧侧推力最大所用的时间。

（六）船舶静止中侧推器效应

以船舶配有首、尾两个侧推器为例，定性分析单独使用一个侧推器和同时使用首尾侧推器的效应。

1. 单独使用一个侧推器的效应

单独使用首侧推器产生侧推力 Y_{SF}，在侧推力的作用下，静止中的船舶将产生横向阻力（水动力）Y_H，在合力 $Y_{SF}+Y_H$ 的作用下，船舶横向运动状态发生变化。这时，由于船舶没有进速或退速，水动力中心在船中处，则不产生水动力矩。实际上，侧推力 Y_{SF} 和水动力 Y_H 是一对力偶，力偶臂等于二者作用点之间的距离，即 x_{SF}。则船舶在侧推力矩 $N_{SF}=Y_{SF}\cdot x_{SF}$ 的作用下，船首将绕船中位置转动，见图 2-1-24a)。

同理，单独使用尾侧推器时，其效应与单独使用首侧推器的情况类似，见图 2-1-24b)。

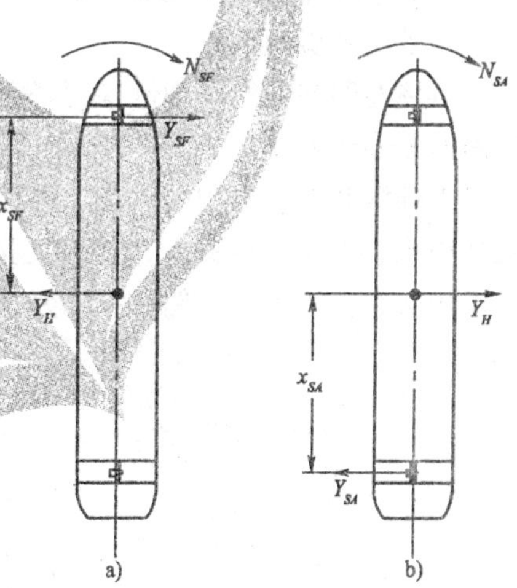

图 2-1-24　静止中单侧推器效应

2. 同时使用双侧推器效应

同时使用首、尾侧推器，其效应取决于首、尾侧推力的大小和方向。横移效应取决于首、尾侧推力合力的大小，转船效应取决于首、尾侧推力的方向。若首、尾侧推力的方向相反，当 $Y_{SF}\neq Y_{SA}$ 时，则横移运动取决于合力 $Y_{SF}+Y_{SA}+Y_H$ 的大小。转船效应取决于合外力矩 $N=Y_{SF}\cdot x_{SF}+Y_{SA}\cdot x_{SA}$ 的大小；当 $Y_{SA}=Y_{SF}$ 时，船舶横移运动状态不变，二者构成一对力偶，力偶臂为 $x_{SF}+x_{SA}$，由于力偶臂的增大，其转船效率比单独使用首或尾侧推器的效率高得多，从而使船舶加速转动。

若首、尾侧推力的方向相同，当 $Y_{SA}\neq Y_{SF}$ 时，横移运动取决合力 $Y_{SA}+Y_{SF}+Y_H$ 的大小，转船效应取决于合外力矩 $N=Y_{SF}\cdot x_{SF}+Y_{SA}\cdot x_{SA}$ 的大小；当 $Y_{SF}=Y_{SA}$ 时，横移运动取决合力 $Y=Y_{SA}+Y_{SF}+Y_H$ 的大小，这时，如果首、尾侧推器位置距离船中相等，则将不产生转船效应，仅产生横移效应。若 $Y=0$，则船舶匀速横移。

驾驶专业

(七)船舶前进中侧推器效应

1. 首侧推器的效应

以使船舶向右转向为例,单独使用首侧推器产生侧推力 Y_{SF},在侧推力的作用下,前进中的船舶将产生横向阻力(水动力) Y_H,在合力 $Y_{SF}+Y_H$的作用下,船舶横向运动状态发生变化,产生横移速度,即产生漂角,使船舶处于斜航状态。由于船舶前进中水动力中心在船中之前,则产生水动力矩 N_H,在合力矩 $N_{SF}-N_H$的作用下,船舶将产生转动角速度,使航向角发生变化,见图 2-1-25a)。这时,力偶矩等于 $Y_{SF}(x_{FS}-x_W)$,则转船效果取决于力偶臂和侧推力的大小。船速较低时,水动力中心在船中之前但较接近船中,力偶臂较大,且有效侧推力也接近船舶静止中的情况,这时的转船效应比较接近静止中使用首侧推器的情况;随着船速的提高,水动力中心逐渐向前移动,力偶臂逐渐缩短,且有效侧推力也逐渐降低,则转船效应也不断降低。理论上,当船速提高至水动力中心达到首侧推器的位置时,力偶臂 $x_{SF}-x_W=0$,这时,首侧推器失去效应。实际上,随着船速的提高,水动力中心还未达到首侧推器位置之前,其已经不能发出有效侧推力,即首侧推器失去转船效应。

2. 尾侧推器的效应

同样以使船舶向右转向为例,单独使用尾侧推器时,其效应见图 2-1-25b)。与单独使用首侧推器的情况不同,力偶臂为 $x_{SF}+x_W$,这时,力偶矩等于 $Y_{SF}(x_{SA}+x_W)$,同样,转船效果取决于力偶臂和尾侧推力的大小。低速时的效应较接近静止中的情况。随着船速的提高,水动力中心逐渐向前移动,力偶臂逐渐变长,虽然有效推力逐渐降低,但与首侧推器相比,有效侧推力相同时,尾侧推器的转船力矩要大得多,其转船效果要比首侧推器好很多。船舶前进中应使用尾侧推器来调整航向。随着船速的增加,尾侧推器也有失效的问题,这失效不是由于力偶臂的减小引起的,而是由尾侧推器附近的流态造成的。

(八)船舶后退中侧推器效应

1. 首侧推器的效应

以使船舶向右转向为例,单独使用首侧推器时,其效应见图 2-1-26a)。与船舶前进中使用尾侧推器的情形类似,力偶臂为 $x_{SF}+x_W$,这时,力偶矩等于 $Y_{SF}(x_{SF}+x_W)$,同样,转船效果取决于力偶臂和首侧推力的大小。退速较低时的效应较接近静止中的情况。随着退速的提高,水动力中心逐渐向后移动,力偶臂逐渐变长,虽然有效推力有所降低,但与前进中的情形比较,后退中的首侧推器的转船效果要好很多。故船舶后退中应使用首侧推器来调整航向。

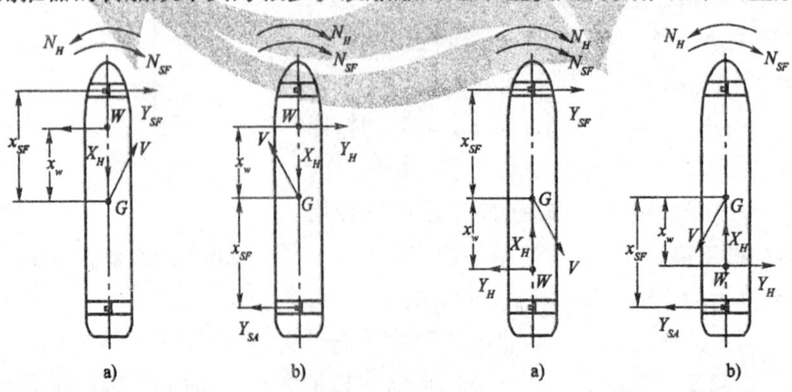

图 2-1-25 前进中单侧推器效应　　图 2-1-26 后退中单侧推器效应

2. 尾侧推器的效应

同样以使船舶向右转向为例，单独使用尾侧器产生侧推力 Y_{SA}，在侧推力的作用下，后退中的船舶将产生横向阻力（水动力）Y_H，在合力 $Y = Y_{SA} - Y_H$ 的作用下，船舶横向运动状态发生变化，产生横移速度，即产生漂角，使船舶处于向后斜航状态。由于船舶后退中水动力中心在船中之后，则产生水动力矩 N_H，在合力矩 $N_{SAF} - N_H$ 的作用下，船舶将产生转动角速度，使航向角发生变化，见图 2-1-26b）。显然，其效应与前进中使用首侧推器的情形一样。

第二节　舵设备及其应用

为了操纵的需要，船舶必须具备变向性能和保向性能，即控制航向性能。舵就是这种控制航向的重要操纵设备。船舶操纵过程中，舵的作用主要包括用小舵角保持航向、中舵角改变航向和大舵角的紧急避让与旋回。为此，对于船舶驾引人员，有必要了解有关舵设备的性能及其控制方法。

一、舵设备的作用及组成

舵一般位于螺旋桨的后方，舵的功能是利用流经船舶和舵面的水的作用力，在船尾产生一个横向的舵力，从而使船转动。舵设备是船舶在航行中保持和改变航向及旋回运动的主要工具。它由舵装置（rudder）、舵机与转舵装置（steering gear）、操舵装置的控制装置（steering gear controller）及其他附属装置（auxiliary equipment）组成，如图 2-2-1 所示。

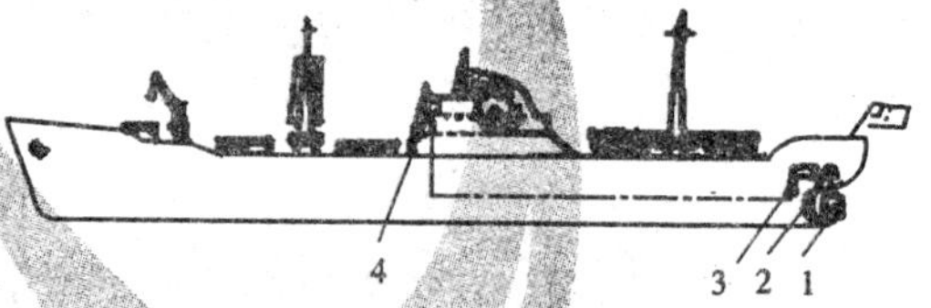

图 2-2-1　舵设备主要组成部分
1-舵装置（rudder）；2,3-转舵装置（steering gear）；4-操舵装置的控制装置（steering gear controller）

操舵人员转动舵轮或扳动操舵手柄（或应急装置），启动机械、液压或电力操舵装置即可控制舵机正转、反转及停止。转舵装置又称传动装置，其作用是把舵机的动力传到舵轴，驱动舵叶转动。舵机和转舵装置又统称为操舵装置，均装于船尾舵机室内。目前，绝大多数船舶装有自动操舵仪（简称自动舵），以在开敞、安全的水域中航行时取代了人工操舵。另外，目前较先进的自动航迹舵操舵仪，不但具备一般自动舵的航向保持功能，还有使船舶位置自动保持在预定航迹内的功能。

二、舵的类型和结构

（一）舵的类型

在海船上舵通常安装在船尾螺旋桨后面，靠近螺旋桨以获取桨后的高速水流。装在螺旋桨前面的舵，称倒车舵。装在船首部的舵，称首舵，用以改善船舶倒航时的操纵性。多舵船上，位于船体中纵剖面的舵称中舵，位于两侧的称边舵。

舵的类型的选择，取决于船舶的类型、大小、尾型和推进装置的类型。舵的数量和舵面积的大小对船舶操纵性影响很大。海船通常采用单舵，内河船则因航道弯曲而复杂常设有 2 ~ 3 个舵。舵面积一般根据船型、螺旋桨和舵的数目、船长和满载吃水等确定。舵面积的大小，一

般用舵面积比(舵面积同船舶长度和设计吃水乘积之比)表示。在我国有关的船舶设计手册及书刊中,海洋船舶的舵面积比多引用造船手册推荐的数值,即海船单螺旋桨单舵的舵面积比为1.6%~1.9%,双螺旋桨单舵为1.5%~2.1%;油船为1.3%~1.9%;沿海船为2.3%~3.3%,内河一般的双桨客船为2.1%~5.0%。

舵的类型较多。常见商船上使用的舵一般按下述几种方法来分类:

1. 按舵杆的轴线位置分类

(1)不平衡舵(unbalanced rudder):又称普通舵。舵叶面积全部在舵杆轴线的后方。这种舵有许多舵钮,即有许多支点,舵杆的强度易于保证。不平衡舵的舵杆轴线在舵叶导边处,舵压力中心至舵杆轴线的距离较大,有利于保持航向的稳定性,但所需转舵力矩也大,现在海船上这种舵已经很少见,一般只限于沿岸航行的一些小的驳船。

(2)平衡舵(balanced rudder):舵叶部分面积在舵杆轴线的前方,用舵时起到平衡作用,这部分面积与舵叶全部面积之比称为平衡系数,一般为0.20~0.30。这种舵的特点是舵叶的压力中心靠近舵轴,使舵绕舵轴的回转力矩小,以便于操舵,减少了舵机所需的功率,可选择小型舵机,因此,在海船和拥有双螺旋桨的船上得到广泛应用。它的缺点是舵在工作时容易摆动,对航向稳定性不利。

(3)半平衡舵(semi-balanced rudder):把舵轴前面的舵叶面积做得小些,或把舵叶的上半部分做成不平衡舵,下半部分做成平衡舵,减少其平衡量,使平衡系数介于平衡舵和不平衡舵之间,即0.2以下。半平衡舵与船舶的尾柱连接在一起,使舵比较坚固可靠,有利于保持航向的稳定性,比较适合于大型船舶,例如大型集装箱船、散装船、油船和一些远洋客船。目前比较流行的航海舵就属于半平衡舵,见图2-2-2c)和图2-2-3。

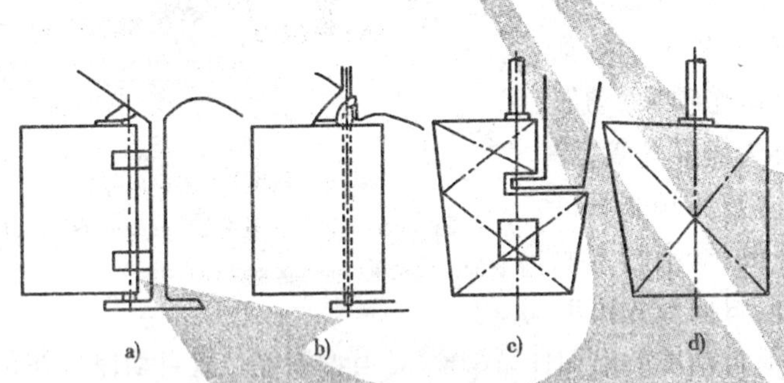

图2-2-2 舵的类型(按舵杆的轴线位置分)

a)不平衡舵(unbalanced rudder);b)平衡舵(balanced rudder);c)半平衡舵(semi-balanced rudder);d)平衡悬挂舵(balanced spade type rudder)

图2-2-3 半平衡舵

2. 按舵叶的支承情况分类

(1)双支承舵(double bearing rudder):有两个支承点的舵。上支承点一般是在船体上。下支承点,对于双支承的平衡舵,是在舵叶下端的舵托处,见图2-2-4e);对于双支承的半悬挂舵,是在舵叶的半高处,见图2-2-4a)。

(2)多支承舵(multipintle rudder):多于两个支承点的舵。支承点可为舵承、舵钮和舵托等。它有三个以上的舵钮用舵销与尾柱连接,一般为不平衡舵,见图2-2-4c)。除船体内的支承外,舵的重量主要由舵托支承。

(3)悬挂舵(hanging rudder):仅在船舶内部设有支承点,悬挂舵的舵叶悬挂于船体下面,无下支承,舵杆受弯矩大,常用作多舵船的边舵,见图2-2-4b)。

(4)平衡悬挂舵(balanced spade type rudder):这种类型的舵从上往下逐渐变窄,以减少对舵轴的弯矩。建造和安装比较简单,其缺点是整个舵的重量只能由船内的舵承来承受,这种类型的舵被广泛地使用在沿岸航行的短途运输船舶中,例如渡轮、滚装船及冷藏船。

(5)半悬挂舵(partially underhung rudder):半悬舵的舵叶上半部连接在舵柱上,下半部呈悬挂状,见图2-2-4a)。

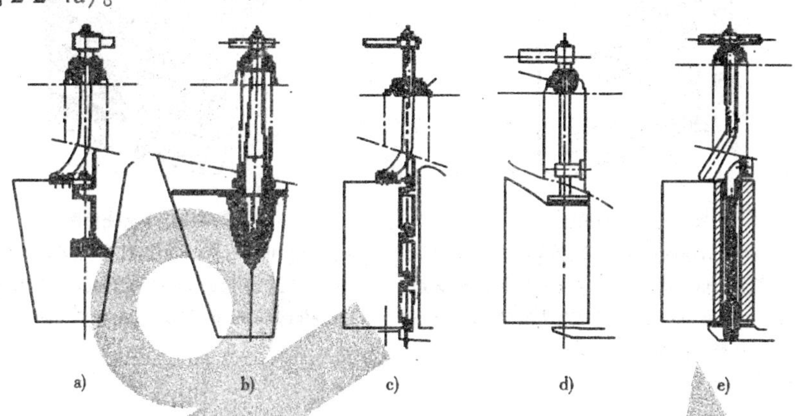

图2-2-4　舵的主要类型

a)半平衡舵(semi－balanced rudder);b)悬挂舵(hanging rudder);c)多支承舵(multi－pintle rudder);d)平衡舵(balanced rudder);e)穿心舵轴平衡舵(balanced rudder with axle)

3. 按舵叶的剖面形状分

(1)平板舵(flat-plate rudder):又称单板舵。舵叶是一块钢板或在钢板上两面交替安装的横向加强筋(舵臂)等构成,参见图2-2-5。这种舵,随着舵角的增大舵效变坏,失速现象发生得早,而且阻力也大。

(2)流线型舵(streamlined rudder):又称复合舵。流线型舵的舵叶以水平隔板和垂直隔板作为骨架,外覆钢板制成水密的空心体,水平剖面呈机翼形。这种舵阻力小,升力大,舵效高,虽构造比较复杂,但应用广泛,见图2-2-6。

4. 特种舵

(1)整流帽舵(bulb rudder):即在普通流线型舵的正对螺旋桨的轴线延长部位,加一个流线型的圆锥体,俗称整流帽,它有利于改善螺旋桨后的水流状态,从而提高螺旋桨的推力,改善船尾的振动情况,见图2-2-7。

(2)主动舵(active rudder):在舵叶后端装有小螺旋桨或导管推进器,转舵时可发出推力,增加船舶的转向能力;另外,即使是在低速甚至停车时,操作小螺旋桨仍可得到转头力,推船缓行,大大提高了船舶的操纵性,见图2-2-8。这种舵适用于对操纵能力要求高、靠离码头比较频繁的船舶,例如引航船、渡轮、科学考察船等。

(3)襟翼舵(flap-type rudder):又称可变翼形舵。它是仿效飞机的襟翼,在普通主舵叶后缘装一个称为襟翼的副叶组成。当主舵叶转动一个角度时,副舵叶绕主舵叶的后缘转出一个更大的角(称襟角),产生更大的流体动力。因此,襟翼舵有助于船舶获得较大的转船力矩,从而提高舵效或减小舵杆扭矩,舵机功率也较小;另外,如果使用襟翼舵,航向改变可以用较小的

舵角,使船舶改向时失速较小,从而减少了油耗。襟翼舵的广泛使用说明了它深受船东与船员的欢迎,但其价格偏高,维护保养要求也比较高,见图2-2-9。

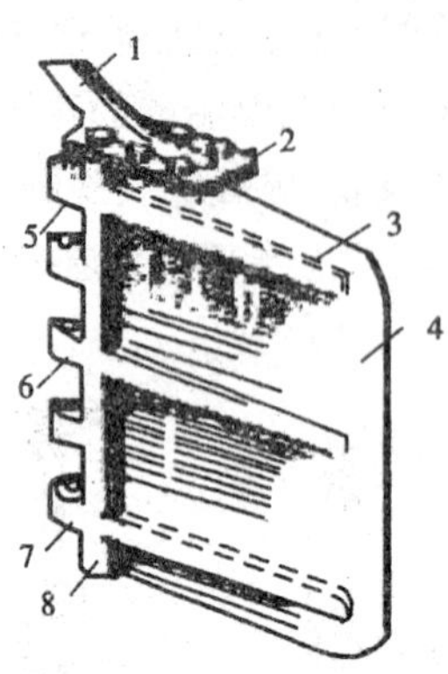

图2-2-5 平板舵

1-上舵杆(upper rudder stock);2-连接法兰(coupling flange);3-舵臂(rudder stay);4-舵板(rudder plate);5-上舵销(upper rudder pin);6-中间舵销(mid rudder pin);7-下舵销(lower rudder pin);8-下舵杆(lower rudder stock)

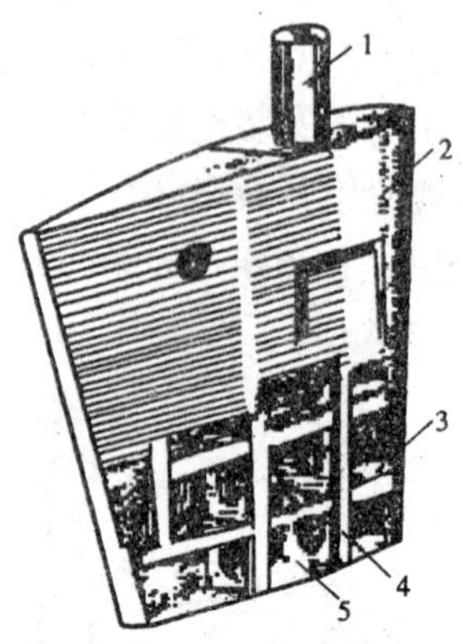

图2-2-6 流线型舵

1-舵杆(rudder stock);2-舵板(rudder plate);3-水平加强筋(horizontal stiffener);4-焊接衬板(welding bracket);5-垂直加强筋(vertical stiffener)

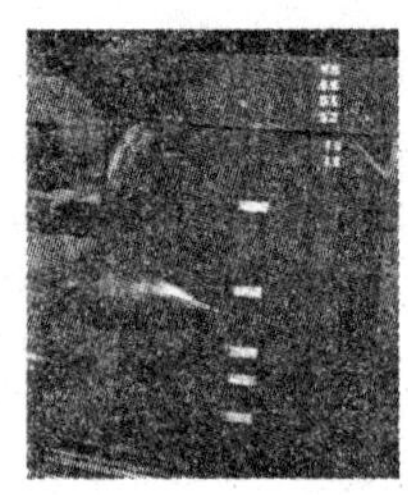

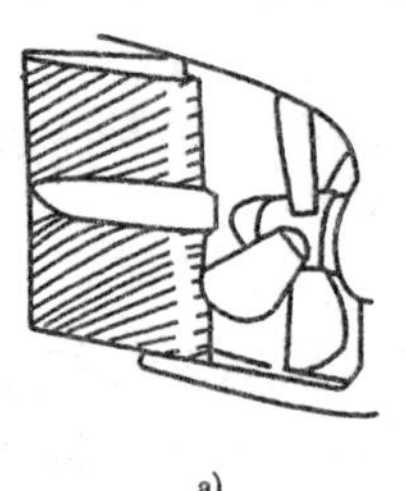

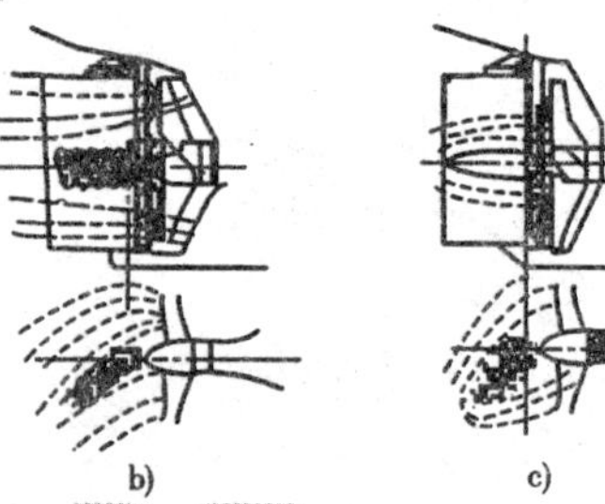

a) b) c)

图2-2-7 整流帽舵

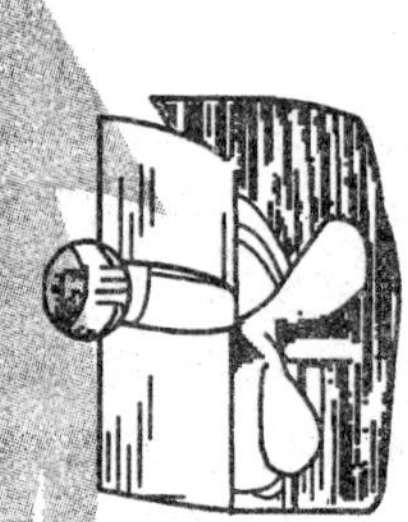

图2-2-8 主动舵

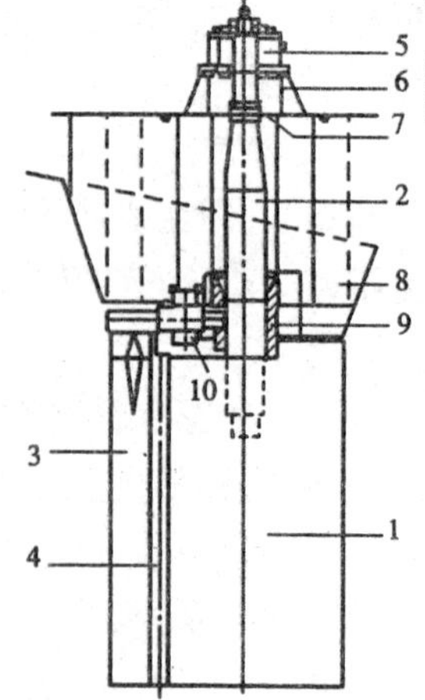

图2-2-9 齿轮襟翼式舵

1-舵叶(rudder blade);2-位于舵杆筒内的舵杆(Rudder stock in rudder trunk);3-襟翼(flap);4-绞轴(hinge line);5-舵机(steering engine);6-舵机座(steering engine foundation);7-密封套与轴承(gland and bearing);8-舵顶(rudder dome);9-舵承(rudder carrier);10-转动襟翼的传动装置(flap actuator)

(4)反应舵(reaction rudder):又称迎流舵,它以螺旋桨的轴线为界,舵叶的上下线型分别向左右扭曲一些,使由螺旋桨射出的水流对舵没有冲击作用,而离开舵时呈直线向后流去。结果舵居中时舵的上下两部分具有舵压力,且具有向前的分力,助船推进,即能从尾流中收回一部分旋转的动能增加推力,见图2-2-10。

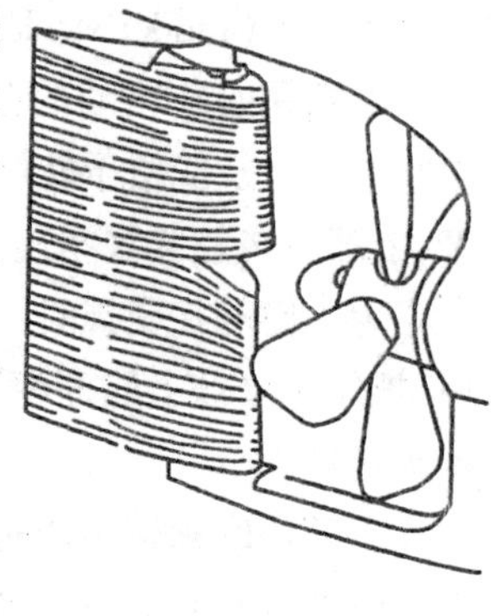

图2-2-10　反应舵

(5)鱼尾舵(fishtail rudder):比较有代表性的是平衡比度为0.2的麦柯里针型舵(Maclear Thistle Rudder),鱼尾舵主要用在船速较低的船舶上,水流流过舵叶的尾部时摩擦力增加,使舵像一个尾部的侧推器,为围绕舵的水体提供了额外的拉力,有助于提高船舶的操纵性能,见图2-2-11。船舶常采用舵叶的上下两端各安装一块制流板,即成为组合舵。

(6)组合舵(unit rudder):也称希林舵(Schilling rudder)或工字型舵。在流线型舵叶的上下两端各安装一块制流板,舵叶剖面像鱼状,从导边到随边由宽再变窄。可减少舵叶两端的绕流损失,而进一步改善舵的流体动力性能,特别适用于内河、运河和限制航道水域船舶的小展舷比的舵型(舵高 h 与舵宽 b 的比值称为展舷比),其舵角可以在 ±75° 范围内使用,见图2-2-12。

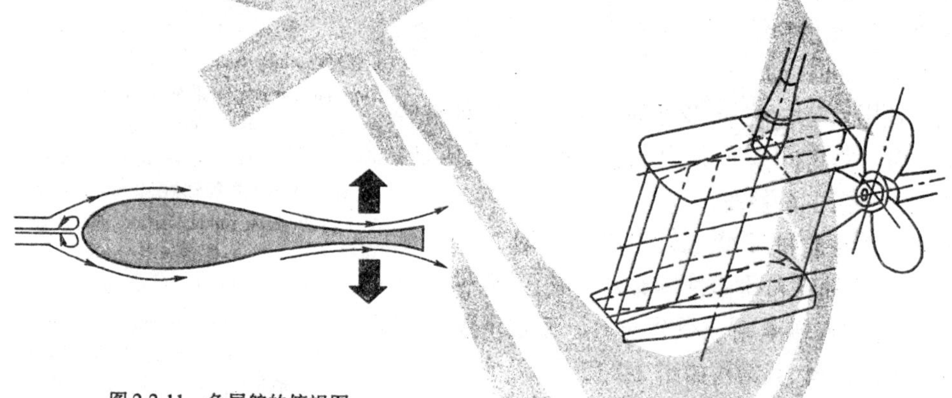

图2-2-11　鱼尾舵的俯视图

图2-2-12　希林舵

(二)舵的结构

一般流线型平衡舵的结构主要由舵叶、舵杆、舵承三部分组成。

1. 舵叶(rudder blade)

现代的船舵多采用腹板的流线型舵,为了保证舵叶的强度和线型,用水平隔板和垂直隔板按线型组成骨架,将两块流线型的外壳板直接焊接在骨架外面,如图2-2-13所示。

按规范要求,舵叶焊成后,每个密封部分都应进行密性试验。密性试验前应将舵表面打扫干净,焊缝应清除氧化皮及焊渣,不得对水密焊缝涂刷油漆、敷设隔热材料及水泥等。常用的密性试验方式为在一定的水柱高度条件下的灌水和充气试验等。

密性试验合格后,通常在舵叶内灌上沥青,以防舵叶内部锈蚀。为了灌放水和防腐沥青,在舵叶上部和下部开有小孔,并配有不锈金属(黄铜)制成的栓塞,称为舵底塞。

为了便于舵叶的装卸,在舵叶上开有由钢管构成的绳孔(tube hole),或在尾端上开有凹槽。

2. 舵杆(rudder stock)

舵杆是舵叶转动的轴,并用以承受和传递作用在舵叶上的力及舵给予转舵装置的力。其下部与舵叶连接,上部与转舵装置相连,如图 2-2-13 所示。

为了使舵在受损时不必拆开船体内的部分就能修理,把舵杆分作上舵杆和下舵杆两段制造,然后用法兰接头连接。

上舵杆的顶端称舵头。通过舵杆套筒伸至舵机室与转舵装置相连接。上舵杆下端是法兰接头,与舵叶连接。其连接形式有水平法兰、垂直法兰和垂直嵌接三种,如图 2-2-14 所示。目前都采用水平法兰接头。当舵杆和舵叶各转到相反舷的最大舵角时,上下法兰边缘之间有 30mm 的间隙。这样,可以将舵拔出。连接法兰时,至少用 6 只螺栓。为使法兰螺母脱落而螺栓不致滑落,安装时,螺母应朝下,并用水泥包搪。作为一种补充手段,在法兰间尚需装设前后方向的键块。舵杆摩擦处应装上衬套(青铜或铜质),以防磨损。

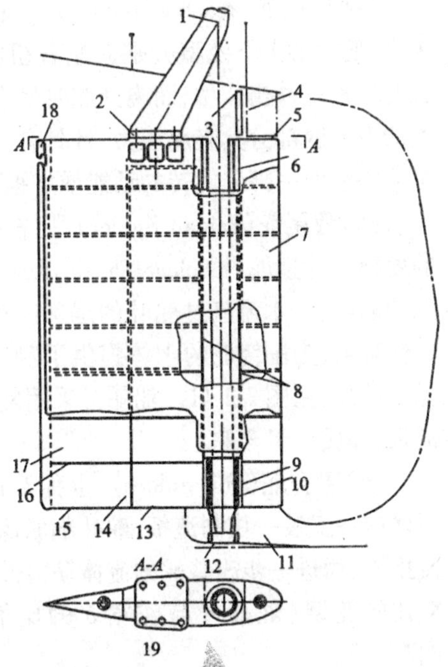

图 2-2-13 流线形舵叶结构图

1-舵杆(rudder stock);2-水平法兰接头(horizontal coupling flange);3-舵轴(rudder shaft);4-垂直法兰接头(vertical coupling flange);5-舵顶板(rudder dome);6-上轴承(upper rudder carrier);7-舵板(rudder plate);8-舵轴衬套(rudder shaft sleeve);9-下轴承(lower rudder carrier);10-下轴套(lower rudder sleeve);11-舵轴承座(rudder shaft foundation);12-圆螺母(acorn nut);13-舵底塞(rudder bottom plug);14-竖向肋板(vertical floor);15-舵底板(rudder bottom plate);16-横向肋板(lateral floor);17-舵板(rudder plate);18-吊环板(hoisting ring plate);19-复板舵(double plate rudder)

3. 舵承(rudder carrier)

舵承是用来支持舵杆、支承舵的重量及保证船体水密的设备。按其位置可分为上舵承和下舵承两种,如图 2-2-15 中的 3、6 所示。

上舵承装在舵机甲板上。其结构如图 2-2-16 所示,它由侧推滚轴承和垂直滑动轴承组成,滚珠轴承承受舵的重量,垂直轴承则承受侧向力。下舵承装在舵杆筒口或舵杆筒内,其结构如图 2-2-17 所示,它是一个垂直的滑动轴承,用其承受侧向力,并设有填料函以保证水密。悬挂舵都采用上、下两个舵承。目前大型船普遍采用的是不设下舵承而只设上舵承,全部重量和力都由其承担,其结构如图 2-2-18 所示。

三、操舵装置(舵机和转舵装置)

操舵装置(steering gear)是将舵转至所需角度的装置。可分为人力操舵装置和动力操舵装置两类。操舵装置一般多设于尾尖舱平台甲板上,按规范规定,又分为主操舵装置和辅助操舵装置。所谓主操舵装置是指在正常航行情况下为驾驶船舶而使舵产生动作所必需的机械、转舵机构、舵机装置动力设备(如设有)及其附属设备和向舵杆施加转矩的部件(如舵柄及舵扇)。所谓辅助操舵装置是指在主操舵装置失效时,为驾驶船舶所必需的设备(这些设备不应属于主操舵装置的任何部分,但可共用其中的舵柄、舵扇或作同样用途的部件)。船舶要求设有两套操舵装置,一套是主操舵装置,一套是辅助操舵装置。小船的辅助操舵装置可以是人力操纵的,大船必须是用动力操纵的。现在较大船舶上的主操舵装置,一般都有两套相同的动力，并且使用其中一套动力就能满足操舵要求，所以它可不设辅助操舵装置。

操舵装置的种类和形式较多，规范要求又比较严格。现仅就海船常用的操舵装置及规模对操舵装置的基本要求介绍如下。

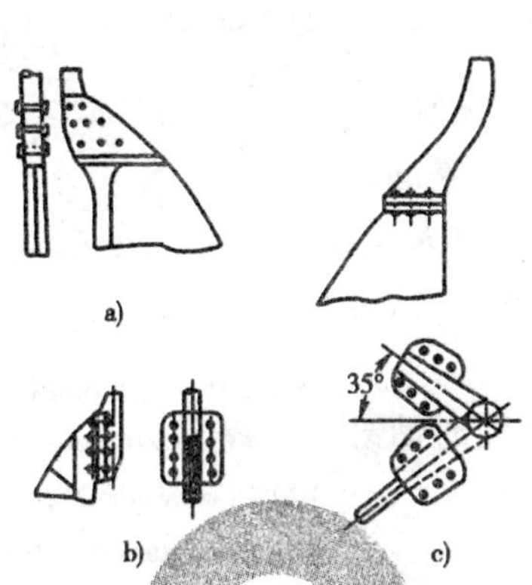

图 2-2-14 舵杆接头

a)垂直嵌接(vertical scarf)；b)垂直法兰(vertical flange)；c)水平法兰(horizontal flange)

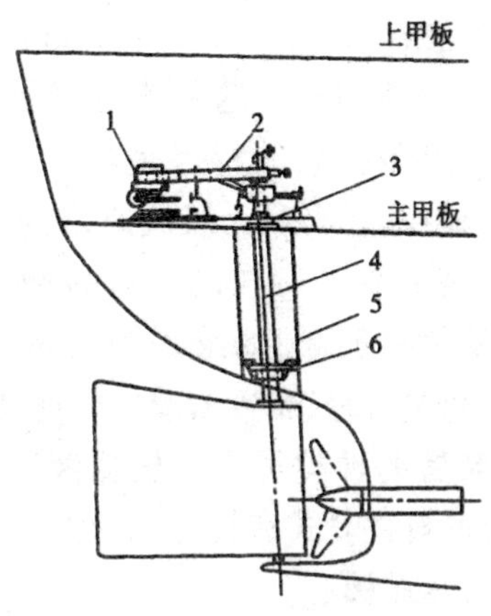

图 2-2-15 舵装置布置图

1-电动舵机(electric steering gear)；2-舵扇(rudder quadrant)；3-上舵承(upper rudder carrier)；4-舵杆(rudder stock)；5-舵杆套筒(rudder stock trunk)；6-下舵承(lower rudder carrier)

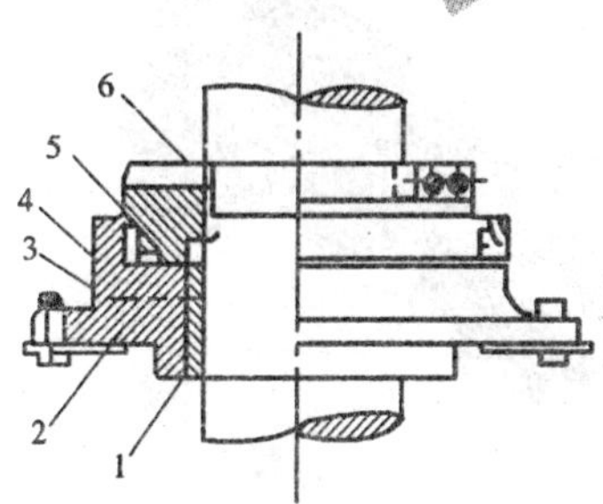

图 2-2-16 上舵承

1-衬套(sleeve)；2-止推滚珠轴承(thrust ball bearing)；3-舵承体(rudder carrier)；4-螺栓(bolt)；5-填料(stuffing)；6-舵承盖(rudder stock liner)

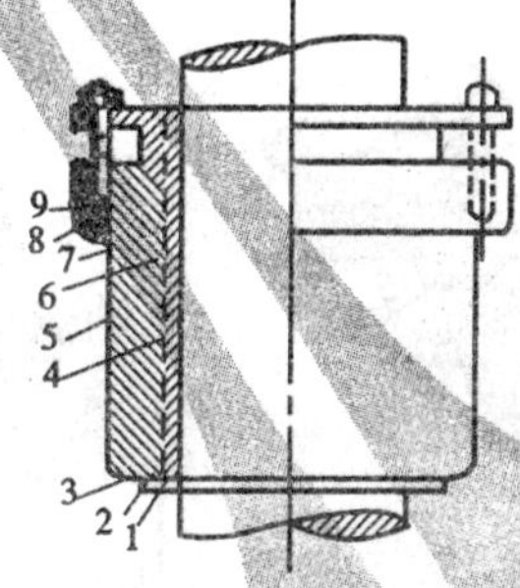

图 2-2-17 下舵承

1-挡板(baffle)；2-水密填料(watertight stuffing)；3-螺钉(screw)；4-舵杆衬套(rudder stuffing)；5-衬套(sleeve)；6-填料(stuffing)；7-本体(rudder bearing body)；8-压盖(screw cover)；9-螺栓(bolt)

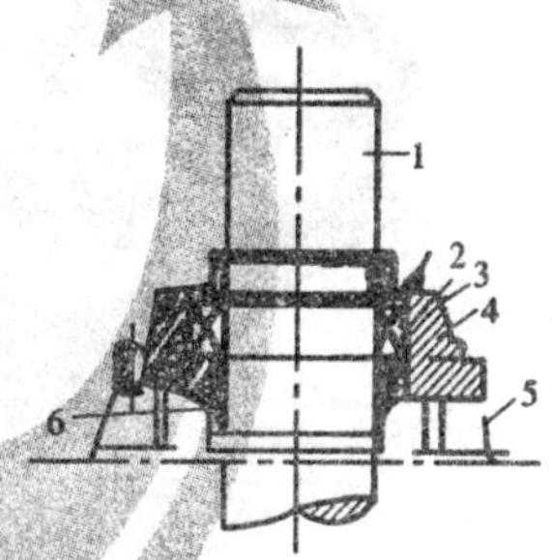

图 2-2-18 只设上舵承

1-舵杆(rudder stock)；2-滚珠轴承(ball bearing)；3-水密填料(watertight) 4-底座(base)；5-甲板(deck)；6-衬套(sleeve)

(一)电动操舵装置

电动操舵装置(electric steering gear)主要由电动机、传动齿轮、舵扇和舵柄等组成，如图 2-2-19所示。其工作原理是：由操舵装置控制系统控制电动机 1 带动蜗杆 2 和蜗轮 3。因为齿轮 4 和蜗轮 3 是同轴的，所以就带动舵扇 5。舵扇是松套在舵杆 8 上的，它的转动通过缓冲弹簧 6 推动舵柄 7，而舵柄 7 用键套在舵杆上，所以舵柄转动就使舵偏转。缓冲弹簧用以吸收波浪对舵的冲击力。舵扇下面装有楔形块，停泊时打上楔形块可刹住舵扇，防止舵受浪冲击而损

坏舵机。电动操舵装置结构简单,操作简便,工作可靠,适用于中小型船舶上。

(二)液压操舵装置

液压操舵装置(hydraulic steering gear)主要由电动机、油泵、管路、转舵机械等组成。这种操舵装置是现代海船广泛采用的一种操舵装置。它的特点是具有传动平稳、无噪音、操作方便、易于遥控、能实现无级调速,在操舵次数频集的情况下,比电动操舵装置具有较高的可靠性。特别是对大型、高速和转舵力矩大的船舶,如果采用较高的工作油压时,可获得尺寸较小、重量较轻、布置紧凑的转舵装置。

图 2-2-19 齿扇式转舵装置与电动舵机

1-电动机(electric motor);2-涡杆(worm);3-涡轮(worm wheel);4-齿轮(gear);5-舵扇(rudder quadrant);6-缓冲弹簧(buffer spring);7-舵柄(tiller);8-舵杆(rudder stock)

液压操舵装置的种类很多。根据液压舵机推舵时油缸运动形式的不同,有往复式和转叶式两大类。

1. 往复式液压舵机

图 2-2-20a)为往复式四缸柱塞式液压舵机示意图。由操舵装置控制系统启动电机带动变量泵,变量泵从一对油缸中抽油,同时向另一对油缸输油,使活塞在油压作用下移动,带动舵柄,从而转动舵叶。如果油泵改变输油方向,舵就反向转动。

图 2-2-20 往复式液压舵机示意图

a)四缸柱塞式;b)二缸柱塞式

1-舵杆(rudder stock);2-舵柄(tiller);3-油缸(cylinder);4-液压管线(hydraulic lines);5-电动机(electric motor);6-电动机和液压电源设备之间的保护管套(protection pack of coupling between electric motor and hydraulic power);7-变量油泵(pump in tank filled with oil)

往复式液压舵机(reciprocating hydraulic steering engine)的油缸数还可以为 1 个或者 1 对,图 2-2-20b)为二缸柱塞式液压舵机示意图。根据 SOLAS 的规定要求,如果其中一个油缸出现故障,另一个油缸仍能正常工作。目前,这两种类型的液压舵机在海船上较为常见。

2. 转叶式液压舵机

图 2-2-21 为转叶式液压舵机(vane type hydraulic steering gear)示意图。油缸体之内有三个定叶和三个转叶,将油缸体分成六个工作腔,工作腔内充满油液,定叶与缸体固接,转叶用键固连在舵杆上。开动电机使变量油泵工作,遥控油泵的控制杆控制油液流向和流量,通过管路

向三个对应的工作腔送油，从另外三个工作腔排油，则转叶按照顺时针或反时针方向转动，带动舵杆使舵叶转出相应的角度。

图 2-2-21 转叶式液压舵机示意图

1-舵杆(rudder stock)；2-转叶(rotary vane)；3-带有油管的固定分隔腔(fixed division blocks with oil lines)；4-油缸体(cylinder body)

(三)辅助操舵装置

辅助操舵装置(supplement steering gear)是在主操舵装置(如前述电动操舵装置、液压操舵装置)失效时，为应急操舵而补设的一种操舵装置，有时也称应急操舵装置。在舵机室里的这些装置不应属于主操舵装置的任何部分，但可共用其中的舵柄、舵扇或其他等效用途的部件。小船的辅助操舵装置是以人力操纵轴传动、链索传动和液压传动等去驱动舵柄或舵扇，而大船的辅助操舵装置必须是以独立的动力操纵去驱动舵柄或舵扇。较大船舶可不设辅助操舵装置，一般至少设两套相同的动力供主操舵装置使用，其中一台作为备用。

(四)舵角限位器

航行中船舶使用的最大有效舵角，一般流线型舵为 32°～35°。为了防止在操舵时实际舵角太大而超过有效舵角，在操舵装置的有关部位设置舵角限位器(rudder angle stopper)，其极限值为 35°～38°。舵角限位器有机械、电动等多种类型。机械舵角限位器可以设在舵叶上或下舵杆与舵柱的上部，如图 2-2-22 所示。

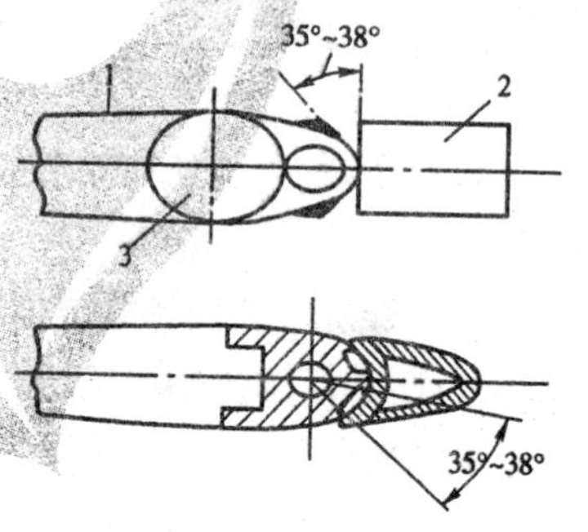

图 2-2-22 舵角限位器

1-舵(rudder)；2-尾柱(stern post)；3-舵杆(rudder stock)

另外，还有在舵柄两侧极限舵角位置处装设角铁架。当舵转到满舵时，舵柄被角铁架挡住，不能继续转动。电动舵角限位器为装于舵柄两侧极限位置的开关。当舵转到满舵时，舵柄与其相连的装置使开关处于断路位置，与开关串联的舵用电机即停止向某一舷继续转动。当舵机电机反转时，舵柄或与其相连的装置和开关脱离接触，开关即在弹簧的作用下回到通路位置。

(五)操舵装置的基本要求

1. 对一艘船舶应满足的要求

如果设置一个主操舵装置和一个辅助操舵装置，对主辅操舵装置和辅助操舵装置的布置，应满足当它们中的一个失效时应不致使另一个失灵。

2. 主操舵装置和舵杆应能满足的要求

(1)具有足够的强度并能在最大航海吃水和最大营运前进航速时进行操舵,使舵自任一舷的35°转至另一舷的35°,并且于相同条件下自一舷的35°转至另一舷的30°所需的时间不超过28s。

(2)为了满足上款的要求,当舵柄处的舵杆直径(不包括航行冰区的加强)大于120mm时,该操舵装置应为动力操作。

(3)设计船舶最大后退速度(指船舶在最大航海吃水情况下用设计的最大后退功率估计能达到的速度)时不致损坏。但这一设计要求不需要用试航中的最大后退速度和最大舵角进行验证。

3. 辅助操舵装置应能满足的要求

(1)具有足够的强度和足以在可驾驶的航速下操纵船舶,并能在紧急时迅速投入工作。

(2)能在最大营运前进航速的一半但不小于7kn时进行操舵,使舵自一舷的15°转至另一舷的15°,且所需时间不超过60s。

(3)为了满足上款的要求,在任何情况下,当舵柄处的舵杆直径(不包括航行冰区的加强)大于230mm时,该操舵装置应为动力操作。

(4)人力操舵装置只有当其操作力在正常情况下不超过160N,且确保其结构不致对操舵手轮产生破坏性的反冲作用时,方允许装船使用。

4. 主、辅操舵装置动力设备的布置应能满足的要求

1)当动力源发生故障失效后又恢复输送时,能自动再启动。

2)能从驾驶室使其投入工作。

3)任一台操舵装置动力设备的动力源发生故障时,应在驾驶室发出声、光警报。

4)如主操舵装置具有2台或2台以上相同的动力设备,则在下列条件下可不设置辅助操舵装置:

(1)对于客船,当任一台动力设备不工作时,主操舵装置仍能按上述2中第(1)条的规定进行操舵。

(2)对于货船,当所有动力设备都工作时,主操舵装置能按上述2中第(1)条的规定进行操舵。

(3)主操舵装置应布置成当其管系或一台动力设备发生单项故障时,此缺陷能被隔离,使操舵能力能够保持或迅速恢复。

5. 附加要求

1)1万总吨及以上的每艘油船和7万总吨及以上的每艘其他船舶,其主操舵装置应设两台或几台相同的动力设备,并符合上述4中第4)条的各条规定。

2)1万总吨及以上的每艘油船,其操舵装置应符合以下规定:

(1)主操舵装置应这样设置,即由于主操舵装置的一个动力转舵系统的任何部分(但除舵柄、舵扇或为同样目的服务的部件或因转舵机构卡住以外)发生单项故障以致丧失操舵能力时,应在45s内能够重新获得操舵能力。

(2)主操舵装置应包括:

①两个动力和分开的动力转舵系统,每个系统均能满足上述2中第(1)条的要求。

②或至少有两个相同的动力转舵系统在正常运行中同时工作能满足上述2中第(1)条的要求。当需要符合此要求时,各个液压动力转舵系统应设有交叉联结。任一系统中液压流体丧失时应能发现且有缺陷的系统应能自动隔离,使另一个或几个动力转舵系统保持完全运行。

③非液压形式的操舵装置应能达到同等的标准。

3)对1万总吨及以上但小于10万载重吨的油船的操舵装置,若能达到同等的安全衡准和符合下述规定时,可允许采用不同本节2)中的所述办法,即对一个或几个动力转舵系统不必应用单项故障标准:

(1)由于管路或一台动力设备的任何部分发生单项故障而丧失操舵能力时,应能在45s内恢复操舵能力。

(2)若操舵装置只具有单一的动力转舵系统,则需对设计时的应力分析,包括疲劳分析、断裂力学分析(如适合时)和对所用的材料、密封装置的安装、试验、检查及有效的维护规定等予以特别考虑。

4)对1万总吨及以上但小于10万载重吨的油船的非双套动力转舵系统,其验收要求应经船检部门特别同意,并应符合国际海事组织A.467(Ⅻ)决议的规定。

四、操舵装置的控制系统

操舵装置控制系统是使舵机能按照驾驶者意图及时、准确地将舵转到所需舵角上的装置,有电力式、液压式、电动液压式和机械式等多种。它由发送器、接受器、液压控制泵及电动机、电动机控制器、管路和电缆组成。现代船舶操舵装置的控制系统主要有液压控制和电力控制两种。

(一)液压控制系统

液压控制系统(hydraulic telemotor)实质上是通过一充满液体的连通器将驾驶台的操舵动作传达到舵机上。连通器的一端放置在驾驶台,称为发送器;而另一端设在舵机间,它接受发送器传来的操舵信息,称为受动器,当操舵时,发送器动作,使一根管中液体压力比另一根大,推动了受动器相应动作以达到遥控操舵的目的。图2-2-23是液压控制系统示意图。转动舵轮1,通过传动齿轮2、轴5、小齿轮6和齿条7,使发送器液缸3里的活塞4向上移动,把液缸内的油通过管路A,压入受动器液缸,把受动器的活塞推向右边。受动器液缸右边的油液通过管路B,压至发送器液缸。由于受动器活塞带动活塞杆向右移动,把曲拐杠杆10拉向下方,从而控制液压舵机的变量泵工作,使舵偏转。如果舵轮向相反方向转动,使曲拐杠杆10被向上推,舵就向相反方向转动。舵轮停止转动时,在舵机随动装置反馈作用下,舵机油泵停止抽油,使舵能停留在所操的舵角上。

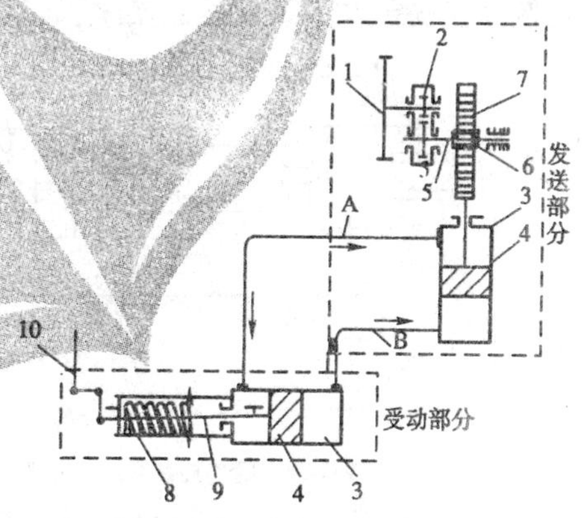

图2-2-23　液压控制系统示意图

1-舵轮(steering wheel);2-传动齿轮(transmission gear);3-液缸(liquid cylinder);4-活塞(piston);5-轴(shaft);6-小齿轮(pinion);7-齿条(gear rack);8-弹簧(spring);9-活塞杆(piston rod);10-杠杆(lever);A、B-液压管路(hydraulic pipeline)

(二)电力控制系统

目前海船普遍采用电力控制装置(electric steering

control system),因它轻便灵敏,线路易于布置,对船体变形和温度变化可不受影响,工作可靠,维修方便,并有利于操舵自动化。采用电力控制装置的船舶都可实现自动操舵、随动操舵和应急操舵的功能,并有两套独立操舵系统的线路布置。当一套操舵系统发生故障后,立即可以转换另一套操舵系统。这两套系统分别称为随动操舵系统和手柄操舵系统。

1. 随动操舵系统

是装有舵角反馈发送器,能进行追随控制的操舵系统,如图 2-2-24 所示。随动控制系统由电阻 r_1 和 r_2 组成电桥,而船电供给交流电。由舵轮控制的电阻滑动触臂 L_1 可在电阻电桥 r_1 上移动,而舵角反馈发送器控制的电阻滑动触臂 L_2 可在电桥电阻 r_2 上移动。当驾驶台的舵轮位于正舵(零度)和船尾的舵也位于正舵(在首尾线上),即电阻滑动触臂 L_1 和 L_2 分别处于各自电阻的中点时,因位于相等的电位点,电桥的电位平衡,L_1 和 L_2 引入放大器接线端 a 与 b 两点的电压差为零,这时舵机不工作。如果转动舵轮,滑动触臂 L_1 在电阻 r_1 上移动后使电桥失去平衡,L_1 和 L_2 的电位点不一样而出现电位差,放大器 a、b 两点便输入操舵信号电压。经放大整流后输出直流控制电压至继电器 J。操左舵时,继电器 $J_{左}$(触点闭合)接通,舵机直流电源经 $J_{左}$ 启动舵机工作,带动舵叶转出左舵角。同时,通过机械连接使舵角反馈发送器转动,并通过电路使舵角反馈接受器也同步转动,带动电阻滑动触臂 L_2 在 r_2 上移动,直至 L_2 和 L_1 同位,电桥恢复平衡状态,输入放大器信号电压为零,舵机停止工作。这时舵叶便处在舵轮所给出的指令舵角上。回舵时,反向将舵轮转回零位,舵机也反向转动,使舵回到正中位置。由此可见,改变操舵手轮的转动方向,便可改变舵叶的偏转方向。这种操舵方式的舵轮转动角和舵叶的偏转角度是相当的,操舵时比较直观。

2. 手柄控制系统

手柄控制系统也称为非随动控制系统或直接控制系统,它是直接控制继电器使舵机转动的系统。它没有舵角反馈装置,手柄或揿钮相当于继电器的开关。操舵时,当舵角指示器上到达所需的舵角时,要立即将手柄回复到中间位置或松开揿钮。该线路布置简单,一般作为随动控制系统失灵时的备用控制系统,如图 2-2-25 所示。

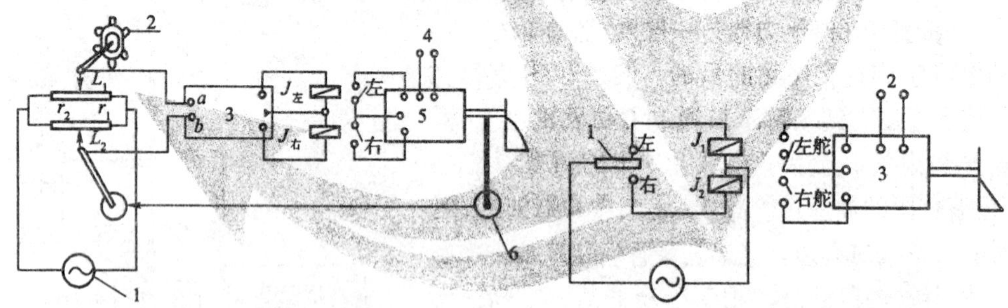

图 2-2-24 随动控制系统工作原理图

1-电桥电源(bridge power supply);2-操舵轮(steering wheel);3-放大器(amplifier);4-舵机电源(steering gear power supply);5-舵机(steering gear);6-舵角反馈发送器(rudder angle feedback transmitter)

图 2-2-25 手柄控制系统工作原理图

1-操舵手柄(steering handle);2-舵机电源(power supply);3-舵机(steering gear)

该系统由直流船电供电。操纵手柄位于中间断电位置时,舵机不工作。手柄向左,继电器 J_1 接通,左舵触点闭合,舵机电源经左舵触点启动舵机转出左舵角。当左舵角将转至所需角

度时，就先将手柄立即放回中间断电位置。这样舵机停止工作，舵叶保持在已转出的舵角上。如果需加大舵角，可将手柄再向左偏转。回舵时，应将手柄向右偏转，使继电器 J_2 接通，右舵触点闭合，舵机电源经右舵触点启动舵机，使舵向右回转。当舵角指示器的指针接近零度时，应将手柄提前放在中间位置。

使用直接控制系统操舵时，应注意掌握船的回转惯性的作用，要及时断电，才能使舵叶准确到达所需的舵角。

（三）应急操舵

当操舵装置控制系统或主操舵装置发生故障而又不能在驾驶室进行辅助操舵装置的控制时，则应脱开驾驶室的控制系统，改由在舵机室控制操舵。这时应利用驾驶室与舵机室的通信设施来进行应急操舵。

按规定至少每三个月应进行一次应急操舵演习，以练习应急操舵程序，操舵演习应包括在操舵装置室内的直接控制，与驾驶室的通信程序及交替动力供应的操作。应急操舵装置演习的日期和详细内容应记入主管机关规定的航海日志内。

（四）操舵控制系统的要求

1）对主操舵装置，应在驾驶室和舵机室两处都设有控制器。

2）当主操舵装置是由 2 台或 2 台以上相同的动力设备组成不设辅助操舵装置时，应设置两个独立的控制系统，且每个系统均应能在驾驶室控制。

3）对于辅助操舵装置应在舵机室进行控制。若辅助操舵装置是用动力操纵的，则也应能在驾驶室进行控制，并应独立于主操舵装置的控制系统。

4）能从驾驶室操作的主、辅操舵装置的控制系统应符合下列要求：

（1）在舵机室应设有能将驾驶室操作的控制系统与其所服务的操舵装置脱开的设施。

（2）此控制系统应能在驾驶室某一位置被投入操作。

5）当控制系统的电源供应发生故障后，应在驾驶室发出能视听的警报。

6）驾驶室与舵机室之间应备有通信设施。

7）舵角位置应在驾驶室及舵机室显示。舵角指示应与操舵装置控制系统独立。

8）驾驶室和舵机室应固定展示带有原理框图的适当操作说明。此说明表明操舵装置控制系统和动力转舵系统的转换程序。

五、自动舵

自动舵是能自动控制舵机以保持船舶按规定航向航行的设备，又称自动操舵装置。它是在通常的随动操舵装置上加装自动控制部分而成。其工作原理是：根据罗经显示的船舶航向和规定的航向比较后所得的航向误差信号，即偏航信号，控制舵机转动舵并产生合适的偏舵角，使船在舵的作用下，转向规定的航向。自动操舵仪具有自动操舵和手动操舵两种工作方式。船舶在大海中直线航行时，采用自动操舵方式，可减轻舵工劳动强度和提高航向保持的精度，从而相应缩短航行时间和节省能源；船舶在能见度不良或进出港时，采用手动操舵方式，具有灵活、机动的特点。

自动舵（autopilot）是在随动舵基础上发展起来的一种自动操舵装置控制系统。它与人工操舵比较，其优点是：自动纠正偏航角，减轻人员的劳动强度，航向精度高，提高航速，减少燃料

消耗,缩短航程。

(一)自动舵的舵的基本工作原理

如图2-2-26所示,自动操舵中船与舵的关系如下:

(1)船在给定航向上,偏航角 $\varphi=0$,偏舵角 $\alpha=0$。

(2)船向右偏航,接着向左偏舵。这时由于 P 信号电压大于 α 信号电压,继续偏航。

(3)φ,α 都达到最大值,偏航、偏舵停止。

(4)船向原航向回转,回舵。这时 φ 信号电压小于 α 信号电压。

(5)船接近回到给定航向时,舵已向右偏一舵角 Δd(稳舵角),以克服向左回转惯性。

(6)船回转到给定航向($\varphi=0$),舵也回到零位($\alpha=0$)。

由此可见,自动舵实际上是一个航向、舵角的自动调节系统。它除了和随动操舵同样有一个内部的舵角闭环调节系统外,还增加了一个外部的航向闭环调节系统。

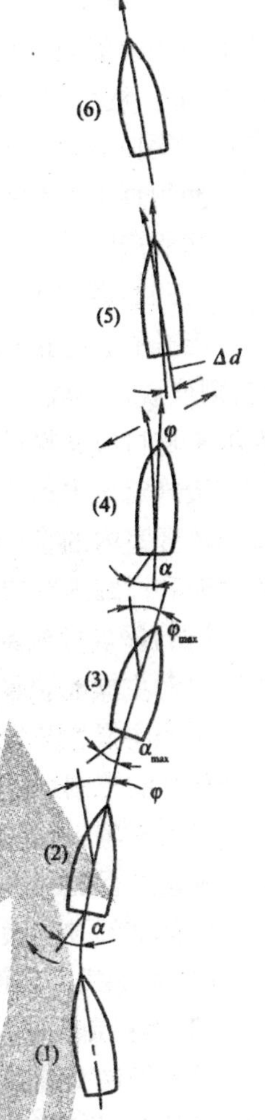

图2-2-26 自动操舵中船与舵之间关系

(二)自动舵的种类

船上实际使用自动舵的种类较多,但按其调节规律来分,基本上有三种:

1.按船舶偏航角 φ 来操舵的自动舵

这种自动舵采用比例控制系统,偏舵角 α 和偏航角 φ 成正比关系,即

$$\alpha=-k_1\varphi \tag{2-2-1}$$

式中:k_1——比例系数。

式(2-2-1)中的负号表示偏舵的方向与偏航方向相反。

比例系数 k_1 可以根据船舶类型、海况、装载情况加以选择和调整。

这种类型的自动舵舵一般出现在机械式自动操舵仪上,结构简单,它通过机械系统对偏航信号进行处理,然后实现操舵,比较直观。但不能克服偏航角速度的影响,航向稳定的过程较慢,航迹易成“S”形曲线,它的灵敏度低,质量差,仅在为数不多的大型客船上使用过,现已被淘汰。

2.按船舶偏航角 φ 和偏航角速度 $\frac{d\varphi}{dt}$ 来操舵的自动舵

这种自动舵采用比例—微分控制系统。其偏舵角 α 和偏航角 φ 之间的关系为

$$\alpha=-\left(k_1\varphi+k_2\frac{d\varphi}{dt}\right) \tag{2-2-2}$$

式中:k_1——比例系数;

k_2——微分系数。

比例系数 k_1 和微分系数 k_2 可以根据船舶种类、装载和偏航惯性等加以选择和调整。

这种自动舵除了有与偏航角成比例的舵角成分外,还有与偏航速度成比例的舵角成分。偏航速度越快,舵角给出越大,因此可以及早克服船舶惯性。相对比例舵,它减少了偏摆、稳定

航向的过程比较快，提高了灵敏度和精度，也减轻舵机频繁工作的负担。但未考虑到对单侧偏航的自动调节。

3. 按偏航角φ偏航角速度$\frac{d\varphi}{dt}$及偏航角积分$\int\varphi dt$来操舵的自动舵

将比例—微分—积分控制器（简称PID控制器）应用在自动操舵仪上，由电子线路对偏航信号进行处理，从而实现操舵。舵机的控制信号有三种：①与偏航角成比例的偏舵角信号，用以使船首返回原航向，对重载船取比例小些的。②与偏航角对时间的微分（导数）成比例的信号，用以克服由惯性引起的偏航，又称反舵角，对重载船取微分作用强、给舵快些的。③与偏航角对时间的积分成比例的信号，用以抵消不对称偏航，又称压舵，按风浪实际情况调整。

它的偏舵角和偏航角的关系是

$$\alpha = -\left(k_1\varphi + k_2\frac{d\varphi}{dt} + k_3\int\varphi dt\right) \tag{2-2-3}$$

式中：k_1——比例系数；

k_2——微分系数；

k_3——积分系数。

PID控制器使操舵性能有很大提高，满足了船舶大型化、快速化对自动操舵仪提出的要求。比例—微分—积分自动操舵仪目前被广泛使用于各种类型船舶上，但他有两个缺点：①当船舶装载、航速等状态或风、浪、流等航行环境发生变化，船舶的操纵性能随之发生变化时，自动操舵仪的控制特性不能随之自动作相应变化。要保持自动操舵仪的良好性能，在很大程度上取决于驾驶员对船舶本身及外界干扰的正确判断，用人工对自动操舵仪的控制参数如灵敏度、比例系数或微分系数等进行调节。这样既不方便，又很难调节到最佳状态。②为了提高船的航向保持的精度，自动操舵仪对偏航信号极为敏感，因而操舵频繁且舵的摆动幅度较大。这样，不仅增加操舵的能源消耗和舵机磨损，还将引起水阻力的增加，导致船速降低，影响经济效益。

（三）自动舵的调节

为完善自动舵的工作性能，在使用中还要通过自动操舵仪面板上的调节旋钮对自动操舵系统进行调节，以得到最佳使用效果。各旋钮使用调节及特点如下：

1. 灵敏度调节（sensitivity control）

又称天气调节，也叫航摆角（yawing）调节。它是调节自动舵系统开始投入工作的最小偏航角，也就是调节系统死区的大小，死区调得很小，即偏航角很小（一般为0.2°～0.5°），舵机就开始工作，这样灵敏度就高。在良好海况下，灵敏度可以调高些，这样偏舵角可用得小，船舶的偏航也能及时克服，航迹可走得直些；反之，在恶劣海况下，航向偏摆厉害，灵敏度太高，势必使舵机频繁启动，不断工作而容易受到损坏。

2. 舵角调节（rudder angle control）

舵角调节又称比例调节。调节的是自动舵的偏舵角和偏航角的比例。比例系数一般为0.5～4。万吨船在实际使用中比例系数以2～3为宜。刻度的档次越高，比例系数越大，偏舵角越大。调节时应根据海况、船舶装载情况和舵叶浸水面积等不同情况而定。海况恶劣、空载、舵叶浸水面积小，应选用高档；风平浪静、船舶操纵性能好时用低档。

3. 反舵角调节(counter rudder control)

在船舶偏航用舵克服,使它向原航向回转时,还必须再操一个反舵角来克服船舶回转时的惯性。因此,使用反舵角调节可给出反舵角的大小,以阻止船舶向另一侧的偏摆。

有微分环节的自动舵则设微分调节,即通过调节偏舵角中与偏舵角速度成比例的舵角部分。在0.1°/s的偏航角速度下,这个舵角约1°~3°。刻度的"0"档,表示没有微分作用,档次越高,微分作用越强。大船、重载,旋回惯性大时微分要调大;反之,要调小。海况恶劣,微分作用要调小或调至零。

4. 压舵调节(checking control)

是用一固定信号使舵叶偏转一个固定的角度,以抵消单侧偏航的作用。在有不对称偏航情况下,设有积分环节自动压舵的自动舵,使用压舵调节向左或向右进行压舵。压舵的大小根据实际需要,所压的舵角可以从舵角指示器上读出。

5. 航向改变调节(course control)

在使用自动舵时用来改变航向。若要向右改变航向5°,按下旋钮,向右转到5°处,待船舶转到给定航向时,指针能自动回零,不需人工复位。航向改变调节只供小角度的改向,因此比例舵应放在最小一档。如需改变较大角度,应分次进行,一般每次只改变10°。

6. 零位修正调节(zero set control)

用来修正自动舵中航向指示刻度盘与陀螺罗经的同步误差。自动舵的指令来自航向信号。船舶航向以陀螺罗经(主罗经)为准。自动舵上的航向指示器(分罗经)若与主罗经不同步,将产生误差。调节时,应先取下螺帽,用专门钥匙插入,旋转刻度盘,使它的读数与陀螺罗经一致,然后将调节旋钮的指针拨回零位。

(四)自动舵的使用操作程序

各种类型的自动舵都和罗经、舵机组合起来,并且都具有自动、随动和手柄(应急)三种操舵方式。一般自动舵的使用操作程序如下:

自动舵只是在船舶驶出港口,不必经常转向的情况下才使用。使用自动操舵前,都是用手轮(随动)进行操舵的。应急操舵一般是在随动操舵失灵时才使用的。

1. 随动操舵

(1)通知机舱接通驾驶室自动舵电源,然后把驾驶室上的双电源开关(即机组转换开关)放在"1"或"2"的位置上。一般较大型船舶操舵装置都使用有两套相同动力的机组,航行时只使用一套,另一套备用。

(2)将操舵仪的电源开关放在自(随)动位置。

(3)将操舵仪上的操舵方式选择开关放在"随动"位置。

(4)转动手轮即可操舵。

2. 自动操舵

当从随动操舵转换为自动操舵时:

(1)注意压舵及航向改变旋钮均应放在"0"位上。分罗经刻度应与主罗经刻度一致。夜间用灯光调节旋钮将面板的照明亮度调至恰当程度。

(2)先将灵敏度调高一些。

(3) 操手轮使船首正好在要求的航向上,驾驶台上及操舵仪上的舵角指示器均正好在

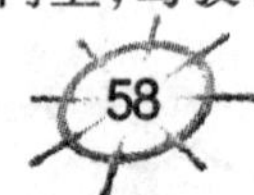

"0"上时，将选择开关从"随动"转至"自动"。

(4)根据具体海况及船舶装载情况，转动"天气调节"、"比例调节"及"微分调节"等旋钮使之配合得当，得到以最小的偏舵角和最小的偏航次数，而有最好的航向稳定性。必要时再使用"压舵"。对于采用机械断续接触进行调节的自动舵，调节时应将旋钮对准刻度，不能放在两个刻度之间。

3. 应急操舵

当自动操舵及随动操舵失灵时，应立即使用手柄(应急)操舵。

(1)将操舵仪的电源开关放在"手柄"位置。

(2)扳动手柄进行操舵。

4. 用毕关机

(1)各种调节旋钮处于零位或最小位置。

(2)选择开关及舵轮处于随动位置。

(3)将电源开关放在断开位置。

(五)自适应自动舵

如前节所述，由于外力干扰和船舶运动的特性，在航行中常使船舶发生偏航，此时，使用自动舵，则可自动予以纠正，使船舶恢复到原航向上。然而，自动操舵仪上的各调节旋钮是根据船舶载重量、吃水及当时风浪等海况凭船员的经验而用手动方式进行修正的。显而易见，从节能的角度来看，在自动舵的操纵中尚存有不足之处。例如由于操舵次数较多，增加了阻力；其次，转舵后船舶阻力增大，因而加大了主机负荷，导致主机转速下降。为防止转速下降，调速器将开始工作，即增加了燃油消耗量。

随着自适应控制理论的发展和微处理机在船舶上的应用，出现了自适应自动操舵仪。它是把具有自适应操舵程序的模块并入机电式自动操舵仪而成。自适应自动操舵仪在船舶的载货和航速等状态或风、浪、流等航行环境发生变化而引起船舶操纵性能变化时，能感测这些变化并按事先设定的性能指标自动调整控制参数，使自动操舵仪保持在最佳状态。因此，自适应自动操舵仪不但能减少人工操作，提高航行安全性，而且还有明显的经济效益，一般可比机电式自动操舵仪节省燃料约1%。自适应自动舵主要由以下部分组成：

1. 一般自动舵

自适应舵包含了自动控制器、舵机和反馈装置等一般自动舵的部件和功能。

2. 数学模型

自适应舵实际上是在一般自动舵加上微分控制。微机内储存供计算、比较、鉴别之用的船舶运动特性的模型。

3. 辨识装置

船舶运动特性的模型随着载重量、吃水差、航速和海况等的变化而变化，当上述因素发生变化时必须建立新的数学模型。检测出模型的变化并形成新模型的过程称为"辨识"。

4. 卡尔曼滤波器

其功能是有效地滤除罗经输出信号中所包含的不规则噪音成分，估算出船舶转舵时船舶的偏航角并在某一舵角下何时转向。

5. 最佳控制器

将卡尔曼滤波器检出的偏航角加到最佳控制器,经处理后,产生使船舶回到原航向的舵角指令。

6. 增益调节器

当海况恶劣、波浪等噪音增大时,噪音对船舶转向的影响也随之增大,从而导致卡尔曼滤波检测的精度的下降。为了减少这种影响并改善操纵性能,需增益调节器来调整增益参数。

(六)航迹舵

航迹舵(navpilot)是趋于发展完善的一种全自动驾驶仪。国内外有不少船舶在使用。它的发展基础是在原自动舵的控制系统上配置一套航迹舵组件(装置)。此组件以微机为核心,通过初始人工输入航路数据、位置偏移量及硬件部分连接计程仪、陀螺罗经、定位仪,由上述输入的信号及数据通过微机软件进行计算、分析与处理,然后给出一个指标航向到自动舵组件中去执行,使船能够沿着计划航线航行,并能在预定的转向点上转向,从而达到无人驾驶。

使用航迹舵应注意的事项如下:

(1)航迹舵是自动舵中的一种,因此,在规定不能使用自动舵的场合,同样不要使用航迹舵。

(2)在进行避让操船时,应中止使用航迹舵。待驶过让清以后,需重新启动航迹舵时,必须提醒驾驶员确认下一个转向点的正确性,同时,还应指示下一个计划航向的数值,要求驾驶员调整船舶的航向使其基本对准下一个转向点。当驾驶员对这两点都认可后,方可重新启动航迹舵。组件的设计中应使这种确认方法是可靠的,而且不易被误操作。

(3)当定位传感器长期无船位时,航迹舵应指示提醒驾驶员转到其他的操舵方式。对定位仪所给出的船位,要与其他定位方式予以比较,确认其可靠性。如发现船位不可靠时,应立即转到其他的操舵方式。

(4)在利用航迹舵自动转向时,驾驶员必须对周围的海域、船位与所采用的航迹带宽度、对转向前后的海面状况均了解清楚(包括对转向后的转向点的确认)。只有在确认安全的情况下,才指令航迹舵自动转向。若在转向点附近有岛屿或浅滩时,一定要借助于雷达、陆标定位来确认,保持安全的正横距离,才可自动转向,否则不要用自动转向。

(5)航迹带宽度应根据航行区域与海况确定。

(6)当在自动校正风流压影响及航向修正量过大(例如大于10°)时,应同时发出报警指示)。

六、操舵要领及注意事项

(一)操舵工作要领

船舶在航行中,驾引人员应根据航行的需要,对舵工下达舵令,由舵工根据舵令进行操舵,以控制船舶的航向。值班驾驶员下达舵令时,应考虑到船舶在各种不同情况下的应舵性能和舵工的操舵水平。所下达的舵令应确切、明了和清楚并监舵以保证这些舵令被正确、准确地立即执行,如遇舵工复诵舵令错误或操作不当,值班驾驶员应立即加以纠正。舵工在操舵时应有高度的责任感,思想集中、动作准确。当听到值班驾驶员下达舵令后,应立即复诵(以防听错)并执行,舵工在未听清舵令或不理解值班驾驶员下达的舵令时,可要求重复一遍或提示。所有舵令应一直保持到被撤销。如果舵不灵，舵工应立即报告。

船舶在航行中，操舵的四种常用基本方法如下：

1. 按舵角操舵

舵工在听到值班驾驶员下达舵角舵令后，应立即复诵并迅速、准确地把舵轮转到所命令的舵角上，注意查看舵角指示器所指示的舵叶实际偏转情况和角度，当舵叶到达所要求的角度时，应及时报告。在值班驾驶员下达新的舵令前，舵工不得任意更动舵的位置。船舶在进出港、靠离泊及海上采取避让措施时通常采用按舵角操舵的方法。

2. 按罗经(航向)操舵

船舶在海上及大多数狭水道航行时，大多按罗经操舵的方法使其保持所需的航向上。

当船舶需要改变航向时，值班驾驶员可直接下达新航向的舵令，舵工复诵并将新航向与原航向作比较，从而决定操左舵或右舵。舵工应根据转向角的大小、本船的旋回性能和海况等情况决定所需舵角。并根据船舶惯性和回转角速度，按经验提前回舵并可向反方向压一舵角，使船舶能较快地稳定在所需的新航向上。

在船舶按预定航向航行时，由于受到各种因素的影响，经常会发生偏离预定航向的现象。为此，舵工应注视罗经刻度盘的动向，发现偏离或有偏离的倾向时，应及时采用小舵角(一般为3°~5°)进行纠偏，以保持航向。例如，当罗经基线偏在原定航向刻度的左边时，这表示船首已偏到原航向的左边，应操相反方向的小舵角(右舵，3°~5°即可)，使船首(罗经基线)返回原航向。纠偏时要求反应快、用舵快和回舵快。

当发现船首总是固定向一侧偏转时(通常是船舶受单侧风浪、潮流或由于积载不当，或由于船型、推进器不对称等恒值干扰力矩的影响所引起)，应采用一适当的反向舵角，来消除这种偏转，习惯称为“压舵”。所用舵角大小，可通过实践的方法来确定，通常先操正舵，查看船首向哪一边偏转，然后操一反向舵角，如所用舵角太小，船首仍将偏向原来的一侧；舵角太大，则反之。反复调试所采取的舵角，直至能将船首较稳定地保持在预定航向上。

3. 按导标(参照物)操舵

近岸尤其是在狭水道或进出港航行时，特别明显的固定物体较多，此时可利用这些物体作为参照物进行操舵，即按导标(参照物)操舵。方法是操舵使船首对准某个导标(参照物)航行。舵工应根据值班驾驶员所指定的导标，操舵使船首对准该目标后，记下航向度数，报告给值班驾驶员。如发现偏离，应立即进行纠正，并注意检查航向的变化情况，如有变化，舵工应及时提醒值班驾驶员，以便判断风流压的影响。

(二)操舵注意事项

(1)舵工在接到舵令后，应立即复诵并立即执行舵令操舵。当到达所要求的舵角(指舵角指示器所指示的船尾舵叶所到达的实际舵角)/航向(罗经指示)/对准参照物时，应立即予以报告。

(2)舵工在操舵时应有高度的责任感，做到思想集中、动作准确。复诵和报告时应做到吐字清楚、声音洪亮。

(3)值班驾驶员下达的舵令应确切、明了和清楚。在舵令发出后，如遇舵工复诵舵令错误或操作不当，应立即予以纠正。对舵工的报告亦应予以确认。

(4)按舵角操舵方法下达舵令时，舵令的先后顺序一般应为：左/右舵××→回舵或回到

左/右舵××→正舵→把定,然后再按实际需要下达新的舵令组。除特殊情况外,不应下达左/右舵××直接到右/左舵××的舵令。

(5)舵工要严格遵照舵令操舵,未得到舵令不能任意改变航向。还必须及时复述和报告执行情况。如有疑问要互相及时提醒,以防发错或听错舵令乃至操错舵角。值班驾驶员与舵工要密切配合。

七、舵设备的检查、保养

舵设备应该随时处于良好可用的技术状态,以确保船舶航行和靠离泊的安全。船舶驾驶人员和船公司有关人员必须对舵设备进行日常与定期的检查保养,并按规范要求进行试验。

(一)日常检查保养

1)平时:平时舵机间不准放置杂物,应保持清洁干燥,切忌电机受潮;卸货后利用干舷高的条件查看舵叶、舵杆和连接法兰的情况。经过大风浪或冰区航行、搁浅或其他海事后,更要仔细检查,特别要注意法兰上水泥包是否完好。对其各个部位要经常保持清洁,有锈要除锈涂漆,活动部分要加油润滑。

2)开航前:每次开航12小时前,驾驶员应会同轮机部门的相关人员对操舵装置的工作情况进行校核。轮机部要先做好对舵的准备,启动舵机,使油泵工作。甲板部要派人观察舵叶周围有无障碍物,核对主罗经与分罗经误差和舵轮与舵角指示器的一致性,然后会同轮机部人员进行检查和对舵。

(1)检查内容:

①操舵装置的完好性与现场有无杂物;

②驾驶台和舵机间通信是否畅通;

③对舵,以确保舵角指示器读数的准确性;

④起动每部操舵装置,分别进行各种角度的对舵。

(2)对舵方法:驾驶员用电话或无线电话与舵机室取得联系。让操舵人员在驾驶室扳动舵轮或手柄,先使舵角指示器的指针指零度,观察舵机室的舵角是不是也为零位置,再慢慢地将舵轮往左(右)转到满舵后,校对舵轮座上的舵角指示器与船尾舵杆上的指示刻度是否一致,接着用同样方法向右(左)满舵进行一次,再快速活舵一次,然后操舵人员听令,分别连续地作左(右)5°、15°、25°、35°操舵和回舵,即随动舵校对完毕。还应进行应急舵的校对,即从正舵开始,向右(左)满舵进行一次,回舵即可。一般应急舵对舵完毕后,应提醒操舵人员把操舵转换开关转换到随动舵位置。其对舵的目的是判断舵的机械装置、传动装置、控制装置及舵角指示器等其他工作系统的可靠性、准确性、运转速度及平稳性。

舵角指示器在最大舵角时的指示误差,机械舵应不超过±2°,电动舵在正舵的位置应无误差,在其他舵角的位置不应超过±1°。

3)航行中:值班驾驶员应经常检查舵机的工作状况是否正常,切忌"跑舵"。遇大风浪时,应检查舵机间可移动物体是否绑扎好。使用自动操舵方式时,每个班次最少都要进行自动操舵与随动操舵的转换,以观察转换装置是否灵活可靠,工作是否正常。另外,在不影响航行安全的情况下,还要对应急舵进行定期的试操。

4)停靠后:关闭电源,防止无关人员进入驾驶台和舵机室随便扳动舵轮、操舵仪上的各种

开关旋钮及损坏舵机房内的设备。

(二)定期检查保养

每三个月应对舵设备进行一次全面的检查和保养。其内容如下:

(1)查看舵杆、舵叶各部分磨损及损坏情况,做好记录。舵杆(销)一般在下舵承处(或舵销处)的轴颈应大于非工作部分的轴颈,否则应进行修理或换新。工作轴颈表面允许存在少量分散的锈蚀斑点,但深度不超过舵杆(销)直径的1%,舵杆非工作轴颈允许减少量为原设计直径的7%。舵钮与舵钮或舵叶与舵托平面极限间隙一般为安装间隙的50%。

(2)检查电操舵装置的绝缘和触点情况,用不带毛头的细布揩拭清洁。自动部分检查其灵敏度。液压舵机要查管路有否泄漏及液压油的质量。

(3)检查转舵装置电动机的运转及损耗情况,加以清洁,并做好记录。液压式舵机要检查泄漏情况及油的质量,以便及时修复并充液。

最少每3个月进行一次应急操舵的演习,检验应急操舵的步骤是否能顺利进行,以及应急设备是否处于良好的工作状态,检查内容包括驾驶室与舵机房的通信,动力转换的有效性和人员就位的快速性等。

每6个月检查备用操舵装置的活络部分,加以润滑,除锈涂油,并作转换操作试验,保证其性能良好。液压操舵系统每年或检修后应将整个系统彻底清洗一次,以免影响效用。在坞内检验时,将舵轴或舵销原地顶高或将舵杆拆下,检查舵轴、舵销及舵承的磨损及腐蚀情况,测量舵承间隙及舵的下沉量,检查舵杆、舵轴法兰盘及其连接螺栓与螺母,检查舵销螺母的止动装置。

对舵叶进行外部检验时,检查舵叶有否腐蚀和裂缝,必要时对舵叶作测厚检查,对舵叶水密性有怀疑时或修理后,应进行充气或水密性试验。

八、舵力转船力矩

(一)舵力及转船力矩

舵是舵设备中承受水动力以产生转船力矩的构件,现在大部分海船舵面的形状均设计为流线型。如果不考虑外界的干扰和自身偏转的效应,船在正舵航行情况下,应该作直进运动。即船相对水运动时,水流对称地流过舵叶两侧,两侧面所受的水动力相等,不产生舵力,也就没有转船力矩,船也不会产生偏转。当舵向任一侧转出一舵角 δ 时,水流的对称性被破坏,舵叶两侧的流场随之发生改变,相对水流速度产生差异。迎水流一面的流速比背水流一面的流速慢,因而,迎水流一面的压力增加而舵背面的压力降低。参见图2-2-27流线型舵的受力分析。

当舵置于流速为 V 的均匀流场的水中,且与流向保持某一角度时,根据机翼理论,舵将受到水流合力 F 的作用,此合力即为舵力。舵力 F 在垂直于水流方向的分量称为升力 L、平行于水流方向的分量称为阻力 D;舵力 F 也可以分解为垂直于舵平面的分量 F_N 和平行于平面的 F_T,F_N 称为舵的法向力,F_T 称为舵的切向力。F_N 也称为舵的垂直压力或舵的正压力,舵力及舵力转船力矩是指舵的正压力及其产生的转船力矩。

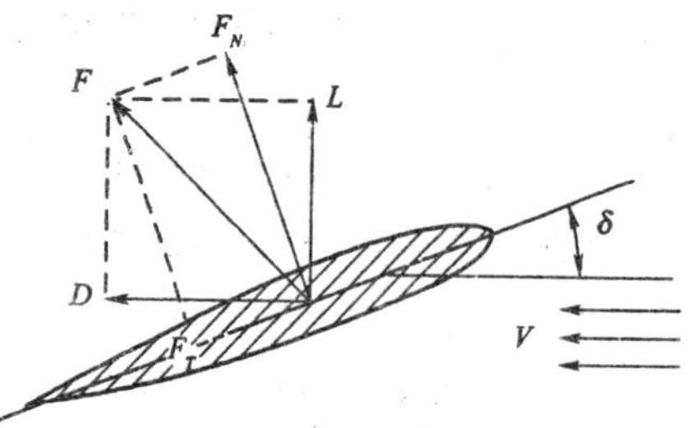

图2-2-27　流线型舵的受力分析

使船产生转头的力就是舵压力 F_N。舵压力 F_N 的近似计算式

$$F_N = k\rho S_R V_R^2 \sin\delta \tag{2-2-4}$$

式中：F_N——舵压力(N)；

k——舵力系数；

S_R——舵面积 (m^2)；

V_R——舵速(m/s)；

δ——舵角(°)；

ρ——水的密度(kg/m^3)。

在计算转船力矩时，可以近似地认为舵力作用中心位于尾垂线处，则力臂为力对重心的转船力矩为

$$M_\delta = F_N \cdot \frac{L}{2}\cos\delta = k\rho S_R V_R^2 \sin\delta \cdot \frac{L}{2}\cos\delta = \frac{1}{4}k\rho S_R V_R^2 \sin 2\delta \tag{2-2-5}$$

式中：L——船长(m)；

S_R——舵叶面积(m)；

V_R——舵速(m/s)；

δ——舵角(°)；

ρ——水的密度(kg/m^3)。

(二)影响舵力的因素

从式(2-2-4)可知影响舵力的因素除与舵的浸水面积、舵角和舵速等有关外，还与下列因素有关：

1. 失速现象(stall)

一般说来，随着舵角的增大，舵力增加，在理想的状态，当 $\delta = 45°$ 时，舵力转船力矩为最大值。但当舵角达到某一舵角时，由于舵周围的流线从舵的边缘分离，在舵叶的上下两缘和后边处将产生涡流，如图 2-2-28 所示。该涡流具有降低舵力、提高舵的阻力的作用，舵力系数则将骤然下降，这种现象叫作失速现象。出现升力系数骤然下降的舵角称之为临界舵角，因此，最大舵角一般不超过 40°，多数商船的最大舵角为 35°。

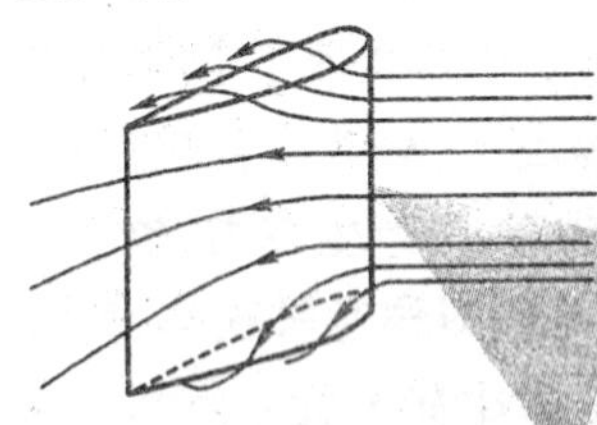
图 2-2-28　舵的涡流

2. 空泡现象(aviation)

当使用大舵角或舵的前进速度相当大时，特别舵叶的前缘横截面曲率较大时，舵的背面压力将剧烈下降，当下降至或接近该温度下的汽化压力时，在舵的背面将出现空泡现象。该现象使舵力系数下降的同时还会使舵金属表面产生剥蚀。

3. 空气吸入现象(aeration)

舵叶背面吸入空气，从而产生涡流，使舵力下降。此现象多出现于舵叶的浸水高度较小的情况下。

4. 舵与船体之间相互影响

船舶操纵过程中，当操舵后，舵叶两边的压力差会波及船体两侧，即形成船体两侧的压力差，从而增加了船尾舵的舵力。舵与船体之间的相互影响使船尾舵的舵力比单独舵的舵力增

加约为20%～30%，且船尾钝材越大，舵与船体的间隙越小，其作用越明显。

5. 舵速

舵速（单独考察船尾舵的相对水流速度）由船速、船体伴流和螺旋桨排出流组成。由于船舶前进时船尾处的伴流方向与船舶前进的方向相同，因此伴流的存在降低了舵速，从而使舵的正压力减少60%左右；对于双螺旋桨船，舵的正压力亦减少50%左右；船尾舵位于螺旋桨的后部，进车时必然受到螺旋桨排出流的影响，它增大流向舵的流速，据统计，排出流打在舵叶上的流速平均增加值是船速的50%左右，从而使舵的正压力增加2.5倍左右。但双车单舵几乎不受排出流的影响。船体伴流和螺旋桨排出流对舵力的影响相反。伴流的作用是减小舵力，而螺旋桨排出流是增加舵力。

6. 船舶旋回中舵力下降

旋回舵力下降的原因：船舶旋回中的船速下降，导致舵力下降。另一方面由于船舶在横移（向操舵相反一舷）或回转（向操舵一舷）过程中，舵的有效攻角因为船尾的横向运动而减小（一般情况下，所操舵角为35°时，有效舵角会减小10°～13°），导致舵力下降。

九、舵效及其影响因素

（一）舵效的概念

舵效（steerage）是舵力的转船效果的简称，指航向角对操舵的反应能力，即舵效是保持航向和改变航向的效率。操船运动中的舵效是指船舶操一定的舵角，船舶在一定的时间、一定的水域、其转头角的大小。船舶在某一舵角时，在较短的时间内所需水域越小、转头角越大，其舵效就越好。反之舵效差。

（二）影响舵效的因素

（1）舵角：舵角越大，舵力矩越大，舵效越好。

（2）舵速：舵速增加也增加舵力，相对来讲也增加了舵效。有关资料表明，在不用车的情况下，手操舵所能保持舵效的最低航速约为3kn，30万吨级船舶由于伴流的影响其能够有效保向最低航速约为4～5kn，而自动舵能够有效保向的最低速度为8kn。

（3）船舶的排水量：船舶的排水量越大，其转动惯量也越大，舵效变差。因此对于大型船舶一般宜用大舵角、早用舵、早抑制船舶的旋转角速度。

（4）船舶倾斜：船舶纵倾时，船舶首倾舵效差，适当尾倾舵效好。船舶横倾时，如低速时，低舷侧阻力较大，水流动压力小，船首易向低舷侧偏转，即舵效好。如高速时，水流动压力作用大于水阻力时，则可能相反。

（5）舵机性能：操舵所需时间越短，舵效越好。电动舵机来舵快，回舵慢，不易把定。电动液压舵机来舵快，回舵也快，易把定。

（6）风流及浅水：空载慢速，顺风转向较迎风转向舵效好；船舶顶流较顺流舵效好；浅水中船舶的旋回阻力较深水中大，舵效也较深水中差。

（7）与舵的安装位置有关：单车船、双车双舵船，排出流打在舵叶上，舵效好。双车单舵船，舵在两车之间，则舵效差。

（三）提高舵效的措施

在实际船舶操纵中，船舶通过狭水道或航道的转角较大的弯曲地段时，大多采用降低船

速、增加螺旋桨转速来提高舵效的措施。船舶在港内宽度和深度受限的直航道中航行时，既要保持一定的船速以克服横风、横流的影响，即增加螺旋桨转速，又要考虑船舶下沉量的影响，即船速不宜过高，这时，可以在船尾系带一拖船协助减速，同时增加螺旋桨转速，以提高舵效。

第三节　锚设备及其应用

锚设备是甲板设备之一。船舶在装卸货物、避风、等泊位、检疫及候潮等情况下都需要在锚地抛锚停泊，锚设备的配置就是为了使船舶锚泊时产生足够的锚泊力。除了保证船舶抛锚停泊之外，在某些特定情况下，锚设备还可以协助操纵船舶。

一、锚设备的组成

锚设备由锚、锚链、锚链筒、制链器、锚机、锚链舱、锚链管和弃链器等几部分组成。其布置如图 2-3-1 所示。图 2-3-2 为大连海事大学实习船“育鲲”轮锚设备布置情况。

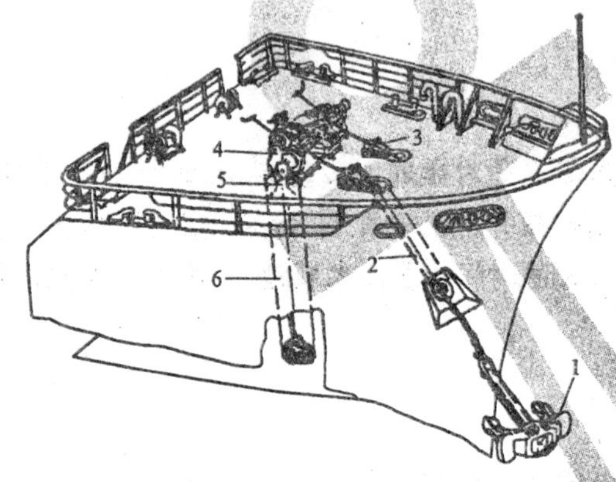

图 2-3-1　锚设备布置图

1-锚(anchor)；2-锚链筒(hawse pipe)；3-制链器(chain stopper)；4-起锚机(windlass)；5-锚链管(chain pipe)；6-锚链舱(chain loker)

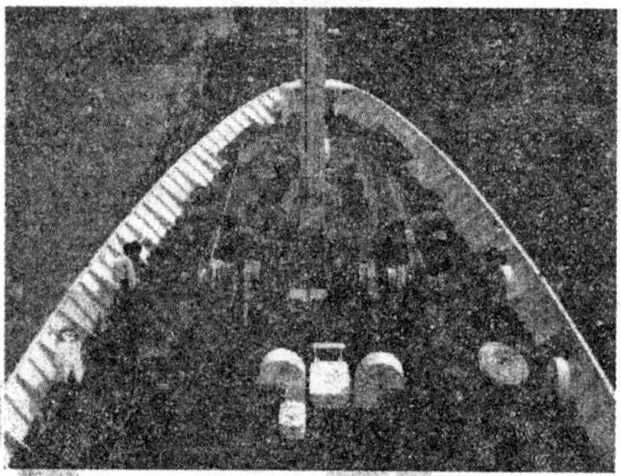

图 2-3-2　育鲲轮锚设备布置情况

(一)锚(anchor)

锚是能够抓入海底底土的钢铁结构物。锚泊时，锚地抓力与卧底锚链的抓力构成锚泊力，以抵御风、流等对船的作用力。按锚的结构分为有杆锚、无杆锚两种，按其用途可分为普通船用锚、大抓力锚、特种锚等。

(二)锚链(chain cable)

锚链主要用来连接锚和船体，传递锚产生的抓驻力。锚泊时，在出链长度适当时，卧底链长与接触底质的摩擦而产生抓驻力。

(三)锚链筒(hawse pipe)

锚链筒锚链进出和收藏锚干的孔道，也是锚的收藏处所。它由甲板链孔、舷侧链孔和筒体三部分组成，如图 2-3-3a)所示。筒内设有喷水装置，起锚时用于冲洗锚链和锚。为了防止海水从锚链筒涌上甲板，保证工作人员安全，在甲板链孔处设有防浪盖 (buckler)。有的船在锚

链筒上口设有导链滚轮，如图 2-3-3b）所示，以减轻锚链与甲板链孔的摩擦。

锚链筒的直径约为链径的 10 倍左右。其位置和尺寸应能满足：收锚时使锚爪紧贴船壳，锚干连同转环一起留在锚链筒内；抛锚时使锚干易于脱出锚链筒。此外，锚链筒的下口应离满载水线有一定距离，以减少航行时首波冲击锚体；锚链筒的位置距船舶中线有适当距离，以免起锚时锚爪卡在首柱上。

一些低干舷船或快速船，为了减少因锚引起的水和空气阻力及锚爪击水引起的水花飞溅，在舷侧板上做成能包藏锚头的锚穴（anchor recess），如图 2-3-3c）所示，其形状有方形，圆形和伞形等。有些船舶为了避免锚爪对舷边的损害，而采用突出式舷边链孔的形式，其主要形式有伞形和圆柱形。

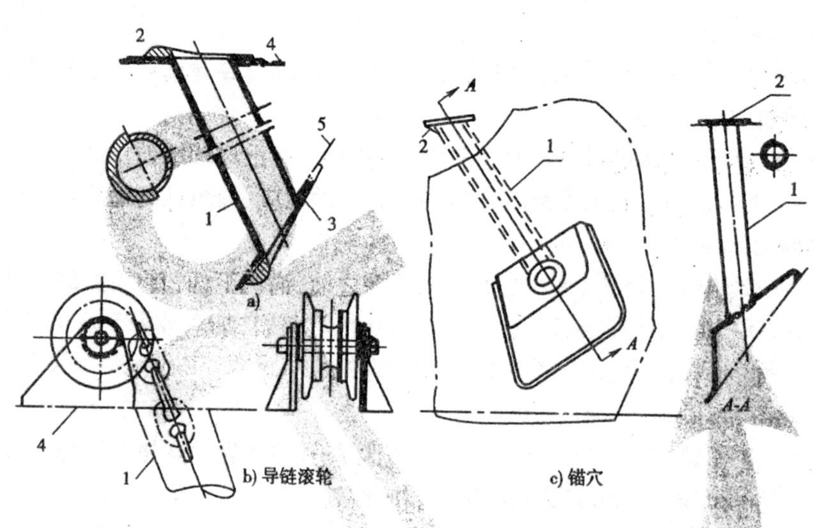

图 2-3-3　锚链筒和导链滚轮

1-锚链筒体；2-甲板链孔（deck hawsehole）；3-舷侧锚唇（anchor mouth）；4-甲板（deck）；5-外板（hull）

（四）制链器（chain stopper）

制链器设置在锚机和锚链筒之间，用于固定锚链，防止锚链滑出。在锚泊时，制链器将锚和锚链产生的拉力传递至船体，以减轻锚机的负荷，保护锚机。航行时承受锚的重力和惯性力。常用的有以下几种：

1. 螺旋制链器（screw compressor）

螺旋制链器如图 2-3-4a）所示，由两块夹板和一个带摇柄的有正倒螺纹的螺杆组成。当转动摇柄使两夹板夹紧时，即夹住锚链；反之松开夹板，锚链即可自由进出。虽然其松紧动作较慢，但操作方便，工作可靠，广泛用于中、小型船舶。

2. 闸刀式制链器（lever chain stopper）

闸刀式制链器如图 2-3-4b）所示，主要由基座、闸刀和保险销组成，其结构简单，操作迅速，但当其尺寸大时显得笨重，一般大、中型船舶上普遍使用。

3. 链式制链器（devil's claw）

链式制链器如图 2-3-4c）所示，由一个链钩、一个伸缩螺丝和一段短链所组成。它用卸扣固定在甲板上，使用时将链钩钩在一水平的锚链链环上，然后收紧伸缩螺丝，即可拉紧锚链。它常与螺旋制链器、闸刀式制链器配套使用。

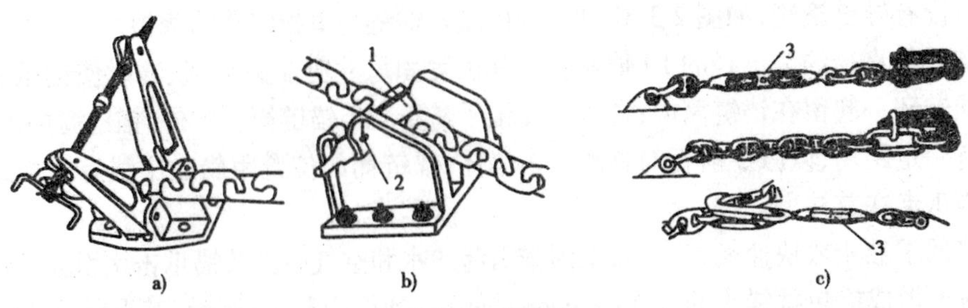

图 2-3-4　制链器

a)螺旋式;b)闸刀式;c)链式

1-闸刀(brake lever);2-制动销(detent pin);3-松紧螺丝扣(turnbuckle,adjusting screw)

(五)锚机(windlass)

锚机作为抛锚、起锚的机械,也可兼作绞缆之用。详细内容参见本节第五部分。

(六)锚链管(chain pipe)

锚链管是锚链进出锚链舱的孔道。位于锚机链轮下方,正对锚链舱的中央,其直径约为锚链直径的 7~8 倍。它的上口设有防水盖,该防水盖开航后应关闭,以防海水由此进入锚链舱。

(七)锚链舱(chain locker)

锚链舱是存放锚链的处所。一般设在防撞舱壁之前,锚机下面,首尖舱的上面或后面。其形状为圆形或方形。圆形锚链舱直径约取链径 30 倍时,可自动盘放而不必人工排链。另外,在锚链舱外一般设有手摇泵,用以排出锚链舱内的积水。

(八)弃链器(releasing gear)

弃链器是在紧急情况下使锚链末端迅速与船体脱开的装置。弃链器一般设在人员易于到达的地方。常见的有横闩式弃链器和螺旋式弃链器等。

1. 横闩式弃链器(dog type cable releaser)

其结构简单,使用方便,紧急情况下,只要敲出横闩,即能松脱末端链环。它有装在甲板上和装在锚链舱壁上两种。装在甲板上的弃链器通常外罩一个水密盖,既可达到水密,又能防止不慎触碰而松脱。图 2-3-5a)为装在甲板上的横闩式弃链器。

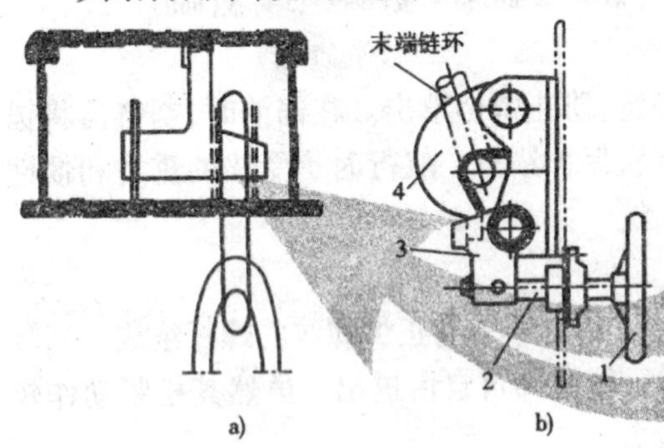

图 2-3-5 弃链器

a)螺闩式;b)螺旋式

1-操纵手轮(hand wheel);2-螺杆(screw);3-制动器(stopper);4-脱钩(senhouse slip)

2. 螺旋弃链器(screw type cable releaser)

利用螺杆的伸缩使脱钩松开或夹住。其结构较复杂,但使用安全可靠,即使锚链紧绷时也容易松脱,缺点是开启动作较缓慢。螺旋式弃链器一般安装在锚链舱舱壁上,即弃链器的主体部分位于锚链舱内,操作手轮位于锚链舱外侧的舱壁上。图 2-3-5b)为装在锚链舱舱壁上的弃链器。

二、锚设备的作用

船舶抛锚后,船在外力作用下,拖着锚链向后使锚爪逐渐抓底,最后当锚牢固抓住海底时,

作用在锚上的力达到平衡状态。锚泊时，锚的抓力与卧底锚链的抓力构成锚泊力，以抵御风、流等对船的作用力，最终使船舶被系留在指定水域。锚的系留作用如图 2-3-6 所示。

船舶用锚通常可以分为系泊用锚、辅助操纵用锚和应急用锚三种方式。

(一) 系泊用锚

船舶在装卸货物、避风、等泊位、检疫及候潮等情况下都需要在锚地抛锚停泊。根据锚地的自然条件和停泊时间，可以分为单抛锚和双抛锚两种锚泊形式。

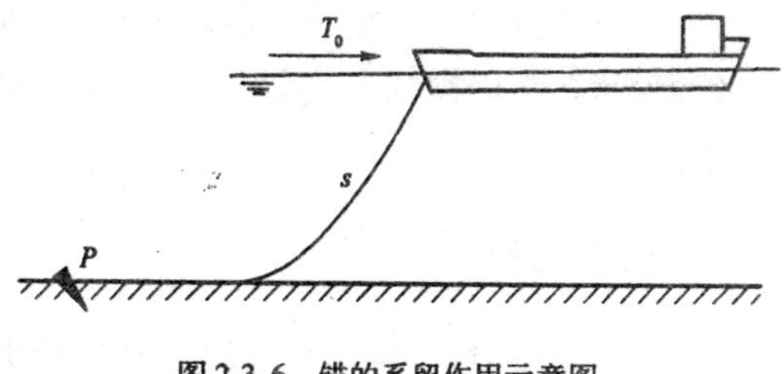

图 2-3-6　锚的系留作用示意图

(1) 单锚泊：当锚地水域开敞，船舶有足够的旋回区域，风流不大时可以抛单锚停泊。松链的长度依水深、底质、风流大小及停泊时间长短而定。通常情况下松链长度在 3 ~ 4 倍水深以上。

(2) 双锚泊：常见的有八字锚、一字锚和平行锚等形式。

(二) 船舶操纵用锚

港内操纵用锚主要有拖锚制动、拖锚靠泊、拖锚掉头、拖锚倒行等。正确使用将有利于港内操纵安全，反之，如使用不当，不但不利于安全，还可能发生断链或丢锚等事故。这里值得注意的是，锚作为船舶操纵的辅助手段仅适用于小型船舶，中、大型船舶由于其惯性较大，不宜用锚协助船舶操纵。

1. 拖锚制动

港内低速航行过程中，为了降低船速，除使用主机倒车外，还可以抛下短链单锚，必要时抛下双锚，利用锚与海底的摩擦力来控制船速，减小冲程。使用倒车容易造成船首偏转，及时抛锚进行配合操纵，可收到良好的控制效果。特别在靠泊操纵中，为减小横风、横流的影响，往往不得不采用较大余速抵达泊位前沿，及时抛锚，并配合倒车进行制动，是一种常用而有效的措施。拖锚靠泊中，锚既有减小冲程的作用，还起到控制船舶偏转的作用。例如，空船靠泊，若吹拢风较大，船舶轧拢码头的速度很快，可及时抛外舷锚予以抑制。

2. 拖锚掉头

船舶靠泊时多采用顶流靠泊方式，船舶如顺流进港，则要采取掉头操纵，然后顶流靠泊，如泊位前沿有足够的水域，则可在泊位前沿进行掉头。在专用掉头水域可借助流的作用进行顺流掉头。其具体的操纵方法参见港内操船的有关内容。

3. 拖锚倒行

船舶倒航时不具有航向稳定性和保向性，则要稳定船首向是十分困难的。这时，可将首锚抛下利用拖锚来稳定船首向，拖引船舶从港内狭窄水道中退出，直至抵达可以掉头的水域进行掉头操纵。

4. 抛开锚

在有些停泊水域，流向比较稳定，或拖船资源不足，则对于小型船舶离泊时常可采用绞开锚进行离泊的方法。所谓“开锚”是指靠泊时距离泊位前沿一定垂直距离时抛下外档锚，为离泊创造方便条件。

(三)应急用锚

有时在紧急情况下,可拖锚刹减船速,以避免碰撞或减少碰撞损失。另外当船舶意外搁浅时,可延脱浅方向运锚抛下,绞收锚链以协助脱浅。在大风浪中航行的船舶,如果采取顶浪滞航的航法时,可以抛锚并出链适当长度来增加船舶漂移阻力、控制船首向,辅助船舶抵抗大风浪。

三、锚的种类

一只性能优良的锚应符合以下几种要求:

在一定锚重下具有较大的抓力系数;具有良好的操作性能,抛起方便,收藏方便;抛锚时能迅速啮入土中,起锚时易于出土;结构坚固和价格低等优点。

锚的种类很多,性能各异。一般可按有无横杆、锚爪可否转动、抓重比(锚的抓力与锚重之比,又称抓力系数)大小和锚的用途进行分类。

(一)有杆锚(stocked anchor)

有杆锚也叫普通锚、海军锚。其结构如图 2-3-7a)所示。在结构上其锚干和锚爪为一浇铸整体,锚爪固定不会转动,在锚干上有一固定或可折的横杆。抛锚时一爪入土,另一爪向上翘出,横杆促使锚爪顺利入土,锚爪入土后横杆起稳定锚的姿态的作用。抛锚时,锚杆与锚干处于垂直状态。收藏时,锚杆与锚干贴靠在一起。

该类锚的特点是结构简单,抓重比大,一般为 4 ~ 8,抓底稳定性较好。但它操作不便,上翘的锚爪在船舶旋回时容易缠住锚链,在浅水锚地该爪易刮坏过往船只的船底;抛起锚作业和收藏不太方便。故这种锚不宜用作商船首锚,仅可作尾锚或备锚。一般多用于小船。影响有杆锚抓力的因素有锚袭角 α 和锚的折角 β。有杆锚的 α 角在 60° ~ 80°之间,β 角在 35° ~ 45°之间。如图 2-3-7b)所示。

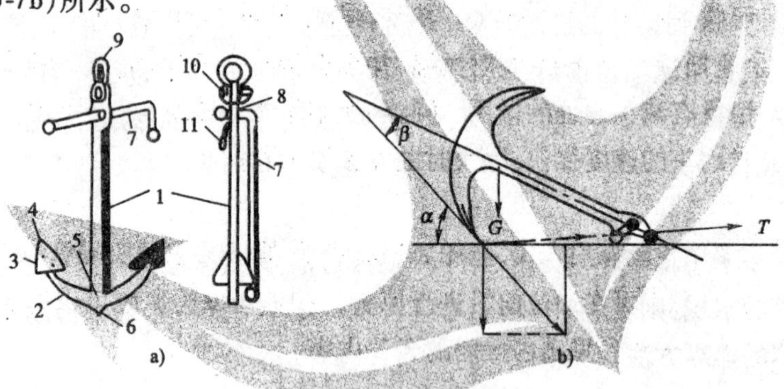

图 2-3-7 有杆锚

a)结构;b)入土过程

1-锚干(anchor shank);2-锚爪臂(anchor arm);3-锚掌(anchor fluke palm);4-锚爪尖(anchor bill);5-锚冠(anchor crown);6-锚冠尖(anchor crown bill);7-锚杆(anchor stock);8-锚杆孔(stock hole);9-锚卸扣(anchor shackle);10-螺栓(bolt);11-锚干销(forelock pin)

(二)无杆锚(stockless anchor)

无杆锚又称山字锚、转爪锚。常见的有霍尔锚、斯贝克锚等。无杆锚的结构如图 2-3-8 和图 2-3-9 所示。

1. 霍尔锚(Hall's anchor)

锚杆和锚臂是分开铸造的。锚爪、锚冠与锚臂铸成一体。锚干插入锚冠的长方形孔中,用销轴和横销定位于锚冠下部的两个半圆形凹槽内,以锚干为中心线,锚爪可以向左右各转约45°,锚冠两侧设有助抓突角。抛锚时,它能促使锚爪啮土(图2-3-8)。

2. 斯贝克锚(Speke anchor)

是霍尔锚的改良型。其锚头的重心位于销轴中心线之下方。收锚时,锚爪自然朝上,并且一接触船壳板即翻转,不会损伤船壳板(图2-3-9)。

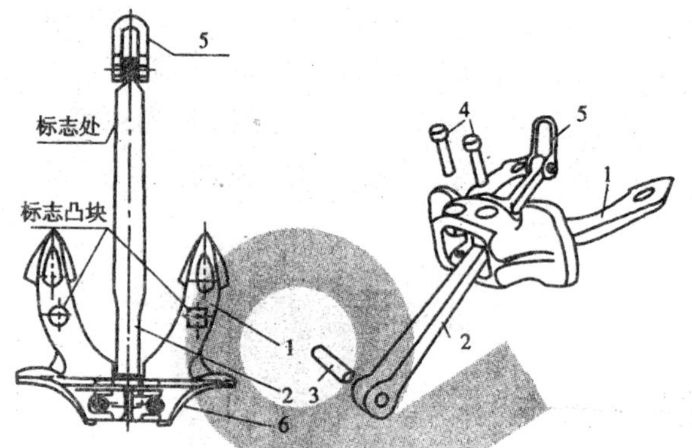

图2-3-8 霍尔锚结构

1-锚臂(anchor arm);2-锚干(anchor shank);3-销轴(pintle);4-横销(pin cotter);5-锚卸扣(anchor shackle);6-助抓突角(anchor shoulder)

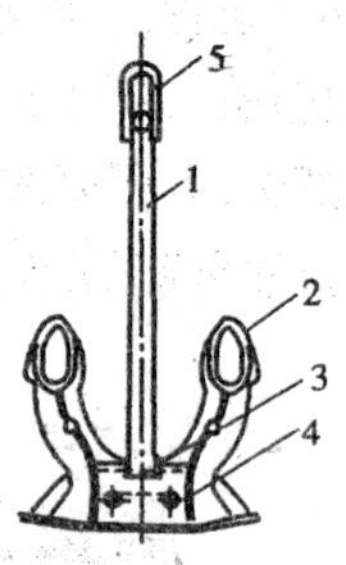

图2-3-9 斯贝克锚

1-锚干(anchor shank);2-锚爪(anchor fluke);3-销轴(pintle);4-横销(pin cotter);5-锚卸扣(anchor shackle)

3. 尾翼式锚(tail-stabilizer anchor)

是我国研制出的一种新锚型。其助抓突角宽厚,锚头重心低;操作特点是入土阻力小,入土性能和稳定性好,抗浪击,自洁性能好。各方面性能优于霍尔锚和斯贝克锚,已在船上广泛使用,如图2-3-10所示。

无杆锚的特点:使用方便,很容易将锚从锚链筒中抛出或收进。抓土时没有锚爪露出海底。但其抓重比相对较小,一般为2~4倍。当船舶偏荡时,锚爪易将泥土耙松而使锚的抓力下降。这类锚由于使用方便而广泛用作船首锚,其缺陷则通过增加锚重来弥补。

4. 锚的抓底过程

无杆锚的抓底过程如图2-3-11所示。

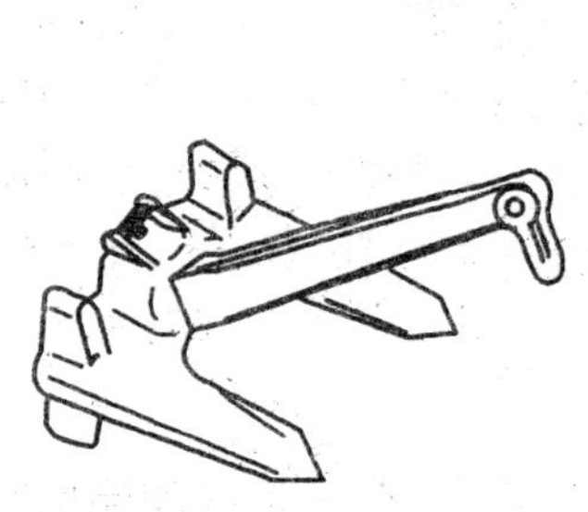

图2-3-10 尾翼式锚结构

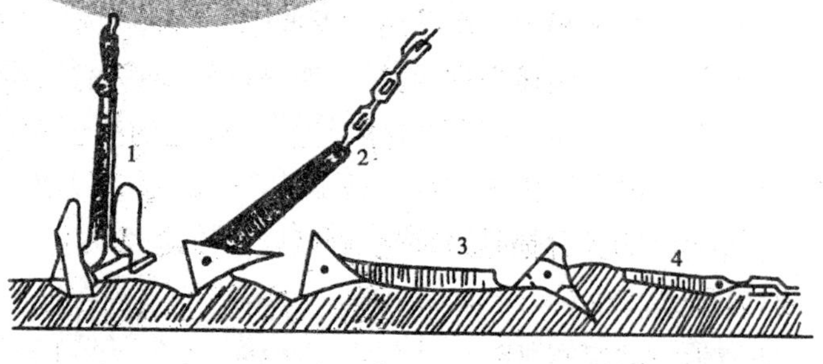

图2-3-11 无杆锚的抓底过程

当锚着底后,随着船身后退和锚链松出,锚干倒地,在锚链拉力和助抓突角阻力作用下,在锚爪上产生一个向下翻转的力矩,迫使锚爪啮土,直到抓牢。

(三)大抓力锚(high holding power anchor)

大抓力锚因其抓重比大而得名。分为有杆大抓力锚和无杆大抓力锚,常见的有 AC-14 型锚、丹福氏锚、斯达托锚(Stato)、DA-1 型锚(stokes)、波尔锚和史蒂文锚等。它们的特点是锚爪宽而长,啮土深,稳定性好,从而能获得较大的抓力。

1. 有杆大抓力锚(stocked high holding power anchor)

丹福氏锚(Danforth anchor)和史蒂文锚(Steven anchor)属有杆大抓力锚,即在锚头处设有横杆。丹福氏锚(也称燕尾锚)(图 2-3-12)的锚爪可前后转动各约 30°,其抓重比一般不小于 10,多用于工程船舶。史蒂文锚(图 2-3-13)是荷兰研制出的锚型。其锚爪短而面积大,锚干上装有可移动的楔块,可用来改变锚爪的最大转角,以适应多种底质。它的抓重比可达 17 ~ 34。目前大量用作石油平台的定位锚。

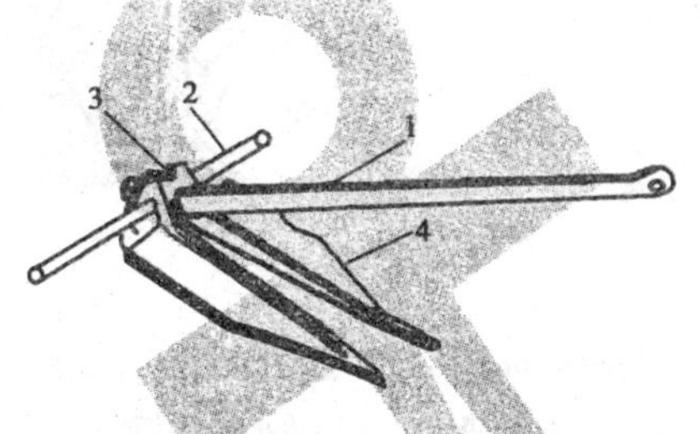

图 2-3-12 丹福氏锚

1-锚干(anchor shank);2-锚杆(anchor shank);3-锚冠(anchor crown);4-锚爪(anchor fluke)

图 2-3-13 史蒂文锚

2. 无杆大抓力锚(stockless high holding power anchor)

AC-14 型锚和波尔锚属无杆大抓力锚。AC-14 型锚是 20 世纪 50 年代英国海军部研制的一种大抓力锚。其明显的特征是设有极其肥大的稳定鳍,如图 2-3-14 所示,因此具有很好的稳定性。它能迅速啮土,对各种底质的适应性较强,抓重比最高可达 12 ~ 14,是目前公认的性能较好的一种锚型,常在大型船或水线以上面积较大的滚装船上被用作首锚。

波尔锚(图 2-3-15)也是荷兰研制出的一种大抓力锚。它的锚爪平滑而锋利,适应各种底质。其稳定性好,抛收方便,抓重比一般为 6 左右。波尔锚可作为大型船舶的首锚和工程船的定位锚,特别是在挖泥船上广泛采用。DA-1 型(stokes)锚(图 2-3-16)被称作第三代无杆锚,是目前世界上最稳定、结构最先进的锚。锚冠较宽且端部为三棱形,爪很长是用两个斜面构成的倒 V 字形,两爪之间的距离很小,这种锚有最合适的啮土角度,啮土面积大、抓力大、抓住性好、稳定性强、收藏方便,由于 DA-1 型锚几乎全部由直斜面组成,起锚时附着泥沙少、冲洗方便,日本造船界认为此种锚是最理想,最有发展前途的锚。

(四)特种锚(special anchor)

特种锚的形状比较特殊,以适应特种用途。通常所指的是浮筒、灯船、航标船和浮标等永久性系泊用的锚,有伞形锚、螺旋锚、单爪锚等,如图 2-3-17 所示。

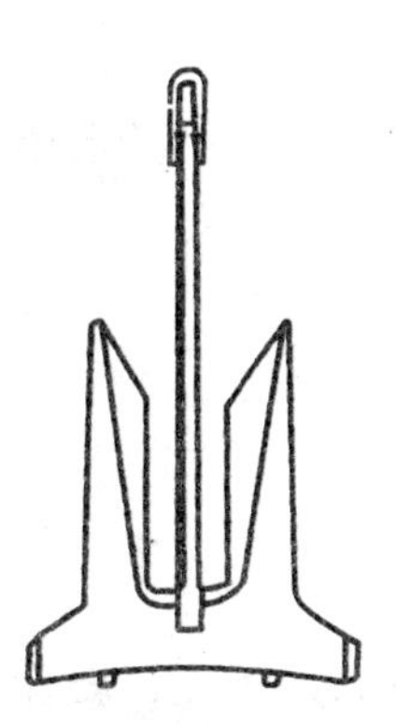
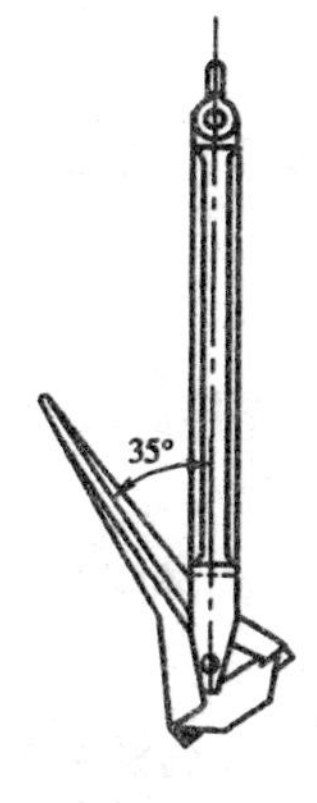

图 2-3-14　AC-14 型锚

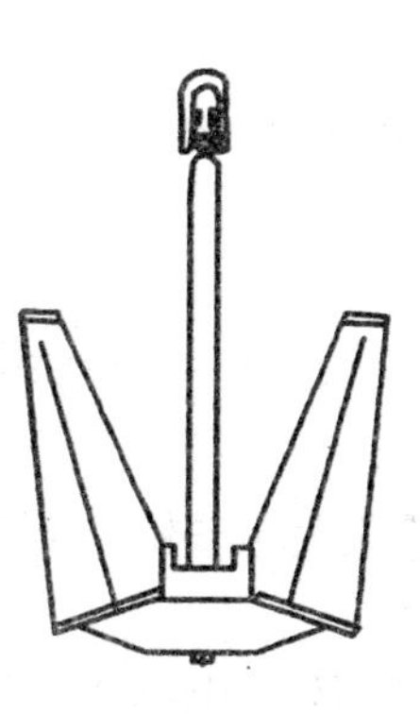
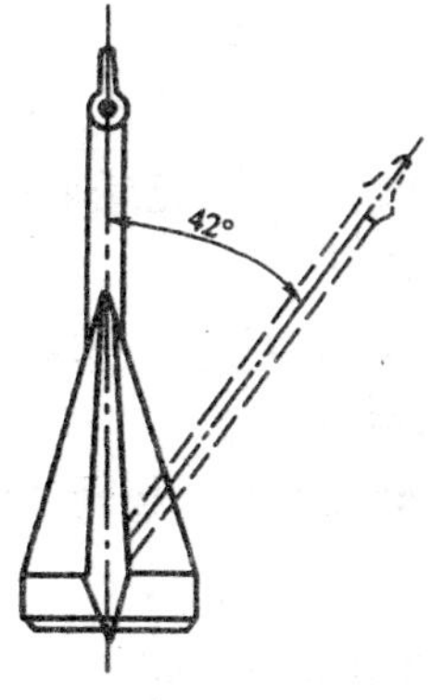

图 2-3-15　波尔锚

图 2-3-16　DA-1 型锚

a)

b)

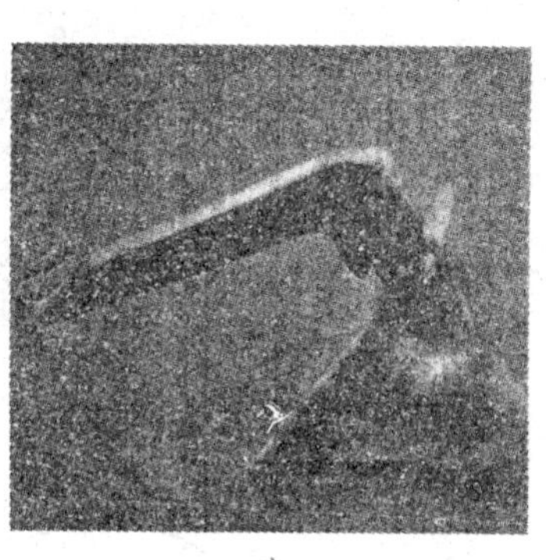

c)

图 2-3-17　特种锚

a)伞形锚(umbellated anchor);b)螺旋锚(screw anchor);c)单爪锚(single fluke anchor)

四、锚链

锚链(anchor cable)是连接于锚和船体之间的链条,用来传递和缓冲船舶所受的外力,卧底锚链与海底产生摩擦力,从而增加锚泊力。

(一)锚链的分类

1. 按制造方法分

有铸钢锚链、焊接锚链两种:

(1)铸钢锚链:它的链环由钢水浇铸而成。其优点是强度较高,刚性好,撑挡不会松动,因而使用年限长。其缺点是制造工艺较复杂,成本较高,耐冲击负荷差。

(2)焊接锚链:它的链环由圆钢弯制焊接而成。其工艺简单、成本低、质量超过其他种类锚链。现已得到广泛应用。

2. 按链环结构分

有无档链(studless chain)和有档链(stud chain)两种。在相同尺寸下,有档链的强度大(抗拉力比无档链环大 20%),变形小,堆放时不易扭缠,因此在海船上广泛采用。无档链尺寸小,只用于小锚上。

3. 按锚链的公称抗拉强度分

可分为 AM1、AM2、AM3 三级。AM1 级强度最小，AM3 级强度最大。对同一船舶，若选用强度大的，链环尺寸就可以适当减小。

4. 按锚链的作用分

可分为普通链环、加大链环、末端链环、转环、连接链环或连接卸扣及末端卸扣。

(二)锚链的组成

一根完整的锚链由若干节连接而成，而每节锚链又由许多链环组成。

1. 链环(chain link)

包括普通链环(common link)、加大链环(enlarged link)、末端链环(end open link)、转环(swivel link)、连接链环(joint link)或连接卸扣(joint shackle)，以及末端卸扣(end shackle)等。链环的大小是以普通链环的直径 d 为基准的。各种链环的形式和尺寸见表 2-3-1。

链 环 的 种 类 　　　　表 2-3-1

零部件名称	简图和近似尺寸比例	零部件名称	简图和近似尺寸比例
普通链环	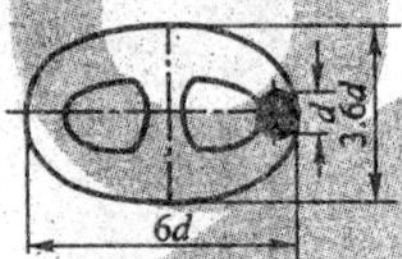 d, $3.6d$, $6d$	连接卸扣	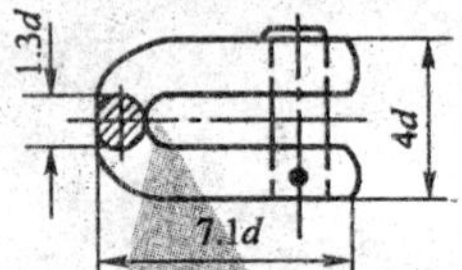 $1.3d$, $4d$, $7.1d$
加大链环	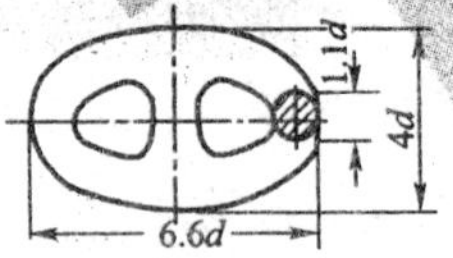 $1.1d$, $4d$, $6.6d$	散合式连接链环	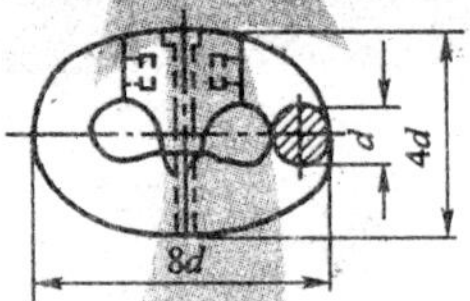 d, $4d$, $8d$
末端链环	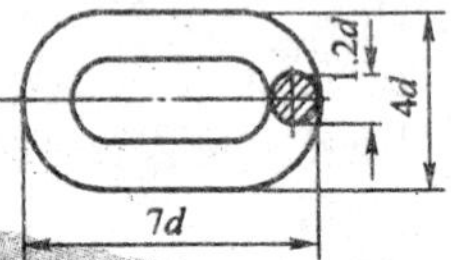 $1.2d$, $4d$, $7d$	双半式连接链环	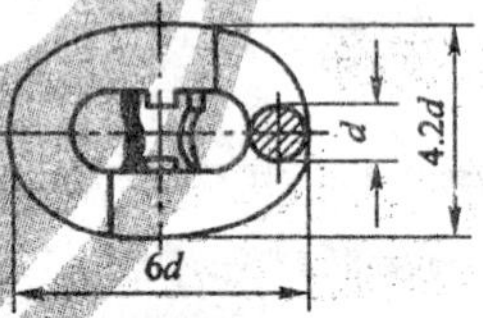 d, $4.2d$, $6d$
转环	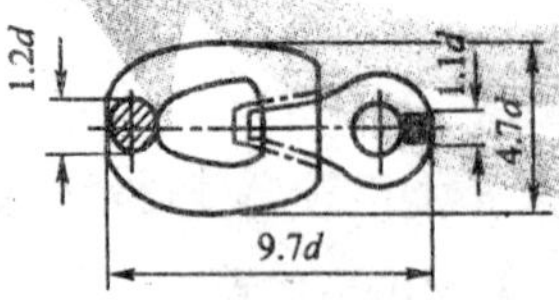 $1.2d$, $1.1d$, $4.7d$, $9.7d$	脱钩	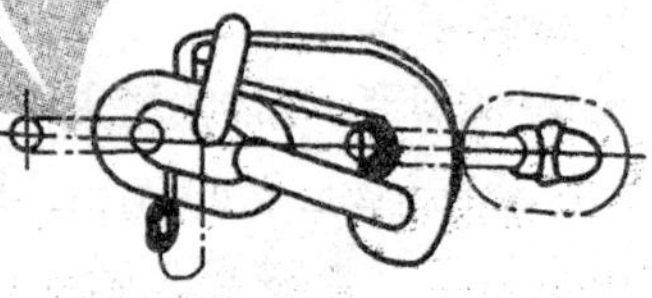
末端卸扣	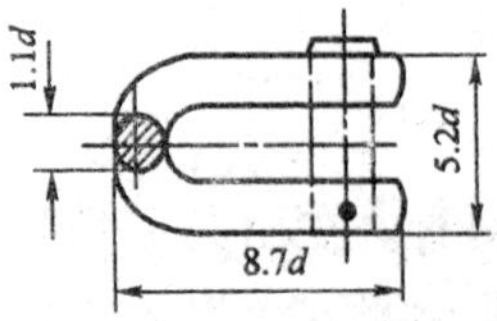 $1.1d$, $5.2d$, $8.7d$		

注：d 为普通链环链径。

2. 链节(shackle length; cable length)

链节是表示锚链长度的基本单位。我国规范规定,1 节标准锚链的长度是 27.5m。英美国家常以 15 拓为一节,折合米制约 27.5 m。也有的以 25 m、20 m 为 1 节。链节与链节之间多以连接链环连接。

按照链节在整根锚链中所处位置的不同,可分为锚端链节、中间链节和末端链节三部分,如图 2-3-18 所示。

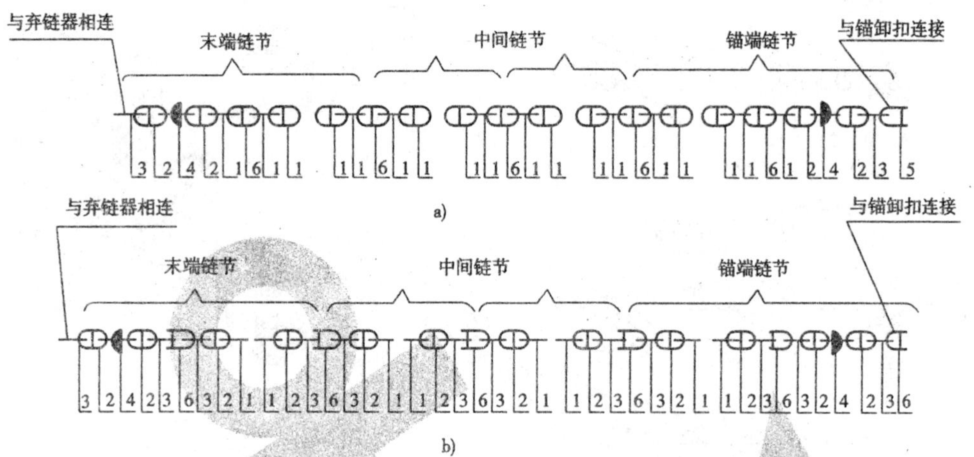

图 2-3-18 锚链的组成

a)用连接链环连接的锚链;b)用连接卸扣连接的锚链

1-普通链环;2-加大链环;3-末端链环;4-转环,5-链端卸扣;6-连接卸扣或连接链环

锚端链节是锚链的第一链节,与锚相连。从锚卸扣开始,依次为链端卸扣、末端链环、加大链环、转环、加大链环和若干普通链环。该链节中的末端卸扣和锚卸扣的横销均应朝向锚,圆弧部分朝向中间链节,转环的环栓应朝向中间链节。以减少起锚时的磨损或卡在锚链筒的唇缘处。设置转环的目的是为了防止锚链过分扭绞。

末端链节:是锚链的最后一节,与弃链器相连。由末端链环、加大链环、转环和普通链环等组成。转环的环栓也应朝向中间链节。

中间链节:是锚端链节与末端链节之间的所有链节,一般由普通链环和连接链环组成。如果用连接卸扣代替连接链环,则在连接卸扣前后依次增设无档链环和加大链环,再与普通铸环相接。因为连接卸扣的尺寸比普通链环大许多,所以增设无档链环和加大链环后,锚链在该处的尺寸可以平顺过渡、避免地起锚时连接卸扣通过持链轮时产生跳动、冲击或卡住。连接卸扣的圆弧部分亦应全部朝向锚。

(三)锚链的标记

在抛起锚时,为了能迅速识别锚链在水中的节数,在连接链环及其附近的有档链环上做出标记。其方法是:在第一节与第二节之间的连接链环(或卸扣)前后第一个有档链环的撑挡上绕金属丝(或白钢环),并在两链环之间的所有有档链环上涂白漆,连接链环涂红漆,以此表示第一节。在第二节与第三节之间的连接链环前后第二个有档链环撑挡上绕金属丝(或白钢环),并在两链环之间的所有有档链环上涂白漆,连接链环涂红漆,以此表示第二节。其余各节类推。从第六节开始,重复第一节的作法进行标记。最后一至两节可涂醒目标记以作为危

险警告,以提醒丢锚。图 2-3-19 为锚链标记示意图。

(四)锚链的拆装

船舶在厂修时,常将第一节锚链与最后一节或最后第二节锚链进行对调。另外在需要用锚链系浮筒的场合,均需对锚链的连接卸扣或连接链环进行拆装。用于连接链节的连接卸扣、双半式连接链环和散合式连接链环的结构如图 2-3-20 所示。

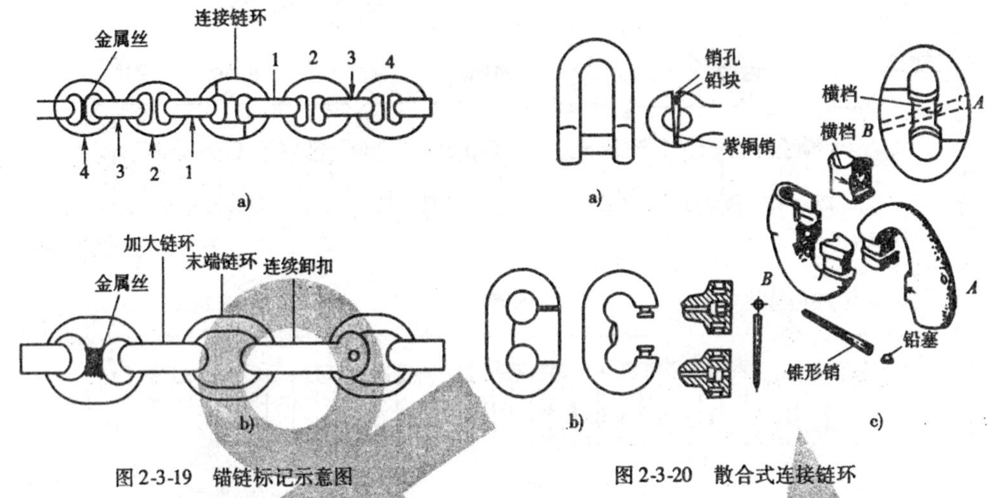

图 2-3-19 锚链标记示意图

a)第四节的标记方法;b)第二节的标记方法

图 2-3-20 散合式连接链环

1. 连接卸扣的拆装

连接卸扣拆卸时,先挖掉紫铜锥销端部的封铅,用小锤敲击小冲子,将锥销退出,再用锚链冲对准横销用锤子敲击,将横销冲出。装复时步骤相反。

2. 散合式连接链环的拆装

锚链连接时,将两半 T 形挡板与 C 形开口处的一圆榫的铸钢椭圆环互相啮合后,用圆锥钢销插入 T 形夹挡板槽中的服环中敲紧,封上青铅,便可使其紧固地连成一体。拆卸时先挖掉封铅,冲去锥销,再用扁凿顺拼缝将两半 T 形夹板分开即可。

3. 双半式连接链环的拆装

锚链连接时,先将两个钩形半环啮合,再在中间按斜锥孔的方向嵌入活动横档,最后斜向插入圆锥形钢销,使三者紧固地连成一体。钢销两端用青铅封妥。拆卸时程序相反。为了便于拆卸,装复时销子与销孔要擦拭干净,并涂以牛油,以防锈死。

(五)锚链的强度与重量估算

1. 锚链的强度估算

$$T = 548.8d^2 \tag{2-3-1}$$

式中:T——有档锚链的破断强度(N);

d——链环直径(mm)。

2. 单位长度重量估算

$$W_c = 0.0219d^2 \tag{2-3-2}$$

式中:W_c——有档锚链单位长度重量(kg/m);

d——链环直径(mm)。

3. 锚重与链重的关系

$$W_a \approx 60W_c \tag{2-3-3}$$

式中：W_a——每只锚的重量(kg)；

W_c——单位长度锚链重量(kg/m)。

上式表明，每只锚的重量约等于60m锚链的重量。

(六)锚与锚链的配备

海船的锚与锚链的配备应根据船舶的类型、航行的水域并根据船舶舾装数的大小按规范中所列数据来选取。对工作特殊，船东要求加大锚重，且借助于其他设施进行锚泊作业的非自航船舶，其锚链的配备可仅按规范要求的锚重选取。

舾装数N(equipment number)或称船具数，是反映船体所能受到的风、流作用力大小的一个参数，可由下式计算

$$N = \Delta^{2/3} + 2Bh + A/10 \tag{2-3-4}$$

式中：Δ——夏季载重线下的型排水量(t)；

B——船宽(m)；

h——从夏季载重水线到最上层舱室顶部的有效高度(m)；对最下层的层高从上甲板中心线量起，或具有不连续上甲板时，从上甲板最低线及其平行于升高部分甲板的延伸线量起，即

$$h = a + \sum h_i \tag{2-3-5}$$

其中：a——从船中夏季载重水线至上甲板的距离，m；

h_i——各层宽度大于$B/4$的舱室，在其中心线处量计的高度，m；

A——船长范围内夏季载重线以上的船体部分和上层建筑及各层宽度大于$B/4$的甲板室的侧投影面积的总和(m^2)。

根据舾装数，可以查出锚的数量及每只锚的重量、锚链直径和总长等(表2-3-2)，通常千吨级以上海船均配有3只主锚，其中2只是首锚(bow anchor)，1只是备用锚(spare anchor)。经常航行在狭窄、弯曲及水势复杂航道的船舶，还配有尾锚(stern anchor)，必要时用以控制船尾的摆荡。如果船舶应配备的锚链总节数成单数，则右锚多配一节。万吨级货船一般每只主锚至少配有10节锚链。此外，船上至少还应储备1只锚卸扣和4只连接卸扣或连接链环，另备1个锚链系浮筒用的大卸扣。

五、锚机

(一)锚机(windlass)的种类与结构

锚机是抛锚、起锚的机械装置，设在船首部。其链轮两侧的滚筒可做收放缆绳之用。

1. 按锚机动力分类

按锚机动力分类有电动锚机和电动液压锚机

电动锚机(electric windlass)的动力源是电动机。经过减速后驱动锚机链轮和卷筒转动。如图2-3-21a)所示。离合器用于控制链轮与驱动主轴的离合。锚系泊作业中，当离合器脱开时，主轴和卷筒转动而链轮不转，可作为抛锚或绞缆之用。当离合器合上时，卷筒与链轮同时转动，可作为起锚或深水抛锚时送锚之用。带式制动器用来刹住链轮，控制松链速度。

锚泊和系泊设备

表 2-3-2

序号	舾装数 N		首锚		有档首锚链				拖索		系船索		
	超过	不超过	数量	每只质量(kg)	总长度(m)	直径(mm) CCS AM1	直径(mm) CCS AM2	直径(mm) CCS AM3	长度(m)	破断负荷(kN)	数量	每根长度(m)	破断负荷(kN)
1	50	70	2	180	220	14	12.5		180	98.1	3	80	34
2	70	90	2	240	220	16	14		180	98.1	3	100	37
3	90	110	2	300	247.5	17.5	16		180	98.1	3	110	39
4	110	130	2	360	247.5	19	17.5		180	98.1	3	110	44
5	130	150	2	420	275	20.5	17.5		180	98.1	3	120	49
6	150	175	2	480	275	22	19		180	98.1	3	120	54
7	175	205	2	570	302.5	24	20.5		180	111.8	3	120	59
8	205	240	3	660	302.5	26	22	20.5	180	129.4	4	120	64
9	240	280	3	780	330	28	24	22	180	150	4	120	69
10	280	320	3	900	357.5	30	26	24	180	173.6	4	140	74
11	320	360	3	1020	357.5	32	28	24	180	206.9	4	140	78
12	360	400	3	1140	385	34	30	26	180	223.6	4	140	88
13	400	450	3	1290	385	36	32	28	180	250.1	4	140	98
14	450	500	3	1440	412.5	38	34	30	180	276.5	4	140	108
15	500	550	3	1590	412.5	40	34	30	190	306.0	4	160	123
16	550	600	3	1740	440	42	36	32	190	338.3	4	160	132
17	600	660	3	1920	440	44	38	34	190	370.7	4	160	147
18	660	720	3	2100	440	46	40	36	190	406.0	4	160	157
19	720	780	3	2280	467.5	48	42	36	190	441.3	4	170	172
20	780	840	3	2460	467.5	50	44	38	190	480.0	4	170	186
21	840	910	3	2640	467.5	52	46	40	190	517.8	4	170	202
22	910	980	3	2850	495	54	48	42	190	559.0	4	170	216
23	980	1060	3	3060	495	56	50	44	200	603.1	4	180	230
24	1060	1140	3	3300	495	58	50	46	200	647.2	4	180	250
25	1140	1220	3	3540	522.5	60	52	46	200	691.4	4	180	270
26	1220	1300	3	3780	522.5	62	54	48	200	738.4	4	180	284
27	1300	1390	3	4050	522.5	64	56	50	200	785.5	4	180	284
28	1390	1480	3	4320	550	66	58	50	200	835.5	4	180	324
29	1480	1570	3	4590	550	68	60	52	220	888.5	5	190	324
30	1570	1670	3	4890	550	70	62	54	220	941.4	5	190	333
31	1670	1790	3	5250	577.5	73	64	56	220	1002	5	190	353
32	1790	1930	3	5610	577.5	76	66	58	220	1109	5	190	378
33	1930	2080	3	6000	577.5	78	68	60	220	1168	5	190	402
34	2080	2230	3	6450	605	81	70	62	240	1259	5	200	422
35	2230	2380	3	6900	605	84	73	64	240	1356	5	200	451
36	2380	2530	3	7350	605	87	76	66	240	1453	5	200	480
37	2530	2700	3	7800	632.5	90	78	68	260	1471	6	200	480

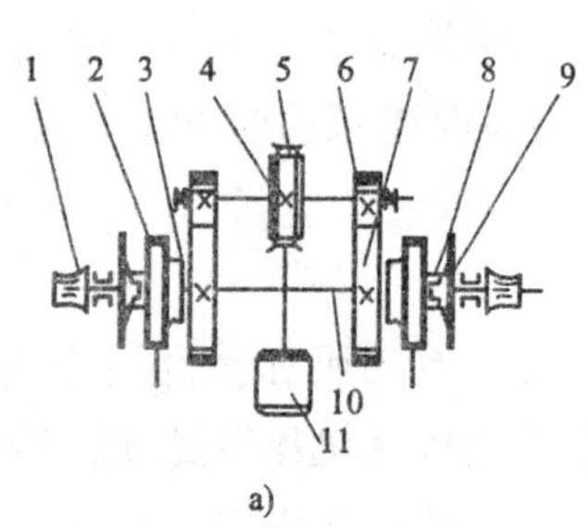

a)

b)

图 2-3-21　锚机

1-卷筒(windglass gipsy);2-制动器(brake);3-链轮(chain wheel);4-蜗杆(worm);5-蜗轮(wormwheel);6-小齿轮(gear);7-大齿轮(gearwheel);8-牙嵌离合器(jaw clutch);9-手轮(handwheel);10-链轮轴(draving);11-电动机(electric motor)

液压锚机(hydraulic windlass)由电动机带动液压泵,驱动油马达,然后经过减速器(或不需减速)使锚机运转。如图2-3-21b)所示。它具有结构紧凑、体积较小、操作平稳和变速性能好(可进行无级变速)。但制造技术和维护保养要求均较高。

2. 按锚机布置情况分类

按锚机布置情况分有卧式和立式两种。

卧式锚机是指链轮轴为水平布置的锚机,参见图 2-3-21b)。一般船上多采用卧式锚机。

立式锚机是指链轮轴垂直布置的锚机,如图 2-3-22 所示,可减小锚机所占甲板面积,多用于军舰。

甲板宽度很大的大型油船及具有大型球鼻首的船舶,因为左、右锚链筒有较大距离,所以每舷各设 1 台锚机,如图 2-3-23 所示。

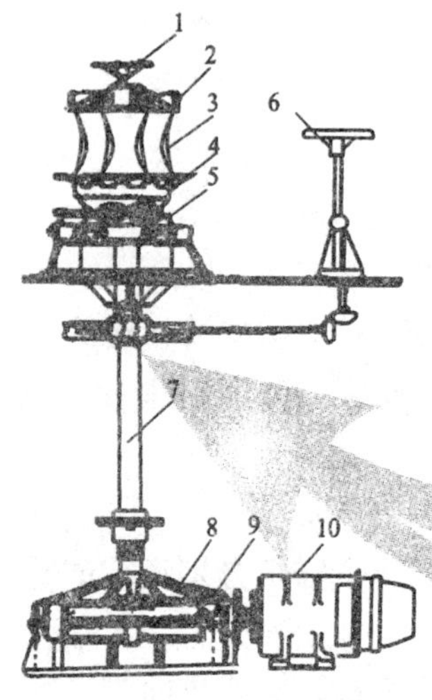

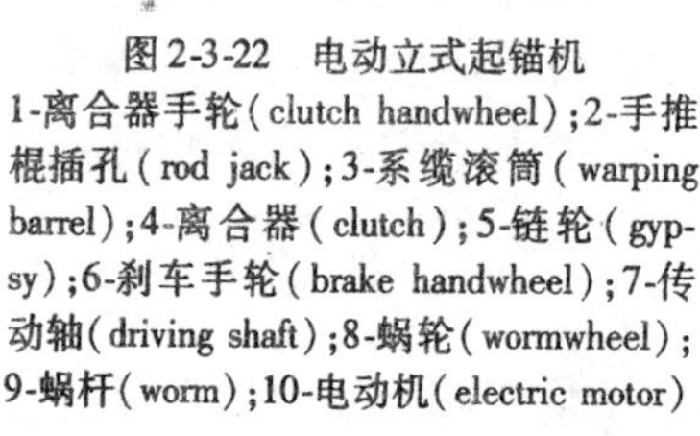

图 2-3-22　电动立式起锚机

1-离合器手轮(clutch handwheel);2-手推棍插孔(rod jack);3-系缆滚筒(warping barrel);4-离合器(clutch);5-链轮(gypsy);6-刹车手轮(brake handwheel);7-传动轴(driving shaft);8-蜗轮(wormwheel);9-蜗杆(worm);10-电动机(electric motor)

图 2-3-23　大型船舶上锚机的布置

现代一些船舶常采用遥控装置控制锚机,抛锚、起锚作业可以在驾驶台上进行遥控操作。

另外,有些船舶装备了自动锚机。在自动液压锚机系统中设有锚链长度传感器,在抛锚时当所需锚链全部抛出后,锚机会自动停止;在起锚时当锚将接近锚链筒时能自动减速,当锚干进入锚链筒收妥后会自动停车。

(二)锚机的主要技术要求

(1)必须由独立的原动机或电动机驱动,并能倒转。原动机和传动装置应设有防止超力矩和冲击的保护。对于液压锚机,其液压管路如果和其他甲板机械管路相连接时,应保证锚机的正常工作不受影响。锚重量不超过250kg的船舶,如手动起锚机能适合其使用时,可以配置手动起锚机,手动起锚机应有防止手柄打伤人的措施。

(2)应有能力以平均速度不小于9m/min,将1只锚从水下82.5m深处拉起至深度27.5m。

(3)在工作负载下以满足规定的平均起锚速度,应有连续工作30 min的能力。

(4)应能在过载拉力作用下(不要求速度)连续工作2min。过载拉力应不小于工作负荷的1.5倍。

(5)链轮与驱动轴之间应装有离合器,且离合器应有可靠的锁紧装置。

(6)链轮应装有可靠的制动器。制动器刹紧后,应能承受锚链断裂负荷45%的静拉力,或承受锚链上的最大静负荷。

(7)锚机的安装一般应保证锚链引出的三点(锚链筒、制链器和链轮)成一线。

(8)每台遥控操纵的锚机必须设一个快速动作的应急停止机构,用来切断锚机动力并使控制制动装置起作用。该机构必须设置明显标志,并位于靠近锚机便于操作的地方。

六、锚设备的试验与检查保养

(一)锚设备的试验

1.锚的试验

成品锚均应在未经油漆的情况下进行外观检查、称重和试验。

1)外观检查

成品表面不应有裂纹、缺口、夹渣或影响锚使用性能的缺陷,对不影响其强度的表面缺陷允许焊补修整。锚头(普通无杆锚)重量(含销轴和附件重量)应不小于该锚总重量的60%,锚的实际重量与名义重量的偏差应在±7%范围内。

2)拉力试验

无杆锚同时拉两个爪(翻转两面都要进行试验);有杆锚的两个锚爪分别进行试验。拉力负荷应按规范规定进行。

试验前应在锚爪尖端和锚卸扣的锚杆上分别做标记,以便试验前后测量间距;试验时,应将拉力加至试验负荷的10%,测量并记录其间距,再拉力加至试验负荷的100%,保持5分钟后逐渐将拉力减至试验负荷的10%,测量并记录其间距。无杆锚的残余变形应不超过标距长度的1%,且锚爪应能灵活转动至设计的最大角度。有杆锚应无明显的残余变形。

3)抓力试验

大抓力锚及超大抓力锚应经海上试验,大抓力锚的抓力应不低于相同重量普通无杆锚抓力的2倍;超大抓力锚的抓力应不低于相同重量普通无杆锚抓力的4倍。

2. 锚链的试验

成品锚链应在验船师在场时按规定进行拉力和拉断试验，试验前不可在锚链上涂刷油漆或防腐涂料。

1）拉力试验

以节为单位，按规定的负荷在认可的拉力机上进行试验，其伸长率不能超过5%且不应有明显的缺陷。

2）拉断试验

每批不超过4节的锚链中任选一节锚链，切取不少于3个链环进行试验。其破断负荷小于规定破断负荷，为不合格。

3. 锚机的试验

锚机应有能力绞单锚从82.5m至27.5m，平均绞锚速度不小于9m/min；快速松出锚链进行2~3次刹车，锚链在链轮上应无滑出、跳链和刹不住的现象；并应在锚抛妥后，刹紧制链器，船舶慢倒车片刻以检查制链器的功能。

（二）日常检查保养

1. 锚

（1）检查锚卸扣的磨损与变形情况，并注意横销是否松动。

（2）注意锚头横销是否松动，锚爪有否弯曲和裂纹，转动是否灵活，角度是否正常。

（3）起锚时，锚出水后观察锚爪上是否挂有杂物，并放慢绞进速度，以利锚爪最后平稳贴紧船舷。

2. 锚链

（1）平时轮流使用左、右锚。

（2）注意锚链标记是否清晰。如有脱落应及时补做。

（3）检查链环、卸扣是否有裂纹、变形和结构松动情况及磨损程度。

（4）检查转环是否灵活，并适时加油润滑。

3. 锚机

（1）按操作程序进行操作。

（2）经常检查刹车是否良好。

（3）每次使用前加油、试车。蒸汽锚机使用前应排出汽缸积水，直到放水孔喷出蒸汽再试车。

（4）离合器经常加油，保证操作轻便灵活。

（5）注意链轮的轮齿、蜗杆的螺纹等的磨损情况。

4. 制链器

（1）摩擦表面经常涂油，其余部位应涂防锈漆。

（2）经常检查基座与甲板连接的紧固情况。

5. 弃链器

（1）检查手轮保护罩的完好程度。

（2）转动部位经常加油。

(三)定期检查保养

锚设备的定期检查保养至少每半年一次。

1. 锚

(1)按日常检查保养方法进行外观检查。

(2)检查锚爪转至最大角度的灵活性及与船舷的贴合紧密性。

(3)修船检查时,锚的失重不超过原锚重的20%。

(4)当发现锚损坏时,应送厂修理,换备用锚。

2. 锚链

(1)将全部锚链从锚链舱倒出排列在甲板上,清除污泥、铁锈和油漆。

(2)裂纹检查:用手锤敲击每个链环和卸扣,听其声音是否清脆。

(3)变形检查:测量链环和卸扣的长度。有档链环长度超过原长7%,无档链环或卸扣超过原长8%就不能再使用。

(4)磨损检查:检查环与环的接触处和锚链与锚链筒的摩擦处,用卡尺量其同一截面的最大、最小直径,取平均值。I类航区,若发现链环直径小于原规定直径的88%就应换新。Ⅱ、Ⅲ类航区85%就应换新。

(5)结构松动检查:检查横档是否松动,连接链环和卸扣的销子是否松动,铅封是否脱落.

(6)修船检查时,将全部的连接链环(卸扣)拆开,更换销钉和铅封。锚端链节和末端链节对调,并做好记录。检修时锚链煨火以消除细小伤痕和内应力。

(7)锚链检查后,应涂沥青漆两度,并做好标记。

3. 锚机

(1)链轮、制链器、导链滚轮和锚链筒应呈一直线。

(2)各传动齿轮轮齿的磨损应不超过原来厚度的10%。

4. 锚链舱

(1)利用锚链全部倒出的机会,进行清洁工作,并检查排水设备是否正常。

(2)更换损坏的衬垫。必要时,舱底重抹水泥或重涂油漆。

(3)检查锚链管的磨损情况。

七、锚抓力及其影响因素

不论是停泊还是操纵中,要想安全用锚,首先要了解锚的抓力性能。锚的抓力性能与锚型、底质、用锚形式以及水深等诸多因素有关。

(一)锚的抓力

从物理意义来讲,锚的抓力(Holding Power)是由锚与海底的摩擦力和锚的粘性阻力组成。一般用下式来表示

$$P_a = \lambda_a \cdot W_a \tag{2-3-6}$$

式中:P_a——锚的抓力;

λ_a——锚的抓力系数;

W_a——空气中锚的重量。

可见,锚的抓力与锚的抓力系数有关,而抓力系数与锚型、海底底质有关。抓力系数值可

通过对各种不同底质所做的锚模型或实锚实验来确定。一般来说，抓力系数值的大小与锚的大小无关。

（二）锚的运动及抓力

锚在海底被拖动的过程也是锚的抓底过程，如图 2-3-24 所示。在外力和抓力的作用下，其在海底的运动可用下列运动方程描述：

$$(m_a + m_s)\frac{\mathrm{d}U_a}{\mathrm{d}t} = T_H - P_a \tag{2-3-7}$$

式中：m_a——锚的质量；

m_s——被锚拖动的泥沙质量；

U_a——锚的拖动速度；

T_H——作用于锚上的水平拖力；

P_a——锚的抓力，也称为锚阻力。

T_H 和 P_a 都与拖动速度 U_a 有关。由于方程中有些参数很难做出精确的估计，因此，大多用实验方法进行研究。

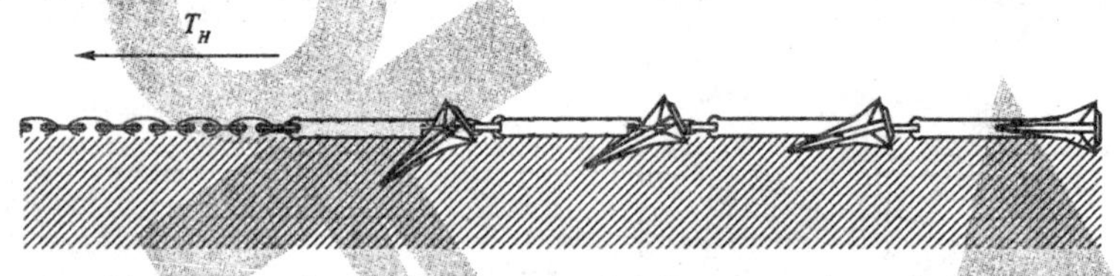

图 2-3-24　锚的抓底过程示意图

通过拖锚试验，可以详细了解从锚抛下至锚抓力达到最大值过程中抓力的变化情况，进而可通过实验结果获得锚的抓力特性曲线，如图2-3-25所示。特性曲线给出了各种锚型在砂底拖锚抓力与拖锚距离之间的关系的试验结果。从抓力特性曲线可见：

在锚爪未插入海底之前，锚的抓力是有限的；

随着拖动距离的增加，锚爪一旦插入海底，抓力将急剧增大，至 2 倍锚长距离时，抓力将达到最大值，而后保持该值；若拖力继续增大，锚在海底进一步被拖动，无杆锚就开始以锚干为轴而偏转，当锚被拖动 5～6 倍锚长时，转角将达到 45°，锚抓力急剧下降；当锚被拖动 9～10 倍锚长时，转角将达到 180°，锚爪上翻出土，仅剩下锚与海底的摩擦力；如果锚爪能二次抓底，则又重复拖锚开始过程。而有杆锚在抓力达到最大值后，由于不发生偏转现象，而一直保持该最大值。

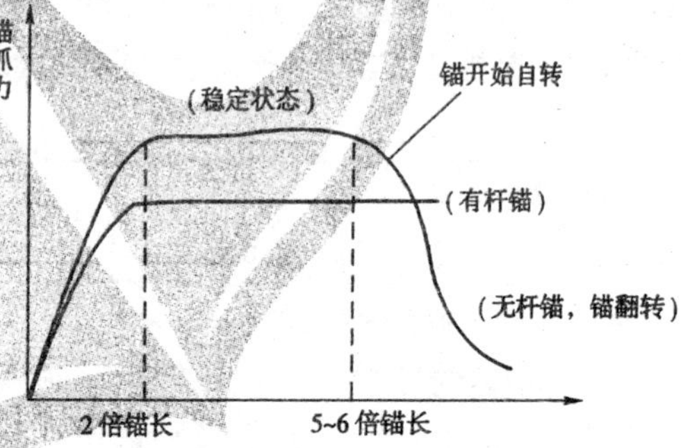

图 2-3-25　锚的抓力特性曲线

由此可见，无杆锚的优点是其最大抓力较有杆锚为大。但无杆锚的缺点是当外力超过最大抓力时，将急速失去其抓力，而有杆锚因其横杆能确保锚抓底姿势的稳定，故能保持锚爪的抓底状态。

另外，当外力 T_H 增大到等于最大抓力 P_a 时，如果出链长度较短，可能出现卧底链长为零的现象，有时甚至锚链将锚干向上提起，使锚不能发挥最大抓力。由实验可知，锚的抓力系数与锚的转环处锚链于水平面的垂直角有关。垂直角越大,抓力系数越小,这种情况相当于拖锚制动。垂直角为零时,锚的抓力系数最大。实验表明,当锚干仰角为5°时,抓力系数约减少1/4;当锚干仰角为15°时,抓力系数约减少1/2。出链长度不足时,将大大降低锚的抓力。因此,船舶锚泊时,为了保证锚发挥最大抓力,出链长度应足够。通常情况下,应不少于5~6倍水深。相反,在拖锚制动时,出链长度又不宜过长,否则,可能会发生断链或丢锚的可能。

上述的拖锚抓力与抛锚时船的运动情况有关。实验中,都是指将锚以某一速度拖动时的阻力。而实际上最需要的是将锚链刹住后锚爪插入海底使船停住时的抓力。因此,把抛锚后船停住时的最大抓力称为"静抓力";而把船运动时的抓力称为"动抓力"。相对应的有静抓力系数和动抓力系数。

(三)锚的抓力系数

从上述分析可见,锚的抓力系数与船舶的运动状态、锚型、海底底质有关。其值可通过对各种不同底质所做的锚模型或实锚实验来确定。

1. 锚的静抓力系数

锚的静抓力指船舶在锚泊状态时的最大抓力。表2-3-3给出了运输船舶常用的几种锚型的静抓力系数。

表2-3-3

锚型	霍尔锚	斯贝克锚	波尔锚	ZY-5型	AC-14型;DA-1型
抓力系数	4	4~6	7~11	8	7~11

2. 锚的动抓力系数

操纵用锚一般出链长度比较短,没有锚链平卧在海底,因此操纵用锚的抓力仅为锚本身的抓力。操纵中用锚,例如拖锚掉头、拖锚制动等操作时,在船停止之前,锚在水底是处于拖动状态的。因此,锚的动抓力与走锚时的抓力基本相同。根据实验可知,当底质为一般泥沙时,锚的抓力(动摩擦力)与出链长度、水深的关系如表2-3-4所示。

表2-3-4

出链长度/水深	1.5	2.0	2.5	3.0	3.5
抓力/水中锚重	0.76	1.16	1.60	2.00	2.40

注:水中锚重=锚重×0.87。

(四)锚链的抓力

当出链长度足够时,将有部分链长平卧海底,这部分链长与海底的摩擦力称为锚链的抓力。其大小用下式表示

$$P_c = \lambda_c \cdot w_c \cdot l \tag{2-3-8}$$

式中:P_c——锚链的抓力;

λ_c——锚链的抓力系数;

w_c——单位链长在空气中的重量;

l——平卧于海底的链长,简称卧底链长。

由上式可见,锚链的抓力与锚链的抓力系数、单位链长的重量和卧底链长的长度有关。实验表明,从安全锚泊的目的出发,锚链的抓力系数,砂底取为0.75;泥底取为0.6。

八、拖锚淌航距离的估算

拖锚制动距离是指拖锚制动操纵中的停船距离。正确估算停船制动距离，是确定落锚点的前提条件。拖锚制动距离与船舶的排水量、抛锚时船舶的余速、船体阻力、拖锚抓力以及流速等诸多因素有关。拖锚制动中的船舶运动十分复杂，精确地进行数学描述较为困难。

实践中需对本船在不同载态、余速下的拖锚淌航距离进行反复测定、对比和记录，做到心中有数。理论上为了进行估算，可对影响拖锚淌航距离的因素进行简化，考虑比较重要的因素，略去可次要因素，则可用一个简单、合适的数学模型来描述停船运动。实际上，拖锚淌航过程中船舶有可能左右偏转，即船舶是沿曲线轨迹运动的。假设抛锚后船舶沿原航向直线运动，采用动能定理可得到船舶的拖锚制动距离的表达式

$$s \cdot (P_a + R) = \frac{1}{2}(m + m_x) \cdot V^2 \tag{2-3-9}$$

式中：s——拖锚淌航距离（m）；

V——拖锚时的船速（m/s）；

P_a——锚的动抓力（kN）；

R——船舶阻力（kN）；

m——船舶质量（t）；

m_x——船舶附加质量（t）。

式中的船舶阻力、附加质量等都随时间而变化，故精确进行计算较为复杂。在估算直线方向上的拖锚淌航距离时，可进行如下假设：

（1）船速在 3kn 以下时，船体阻力相对较小，可以忽略不计，同时忽略附加质量的影响；

（2）锚的抓力在整个拖锚制动过程中是一个常量，等于最大动抓力。

则式(2-3-9)可简化为

$$s = \frac{1}{2} \cdot \frac{m}{P_a} \cdot V^2 \tag{2-3-10}$$

将上式各因素的单位进行换算，可得下列估算公式

$$s = 0.0135 \frac{m}{P_a} \cdot V^2 \tag{2-3-11}$$

式中：s——拖锚淌航距离（m）；

V——拖锚时的船速（kn）；

P_a——锚的动抓力（kN）；

m——船舶质量（t）；

从估算公式可得，万吨左右的船舶，2kn 余速拖单锚，3kn 余速拖双锚，拖锚淌航距离在接近满载时大致接近船长；2kn 余速拖双锚，1.5kn 余速拖单锚，前者较后者略短，拖锚淌航距离均接近 0.5 倍船长。因此可见，在通常情况下进入泊位，余速约控制在 1.5 ~ 2.0 kn，应拖单锚制动；如余速稍快，可考虑拖双锚，这比拖单锚增加出链长度要稳妥。此外，操纵中在估算落锚点时，不但应考虑拖锚淌航距离，还应考虑到停船时，锚位与锚链孔之间的距离，即出链链长的纵向水平投影长度。

例：某轮排水量13500t，船长135m，锚重5t，静水中余速3kn时停车，并抛单锚拖锚淌航45m后，又抛出另一锚制动，若双锚均出链一节入水，两锚的抓力均以水中锚重的2倍计算，试求全部拖锚淌航距离。根据式(2-3-10)

$$\frac{1}{2}\cdot m\cdot V^2=P_a\cdot 45+2\cdot P_a\cdot(s-45)$$

将质量$m=13500$t，船速$V=3\times0.514$m/s，拖锚时锚的抓力$P_a=5\times9.81\times0.87$kN分别代入，可解得全部拖锚淌航距离为$s=116.6$m。

九、锚泊时的出链长度

无论采用哪种锚泊方式，都必须保证一定的出链长度，以使锚泊船具有足够的系留力。出链过长或过短都不利于安全锚泊，以下以单锚泊方式为例，说明安全出链长度。

(一)锚的系留力

锚的系留力是指船舶处在锚泊状态时所受到的约束力，也称为锚泊力。受重力的作用，锚泊船的出链长度分为两个部分，悬垂在水中的部分称为悬链长度，平卧在海底的部分称为卧底链长，如图2-3-26所示。

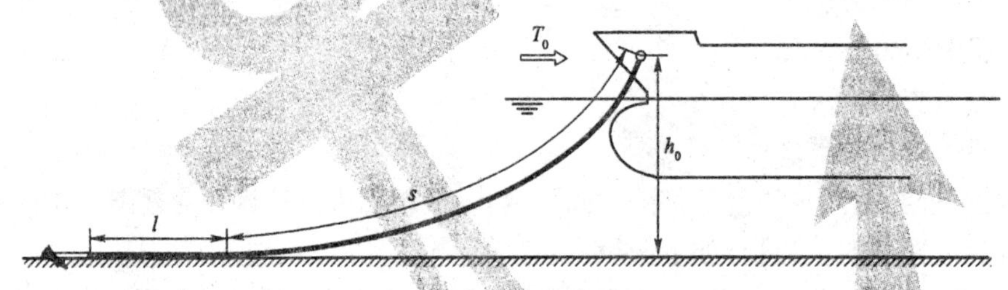

图2-3-26　锚泊船的出链长度

卧底链长与海底的摩擦力称为链的抓力，它增加了锚泊力，故锚泊力由锚的抓力和锚链的抓力两部分组成，即

$$P=P_a+P_c=\lambda_a\cdot W_a+\lambda_c\cdot w_c\cdot l \tag{2-3-12}$$

式中：P——锚泊力锚链的抓力；

P_a——锚的抓力；

P_c——锚链的抓力；

λ_a——锚的抓力系数；

W_a——空气中锚的重量；

λ_c——锚链的抓力系数；

w_c——单位链长在空气中的重量；

l——卧底链长。

(二)悬链长度

悬链长度是指悬垂在水中的锚链长度，它等于出链长度减去卧底链长。由线积分计算可得悬链长度的表达式

$$s=\sqrt{h_0\cdot\left(h_0+\frac{2T_0}{w_c}\right)} \tag{2-3-13}$$

式中：s——悬链长度(m)；

T_0——船舶所受的水平外力(t)；

h_0——锚链孔至海底的垂直距离(m)；

w_c——单位链长在水中的重量(约为0.87倍空气中的重量)。

由式(2-3-13)可见，悬链长度与水平外力 T_0 的大小有关。T_0 越大，悬链长度越长，反之，悬链长度越短。当 $T_0=0$ 时，悬链长度 $s=h_0$，可见，悬链长度是动态变化的。悬链长度尽管不直接产生抓力，但锚链的重量可使锚杆处的拉力保持水平方向，从而保证发挥锚的最大抓力；此外，悬链长度还可吸收一部分作用于船舶的外力能量，起到缓冲的作用。

(三)安全出链长度

安全锚泊的前提条件是确保足够的锚泊力。该锚泊力应能够抵御作用于锚泊船的合外力，则安全锚泊的必要条件为

$$P=P_a+P_c=\lambda_a W_a+\lambda_c w_c l\geqslant T_0 \tag{2-3-14}$$

通过该式可解得卧底链长应满足下列要求

$$l\geqslant\frac{T_0-\lambda_a W_a}{\lambda_c w_c} \tag{2-3-15}$$

则保证单锚泊安全所需总的出链长度为

$$S=s+l=\sqrt{h_0\cdot\left(h_0+\frac{2\cdot T_0}{w_c}\right)}+\frac{T_0-\lambda_a W_a}{\lambda_c w_c} \tag{2-3-16}$$

式(2-3-16)中的水平外力 T_0 在理论上可分为两部分，其一是静力，即锚泊船静止中风和流的作用力；其二是动力，即锚泊船运动中的动力。两种力的计算相当复杂。因此，实践中单锚泊出链长度常常采用下列经验公式

$$S=3h+90\quad \text{风速}\approx 20\text{m/s(8 级)时} \tag{2-3-17}$$

$$S=4h+145\quad \text{风速}\approx 30\text{m/s(11 级)时} \tag{2-3-18}$$

其中：S——出链长度(m)；

h——水深(m)。

船舶配备的单舷锚链长度一般为300～385m(11～14节)，锚泊时需要保留一定长度的安全余量，可抛出的最多链长是有限的。在水深超过一定限度的深水区锚泊时，即使最多出链长度也可能达不到上述经验公式的要求，这时，为了增加锚泊力，可考虑双锚泊方法。据统计，船舶在水深小于30m的锚地水域锚泊时，在风力小于7级的情况下单锚泊，出链长度一般为5～6节；风力大于8级的大风浪中单锚泊时，小型船舶的出链长度一般为7～9节，中、大型船舶约为9～11节。实际上，出链过长将会增大偏荡幅度，也不利于锚泊安全。

第四节 系泊设备

船舶停靠码头、系留浮筒、傍靠他船或顶推作业时，用于绞缆的设备统称为系泊设备。系泊设备由系船缆、导缆装置、挽缆装置、绞缆机械、卷缆车及属具组成。

一、系船缆的种类及特点

在船舶系泊等设备中，绳索的种类和规格非常多，了解各种缆绳的特性，掌握正确的使用

和保养方法,直接关系到船舶营运安全,是甲板部船员必须掌握的专业知识与操作技能。

按缆绳的制作材料不同,又可分为植物纤维绳、化学纤维绳和钢丝绳三大类 。

(一)植物纤维绳

植物纤维绳(natural fiber rope ; vegetable fiber cordage)是用剑麻、野芭蕉、和棉花等植物纤维编制成的。常采用三股拧绞搓制而成。特点是柔软、质轻、强度小,易腐烂,但手感较好。常用的有白棕绳、油麻绳、棉麻绳等。

(1)白棕绳(manila rope):亦称马尼拉绳。是用剑麻、龙舌兰或野芭蕉叶等纤维制成的。特点是柔软、质轻,但强度较小,多用在引航扶梯上。

(2)油麻绳(tarred rope):是用浸过焦油的大麻纤维制成的。特点是弹性不大,冷天易变硬,使用不便。仅作包缠用。

(3)棉麻绳(cotton-hemp rope):是用经过防腐处理的棉、麻纤维混合制成的。特点是质轻,不易扭结,强度较小。多做撇缆绳、旗绳和测深绳。

(二)化学纤维绳

化学纤维绳(synthetic fiber rope)是用化学纤维制成的,简称化纤绳。它比同直径的白棕绳轻,但抗拉力却大3倍以上。目前多用其代替植物纤维绳,在船上广泛使用,常见的有以下几种:

(1)尼龙绳(nylon rope):是化纤绳中强度最大的一种。特点是耐酸碱、耐油,弹性大,不易疲劳,吸湿性仅次于维尼纶绳。但怕火,不耐磨,受力会伸长。曝晒过久将使强度下降。尼龙绳表面受摩擦后易起毛,但起毛的粗糙层对其内部起保护作用,可延长其使用寿命。

(2)涤纶绳(polyester rope):强度仅次于尼龙绳。特点是耐高温、耐酸碱、耐腐蚀,适于高负荷连续摩擦。吸水率低,价格高。多用做拖缆绳。

(3)乙纶绳(polyethylene rope):其特点是耐低温、耐化学腐蚀最强,吸水性差,浮于水面,适于水上应用。不耐高温,其触感和白棕绳相似。

(4)丙纶绳(polypropylene rope):是目前最轻的缆绳。特点是柔软,吸水性小,耐油及化学腐蚀,最耐脏、耐磨,不易滑动,但不耐热,其破断力为尼龙缆破断力的51%~66%。通过对丙纶绳的制造工艺和材料的选择,其破断力提高至尼龙缆破断力的90%,丙纶绳是目前船舶使用较多的一种缆绳。

(5)维尼纶绳(vinylon rope):是化纤绳中强度最小的一种。特点是耐盐和油、耐磨、耐低温、耐日晒,但弹性差。吸湿性最强,价格便宜。

作为缆绳的化纤缆直径一般在20~65mm,直径大于65mm的作为保险缆,直径小于20mm的化纤缆不允许作系船缆。

(三)钢丝绳(Steel wire rope)

钢丝绳强度大,使用寿命长。按照钢丝的粗细和油麻芯的多少不同,分为硬钢丝绳、半硬钢丝绳和软钢丝绳。船上一般采用 $6\times24+7$ 的软钢丝作为缆绳,直径大于56mm时应采用 $6\times37+1$ 的钢丝绳,作为带缆用的钢丝绳一般直径在20~36 mm,直径在36mm以上的钢丝绳用作拖缆与保险缆。

(1)硬钢丝绳(stiff wire rope):它是由6股钢丝绳搓成的钢丝绳,中间夹一股钢丝股芯。如 7×7 的钢丝绳,表示有7股钢丝绳搓成,每股内有7根钢丝;又如 $6\times31+(7\times7)$ 的钢丝绳

表示股数为6,每股有31根钢丝,股芯为7×7的钢丝。这种钢丝绳内无油麻芯,因而是一种最硬的钢丝绳,虽不便于操作,但这种钢丝绳强度最大。在船上除了用于大桅和烟囱等支索外,还用于与绞车配合的拖索和系船索。

(2)半硬钢丝绳(semi-flexible wire rope):它是由6股钢丝中间夹1股油麻芯制成。特点是丝数多而细,较柔软,便于使用。船上常用作吊货索、吊艇索、保险缆、拖缆或系船缆。常用的类型有6×19+1、6×37+1等。

(3)软钢丝绳(flexible wire rope):它是由6股钢丝中间夹1股油麻芯,且各股钢丝中间也都夹有细油麻芯制成。特点是最柔软,重量轻,使用方便,在钢丝绳中强度最小。船上常用作牵引索、带缆、吊货索、吊艇索。常见种类有6×24+7、6×30+7等。

钢丝绳中间的油麻芯的作用是减少钢丝绳内摩擦,受力时起缓冲作用,增加钢丝绳柔软度,便于使用保养,油麻芯可注油防锈并起润滑作用,可根据钢丝绳内的纤维绳芯数量判断钢丝绳的种类。

钢丝绳的结构标记用数字表示:

例如:"6×19+7",表示钢丝绳有6股,每股19丝,外加7个油麻芯。

"股(1+6+12)",表示每股结构是中心1丝,第二层为6丝,外层为12丝。

表2-4-1是钢丝绳的结构型式。

钢丝绳的结构型式　　表2-4-1

用途	钢丝绳规格			钢丝绳结构					
	股数	钢丝数	股芯	股芯	内芯丝	内层	中层	外层	分层记号
尾锚索、拖索、系船索	6	24	纤维	纤维	0	—	9	15	6(0+9+15)
	6	37	纤维	钢丝	1	6	12	18	6(1+6+12+18)
	6	26	纤维	钢丝	1	5	(5+5)	10	6(1+5+5/5+10)
	6	31	纤维	钢丝	1	6	(6+6)	12	6(1+5+6/6+10)
	6	36	纤维	钢丝	1	7	(7+7)	14	6(1+5+7/7+10)
	6	41	纤维	钢丝	1	8	(8+8)	16	6(1+5+8/8+10)
	6	30	纤维	纤维	0	—	12	18	6(0+12+18)
与绞车配合的拖索和系船索	6	31	7×7钢丝	钢丝	[illegible]	6	(6+6)	12	6(1+6+6/6+12)
	6	36	7×7钢丝	钢丝	1	7	(7+7)	14	6(1+7+7/7+14)
	6	41	7×7钢丝	钢丝	1	8	(8+8)	16	6(1+8+8/8+16)

(四)复合缆

除钢丝缆和化纤缆绳以外目前又出现了一种用金属与纤维复合而成的缆绳,简称复合缆。这种缆绳每股均有金属丝核心,外覆纤维保护套,有3、4或6股,可用于系船缆或拖缆。这种缆绳强度较大,一根周长8.5in粗的复合缆相当于同样粗细的2.5根丙纶缆的强度。

二、缆绳的强度及规格与重量估算

(一)强度

1. 破断强度(breaking strength)

破断强度是指缆绳在拉力试验机上逐渐增大受力,直到断裂时所承受的最大拉力。应注意的是在钢丝绳的质量证书或国家标准中所查得的破断负荷是单根钢丝破断负荷的总和,搓成绳索后,它的破断强度只有上述强度的87%。各种缆绳的强度是根据厂家对产品作的拉力试验结果来计算的。如果没有资料可查,可用公式计算。

1)钢丝缆的破断强度计算公式

$$T=420\ d^2 \tag{2-4-1}$$

式中:T——钢丝缆的破断强度(N);

d——钢丝缆直径(mm)。

2)化纤缆的破断强度计算公式

$$T=98Kd^2 \tag{2-4-2}$$

式中:T——化纤缆的破断强度(N);

d——化纤缆直径(mm);

K——系数;丙纶绳0.74~0.85,尼龙绳1.19~1.33,改良的丙纶绳1.10~1.21,复合缆2.0。

2. 安全强度(safe working load)

安全强度是指缆绳所允许的最大安全负荷。安全强度计算公式如下:

安全强度=破断强度/安全系数

一般情况下,安全系数取6。实际使用中还必须根据不同工作需要确定不同的安全系数。一般系船缆(带缆)的安全系数取6~8,拖缆的安全系数8~10。

(二)缆绳的长度

各种缆绳的粗细一般以截面外切圆直径D(公制:mm)和周长C(英制:in)来衡量,其换算关系近似为

$$C/D\approx1/8 \tag{2-4-3}$$

缆绳每捆的长度一般为220m,也有500m一捆的。

(三)钢丝绳的重量估算

钢丝缆估算公式为

$$W\approx kd^2 \tag{2-4-4}$$

式中:W——每米钢丝缆的重量(kg);

d——钢丝缆直径(cm);

k——系数,硬钢丝绳、半硬钢丝绳取0.35;软钢丝绳取0.30。

三、系缆的名称、作用与配备

(一)靠泊码头时的系缆的名称及作用

系缆的主要作用是在靠泊、系浮筒时绑牢船舶,拖带中传递拖力,靠离码头时协助操纵及

船舶在码头前后移泊时使用。根据各缆绳的位置、出缆方向和作用不同,有如下几种名称,如图 2-4-1 所示。

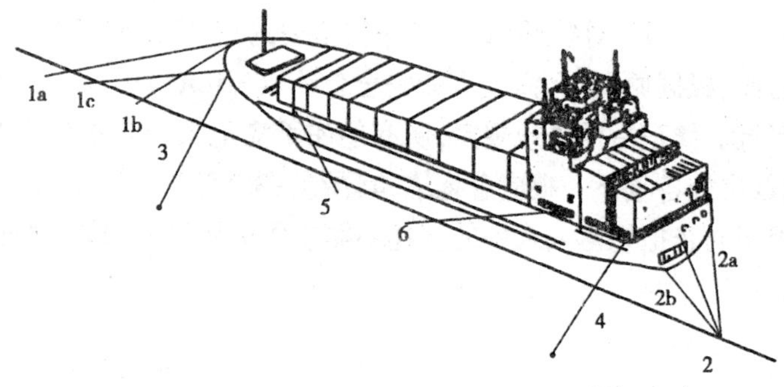

图 2-4-1　系缆名称

1a-外档头缆;1b-包头缆;1c-里档头缆;2a、2b-尾缆;3、4-前、后横缆;5-前倒缆;6-后倒缆

1. 头缆(head line)

又称首缆,其中从外舷出缆者也可称为外档头缆。如果它绕过船头而与码头岸线交角很大,则俗称包头缆。从里舷出缆者也可称为里档头缆,俗称拎水缆。头缆主要承受船首方向风流的外力作用,防止船身后退和船首外移。

2. 尾缆(stern line)

也有里档尾缆和外档尾缆之分,主要承受船尾方向风流的外力作用,防止船身前冲和船尾外移。

3. 前倒缆(fore spring line)

主要承受来自船尾方向的作用力,防止船位前移。

4. 后倒缆(after spring line)

主要作用是防止船身后退。

5. 前(后)横缆(fore breast,after breast line)

主要承受吹开风的作用力,防止船头(尾)外张。

系泊时,缆绳的具体使用要根据码头的情况、船舶长度、缆绳强度、停泊时间长短及天气、潮汐情况来决定。通常万吨级船舶靠码头时带头缆、尾缆各 3 根,前后倒缆各 1 根。5 万吨左右以上船舶除首、尾缆及前后倒缆有所增加外,因船长较大,往往在船中附近还要增带几根缆,可以根据本船情况给予命名。抗台时或在涌浪大的港口,还应使用保险缆,以保证系泊安全。

(二)浮筒系缆名称及作用

船舶在某些港口停泊时,需要带浮筒。带浮筒的方式主要有两种:一种是只在船首带单个浮筒;另一种是首尾均带浮筒。若按所带缆绳的形式分有单头缆和回头缆两种,见图 2-4-2。

1. 单头缆(buoy line)

从船头或船尾送出,其前端琵琶头(eye splice)与浮筒环(buoy ring)连接的系缆称为单头缆,俗称单头。单头缆首尾至少各 2 根,用以承受系泊力。强风强流时,还应增加其数量。

2. 回头缆(slip line)

在船头或船尾,由一舷送出,穿过浮筒环后再从另一舷拉回船上系牢。这种缆称为回头缆。回头缆首尾各 1 根,平时不承受系泊力(处于松弛状态),只在离浮筒时使用,作为最后解出的系缆,由船员自行解脱。

(三)应急拖带装置

IMO的决议MSC 256(84)对《国际海上人命安全公约》(SOLAS)II-1/3-4和应急拖带的要求进行了修正。当前,根据原《国际海上人命安全公约》(SOLAS)II-1/3-4的要求,油轮的应急拖带装置需经过审批。修正后的法规规定,所有船舶都需配备应急拖带程序。要求停泊中的船舶,在其外舷的首尾处各垂下一根应急拖缆,其琵琶头应垂于水面上方,并在装卸与压载过程中保持此状。用于防止拖缆落入水中的绑扎小绳应便于拖船上的船员判断、解掉或拉断,如图2-4-3所示。

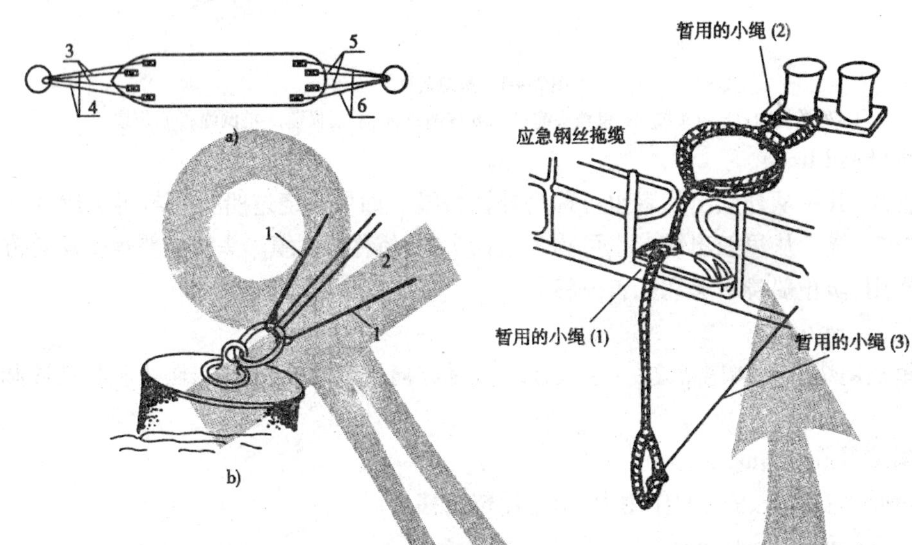

图2-4-2 浮筒系缆名称

1-单头缆;2-回头缆;3、5-前、后单头缆;
4、6-前、后回头缆

图2-4-3 船舶停泊应急拖缆布置方式

该装置在任何时候应能够快速用于失去主动力的被拖曳船并且易于与拖船连接。至少一个应急拖带装置预先装备妥当以便快速使用;考虑到尺度和载重量以及预计到的恶劣天气条件下的受力,在船头和船尾的应急拖带装置应有足够的强度。

1.一般要求

应急拖带装置的设计和构造应基于IMO开发的指南要求由主管机关认可;船尾应急拖带装置应预先装备妥当以便在港内条件下由一人15分钟内以可控的方式使用;后部拖缆端短索的提升装置应设计考虑到失去动力和在拖带操作时遇到不利环境状况的可能性,至少可以由一个人手动操作,提升装置应受保护于可能遇到的天气及其他不利条件;前部应急拖带装置应可以在港内条件下不超过1小时内完成部署;符合后部应急拖带装置要求的前部应急拖带装置可以接受;所有应急拖带装置应清晰地标示使之能够即使在黑暗和能见度不良时也可以安全和有效地使用;所有应急拖带的构件应由船员定期检查和维护使之处于可用状态。

2.布置

应急拖带装置的典型布置如图2-4-4所示。

其中,首部和尾部的拖力点及导缆装置的位置应能确保从首部或尾部任一侧均易于拖带,

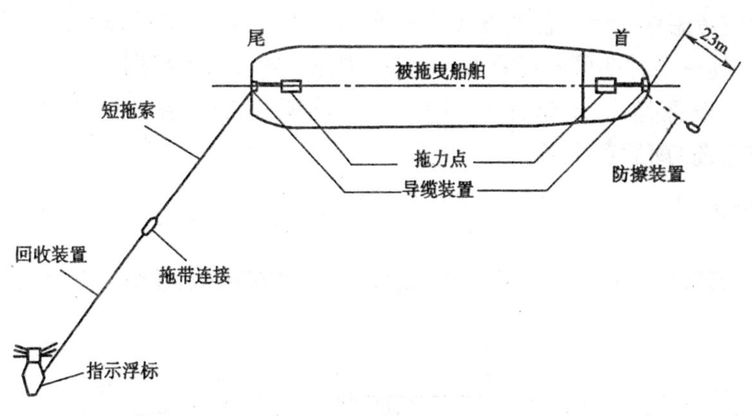

图 2-4-4 应急拖带装置的典型布置

并最大限度减小拖带装置的应力。安放应急拖缆有不同的方法并且布置可因港口不同而不同。首选的方式是将船上的一端系固在双缆桩上，至少盘 5 花，然后通过导缆孔导向舷外，在船边悬挂成弓形并在甲板上无松弛部分。应急拖缆的舷外端部有琵琶头并与引缆联接带回甲板。在装卸货期间，定期调整引缆以保持应急拖缆的琵琶头在水线上一或两米。

3. 装置与部件的要求

短拖索应具有一个硬质末端眼环，以便与标准的共性卸扣连接。短拖索的长度不小于 $2H+50$m，其中 H 为尾部导缆装置处的海上最轻压载时的干舷高度（m）；导缆装置可为导缆孔或带滚柱的导缆器；拖力点是拖带装置在船上的紧固端，应为制链器或拖力眼板或其他等效强度的装置。

4. 附加标志

装有符合此规定的应急拖带装置的船，可授予附加标志：Emergency Towing Arrangements。

5. 图纸资料

下列图纸资料应提交船级社批准：

(1)应急拖带装置的布置图。

(2)应急拖带装置的拖力点、导缆装置结构图及相应的计算书。

(3)支撑拖力点和导缆装置的局部结构图。

(4)应急拖带装置的操作手册。

四、系缆的配备

系船缆一般根据舾装数的大小，在《钢质海船入级与建造规范》的列表中查得应配置的系缆的数量、长度、规格和破断负荷。

如果船舶的 A/N 大于 0.9，规范建议系缆数量按表 2-4-2 要求增加。

表 2-4-2

A/N	0.9 ~ 1.1	1.1 ~ 1.2	>1.2
系缆增加根数	1	2	3

缆绳的直径可按规范表中给定的破断负荷和本节中破断负荷估算公式来换算。

系缆的长度应考虑在任何可能情况下所需要的最大长度，还应考虑到琵琶头处最容易磨损的实际情况，每隔一个时期可能需要截去重插，因此一般多采用整捆缆绳。

万吨级船舶一般备有首、尾缆各3～4根，前后倒缆左、右舷各1根，备用缆前后各1～2根，保险缆(兼作拖缆)前后各1根。

五、系缆装置

除系船缆外，系缆装置还包括导缆装置、挽缆装置、绞缆机械、缆绳卷车及附属用具等。其布置如图2-4-5所示。

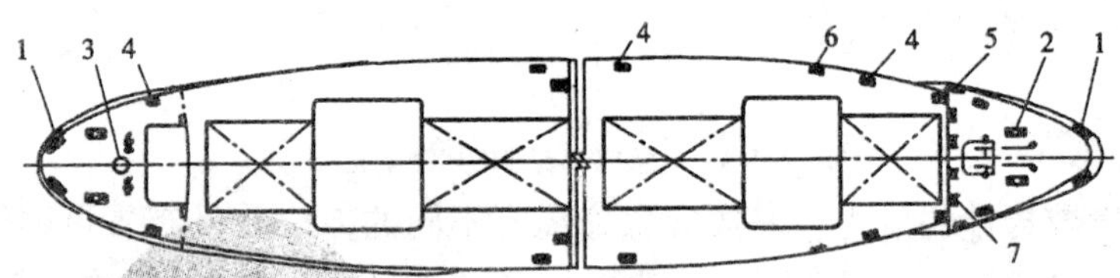

图2-4-5 系缆装置的布置

1-滚轮导缆钳(roller chock)；2、4-系缆桩(bitts)；3-系缆绞盘(capstan)；5-导缆钳(open chock)；6-导缆孔(chock)；7-卷车(reel)

(一)导缆装置

导缆装置是为了使缆绳从舷内通向舷外引至码头或其他系缆地点，改变缆绳的方向、限制其导出位置及减少缆绳磨损的装置。常见的有：

图2-4-6 导缆孔

1. 导缆孔

又称巴拿马孔(Panama lead; Panama towing pipe)，为圆形或椭圆形的铸钢件，大型船舶一般标注其安全工作负荷，如图2-4-6所示。导缆孔一般嵌在舷墙上(多见于船中)，系缆经过导缆孔时，接触面呈圆弧形，以避免舷墙对系缆的切割作用，也便于系缆琵琶头顺利通过。但导缆孔对系缆的磨损比较严重。

2. 导缆钳

导缆钳的形式比较多，有闭式和开式、无滚轮和带滚轮等种类。其中主要是以无滚轮和带滚轮进行分类的。导缆钳一般都采用铸造，有整体式和组合式两种。通常装在舷边，如图2-4-7所示。多见于船首、尾部。为了减轻对系缆的摩擦船舶多采用滚轮式导缆钳。

3. 滚轮导缆器

滚轮导缆器(roller fairlead)一般设于船舷，由数个滚轮并立组成，如图2-4-8所示。

4. 滚柱导缆器(multi-angle fairlead)

一般设在甲板端部，也称万向导缆器，如图2-4-9所示。这种到缆器在孔的左右及上下均设滚轮或滚柱，大大减少了缆绳通过时的摩擦力。

5. 导向滚轮(pedestal fairlead；old man)

如图2-4-10所示，导向滚轮装在甲板上的圆台形基座上，位于舷边导缆器与绞缆机之间，

用来改变缆绳方向，以便引至卷筒。滚轮旁的羊角可以防止系缆松弛时滚落到甲板上。导向滚轮通常作为配合锚机绞缆的导缆装置。

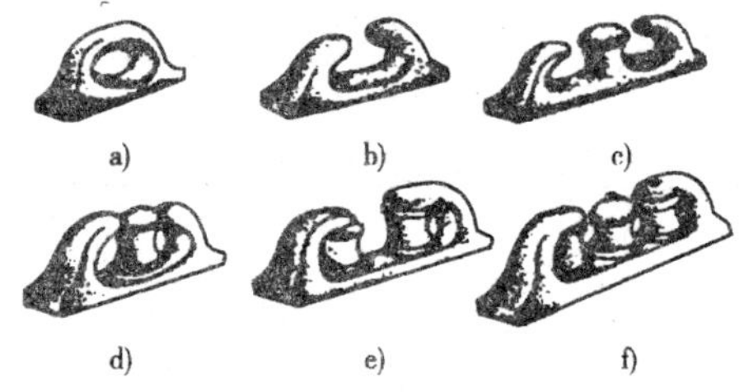

图 2-4-7 导缆钳

a)闭式(closed);b)开式(open);c)单柱式(single cylindrical roller chock);d)单滚轮(single roller chock);e)双滚轮(double roller chock);f)三滚轮(triple roller chock)

图 2-4-8 滚轮导缆器

图 2-4-9 滚柱导缆器

图 2-4-10 导向滚轮

(二)挽缆装置

为在靠泊和拖带作业时固定缆绳的一端，在首尾楼甲板和船中部甲板等部位设有挽缆用的缆桩。缆桩有铸造的，也有用钢板围焊而成的。因为其受力很大，所以要求基座十分牢固。大中型船多采用双柱缆桩(bitts;bollard)，如图 2-4-11 所示。

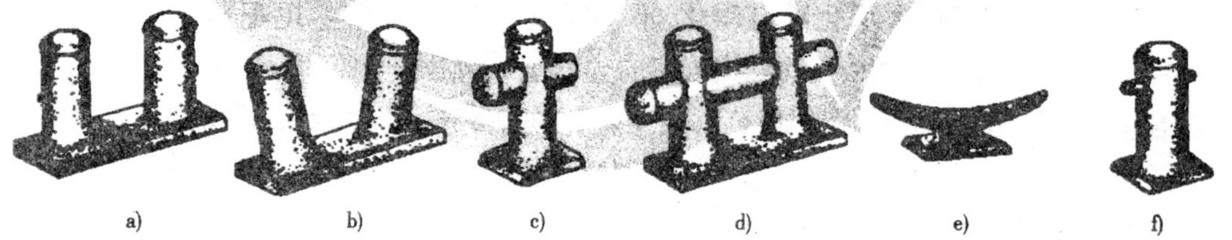

图 2-4-11 缆桩

a)双柱系缆桩(double-post bitts);b)斜式双柱系缆桩(double raked bitts);c)单十字缆桩(single cross bitt);d)双十字缆桩(double cross bitts);e)羊角桩(cleat);f)单柱系缆桩(single-post bitts)

(三)绞缆机

绞缆机又称系缆绞车(mooring winch)，用于绞收缆绳。船首的绞缆机由锚机兼，船尾部的单独设置，其他部位的由就近的起货机代替，有些大型船舶的中部也专设系缆绞车。绞缆机的

绞缆速度应能达到15m/min,绞缆拉力应能达到所配置系船缆破断力的75%左右。

绞缆机按其动力分电动绞缆机(electric-powered winch)和液压绞缆机(hydraulic winch)。按卷筒轴线位置分,有卧式绞缆机和立式绞缆机两种。

1. 卧式绞缆机

图2-4-12所示的为普通卧式绞缆机(horizontal warping winch),卷筒由电机经过减速后驱动运转,用甲板面积较大。

2. 立式绞缆机

又称系缆绞盘(vertical warping winch, capstan)(图2-4-13)。还有一种叫无轴式系缆绞盘,其电动机装在卷筒里面。因其动力装置一般设在甲板下面,所以占用甲板面积小,有利于保护机器。

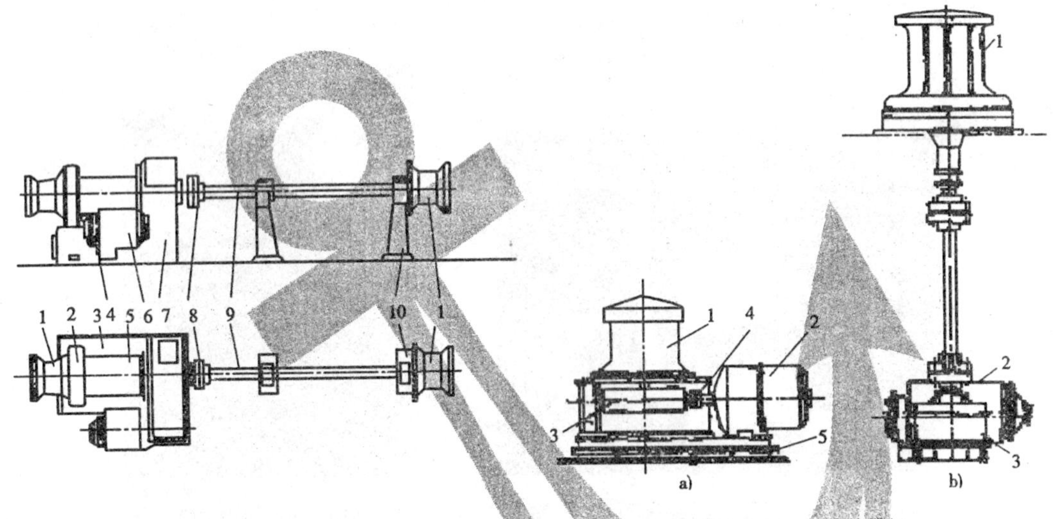

图2-4-12 卧式绞缆机

1-滚筒(cable drum);2-墙架(web frame);3-底座(foundation);4-圆盘刹车(disk brake);5-主滚筒(main drum);6-电动机(electric motor);7-减速箱(reduction);8-联轴节(shaft coupling);9-主轴(main shaft);10-轴承座(bearing seat)

图2-4-13 立式绞缆机

1-滚筒(cable drum);2-电动机(electric motor);3-减速箱(reduction);4-联轴器(shaft coupling);5-底座(foundation)

近年来,随着船舶的大型化和自动化,不少新造的船在船首、船尾配备了自动系缆绞车(auto-tensioning winch)。每一自动系缆绞车的卷筒上卷缠固定的一根系缆,自动系缆绞车还装有自动排缆装置,使卷入的缆绳能自动在卷筒上排列整齐。自动系缆机的动力源有电动的,也有液压的。它能根据系缆的受力情况自动调整系缆的长度,减轻了船员的劳动强度。但它在使用时因频繁收放容易磨损系缆。

由于自动系缆机的缆绳必须卷在绞缆卷筒上,绞收缆绳数量有限。一般万吨级货船只有头缆和尾缆2~3根可以自动收放,只能满足一般情况。而当船舶吃水变化很大或因潮汐、风力使缆绳张力变化很大时,仍需人工及时调整所有的缆绳。根据IMO的要求,停泊中的油船,其自动张力绞缆机应置于“不自动”的工作状态。

(四)系缆卷车

系缆卷车(reel)是存放缆绳的装置,简称缆车,如图2-4-14所示。凡是用钢丝绳作系缆的

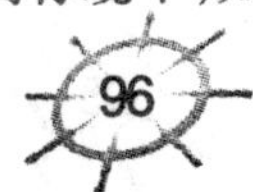

船舶都配有专用的缆车,用来卷存钢丝绳。摇动手柄或转动扶手即可将缆绳松出或卷上,脚踏刹车则用于控制卷缆车的转速。

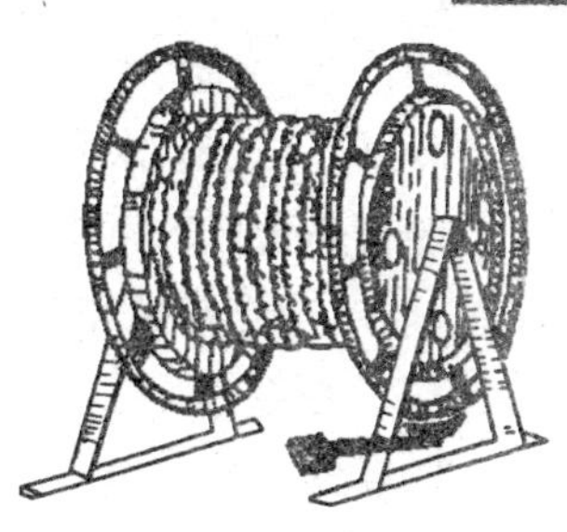

图 2-4-14　系缆卷车

(五)系泊属具

1. 撇缆绳(heaving line)

为 1 根长约 40 m、直径约 6 mm 的细绳,绳的前端是有一定重量的撇缆头。船靠码头时,从船上抛给码头带缆人员,作为往码头送缆的牵引绳。船舶在遇紧急情况下,靠人力无法抛出很远距离时会采撇缆器(throwing line apparatus)进行撇缆作业。撇缆器是利用火药或高压气体等作为推力,将撇缆抛出有效距离 230m 以上的装置。

2. 碰垫(fender)

俗称靠把,其外部是用绳编织的,其内填有软木或棕丝等软性物质的球形物。船舶靠离码头时,用于缓冲船体与码头的撞击和摩擦,以保护船舷。

3. 制索绳(rope stopper)和制索链(chain stopper)

是船舶系泊时,用于临时在系缆上打结,以承受缆绳拉力的专用索具。制索绳用于纤维缆,制索链则用于钢丝缆。其一端连在缆桩基座靠近出缆方向一侧,或为一琵琶头,使用时,套在缆桩上。另一端用于在系缆上打制索结,以便将系缆在卷筒上取下挽在缆桩上,或将系缆从缆桩上取下,挽在卷筒上继续绞收,见图 2-4-15。

4. 挡鼠板(rat guard)

一般由薄钢板或塑料板制成。根据绝大多数港口的有关规定,船舶系靠码头时,为了防止鼠类动物沿着缆绳来往,系缆带好后要挂上挡鼠板,如图 4-16 所示。

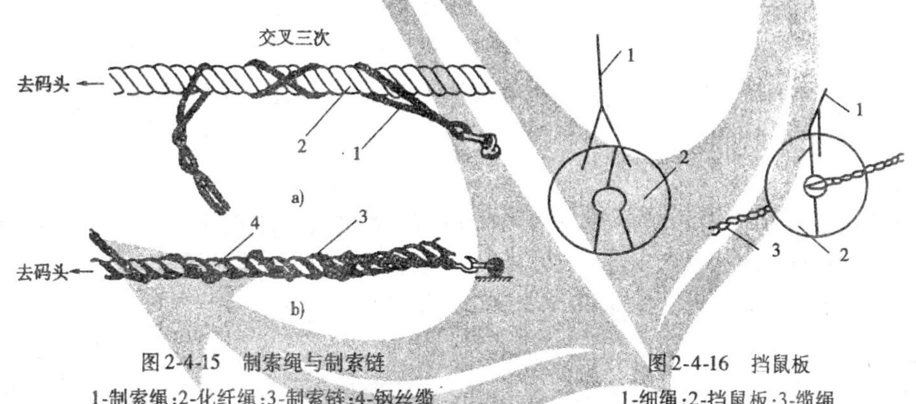

图 2-4-15　制索绳与制索链
1-制索绳;2-化纤绳;3-制索链;4-钢丝缆

图 2-4-16　挡鼠板
1-细绳;2-挡鼠板;3-缆绳

六、系离码头作业

系离码头作业在靠离泊操纵及其他船舶间拖带等操纵过程中是船员必须进行的基本作业之一。其作用包括:船舶前后运动及控制;靠拢泊位的控制;使船首或船尾贴靠或离开码头等。在大多情况下,是车、舵兼用,而以缆绳相配合,有些情况下,是以缆的运用为主而以车舵相辅。

(一)人员分工

驾驶台:船长、三副和操舵水手;

船首部:大副、木匠和水手;

船尾部:二副、水手长和水手。

船长是全船的指挥者。大副和二副分别是船首、船尾现场负责人。木匠与水手长分别在船首、船尾操作锚机和绞缆机。

(二)系缆作业

1. 准备工作

(1)提前通知船员上岗做准备工作。

(2)绞缆机加油并试车。

(3)清理工作场所,移走妨碍带缆作业的杂物。

(4)为了保证带缆作业中能够迅速地将缆绳送出,事先需要将要用的缆绳倒出一部分排在甲板上,并把琵琶头移到各自的导缆孔前。如果系缆不太笨重,则可将系缆的琵琶头穿过导缆孔送至舷外,再回搭在舷墙或栏杆上,见图2-4-17。

图2-4-17 带缆前缆绳的准备

1-缆绳;2-琵琶头;3-导缆钳;4-甲板

(5)备妥通信设备,撇缆绳(首尾各两副)、碰垫和挡鼠板等。夜间作业还应备妥照明灯。准备工作完毕,应向驾驶台报告。

2. 投掷撇缆

通常船舶距码头还有某一距离时,便抛下外档锚以控制船头向码头贴靠的速度。当船舶接近码头时,应及时、准确地将撇缆投到码头上。若第一次抛投不成功,第二根撇缆应立即投出。撇缆成功后,应报告驾驶台。如果使用带缆艇或撇缆枪,则上述作法不必采用。

3. 出缆

撇缆抛出后,迅速将撇缆绳的手持端在系缆的琵琶头上打一个撇缆活结(或其他有效系结),然后将缆绳送出舷外。

4. 松缆

码头水手收拉撇缆绳的同时,船上往舷外松缆。松缆时要注意速度。如果是钢丝缆,松缆速度要适中,太快了缆绳沉入水底,容易被水底障碍物钩住;太慢了缆绳张紧,码头工人拉不动。如果是丙纶缆,缆绳浮于水面,松缆速度可快一些。

5. 绞缆

系缆送到码头,将琵琶头套上码头缆桩后,需根据指令或需要绞收缆绳使船渐渐靠拢码头。如果系缆在船舷外无阻碍,应立即上卷筒绞进。钢丝缆应在卷筒中绕5圈以上,化纤缆通常绕4圈。绞缆时,手持缆绳活端的水手应站在卷筒后方1 m以上距离,用力拉紧缆绳以增加它与卷筒的摩擦力。另一水手则将绞进的缆绳的扭结及时解开,盘好。

绞缆过程中,应及时松外档锚链。如果绞缆机受力很大绞不动时,不能硬绞或突然增大功率,以免断缆,而应稍停片刻,待船身向码头移动、缆绳有所松缓时再绞。

6. 挽缆

当船舶靠拢码头后,应根据需要与指令将系缆从卷筒上取下,在缆桩上挽牢。

(1)打制索结:在缆绳从卷筒取下之前,要用制索绳(链)于出缆方向在缆绳上打制索结,

承受缆绳在从卷筒取下至挽牢这短暂时间内的拉力。

(2)挽桩操作:制索结打好后,持缆绳活端的水手只要将缆绳往前一送,卷筒上的系缆就会因摩擦力骤减而滑动,使制索绳(链)受力。如果缆绳受力特别大,则应用极慢倒车松出一小段缆绳,让制索缆(链)渐渐受力,然后将缆绳从卷筒取下在缆桩上挽牢。整个操作要求迅速、准确,以防船位移动或崩断制索绳(链)。

(3)挽桩方法:挽双柱缆桩时,缆绳应先绕过前面一根缆桩,然后再"8"字形挽牢(也称之为大挽),如图2-4-18所示,使两根桩均衡受力。纤维绳因其柔软有时只在一根桩上挽牢(也称之为小挽)。

(4)挽桩道数:钢丝缆至少挽5道"8"字形,化纤缆至少挽4道,天然纤维缆至少挽3道,小挽时一般要挽6~7道。

(5)打系缆活结:钢丝缆弹力大,挽牢后应在"8"字当腰处的最上面3道用小绳系好,以防其弹出松脱。

(6)在卷筒上挽缆:如果因某些因素需增加系缆数目而缆桩不够用时,可将系缆在卷筒上挽牢。

(7)琵琶头在桩上的套法:从他船引到本船的缆绳,在缆桩上的套法如图2-4-19所示,使两根桩均衡受力。

当一根缆桩上要套两根系缆的琵琶头时,应按图2-4-20所示的套法,这样不论哪根缆先解均互不影响。

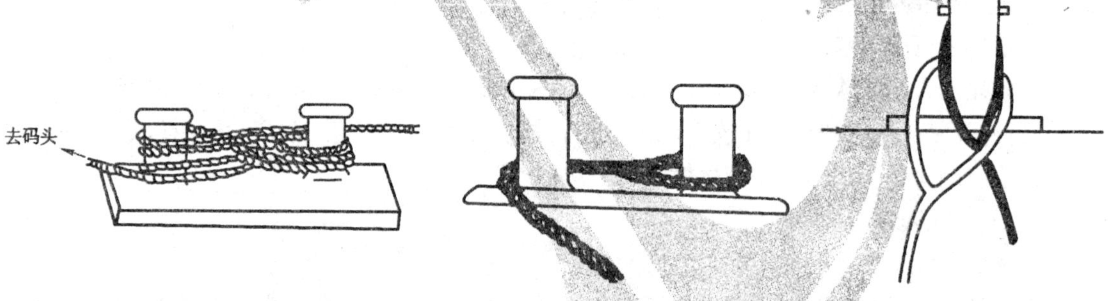

图2-4-18　双柱缆桩的挽法　　图2-4-19　琵琶头在双柱缆桩上的套法　　图2-4-20　两根系缆带在一根缆桩的套法

(8)结束工作:当船已靠妥,所有系缆均带好后,应挂上挡鼠板。将多余的缆绳盘好,收妥各种属具,盖上有关设备的防护罩,并清扫现场。

(三)解缆作业

1. 准备工作

基本上与系缆时的相同,还应先收进舷外物品和挡鼠板,并检查缆绳上有无异常情况,以免妨碍解缆。准备工作完毕,向驾驶台报告。

2. 解缆

得到单绑命令后,将操纵中不用的缆绳解掉收回,而将操纵需要和易于解脱的缆绳留下。一般首、尾各留2根系缆。当单绑完毕并且船员各就各位后,向驾驶台报告"单绑完毕"。

解缆时,先用制索绳(链)在系缆上打一个半结,以控制系缆解开时的下滑速度。当系缆

完全松弛时,码头水手将系缆琵琶头从码头缆桩上取下。

3. 收缆

系缆从码头解下后,应迅速上卷筒绞收,尤其是尾部缆绳或拖缆,以免妨碍动车。最后1根系缆出水后,应向驾驶台报告。

4. 结束工作

将缆绳整理盘好,盖上帆布罩,收好各种用具,清扫首尾甲板。

七、靠离泊中系缆的运用

(一)靠泊用缆

靠泊带缆时机和顺序取决于船舶排水量、载重状态、风流的影响以及靠泊操纵中系缆的作用等因素。

对于小型船舶,船舶靠岸之前,在撇缆能及的距离上即可进行带缆,以便借助系缆的作用力来控制船舶的靠岸过程;中、大型船舶一般在船舶靠岸之后进行带缆。

一般采用先带首部缆绳后带尾部缆绳的靠泊带缆顺序,而首部带缆顺序取决于风。流的影响。

1. 顶流靠泊带缆顺序

在有流港口,船舶多采用顶流靠泊方式。为了防止船舶靠岸过程中流的影响而后退,因而一般先带头缆,并迅速收紧挽牢。待船体靠岸并就位之后,再带前倒缆、前横缆。尾部先带尾倒缆,然后带尾缆和横缆。

2. 横风较强带缆顺序

有较强吹开风或吹拢风影响时,一般先带首横缆,无横缆缆桩时可将头缆和前倒缆同时带上,并迅速收紧。这样即可防止吹开风造成船首被吹开而陷入困境,又可防止吹拢风造成船尾轧拢过快而触碰码头。尾部先带尾横缆,并尽快绞拢。

(二)离泊用缆

1. 单绑(single up)

单绑是指船舶离泊前解除操纵中不起作用的缆绳。小型船舶自力离泊单绑时,保留缆绳数量取决于流向,一般船首保留一根头缆和一根前倒缆,顺流时保留一根尾缆,顶流时保留一根尾倒缆。中、大型船舶一般在拖船就位并发挥作用后再进行单绑。

2. 离泊倒缆的运用

小型船舶自力离泊时,一般采用尾离法,即借助前倒缆的约束力,短时微速进车,操内舷满舵,使船尾慢慢离开码头。这时,前倒缆可能受力过大而断缆,进而使船舶失去控制而酿成事故。因此,应选择强度大,质量好的缆绳作为尾离前倒缆,尽可能将其贴靠码头边,而又接近船中部的缆桩上,并将其挽牢,以使其有足够的长度,减少其所受的应力,并严格控制进车时间。

3. 溜缆

离泊时,首或尾部的最后一根缆,有时用来阻滞首、尾的偏转,或控制船身的前冲后缩,需将其作一时溜出、一时刹住的操作,这根缆绳俗称溜缆。

溜缆使用的缆绳一般只用钢丝缆,一般只在小型船舶离泊时使用。

4. 绞缆移泊

船舶停靠中，常由于某种原因需要向前或向后平移若干距离。如此时非风大、流急情况，一般只要首尾配合绞缆即可移泊。

如果向前移动时，解掉里档首缆、尾缆，移向前方远处带上缆桩，前倒缆也适当前移，外档首缆上绞缆机，始终保持船首有一根首缆和一根前倒缆随时受力，使船首不致偏出码头过远而危及船尾的车舵；船尾也可同时绞收尾倒缆，松出尾缆，并适时将其带到较前的缆桩上，使船尾也保持较宽裕的受控状态。一次离泊距离不足，可反复进行，移泊完成后，带好并调整各缆绳受力均匀。

如果向后移泊时，可绞收尾缆及前倒缆，但同样要有一根首缆使之随时受力，以保持船身的平行移动。

绞缆时要前后配合，相互呼应，并在驾驶台统一指挥下进行。绞缆速度不宜太快，也不要硬绞，以防断缆。

如果风大流急，应用车舵配合或借助拖船进行移泊，以策安全。

八、系离浮筒作业

船舶系离浮筒作业时，有港口提供的带缆艇协助操作，否则需将本船的工作艇放下使用。

（一）缆绳系离浮筒作业

1. 准备工作

船首、船尾各备妥带卸扣的单头缆 2 ~ 3 根，回头缆及其牵引绳各 1 根。如果使用化纤缆，每根缆绳还要配一个司令扣。

2. 系浮筒作业

首先系单头缆。当船舶驶近浮筒时，将单头缆及卸扣等从导缆孔送出至水面上。带缆艇接到缆绳后，在艇上盘放一部分，然后驶向浮筒。这时船上相应地松出缆绳。带缆艇抵达浮筒处后，将系缆与浮筒环用卸扣连接在一起。出缆孔应尽可能地靠近船首正中，也可集中从一舷的缆孔出缆，以改善横风时仅一舷单头缆受力的状况。

单头缆带好后，再带回头缆。将回头缆与其引缆分别从两舷送出，由带缆艇带到浮筒处，将引缆穿过浮筒环与回头缆相接。船上绞收引缆把回头缆从另一舷收回，两端均在缆桩上挽牢。有的船系挽回头缆采用活钩装置（图 2-4-21），解缆时较为方便（如果港口条件较好，拖船的功率、数量充足，也可以不带回头缆）。

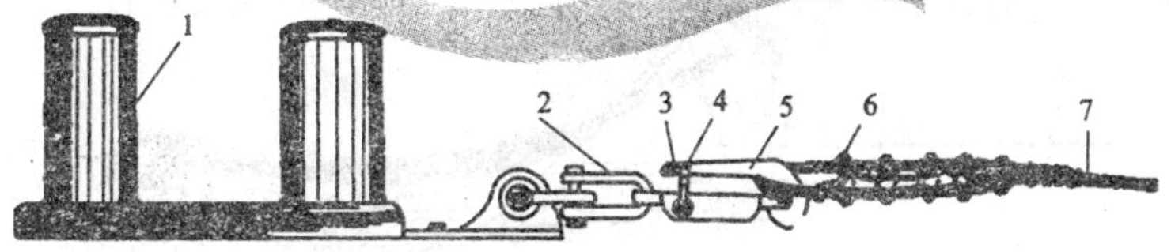

图 2-4-21　回头缆活钩装置

1-系缆桩；2-卸扣；3-插销；4-扣环；5-活钩；6-扎索眼的细；7-回头缆琵琶头端

船舶系靠浮筒，一般是先带船首单头各缆，次带船尾单头缆绳再去船首带回头缆，最后带船尾回头缆。所有系缆带好、泊位调整就绪后，应将各单头缆绞紧，而使回头缆松弛些。

3. 离浮筒作业

(1)解单头缆:将首、尾单头缆全部解掉绞回船内,只留回头缆。在有流的港口,一般是先解掉背流的单头缆,然后再解迎流一端的单头缆。如果风流较大,估计回头缆难于抵御风流的力时,往往需用拖船协助解缆。单头缆解完后,带缆艇还应在适当的距离外待命。

(2)解回头缆:先检查琵琶头是否扎好。当接到解缆命令后,立即解掉回头缆琵琶头一端使之溜出舷外,再迅速解掉回头缆的另一端,上卷筒绞回船内。

(二)锚链系离浮筒作业

台风季节或系泊时间较长,为安全起见,往往用锚链代替缆绳系浮筒。

1. 系浮筒作业

(1)准备工作:备大卸扣1只,带卸扣的钢丝缆2根(一根作临时单头缆另一根作为回头缆)。将锚悬挂在舷外,备妥锚链。

(2)系临时单头缆:船舶接近浮筒时,带缆艇将已备妥锚链一舷的钢丝缆作为临时单头缆引至浮筒系牢,然后船上绞紧单头缆,使船首尽量靠近浮筒,以便操作,并稳定船身。

(3)送锚链引缆(即回头缆):带缆艇将另一舷松出的钢丝缆引至浮筒并穿越浮筒环,然后用卸扣连在松出的锚链的第二或第三个链环上,如图2-4-22所示。

图2-4-22 引缆与锚链的连接

1-临时单头缆;2-引缆

(4)锚链系浮筒:船上绞收锚链引缆,同时松出锚链。当锚链接近浮筒环时,用大卸扣将锚链与浮筒环相连,然后船上绞锚链使之受力。

(5)带回头缆:解开浮筒环上的临时单头缆,作为回头缆的引缆,再解开锚链引缆作为回头缆,然后用卸扣将回头缆和其引缆连接,接着绞收引缆将回头缆引至船上在缆桩上挽好。

(6)调整锚链长度:如果船舶系单浮筒,则将锚链松出适当长度,合上制链器,使锚机不受力,相应地回头缆根端也松出,使其处于松弛状态(图2-4-23)。

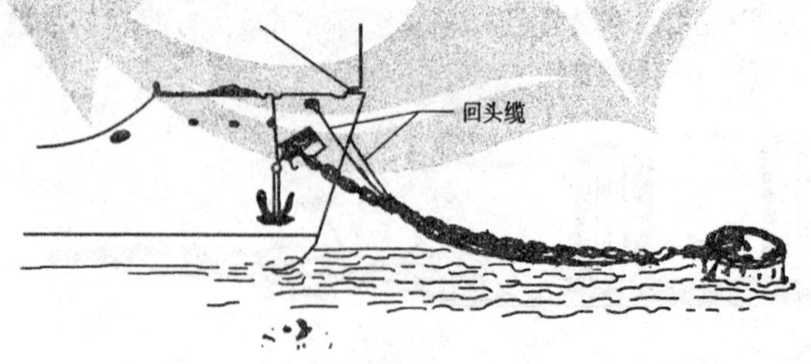

图2-4-23 锚链系浮筒

如果尾部也要系浮筒,则松出锚链与回头缆,使船尾接近浮筒。船尾系缆带好后,调整泊位,使锚链受力,合上制链器。

2. 离浮筒作业

锚链离浮筒作业与缆绳离浮筒作业的主要区别是首先将锚链从浮筒上解下。

(1)准备工作:备妥锚机、绞缆机和1根带卸扣的钢丝绳,并将该钢丝绳作为引缆从导缆孔松出至水面待用。

(2)送引缆:接到解锚链命令后,绞收回头缆,同时松出少许锚链,使回头缆吃力而锚链稍为松弛,然后带缆艇将引缆引至浮筒将其穿过浮筒环,用卸扣与锚链的第二个或第三个链环相连,如图2-4-24所示。

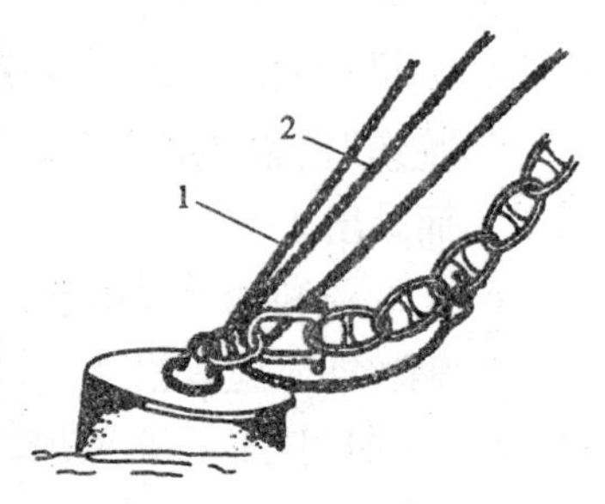

图2-4-24　离浮筒时解脱锚链

1-引缆;2-回头缆

(3)解锚链:绞收引缆,当锚链第一个链环不受力时,迅速解开大卸扣,松出引缆,绞收锚链悬挂在水面上,待带缆艇解去引缆后,将引缆和锚链绞回至船首甲板上,锚复位。

(4)单绑:解去船首、尾所有单头缆,而各留1根回头缆,准备离泊。

九、系泊设备的维护保养与安全使用

(一)系泊设备的维护保养

系泊设备的检查保养可分为航次、季度和半年检查保养。系泊设备的检查与养护要点见表2-4-3。

表2-4-3

序号	名　称	养护周期	检查要点	养护要点
1	钢丝缆	3个月	锈蚀和断丝情况,绳内油麻芯含油量	除锈上油,钢丝缆的10倍直径的长度内发现断丝超过5%,换新或插接
2	植物纤维缆	3个月	外表磨损情况	洗净晾干后收藏,股内发黑者不能用
3	合成纤维缆	3个月	外表磨损情况(测量粗细)	洗净晾干后收藏
4	绞缆机械	3个月	刹车是否可靠,离合器是否灵活,自动带缆绞车是否有效,卷筒损坏、磨损、腐蚀情况,操纵器的水密情况	失灵的换新或修理,活络处加油,自动装置失效的应及时修复
5	缆索卷车	6个月	外壳、底脚螺栓锈蚀情况,卷筒轴是否活络	除锈、油漆,加油润滑
6	导缆钳 导向滚轮	6个月	本体锈蚀、磨损情况,卷筒轴是否活络	除锈、油漆,做好磨损记录,加油润滑,销轴弯曲应修理
7	系缆桩 导向滚轮	6个月	锈蚀、磨损	除锈、油漆,做好磨损记录
8	制缆装置	每航次	甲板眼环是否锈蚀、磨损,链(索)是否变形、腐蚀和磨损	除锈、油漆,磨损变形严重的换新
9	撇缆、碰垫、防鼠板	每航次	是否齐全和损坏	丢失补充,损坏换新

(二)带缆作业的安全注意事项

1)工作人员应戴安全帽、皮手套,穿工作服、工作鞋,衣服的袖口应扣紧。

2)检查缆绳和制索绳(链)。如果有过度磨损则不能使用。

3)绞缆时,应服从指挥,不能硬绞或突然加大功率。

4)如果导向滚轮上的缆绳受力很大,必须防缆绳弹出伤人。

5)挽缆时,紧握缆绳的双手应始终处于缆桩的外侧,以防夹手,挽桩的道数要够,以防缆绳受力而跳出。

6)化纤缆和钢丝缆不能挽在同一双柱缆桩上,亦不能同时使用一个导缆孔。

7)钢丝绳不应有扭结、急折现象;系缆时弯曲处应至少有6倍钢丝绳直径以上的弯曲半径;如已锈蚀,其使用强度应降低30%;如过度拉伤,其使用强度应降低50%,如插接、扭结消除后,其使用强度应降低10%以上。

8)整个操作过程中,人员站立位置要适当,以防系缆滑出、弹出或断裂而造成伤害。

(1)严禁站在绳圈中或跨住缆绳。

(2)不要靠近受力很大的缆绳。

(3)绞缆时,持缆水手不要太靠近卷筒,应站卷筒后方,面向卷筒,并兼顾身后缆绳是否理顺。

(4)打制索结者应面对缆桩和缆绳,并站在缆桩的异侧。

(5)溜缆时与缆桩的距离应在1m以上。

9)出缆角度应适当并尽量减少缆绳磨损。各条缆绳大约只有水平分力为有效拉力,所以各系缆俯角应选至最低处,如有可能,应尽量使各缆系桩远些,以降低俯角;倒缆应尽可能使其与码头线平行以发挥有效拉力;凡出现缆绳与之摩擦的部位应及时衬垫,减少磨损。

10)停泊中各系缆受力应均匀,以防只有个别缆受力而出现断缆情况。

11)本船傍靠他船时,必须防止被两船挤伤。

第五节 拖船的运用

螺旋桨、舵和侧推器都是船舶所配备的控制设备,船舶操纵就是依靠这些设备对船舶运动进行控制。然而,任何控制设备都有其能力极限,当外界影响超过这些设备的控制能力时,就需要外部力量的协助。目前,广泛用于船舶操纵运动控制的外部手段是拖船。鉴于拖船在协助船舶操纵中的重要性,IMO海上安全委员会(MSC)、设备委员会(FAL)和海上环境保护委员会(MEPC)在2003年9月8日分别以MSC/Circ.1101、FAL/Circ.100和MEPC/Circ.409的形式联合发布通函,建议Henk Hensen船长的著作《港内拖船的应用》作为拖船的配布、使用以及协助方法等方面的指南,要求有关港口管理和经营当局配备合适的拖船。本章在讲述拖船的特点基础上,以全回转拖船为例讨论船舶不同运动状态下的拖船效应,并概述船舶操纵中拖船配备的要求等内容。

一、拖船的种类及其特点

作为一种辅助操纵手段,拖船广泛应用于海上拖带、海上救助、海洋打捞、海上钻井平台供

给、协助船舶进出港以及靠离泊操纵等领域。港口进出港船舶类型、大小不同，通航条件和自然条件不同，所采用的拖船式样和大小也不尽相同。本节重点介绍港作拖船的特性和使用。

（一）拖船的种类

拖船有多种分类方法。在此仅进行简要概述。按航区进行分类，拖船可分为外海拖船和港作拖船。外海拖船又可分为远洋拖船和沿海拖船。大型远洋拖船的发动机功率可达20000马力以上，排水量超过5000t，可用于海上救助、拖带大型船舶及其他大型水上构筑物，如海上钻井平台和浮船坞等。大型远洋拖船尾部装有大功率拖缆机，在风浪中能随着拖缆张力的变化而自动收放拖缆。按用途进行分类，拖船又可分为运输拖船、港作拖船和救助拖船。

（二）拖船的特点

拖船一般有较大的拖力和良好的操纵性，可以灵活地进行操纵。与运输船舶比较，由于其工作性质是提供推力或拖力，故拖船有其本身的特点。这些特点表现在船型、推力、操纵性等方面，如表2-5-1所示。

表2-5-1

比较项目 \ 船舶种类	港作拖船	外海拖船	运输船舶
长宽比(L/B)	2.5~3.5	3.5~5	5.5以上
水下船体形状	半椭圆体	细长体	细长体
水下侧面积分布	集中于船中	整个船长	整个船长
功率/排水量(kW/t)	>4.0	1.8~2.9	0.08~0.5
旋回直径	<2L	2L~3L	3L~4L
推进器形式	FPP、CPP、ZP、VSP	CPP+首侧推	FPP、CPP

在船型方面，拖船船体较短，港作拖船长宽比(L/B)一般在2.5~3.5之间，外海拖船在3.5~5.0之间。港作拖船船体水下呈半椭圆体形状，且水下侧面积集中于船中附近。而外海拖船船体水下呈细长体形状，且水下侧面积分布于整个船长。港作拖船的推进器功率较大，每一排水吨所分配的主机功率(kW)一般为4.0以上，而外海拖船一般在1.8~2.9之间。在操纵性方面，拖船的旋回直径均小于运输船舶，港作拖船的旋回直径一般小于2倍船长，而外海拖船更接近运输船舶，为2~3倍船长。

（三）港作拖船的特性

船舶在港内低速航行，其自力操纵能力严重受限，因此在进出港口的保向、改向和控速，均需要拖船协助。使用拖船助操时，一般应提前预约。在助操前，大船的驾引人员应与拖船船长商定操纵方案，并在操纵过程中，应充分考虑拖船的安全，体谅其操纵上的困难。为了双方的配合与协作，必须了解港作拖船的特性。

港作拖船根据推进装置的不同，分为ZP传动推进器(ZP拖船)、平旋推进器(VSP拖船)、可变螺距推进器(CPP拖船)和固定螺距推进器(FPP拖船)四种。FPP拖船因其助操效果差，大多港口已经淘汰。目前港口常用ZP拖船和VSP拖船，ZP拖船已成为港作拖船的主流。

拖船的使用特性见表2-5-2。

表 2-5-2

性能/种类	FPP 拖船	CPP 拖船	VSP 拖船	ZP 拖船
主机种类	低速柴油机	低速柴油机	中速柴油机	中高速柴油机
主机操作	仅可控制推力的大小	仅可控制推力的大小	可控制推力的大小及其方向	可控制推力的大小及其方向
启动停止特性	差	良	优	优
旋回性能	差(旋回直径大,为3~4倍船长)	差(旋回直径较大,为1.5~2.0倍船长)	优(可原地掉头,旋回直径为1~1.5倍船长)	优(可原地掉头,旋回直径为1~1.5倍船长)
横移性能	不能横移	横移困难	可以横移	可以横移
耐波性能	差	差	优	优
前进拖力(每100马力)	1×9.8kN	1.35×9.8kN	0.95×9.8kN	1.50×9.8kN
后退拖力与前进拖力的比值	80%	60%	90%	90%

二、拖船的使用方式

(一)拖带

拖带(pulling)是指通过拖缆将拖船的作用力传递给被拖船的一种协助方式,其产生的作用力称为拖力(pulling force)。

按照拖缆方向与拖船首尾线的交角进行分类,拖带方式可分为直拖(direct pulling)和斜拖(indirect pulling)两种。

当 $\alpha=0°$,即拖缆方向与拖船首尾线平行时,称为直拖,也俗称吊拖或拎拖。直拖适用于被拖船船速较低的情况,一般船速在0~5kn时适于采用这种方式,见图2-5-1a)。

当 $\alpha\neq0°$,即拖缆方向与拖船首尾线有交角时,称为斜拖,也称为非直拖。斜拖适用于被拖船船速较高的情况,一般船速在3~10kn时适于采用这种方式。被拖船船速为10kn以上时,已经超过了拖船的协助能力,见图2-5-1b)。

显然,普通FPP和CPP拖船由于其推进器推力方向仅为前后两个方向,故仅适用于直拖方式,不适用于斜拖方式。而VSP和ZP拖船由于其推进器推力方向是全方位的,故不但适用直拖方式,也适用于斜拖方式。

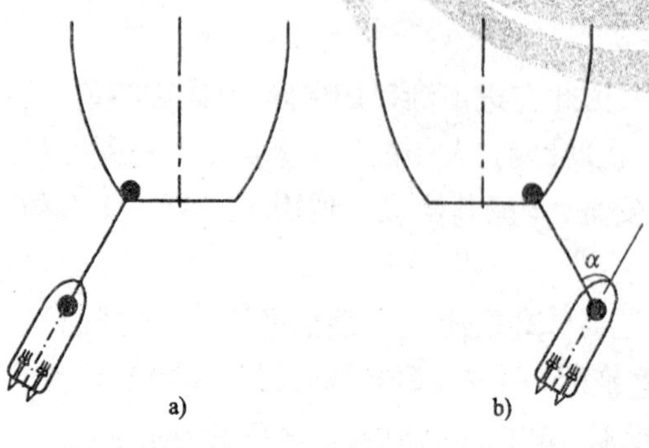

图 2-5-1 直拖与斜拖方式

港作拖船协助被拖船的拖带一般采用单拖缆,带缆方式有两种:一种是利用拖船缆绳直接系在大船缆桩上,目前大多数情况使用这种方式;另一种是由大船出缆系于拖船拖钩上。直拖方式一般采用一根拖缆。拖缆长度可根据港内水域宽度确定。为了充分发挥拖船的效率,保证操纵的灵活性，并免拖缆负荷过大，应使拖缆有最小的俯角，一般情况下应小于15°，即拖缆长度应大于被拖船拖缆出口至水面高度的4倍；即使被拖船拖缆出口至水面的高度很低，拖缆长度也不应少于45m。实用上一般为拖船长度的2倍左右。

拖带是拖船协助船舶最常用的方式之一，它适用于力的作用点不变、方向经常变化的情况，改变拖缆与被拖船艏艉线之间的交角可改变拖力的方向。利用拖带方式协助大船包括下列几种形式：

（1）当船舶无动力时，拖船系在被拖船船首，为被拖船提供动力，见图2-5-2a）；

（2）在受限水域，当船舶主机倒车功率不足以停船时，或无动力船需要后退时，拖船系在被拖船船尾，协助船舶减速或后退，见图2-5-2b），也可以采用这种方式提高螺旋桨转速来增加舵效。

（3）在受限水域，当船舶转向困难，同时需要减速时，拖船系在被拖船船尾或尾舷侧，协助船舶减速、转向。这时，直拖角度可进行调整，当船速较低时调整为横向直拖，拖船仅提供转向作用，见图2-5-2c）；

（4）当大型船舶进行靠离泊操纵时，或吹拢风较大离泊时，两艘或多艘拖船系在被拖船舷侧，协助船舶横向移动，见图2-5-2d）；

（5）在受限水域，当船舶需要掉头回转时，单拖船或两艘拖船系在被拖船舷侧，协助船舶掉头，见图2-5-2e）。

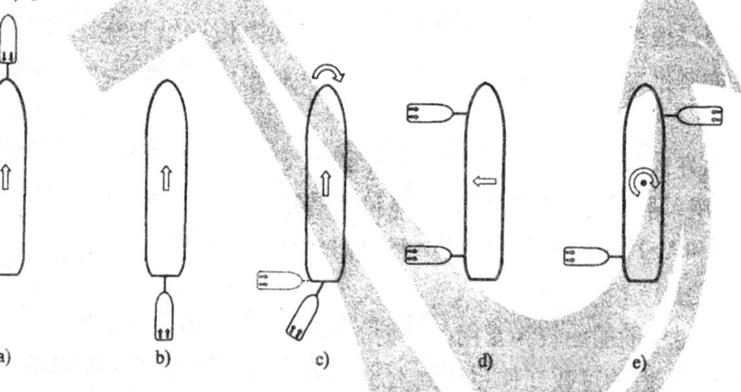

图2-5-2　拖带方式及其效果

（二）顶推

顶推（pushing）指通过拖船船体首部将拖船的作用力传递给被拖船的一种协助方式，其产生的作用力称为推力（pushing force）。

顶推一般采用单拖缆，带缆方式取决于拖船的种类。对于ZP和VSP拖船，多数采用单艏缆系缆方式，并采用拖船拖缆，也有不系缆的情况。由于ZP和VSP拖船都装有拖缆自动收放装置（绞缆机），且推力和拖力之间可快速转换，则顶推方式可迅速转换为直拖方式；对于传统的单螺旋桨的FPP和CPP拖船，一般也采用单拖缆，个别有双首缆的情况。

顶推也是拖船协助船舶最常用的方式之一，它适用于力的作用点经常变化的情况，改变拖船艏艉线与被拖船艏艉线的之间的交角可改变推力的方向。利用顶推方式协助大船包括下列几种形式：

（1）当船舶有进速，且船速较低时，单拖船系在被拖船艉部舷侧，协助被拖船转向或回转掉头,为了保持拖船始终与被拖船首尾线垂直,在拖船船尾与大船之间另加一稳定缆,见图2-5-3a)。

(2)当船舶有退速,且退速较低时,单拖船系在被拖船艏部舷侧,协助被拖船转向或回转掉头,见图2-5-3b);

(3)当大型船舶进行靠泊操纵,或吹开风较大靠泊时,两艘或多艘拖船系在被拖船舷侧,协助船舶横向移动,见图2-5-3c);

(4)在受限水域,当船舶需要掉头回转时,两艘拖船或多艘拖船分别系在接近船首和船尾的相反舷侧,协助船舶回旋掉头,见图2-5-3d)。

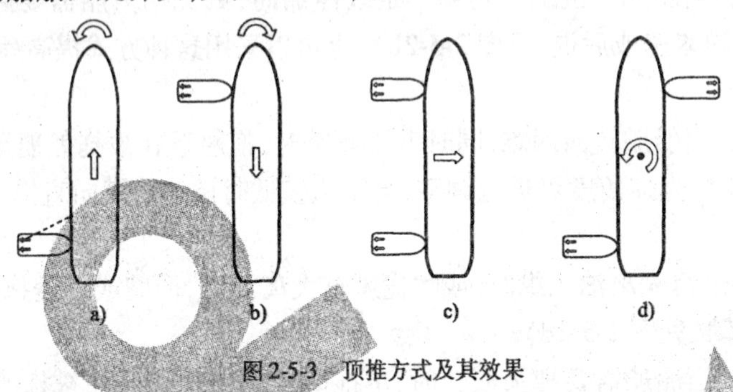

图2-5-3 顶推方式及其效果

(三)傍拖

傍拖是指通过拖缆或拖船船体侧部将拖船的作用力传递给被拖船的一种协助方式,其产生的作用力称为侧推力(side pushing force)或拖力(side pulling force)。傍拖属于舷侧协助方式之一。

傍拖的带缆方式取决于拖船的种类,对于普通FPP和CPP拖船,一般采用双拖缆或三拖缆,带缆方式采用单艏缆和单尾缆或双首缆和单尾缆系缆方式,船尾拖缆也称为稳定缆。对于操纵灵活的ZP和VSP拖船,也有仅系单艏缆而傍靠于被拖船舷侧,必要时进行侧向推进或直拖。

傍拖也是拖船协助船舶较为常用的协助方式之一,它适用于力的作用点和方向基本不变的情况,改变拖船拖力的可改变作用力的大小。利用傍拖方式协助大船包括下列几种形式:

(1)当船舶无动力时,拖船系在被拖船的两舷,为被拖船提供动力,见图2-5-4a);

(2)在受限水域航行或通过航道时,拖船系在被拖船船尾两舷侧向推进,协助船舶保向,见图2-5-4b);

(3)接近泊位过程中,拖船在船舶一舷傍拖,协助保持船位,防止船速较低时受吹开风的影响造成船位漂移过大,必要时进行顶推,见图2-5-4c)。

(四)其他协助方式

上述两种或三种方式的组合可用于不同情况下协助被拖船,也称为组合拖曳。这种方法通常适用于在受限水域拖带无动力船或大型船舶通过航道的情况。其产生的作用力包括推力或拖力。组合拖曳时拖船的作用包括保向、变向以及提供前进或减速的动力等。

当拖动无动力的大型船舶或排水量较大的浮体(如钻井平台、浮船坞等)时,多艘拖船可布置成既可进退,又可原地回转的四角牵引的直拖方式,见图2-5-5a),这样可大大改善被拖船舶或浮体的运动稳定性。

当大型船舶通过宽度受限的航道、转向或接近泊位时，舵产生的转船力矩不能有效地控制船舶，同时又需要进行减速，这就需要采用多艘拖船进行组合拖曳，见图2-5-5b)。

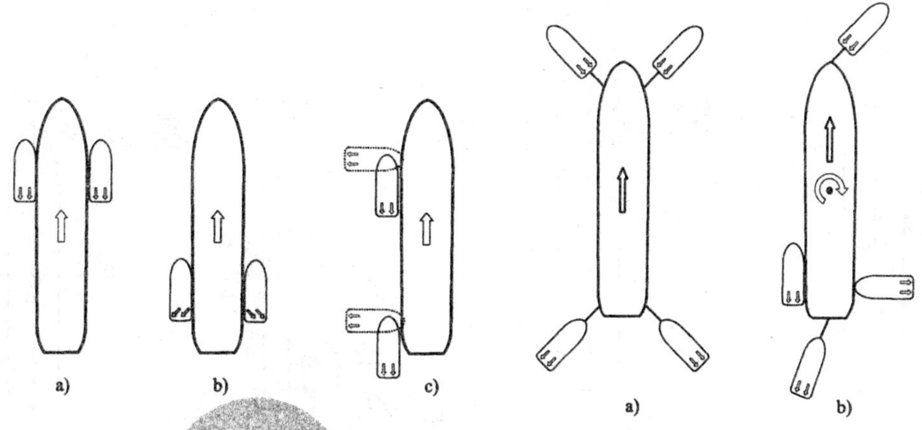

图2-5-4　傍拖方式及其效果　　　　图2-5-5　组合拖曳

三、拖船作用下的船舶运动

（一）船舶静止中拖船效应

静止中的船舶在拖船推力或拖力的作用下产生对水的相对运动，则产生水动力 F_H。由于船舶没有进速或退速，水动力中心在船中处，则不产生水动力矩。

1. 单拖船顶推效应

拖船顶推静止中的船舶时，由于船舶没有船速，一般能保证垂直顶推状态。使用一艘拖船产生的推力 Y_T 作用于船舶，使船舶产生水动力 Y_H，在合力 Y_T+Y_H 的作用下，船舶横向运动状态发生变化。这时，Y_T 和 Y_H 构成一对力偶，力偶臂等于二者作用点之间的距离，即 x_T。则船舶在力偶矩 $N_T=Y_T\cdot x_T$ 的作用下，船首将绕船中位置转动。

当 $x_T=0$，即推力作用点位于船中附近时，力偶矩 $N_T=0$，则船舶只产生横移效果，而不产生转船效果，且推力越大，横移效果越好，见图2-5-6a)。这相当于单拖船协助船舶靠泊操纵的情况。

当 $x_T>0$ 或 $x_T<0$，即拖船力作用于船中之前或船中之后时，力偶矩 $N_T>0$，则船舶不仅产生横移效果，而且产生转船效果，且推力越大，转船效果越好，见图2-5-6b)。这相当于单拖船协助船舶回旋掉头的情况。显然，在推力一定的情况下，x_T 的绝对值越大，转船力矩越大，这说明要想获最大的转船力矩，应使拖力的作用点尽可能远离船中位置。

2. 单拖船拖带效应

使用一艘拖船在船舶某一点以某一角度进行拖带时，将引起船舶水动力的变化。船舶所受力情况见图2-5-7a)。其中 F_H 为水动力。拖力 F_T 可分解为船舶操纵运动方程中的纵向分量 X_T 和横向分量 Y_T，即

$$X_T=F_T\cdot\sin\alpha$$
$$Y_T=F_T\cdot\cos\alpha \qquad (2\text{-}5\text{-}1)$$
$$F_T=\sqrt{X_T^2+Y_T^2}$$

式中：F_T——拖船作用力；

α—— 拖力角，定义为拖船力的方向与被拖船艏艉线之间的交角。

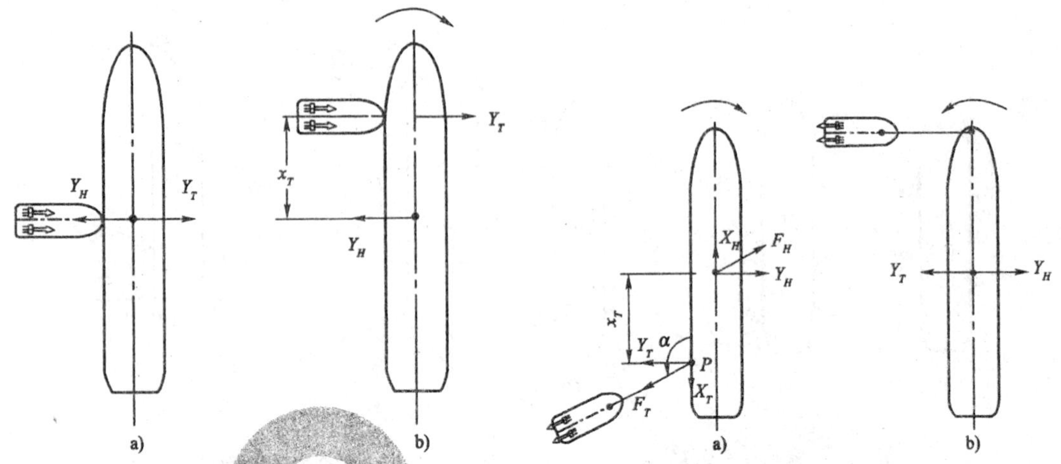

图 2-5-6　静止中单拖船顶推效应　　　　图 2-5-7　静止中单拖船拖带效应

同理，F_H 也可分解为船舶操纵运动方程中的纵向分量 X_H 和横向分量 Y_H。

拖力的纵向分量 X_T 实质上是由拖力引起的船舶阻力变化量，则船舶纵向受力为 $X_H - X_T$。可见，X_T 改变了船舶的纵向运动状态，使静止中的船舶发生纵向移动。

船舶横向受力为 $Y_T - Y_H$。可见，Y_T 改变了船舶的横向运动状态，使静止中的船舶发生横向移动。

拖力的横向分量 Y_T 和纵向分量 X_T 还会对船舶产生力矩，该力矩称为拖力转船力矩。这时，船舶所受的合外力矩为 $N_T = Y_T \cdot x_T - X_T \cdot B/2$，其中，$B$ 为船宽。

这里的平移和转船效应取决于拖力作用点、拖力角以及拖力的大小。在拖力 F_T 大小不变的情况下，拖力作用点和拖力角对平移和转船效果的影响如下。

拖力作用点位于舷侧船中位置：当 $\alpha = 90°$，即垂直拖带时，$Y_T = F_T$，$X_T = 0$，即横向拖力最大。这种情况类似于垂直顶推船中时的效果，即不产生转船效果，只产生横移效果；当 $\alpha > 90°$ 或 $\alpha < 90°$，即向前或向后拖带时，$X_T \neq 0$，$Y_T \neq 0$，则船舶产生平移效果，这时，转船力矩 $N_T = X_T \cdot B/2$，则船舶产生转船效果，其效果取决于 X_T 的大小。拖力角 α 越接近 0°或 180°，X_T 越大。但由于力臂只有 1/2 船宽，则这种转船效果较差。

拖力作用点位于船首的中线上：当 $\alpha = 90°$，即垂直拖带时，$Y_T = F_T$，$X_T = 0$，即横向拖力最大。这时，转船力矩 $N_T = Y_T \cdot L/2$，即转船力矩最大，转船效果最好，见图 5-5-7b)。故要想获最大的转船力矩，应使拖力的作用点尽可能远离船舶的重心，并使拖力角尽可能垂直于船舶艏艉线；当 $\alpha = 0°$，即向前直拖时，$X_T = F_T$，$Y_T = 0$，即纵向拖力最大。这时，转船力矩 $N_T = 0$，则不产生转船效应，仅产生纵移效应，这相当于为船舶提供动力的情况。

拖力作用点位于船尾的中线上，当 $\alpha = 180°$，即向后直拖时，其效果与向前直拖的情况类似。当 $\alpha = 90°$，即垂直拖带时，其效果与拖带船首的情况类似。

3. 双拖船顶推效应

使用两艘拖船产生的推力分别为 Y_{T1} 和 Y_{T2}，在合力 $Y_T = Y_{T1} + Y_{T2}$ 的作用下，船舶横向运动

状态发生变化，进而产生水动力 Y_H。两拖船合力合外力矩 $N_T = N_{T1} + N_{T2}$，它使船舶发生转动。双拖船效应取决于两拖船的作用舷侧。

当两拖船作用力方向相同时，见图 2-5-8a)，船舶将在合力的作用下产生横向移动效应，相当于船舶靠泊操纵。这时，若 $N_T = 0$，则不产生转船效应；否则，则产生转船效应。这种情况下即时发生转船效应，由于 N_{T1} 和 N_{T2} 方向相反，则其效应也是较小的。

当两拖船作用力方向相反时，若 $Y_T = 0$，则不产生横移效应；否则，则产生横移效应。这时，船舶在合外力矩 N_T 的作用下产生转船效应。这种情况下，由于 N_{T1} 和 N_{T2} 方向相同，故转船效应较大，相当于船舶原地掉头操纵。见图 2-5-8b)。

双拖船拖带效应与双拖船顶推效应类似。其区别在于拖带转船时可以使拖缆位于船首或船尾，以便获得最大的转船力矩。

(二)船舶前进中的拖船效应

有前进速度直航中的船舶本身对水有相对运动，水动力中心在船中之前，在横向拖力或推力的作用下，水动力发生变化，产生横向水动力，进而使船舶运动状态发生变化。前进中的船舶受力情况比较复杂。在此仅以单拖船的转船效果进行讨论。

1. 单拖船顶推效应

设船舶以船速 V 直航，并假设拖船能够以垂直于船舶艏艉线的方向进行顶推(ZP 拖船)，则船舶受力情况见图 2-5-9。推力 Y_T 和水动力 Y_H 产生的合外力矩为

$$N_T = Y_T \cdot x_T + Y_H \cdot x_W \qquad (2\text{-}5\text{-}2)$$

式中：x_T——推力作用点距船中的距离；

x_W——水动力中心距船中的距离。

同样，Y_T 和 Y_H 构成一对力偶，力偶臂等于二者作用点之间的距离，即 $x_T - x_W$。则船舶在力偶矩 $N_T = Y_T \cdot (x_T - x_W)$ 的作用下，船舶将发生转动，转船效果取决于拖船推力的作用点和船舶的运动速度。

(1)拖船推力作用点在船中之前

这时，水动力中心也在船中之前，则力偶臂较小，转船力矩不大，且船速越高，水动力中心越远离船中，力偶臂越小，转船力矩越小，见图 2-5-9a)。

(2)拖船推力作用点在船中之后

这时，水动力中心在船中之前，则力偶臂较大，转船力矩也相应增大，且船速越高，水动力中心越远离船中，力偶臂越大，转船力矩越大，见图 2-5-9b)。

由此可见，单拖船在舷侧顶推前进中的船舶时，拖船位于船尾比位于船首的转船效应大，且船速越高，两者的差别越大。

实际上，在船舶有运动速度的情况下，拖船不太可能始终保持垂直顶推姿态，一般都有一个向后的偏角，船速越高，该偏角越大。

2. 单拖船拖带效应

在前进速度较高的情况下，受船体周围的流场的影响，顶推时一般很难保持垂直顶推姿态，特别是在拖船位于船尾时，受倒车水流的影响，使其难以发挥最大功率。为了减少流场的影响，可采用拖带方式。与顶推的情况类似，船尾拖带效果比船首拖带转船效果好。以下以拖船在船尾直拖分析其转船效应。

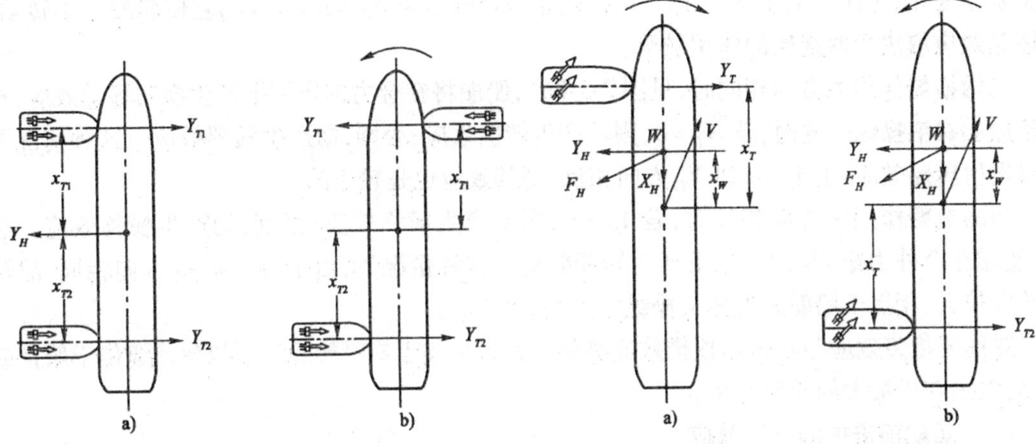

图 2-5-8　静止中双拖船顶推效应　　图 2-5-9　前进中单拖船顶推效应

设船舶以船速 V 直航，拖船在船尾以 α 角进行直拖，则船舶受力情况见图 2-5-10。转船效果取决于拖力作用点的位置和船舶运动速度。

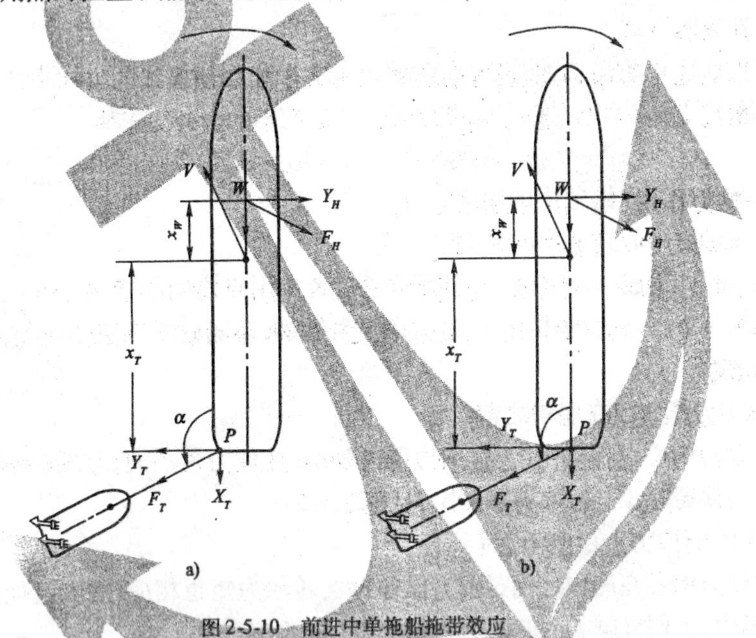

图 2-5-10　前进中单拖船拖带效应

(1)拖力作用点位于船尾舷侧点

拖力 F_T 和水动力 F_H 产生的合外力距为 $N_T = Y_T \cdot x_T + Y_H \cdot x_W - X_T \cdot B/2$。船舶将发生转动。但 X_T 不但起到减速作用，而且起到阻碍转向的效果，则转船效果有所降低，且船速越高，这种降低越明显。

(2)拖力作用点位于船尾的首尾线上

拖力 F_T 和水动力 F_H 产生的合外力矩为 $N_T = Y_T \cdot x_T + Y_H \cdot x_W$。$X_T$ 仅起到减速作用，而不产生转船力矩，则转船效果比(1)情况有所提高。

从以上分析可知，前进中的船舶要想利用拖船来协助转向，拖力或推力的作用点在船尾比在船首效果好。

同理,船舶后退中拖船效应与前进中的效应相反,即后退中拖船位于船中之前比位于船中之后转船效果好。

四、协助操船所需拖船功率的估算

从经济和安全角度考虑,有必要对所需拖船的功率、数量和种类做出正确选择。对于小型船舶,一般是根据引航员的经验和港口水域条件和自然条件进行选择。然而,随着船舶向大型化方向发展,传统的自力靠泊方法已不适用。对于大型船舶,由于其惯性巨大,操纵中不易控制,通常需要多艘拖船作为辅助动力协助操纵,所需拖船数量和功率一般很难根据经验作出正确选择。这时,如果对所需拖船的数量(或总功率)估计不足,靠泊船舶的安全可能得不到保障。所用拖船总功率过大,又造成一定的浪费。本节在分析选择拖船应考虑的因素基础上,讨论正确选择功率和数量问题。

(一)拖船功率选择应考虑的因素

诸多因素影响拖船功率和数量的选择,诸如船型、排水量、水域条件以及风、流、浪自然条件等。归纳起来,主要应考虑下列因素:

1. 港口地理条件

包括受限水域(航道)、港口入口、回旋掉头水域、泊位前沿操纵水域、可供停船操纵的距离、水深限制、码头形式与结构以及其他系泊船等等。

2. 船舶条件

包括船型、排水量、吃水、富余水深、纵倾、受风面积、主机功率、螺旋桨种类、操纵性能以及是否装有侧推器等等。

3. 自然环境条件

包括风、流、浪、能见度、冰况等等。

在实际计算中,不可能考虑所有上述因素,在所有上述因素中,一般考虑风压力、流压力和波浪力三个主要因素。

(二)所需拖船总功率和数量

所需拖船总功率指确保船舶操纵安全所需要的拖船功率。它的大小取决于上述港口条件、船舶条件和自然环境等因素。拖船拖力与拖船种类和机器功率有关。对于同一种拖船,机器功率越大,拖力也越大。因此,首先要计算所需拖船总拖力,再根据不同种类拖船每100kW(或100hp)所给出的最大拖力,换算为所需拖船总功率。

所需拖船数量是指协助船舶安全操纵所需要的拖船艘数。在确定了上述拖船总功率后,在根据港口拖船资源情况,决定所需拖船的数量。所需拖船的数量一般取决于船长、排水量和船型等因素。对于小型船舶,一般情况下1~2艘即可满足安全要求,且每艘拖船的功率也不需要很大。但对于大型船舶,由于其排水量巨大,小功率的拖船对其作用不大,则不但需要大功率拖船,而且需要多艘拖船协助。

(三)所需总拖力或总功率的估算

对于大型船舶,如大型油船和散货船,由于其排水量巨大,所需拖船总推力也相应较大,可用下列基于船舶排水量的简单估算公式:

$$Y_T = \left(\frac{\Delta}{100000} \times 60\right) + 40 \tag{2-5-3}$$

更为简单的总功率估算方法：

DWT1 万吨级船舶：　DWT×10%（hp）或 GT×15%（hp）

　　　　　　　　　DWT×7.4%（kW）或 GT×11%（kW）

VLCC 满载时：　　DWT×5%（hp）

VLCC 空载时：　　DWT×7%（hp）

（四）实际使用拖船总拖力和数量的统计结果

目前,在国际上任何港口还没有根据船舶尺度确定所需拖船总拖力和数量的统一模式。多数港口在使用拖船方面完全由引航人员根据经验自由选择安全操船所需拖船的功率和数量;某些港口或大型油船泊位的管理部门根据船型、船舶尺度、吃水以及自然环境等情况制定了使用拖船总拖力或数量的最低要求的强制性规定。有些文献给出了目前有些国家对拖船的实际应用情况的统计结果,见图 2-5-11 ~ 图 2-5-13。

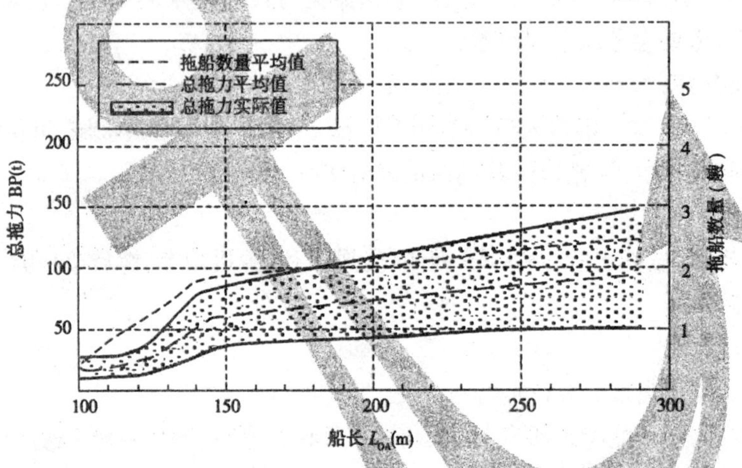

图 2-5-11　杂货船和集装箱所需拖船总拖力和数量

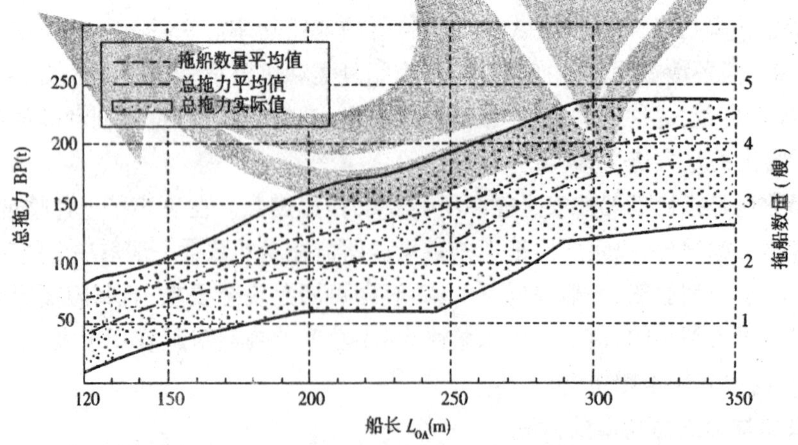

图 2-5-12　所需拖船总拖力和数量与载重吨的关系

图中阴影部分表示所用拖船的总拖力的统计结果。可见，即使同一船长或排水量，所用拖船总拖力也不尽相同，而且差别较大，主要原因是风、流、浪的影响程度不同所致。其上边界线为自然条件比较恶劣的情况下选择总拖力的数值，边界线为自然条件良好情况下选择总拖力的数值。至于拖船数量，仅给出了使用拖船数量的平均值。

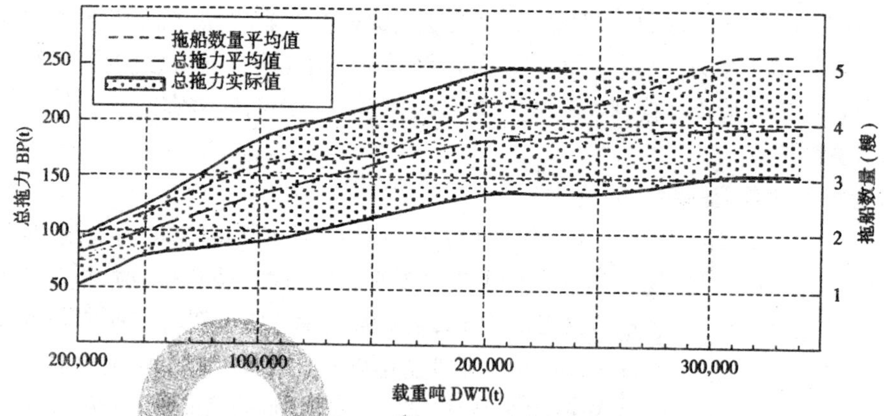

图 2-5-13　所需拖船总拖力和数量与载重吨的关系

（1）所用拖船总拖力和数量与船长之间的关系统计结果

图 2-5-11 给出了杂货船和集装箱所用拖船总拖力和数量与船长之间关系的统计结果。从图中曲线可见，总拖力和数量随船长的增加而增大或增多。由于杂货船一般属于小型船舶，其船长最大一般为 150m 左右，故所需拖船总拖力为 35 ~ 80t，平均拖船数量不超过 2 艘。由于现代化集装箱船的尺度不断增大，则对拖船的依赖程度越来越高。如船长 290m 的集装箱船所需拖船总拖力 50 ~ 150t，平均拖船数量 2 ~ 3 艘。

图中给出的数值包括使用首侧推器的情况。据统计，每 100hp 侧推器给出的侧推力约为 1.0t（100kW 给出的侧推力约为 1.35t），则可使所需拖船总推力相应减少。例如，某船装配有 2210kW 的首侧推器，最大可给出 30t 的侧推力，则其可减少所需拖船总推力约 30t。

图 2-5-12 给出了油船和散货船所用拖船总拖力和数量与船长之间关系的统计结果。从图中曲线可见，船长为 120 ~ 300m 之间时，所用拖船总拖力和数量随船长的增加而增大或增多。船长超过 300m 之后；所用拖船总拖力基本变化不大，但所用拖船数量确随船长的增加而增多。对于船长为 200m 的油船和散货船所用拖船总拖力和平均数量分别约为 60 ~ 170t 和 2 ~ 3艘；船长为 300m 或以上时约为 130 ~ 235t 和 3 ~ 5 艘。

（2）所用拖船总拖力和数量与载重量之间关系的统计结果

由于同一船长的船舶有不同的载重状态，则根据船长进行统计不能确切反应所用拖船总推力和数量与船舶载重状态之间的关系。图 2-5-13 给出了所用拖船总拖力和数量与船舶载重吨（DWT）之间关系的统计结果。从图中曲线可见，载重量为 2 ~ 20 万吨之间时，所用拖船总拖力和数量随载重量的增加而增大或增多。载重量为 20 万吨以上时，所用拖船总拖力基本变化不大，但所用拖船数量随载重量的增加而增多。载重量为 2 万吨级船舶所用拖船总拖力和平均数量分别约为 50 ~ 100t 和 1 ~ 2 艘；载重量为 10 万吨级船舶分别约为 90 ~ 180t 和 2 ~ 3 艘；载重量为 15 万吨级船舶分别约为 120 ~ 220t 和 3 ~ 4 艘；载重量为 20 万吨级船舶分别约为 140 ~ 250t 和 4 ~ 5 艘；载重量为 30 万吨级以上船舶分别约为 150 ~ 250t 和 5 ~ 6 艘。

五、拖船协助操纵注意事项

(一)拖缆及其系带

拖缆必须选择质量好、强度大的缆绳，出缆的长度应足够，吊拖时应满足对拖缆长度的要求，传递缆绳时应尽量保持两船相对静止，放松拖缆的速度不宜太快，确信与推进器无障碍时方可动车。拖缆系于缆桩上，应采用大挽即∞字形，且上桩道数足够，以防拖缆受力后滑出。一般不采取直接将琵琶头直接套在缆桩上，以便及时解脱。拖船拖力宜逐渐增大，以防拖缆受到顿力而造成断缆。

(二)考虑拖船效应的极限船速

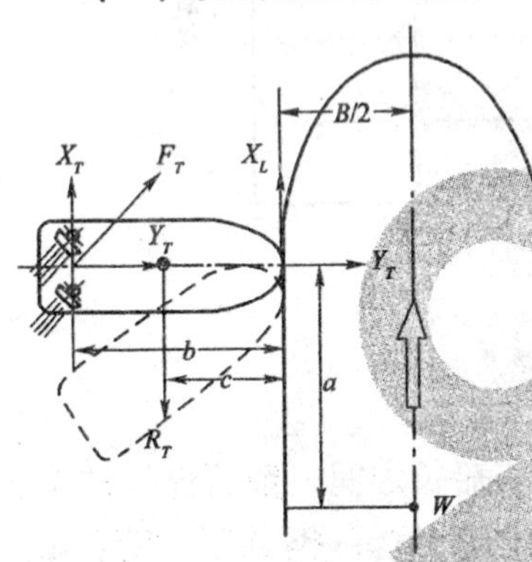

图 2-5-14 顶推时拖船受力情况

任何控制设备或协助手段都有其能力极限，拖船也不例外。当船舶对水没有相对速度(静止中)时，拖船作用效果是最好的。然而，当船舶有运动速度时，其效应随着船速的提高而降低，当船速达到一定值时，拖船将失去其作用。操船中应用拖船时，除了考虑拖船的最大拖力，还要考虑正确的拖力或推力作用点和拖船的种类。

当拖船推力作用点位于船中之前某一点时，其受力情况见图 2-5-14。当船舶以较低的速度航行时，ZP 拖船要想以垂直于船舶首尾剖面的方向顶推时，其发出的推力及产生的力矩必须满足

$$X_T + X_L = R_T$$

$$X_T b = R_T c \qquad (2\text{-}5\text{-}4)$$

式中：X_T——拖船推力在船舶纵向的分量；

R_T——拖船的横向阻力；

X_L——拖缆力或碰垫的摩擦力；

b——拖船推力中心距拖船首的距离；

c——拖船阻力中心距拖船首的距离。

随着船速的提高，拖船推力随之减小，而其阻力不断增大，当船舶达到一定船速时，将发生 $R_T c > X_T b$ 的情况，拖船将沿船舶前进方向发生偏转(见图中的虚线部分)。因此，船速较高时，拖船一般很难保持垂直顶推姿态。

当拖船拖首(或顶首)协助前进中的大船掉头时，船舶相对来流速度产生的水动力转船力矩与拖船拖力产生的转船力矩相反，随着船速的增加，水动力转船力矩增加，而拖船的转船力矩因图 3-5-14 所示的情况而减小。当水动力转船力矩大于拖力转船力矩时，拖船协助转头将毫无效果甚至出现相反的效果。船舶在前进中操舵并有拖船协助转头时，也有类似的情况。

经验表明，当大船航速超过 5 ~ 6kn 时，就可能出现与平常拖带效果相反的结果。后退顶尾也有类似的情况，且后退时的极限速度更低。

(三)考虑波浪对拖船拖力或推力的影响

与海洋中的涌浪比较，港口附近水域的波浪有周期较短、波长较小的特点。其波长与大型

船舶的船长比较相对较小,故一般不会造成较大的纵摇、横摇和垂荡运动。然而,这种波长与拖船长度比较确是比较大的,将造成拖船的纵摇、横摇和垂荡运动,这种运动不但影响拖船的姿态,还会影响拖船最大拖力或推力的发挥。

在风、浪较大的情况下,如果拖船在船舶上风舷侧顶推时,拖船在风浪的作用下,将发生较大的摇摆,这不但影响推力的发挥,还会在拖缆上造成较大的负荷,严重时可能发生断缆的情况。故一般宜采用在风浪较小的下风向舷侧拖带方式,这样做,拖缆还可以缓解波浪作用力。

由于 ZP 和 VSP 推进器拖船比传统的 FPP 或 CPP 拖船操纵灵活,其受波浪的影响程度小一些,且更为安全,故在有波浪影响的水域,宜采用 ZP 和 VSP 推进器拖船。但无论如何,波浪对拖船的发挥毕竟有明显的影响。日本神户海难防止研究会对 ZP 拖船的调查和船模试验研究资料显示,不同波高对拖船拖力或推力的影响不尽相同(表 2-5-3)。

表 2-5-3

有义波高(m) 协助方式	0.5	1.0	1.5	2.0
拖带——拖力(%)	基本无影响	80	50	40(无法正常作业)
顶推——推力(%)	基本无影响	80	60	50(无法正常作业)

表 2-5-3 表明,波浪对顶推影响比对拖带影响相对小一些;拖船拖力或推力随波高的增大而减小。当有义波高为 0.5m 以下时,拖船基本能发挥 100% 的作用,即推力和拖力等于无波浪时的数值。当有义波高达 1.0m 时,其推力和拖力都将降至无波浪时的 80%;有义波高达到 1.5m 时,其拖力将降至无波浪时的 50%,推力将降至无波浪时的 60%;有义波高达到 2.0m 时,拖船基本无法正常作业。因此,有些港口对拖船的作业标准作出了具体规定,一般规定有义波高不宜超过 1.5m,同时,增加拖船总功率的配置。

(四)防止横拖和倒拖

1. 横拖(girding)

当拖船正在快速拖曳大船,如拖大船的船首时大船的冲势过大或拖大船的船尾时大船的退势过大,而造成拖缆与拖船的首尾线的夹角大于 45°时,如图 2-5-15 所示,致使拖船大角度向大船一侧横倾,严重时拖船有倾覆的危险。这种现象称为横拖。

2. 倒拖(reversed towing)

倒拖一般出现在当拖船发现有横拖危险而停车转向后,但大船的前冲或后缩仍然未控制时,或拖船已将拖缆拉直而大船用车太久时,拖船反而被大船拖动倒行,在拖缆及水动力的作用下,很快接近大船的现象,严重的倒拖可能导致拖船与大船碰撞,如图 2-5-16 所示。

倒拖和横拖均是运用拖船不当而出现的极有害现象,应予严格防止。为此应注意在用拖船助操时,大船的主机和舵是从属的,第二位的,在拖船助操中大船应严格控制用车,充分发挥拖船的作用,减少因大船动车而出现的明显的前冲后缩现象,一旦发生倒拖或横拖现象,若不能立即缓解拖缆受力时,立即解掉拖缆是最有效的应急措施。

(五)拖船就位良好

为充分发挥拖船的效率,拖船就位必须良好,包括拖力作用点位置的选定、拖力方向的控

制和带缆方式的选择等方面。如欲使其有最大的转船力矩,拖力的作用点应远离大船重心。如需大船平稳横移,则应尽可能在重心附近。拖力的方向与大船的首尾线越接近 90°,横向分力越大,转船力矩和横移速度也越大,前冲后缩就越小。

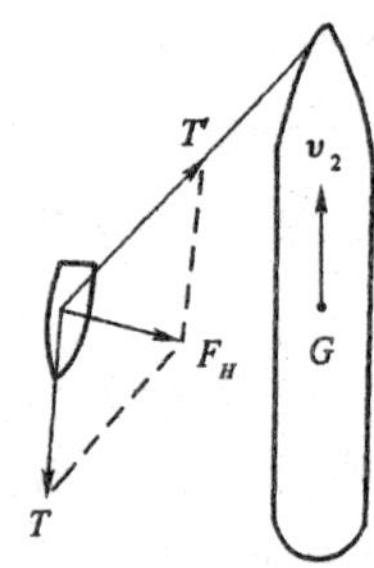

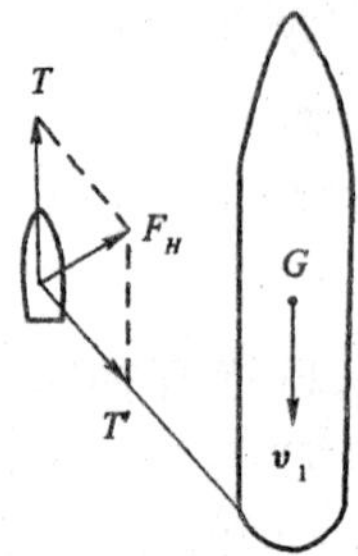

图 2-5-15 横拖

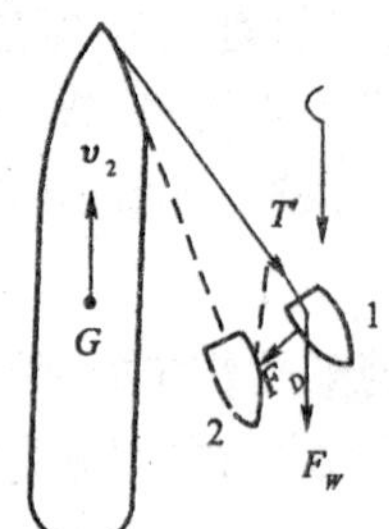

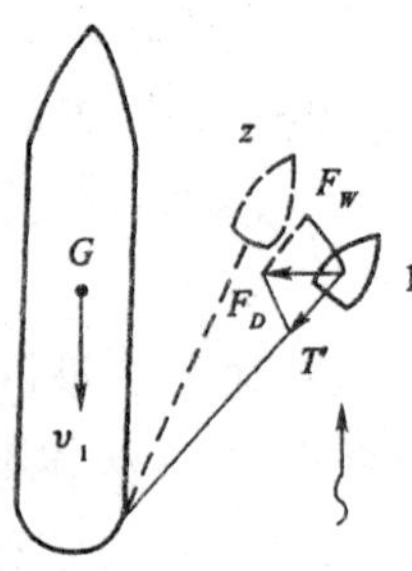

图 2-5-16 倒拖

(六)解拖后收绞尾拖缆

若尾拖,解拖缆前,大船需停车,尽快收清拖缆后方可动车,以免拖缆缠进螺旋桨内。

思 考 题

1. 试述沉深横向力产生的机理及偏转效果与影响因素。
2. 试述伴流横向力产生机理及偏转效果与影响因素。
3. 试述排出流横向力产生机理及偏转效果与影响因素。
4. 试举例说明螺旋桨致偏效应在实践中的利用和防止(各举两例)。
5. 简述右旋 FPP 单车船如何运用车舵缩小向右掉头水域的操作步骤。
6. 何谓舵效? 影响舵效的因素有哪些?
7. 理论上拖锚淌航的距离与哪些因素有关? 实践中拖锚淌航距离如何估算?
8. 试问单锚泊用锚的抓力取决于哪些因素?
9. 试述自动舵操舵仪上各调节旋钮如何调节。
10. 简述手柄控制系统的工作原理及其特点。
11. 简述锚链的标记方法。
12. 简述带缆作业注意事项。
13. 试述锚机的主要技术参数。
14. 简述操舵注意事项。

第三章
外界因素对船舶操纵的影响

航行环境是指船舶周围的自然环境，包括气象、水文和水域等因素。在海上，空气的运动产生风，海水的运动产生海流、潮汐和波浪等。水面船舶在海上航行时，其运动状态无时不受到这些气象、水文要素的影响。此外，在港湾水域，船舶运动状态还受到水域环境的影响，如宽度受限的航道，水深受限制的浅水等。因此，船舶操纵的安全性不但涉及船舶操纵性能，而且还要考虑各种航行环境的影响。操船者应对这些影响进行全面正确的预估，调整航行方法，以利于船舶安全航行。本章主要介绍这些环境因素对船舶操纵的影响。

第一节　风对操船的影响

在水面航行的船舶，由于船体水面以上部分暴露在空气中，因而受到风力的作用，从而改变了船舶在静水中的运动状态，进而影响船舶操纵的安全性。

一、风力与风力转船力矩

风力是指处于一定运动状态下的船舶，船体水线以上部分所受的空气动压力。船舶受风影响主要表现在，船速发生变化，船体向下风产生漂移，同时船首将向上风或下风偏转。有时受风影响时，会出现舵力转船力矩不足以抵御风力偏转力矩，而导致操舵无法控制的局面，此外风力形成横倾力矩使船体发生横倾。

(一)风力

1. 大小 F_a

风力大小与风速 v_a、风舷角 θ、受风面积和形状有关。船舶的受风情况如图 3-1-1 所示，其值可用下式估算(图 3-1-1)

$$F_a = \frac{1}{2}\rho_a v_a^2 C_a (A_a \cos^2\theta + B_a \sin^2\theta) \tag{3-1-1}$$

式中：F_a——风力(N)；

ρ_a——空气密度(1.226kg/m^3)；

C_a——风力系数；

v_a——相对风速(m/s)；

A_a——水线上船体正面投影面积(m^2)；

B_a——水线上船体侧面投影面积(m^2)；

θ——相对风舷角。

上述影响因素中，相对风速 v_a 和风舷角 θ 可从船上风速、风向仪获得。实际中非定常风由于风向和风速经常发生变化，计算时应加以修正：

变化很小时：平均风速

强风时：平均风速×1.25

暴风时：平均风速×1.50

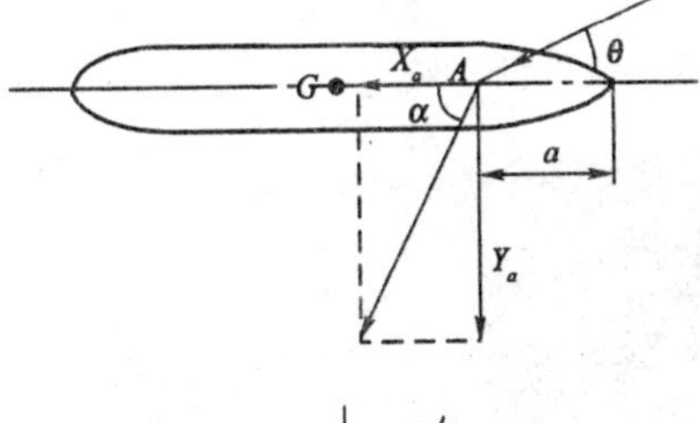

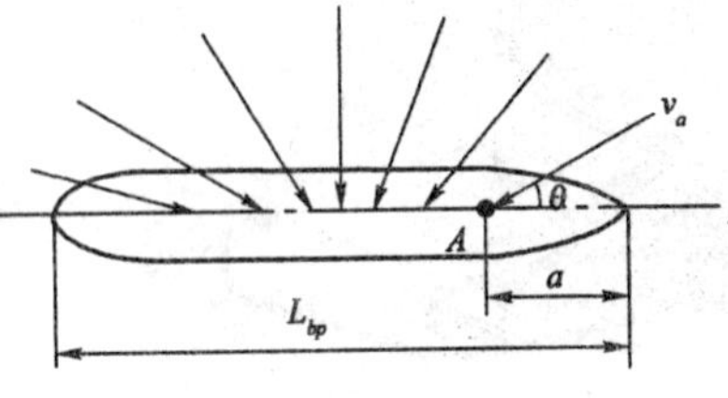

图 3-1-1 船舶所受的风力和风力作用中心示意图

A_a、B_a 可从船舶相应资料中根据实际平均吃水查得，有些船舶若无有关资料可查时，也可利用本船所属或相近的船型，根据本船实际吃水与满载吃水的百分比 d_r，分别查取正、侧面受风面积系数 C_1、C_2 后(图 3-1-2)，再按下式求出正、侧面受风面积的 A_a、B_a 的概略值。

$$A_a = C_1 \cdot B^2$$
$$B_a = C_2 \cdot L_{bp}^2 \tag{3-1-2}$$

式中：C_1——正面受风面积系数；

C_2——侧面受风面积系数；

B——船宽；

L_{bp}——船长。

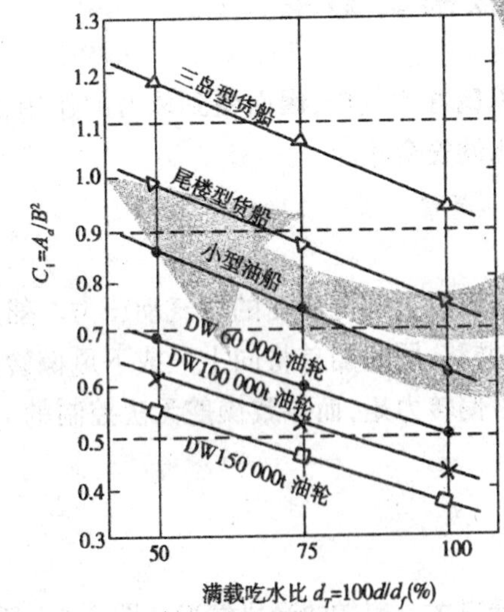

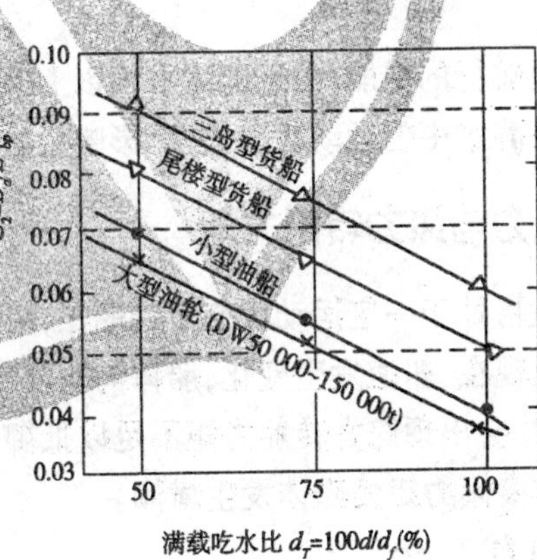

图 3-1-2 正、侧面受风面积系数

风力系数 C_a 的大小主要决定于风舷角 θ 的变化，也与船舶吃水及船体上层建筑形状和面积分布有关，如图 3-1-3 和表 3-1-1 所示。图 3-1-3a)是几种具有代表性船模的模型试验结果。

图 3-1-3 中所列符号的船型数据　　表 3-1-1

船舶种类	油轮		集装箱船		滚装船		货船(三岛型)		渡船
载况	满载	压载	满载	压载	满载	压载	满载	压载	满载
符号	A-1	A-2	B-1	B-2	C-1	C-2	D-1	D-2	E
L_{bp}(m)	290.0		175.0		150.0		128		113.2
B(m)	47.5		25.0		23.4		17.5		15.9
D(m)	24.0		15.4		20.4		10.4		6.8
d_m(m)	16.1	9.3	9.4	6.5	7.0	5.4	7.9	4.3	4.4
Δ(m)	183200	96713			14633	10828	13450	6440	
A_a(m^2)	1030	1280	522	609	447	499	285	370	262
C_1	0.457	0.567	0.836	0.975	0.817	0.912	0.931	1.208	1.042
B_a(m^2)	3123	5180	2311	2377	2351	2590	999	1490	1312
C_2	0.038	0.062	0.076	0.078	0.105	0.115	0.061	0.091	0.102

从这些结果中可以看出以下一些特征：

(1)C_a 的变化关系近似于马鞍形曲线。当 $\theta = 0°$ 和 $180°$ 时，C_a 值最小；当相对风向为 $\theta = 40°$ 和 $140°$ 附近时 C_a 出现两峰值。

(2)C_a 随船型及船舶吃水不同而不同。上层建筑较少的油轮，C_a 值较小，而受风面积较大的滚装船、集装箱船的 C_a 值则较高，而三岛型货船由于船体水线上投影面积的原因，C_a 也较大。同一船舶随着吃水增大 C_a 值略有减小，满载时 C_a 较之轻载时略有减小。

2. 风力角 α

风力 F_a 与船舶首尾线的夹角，称为风力角。风力角 α 与相对风向必一致。风力 F_a 是作用于船体正面积上的纵向风力 X_a 与作用于船体侧面积上的横向风力 Y_a 的合力，风力角取决于横向分力 Y_a 与纵向分力 X_a 之比，如图 3-1-4 所示。

$$X_a = \frac{1}{2}\rho_a C_{ax} A_a \cos\theta \cdot v_a^2$$

$$Y_a = \frac{1}{2}\rho_a C_{ay} B_a \sin\theta \cdot v_a^2 \tag{3-1-3}$$

则

$$\tan\alpha = \frac{Y_a}{X_a} = \frac{C_{ay}}{C_{ax}} \cdot \frac{B_a}{A_a}\tan\theta \tag{3-1-4}$$

式中：C_{ax}——纵向风力系数；

C_{ay}——横向风力系数。

由上式可知，风力角 α 的大小与风舷角 θ、侧面受风面积与正面受风面积之比 $\frac{B_a}{A_a}$ 密切相关，并随吃水和船型的变化而变化。通常 B_a 大于 A_a，所以风力角 α 大于风舷角 θ，即风力 F_a 的作用方向较之相对风向更偏向于垂直首尾线方向。模型试验结果表明，除船首尾方向的相对方向之外的来风作用时，风力作用方向均接近于船体正横方向。

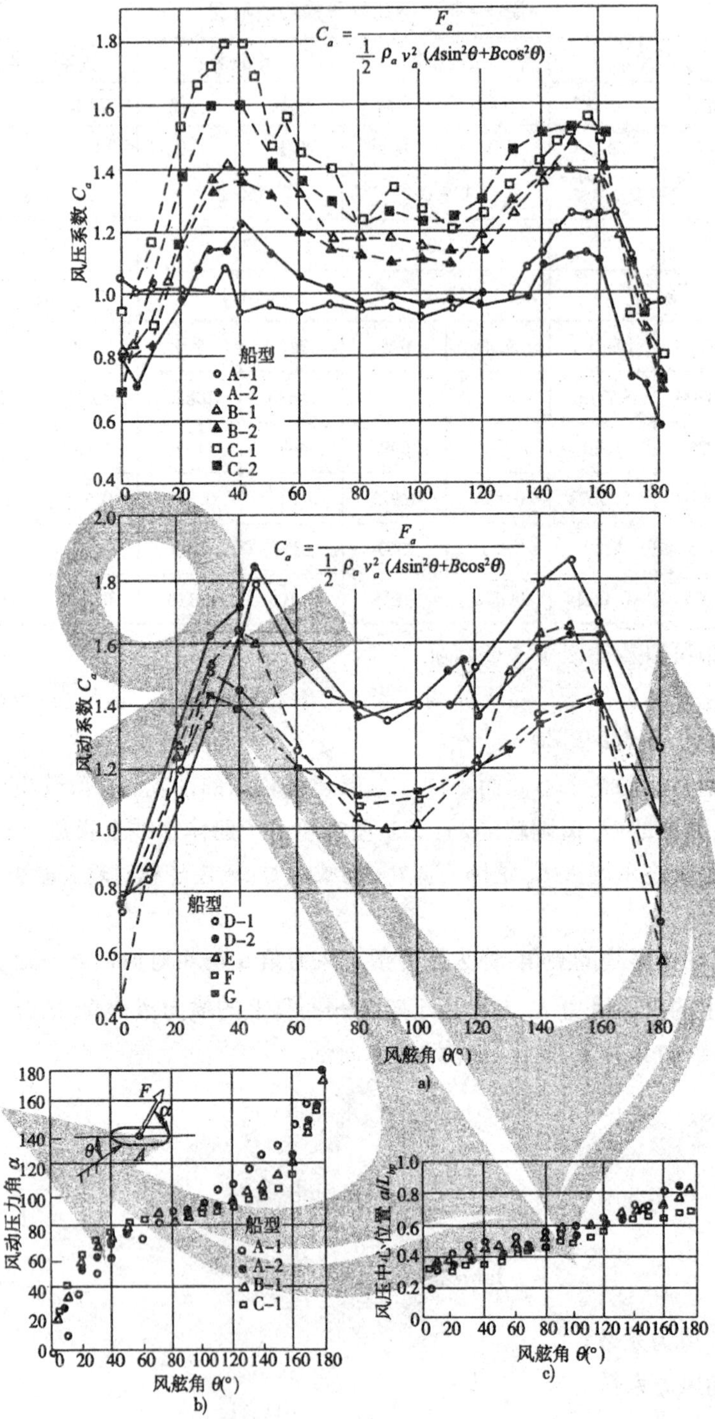

图 3-1-3　风力系数、风力角、风力中心位置示意图

风力角 α 值还可根据风舷角 θ 用岩井经验式进行估算。

$$\alpha = \left\{1 - 0.15\left(\frac{\theta}{90}\right) - 0.80\left(1 - \frac{\theta}{90}\right)^3\right\} \times 90^\circ \quad (3\text{-}1\text{-}5)$$

3. 风力中心位置 a/L_{bp}

风力作用中心位置 A 点至船首的距离 a，受风舷角 θ、船舶上层建筑形状以及面积分布情况所影响。船舶空载时该压力中心比满载时明显靠前，a 值可用岩井经验式估算。

$$a/L_{bp} = 0.291 + 0.023\theta \qquad (3\text{-}1\text{-}6)$$

式中：θ——风舷角(°)。

图 3-1-4 风力与风力中心

实验结果表明，θ 增大，a 值近似线性缓慢增加，即风力中心位置 A 将由船的前部向后移动，当 θ 由 0°～180°变化时，a/L_{bp} 大多在 0.3～0.7 范围之间。除船首尾方向相对风向外，风力中心大多靠近船体中心。当 $\theta=90°$左右即船舶正横受风时，$a \approx 0.5L_{bp}$，即风力中心在船中附近；当 $\theta<90°$即风从正横前吹来时，A 在重心之前；当 $\theta>90°$时，则 A 在 G 之后。

实验表明，船舶种类不同即船舶上层建筑的形状差异，对风力中心位置影响并不太大。

(二)风力转船力矩

在知道风力的大小、方向、作用点之后，风力转船力矩的大小，应根据船舶在不同状态时的支点位置来确定。

(1)当船舶处于漂浮状态时，以重心为支点，则风力转船力矩 M_a 为

$$\begin{aligned} M_a &= F_a \sin\alpha \cdot (l_G - a) \\ &= \frac{1}{2}\rho_a v_a^2 C_{ma}(A_a\cos^2\theta + B_a\sin^2\theta) \end{aligned} \qquad (3\text{-}1\text{-}7)$$

其中 l_G 为重心至船首的距离，C_{ma} 为风力转船力矩系数，$C_{ma}=C_a\sin\alpha \cdot (l_G - a)$。$C_{ma}$ 值的大小随船舶种类、载况和船舶受风面积的大小与分布的情况以及风舷角的不同而不同。图 3-1-5为一油轮和集装箱船的 C_{ma} 曲线。由图可知，这两类船舶在正横稍前受风时，$C_{ma}=0$；$\theta=90°$即正横受风，C_{ma}很小；斜顶风、斜顺风时，C_{ma}最大；正横后受风时 C_{ma} 又比正横前受风时大；$\theta=0°$、180°时，$C_{ma}=0$。

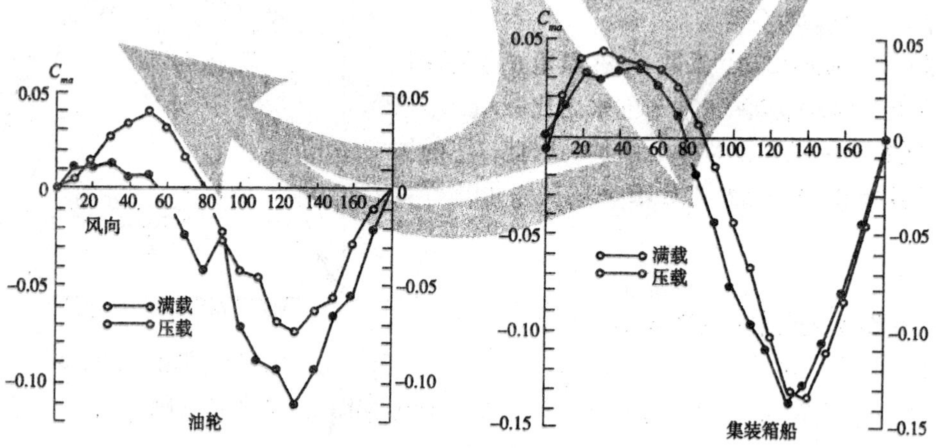

图 3-1-5 油轮和集装箱船的 C_{ma} 曲线

(2)当船舶靠离泊中受风作用，如船首固定或尾离方式离泊时，船舶以船首为支点，则

M_a 为

$$M_a = F_a \sin\alpha \cdot a \tag{3-1-8}$$

(3)当采用首离方式离泊或船尾一端固定时，则船舶以船尾为支点，风力转船力矩 M_a 为

$$M_a = F_a \sin\alpha \cdot (L-a) \tag{3-1-9}$$

二、水动力与水动力转船力矩

船舶与其周围的水有相对运动时，船体就会受到水的作用力，这种作用力统称为水动力。船水之间的相对运动，可能是由于船舶本身自力(车、舵、锚、缆)作用，也可能是由于外力(拖船、风力、水流)作用所引起。

(一)水动力

既然是力，必然具有力的三要素，即力的大小、方向、作用点。水动力的三要素均与船和水的相对运动方向(即漂角)有关。

1. 水动力的大小

水动力 F_w 是由作用于船首尾方向的分力即纵向分力 X_w 和横向分力 Y_w 合成的合力。船舶前进时，由于水线下船体在首尾方向流线形好，纵向分力 X_w 一般较小，且该力也不会引起船首偏转，所以通常我们主要研究水动力横向分力 Y_w，其大小可用下式估算。

$$Y_w = \frac{1}{2}\rho_w C_{wy} v_w^2 Ld \tag{3-1-10}$$

式中：ρ_w——水的密度(海水中取 1025kg/m³，；淡水中取 1000kg/m³)；

C_{wy}——水动力横向分力系数；

v_w——相对流速，即船与水的相对运动速度(m/s)；

L——船舶两柱间长(m)；

d——船舶吃水(m)；

Y_w——横向水动力(N)。

图 3-1-6 所示为横向水动力系数 C_{wy} 在几种不同水深情况下与漂角 β 的关系。

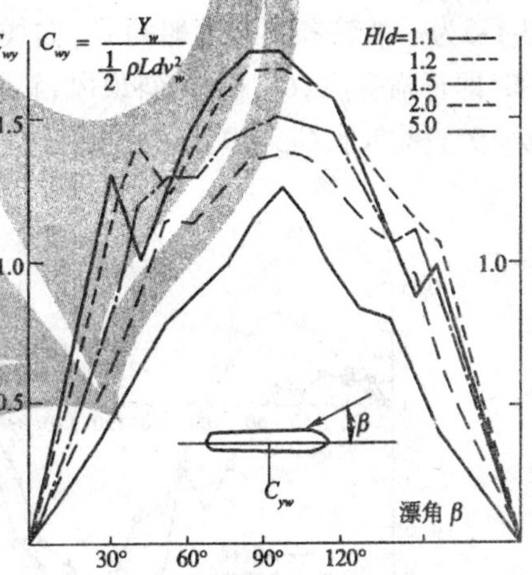

图 3-1-6　横向水动力系数

由图可知，横向水动力系数 C_{wy} 随漂角 β 的变化情况近似于正弦曲线，同时水深与吃水之比减小，C_{wy} 增大，说明浅水中船舶所受水动力增加。因此，C_{wy} 的大小与漂角 β 及水深与吃水之比 H/d 的关系可用下式表示

$$C_{wy} \propto k\sin\beta$$

其中系数 k 表示水深的影响，H/d 减小，k 增大。

2. 水支力的方向

水动力方向与船舶首尾线的夹角，称为水动力角 γ，如图 3-1-7 所示。则

$$\tan\gamma = \frac{\text{横向水动力 } Y_w}{\text{纵向水动力 } X_w} \tag{3-1-11}$$

由于船体水线下正面积很小，故 X_w 很小，所以水动力角 γ 大体在 90°左右。

3.水动力的作用点

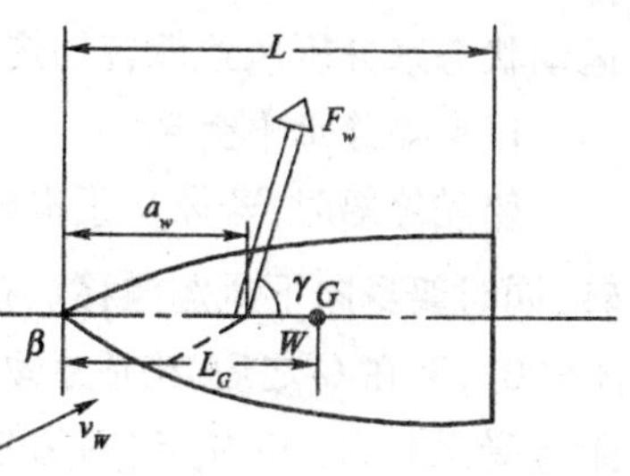

图3-1-7　水动力作用点和方向

见图3-1-7,水动力作用点 W 的位置受漂角、船体水下侧面积形状及分布情况所影响。

水动力中心 W 至船首的距离 a_w,随漂角 β 的增大而增大,漂角 β 由0°向180°变化过程中,水动力作用点 W 距船首从0.25L 处渐次移至0.75L 处。

当 $\beta=90°$时,$a_w\approx0.5L$,即水动压力中心在重心 G 附近;当 $\beta<90°$时,W 在 G 之前;当 $\beta>90°$时,W 在 G 之后。

同一船舶,空载或压载时尾倾较大,水动力中心位置比满载时明显后移,尾机型船更甚。

(二)水动力转船力矩 M_w

当水动力大小、方向、作用点求出后,即可据船舶转动的支点确定水动力转船力矩。

若以船首为支点时,水动力转船力矩 M_w 为

$$M_w=F_w\sin\gamma\cdot a_w \tag{3-1-12}$$

若以重点为支点时,相当于船舶在航行中,则 M_w 为

$$M_w=F_w\sin\gamma\cdot(l_G-a_w) \tag{3-1-13}$$

$$=\frac{1}{2}\rho_w C_{wm}v_w^2Ld \tag{3-1-14}$$

式(3-1-14)中

$$C_{wm}=C_{wy}\sin\gamma\cdot(l_G-a_w) \tag{3-1-15}$$

C_{wm} 称为水动力转船力矩系数。C_{wm} 与漂角 β 及 H/d 的关系如图3-1-8所示。由图可知,当 $\beta=0°$或180°时,$C_{wm}=0$,$M_w=0$;当 $\beta=90°$时,C_{wm} 近似为零,$M_w=0$;$\beta>90°$时 C_{wm} 值比 $\beta<90°$时大,说明由于船体首瘦尾肥,向船尾方向运动时水动力构成的转船力矩较大。

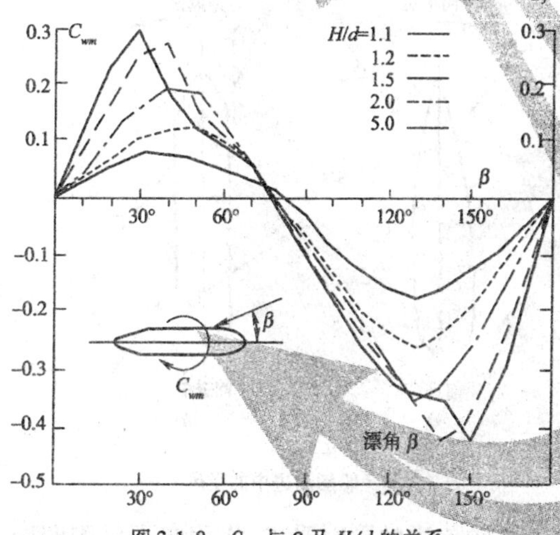

图3-1-8　C_{wm} 与 β 及 H/d 的关系

三、风致偏转和漂移的规律

(一)风致偏转规律

船舶在受风作用下偏转运动的方向,决定于风力转船力矩 M_a 和水动力转船力矩 M_w 的合力方向。定性分析偏转方向关键要弄清风力和水动力的大小、方向和作用点的位置,亦即在定性说明船舶在风中的偏转方向时,风力中心 A、船舶重心 G、水动力中心 W 三者位置关系具有重要意义。

船舶重心 G 一般情况下约在船中稍后。

风力中心 A 如前所述,当风自正横前吹来时,一般在重心之前;横风时一般在重心附近;正横后来风,则一般在重心之后。

水动力中心 W 决定于水船相对运动方向。船舶前进行驶,或风来自后方吹船向前漂移时,水动力中心在重心之前;船横移时 W 在重心附近;船舶后移时,W 在重心之后,以下按船舶

运动状态来分析风致偏转的规律。

1. 船舶静止中受风

船舶停船时，若风从正横前吹来，$\theta<90°$，A 在 G 之前，风动压力力矩 M_a 使船首向下风偏转，同时船身向下风侧漂移。在船舶偏转和漂移的同时，船体水线下部分受到水动压力作用，$\beta>90°$，W 在 G 之后，构成水动压力转船力矩 M_w，M_w 有助于船身向下风偏转。直至变成正横附近受风时 M_a 和 M_w 趋向为零，停止偏转，并将以接近正横状态向下风漂移，如图 3-1-9 所示。

不难分析，如果停船时风从正横后吹来，船舶同样最终也将转至接近正横受风状态并向下风漂移。

船舶类型不同，上层建筑布置也不同。停止中的船舶最终漂移时受风相对方向略有差异。油轮和尾机型船多保持正横稍前受风($\theta=80°$)，客船多维持正横状态受风($\theta=90°$)，而一般货船往往尾吃水较深，多维持在正横稍后受风状态($\theta=100°$)。

2. 船舶前进中受风

正横前来风，$\theta<90°$时，如图 3-1-10a)所示，A 在 G 之前，船舶受风作用，边前进边向下风侧产生漂移，但总体上仍在前进中，因此 W 在 G 之前。M_a 和 M_w 方向相反，船首偏转方向将依 M_a 与 M_w 的代数和方向而定。当 $M_a>M_w$ 时，出现顺风偏；当 $M_a<M_w$ 时将出现逆风偏。根据经验：空船、慢速、尾倾、首受风面积大时，多为顺风偏，反之，满载或半载、快速、尾受风面积大时，多为逆风偏。风速低，航速高，风向来自正横前后各约 30°范围时，船首迎风偏的倾向越明显，需操下风舵，才能保向航行。

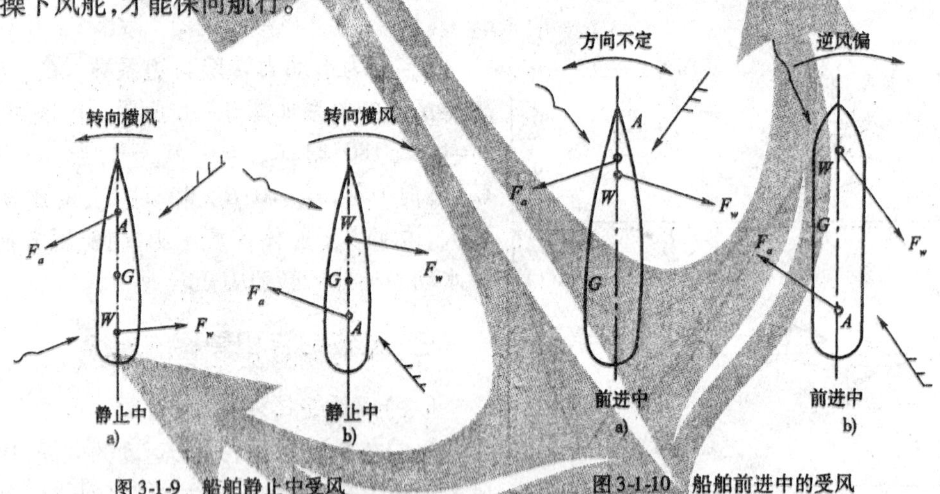

图 3-1-9　船舶静止中受风　　图 3-1-10　船舶前进中的受风

当风从正横后吹来时，$\theta>90°$，A 在 G 之后，由于船舶前进的同时受 F_a 作用向下风侧即船首前方斜航，但总体上船舶仍在前进中，故 W 在 G 之前。M_a 和 M_w 方向相同，共同使船首逆风偏转，如图 3-1-10b)所示。

由此可见，船舶前进中，斜顶风航行时比斜顺风时易于保向。

3. 船舶后退中受风

当风从正横前来时，$\theta<90°$，A 在 G 之前，船舶后退同时受风作用向下风侧漂移，W 在 G 之后，M_a 与 M_w 共同使船尾逆风偏转。这种现象也称尾找风，如图 3-1-11a)所示。

当风从正横后来时，$\theta>90°$，A 在 G 之后，船舶在后退同时受风动压力 F_a 作用向下风侧即

船首前方漂移，但总体上船舶仍在后退中，$\beta > 90°$，W 在 G 之后。此时船舶偏转方向由 M_a 与 M_w 之代数和来决定，如图 3-1-11b）所示。由于船尾要比船首肥大，且船尾还有舵及车叶等设备，所以当倒航中船有一定退速时，作用于船尾部下风侧的水动力 F_w 迅速增大，而且 W 比 A 更靠近船尾，M_w 往往大于 M_a，使船尾迎风。但若退速较低，F_w 较小，此时则受 M_a 作用，船尾偏向下风，其偏转规律基本上与静止中相同。

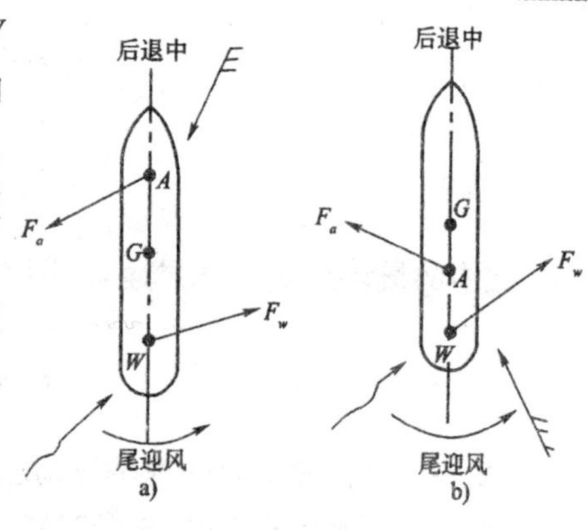

图 3-1-11　船舶后退中受风

对于 FPP 右旋式单车船，如遇来自左舷正横后的风，由于倒车时螺旋桨排出流和沉深横向力的作用，尾迎风将来得更早更急，即使退速不大，风力不太强时，也会出现尾迎风现象。如遇右正横后来风，尾迎风则必须以一定的后退速度和一定的风速为条件，不具备这种条件，船尾便向下风偏转。即正横后来风时，左舷来风比右舷来风“尾找风”显著。

后退中的船舶，即便不考虑螺旋桨的影响，一直用正舵，也不具备航向稳定性，加之舵效又极差，因此，除非风速极低，退速极慢，否则这种尾迎风趋向很难控制。而且在尾迎风后，由于风力作用点 A 和水动力作用点 W 之间不容易找到平衡点，船尾还会左右偏荡难以稳定下来，同样也不具备航向稳定性。

通过上述分析，风致偏转规律可归纳为：

（1）船舶在静止中或船速接近于零时，船舶将顺风偏转至接近风舷角 100°左右向下风飘移。

（2）船舶在前进中，正横前来风，慢速、空船、尾倾、船首受风面积较大的船舶，船首顺风偏转；前进速度较大的船舶或满载或半载、首倾、船尾受风面积较大的船舶，船首将迎风偏转；正横后来风，船舶将呈现极强的迎风偏转性。

（3）船舶在后退中，在一定风速下并有一定的退速时，船舶迎风偏转。这就是通常的尾找风现象，正横前来风比正横后来风显著，左舷来风比右舷来风显著；退速极低时，船舶的偏转与静止时的情况相同，并受倒车横向力的影响，船尾不一定迎风。

（二）风致漂移规律

静水中的船舶因风的直接作用和水动力的间接作用而产生的横向运动称为风致飘移。船舶试验表明，受风时的飘移速度除与船舶受风特点有关外，还与船速密切相关。船舶受风作用下产生向下风漂移，漂移速度在船舶停止时最大，随船速增加，船舶漂移速度反而降低。在浅水中，由于船舶所受的横向阻力增大，风致飘移速度较深水中显著减小。

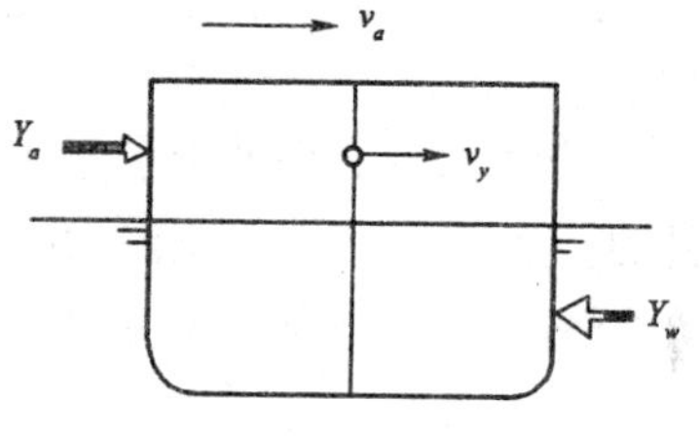

图 3-1-12　船舶停于水上时的风致漂移

1. 船舶停于水上的漂移速度

停于水上的船舶在受风作用时最终将保持正横附近受风，并匀速向下风横向漂移。此时，作用于船体的风力与向下风漂移时产生的水动力应保持平衡，即 $Y_a = Y_w$，如图 3-1-12所示。

$$F_a = Y_a = \frac{1}{2}\rho_a C_a B_a (v_a - v_y)^2 \tag{3-1-16}$$

$$F_w = Y_w = \frac{1}{2}\rho_w C_w B_w v_y^2 \tag{3-1-17}$$

式中的横漂速度 v_y 比风速 v_a 小得多,故可用真风速直接代入得到停船时的漂移速度 v_y

$$v_y = \sqrt{\frac{\rho_a}{\rho_w} \cdot \frac{C_a}{C_w} \cdot \frac{B_a}{B_w}} \cdot v_a \tag{3-1-18}$$

式中:C_a——风舷角 $\theta=90°$时的风动压力系数,一般空载时取为 1.2,满载时取为 1.4;

C_w——深水中横漂时($\beta=90°$)的水动力系数,一般取值为 1.0;

ρ_a——空气密度(1.226kg/m^3);

ρ_w——海水密度(1 025kg/m^3);

B_w——水线下船体面积(m^2),按 $L_w \cdot d$ 计算。

所以

$$v_y = 0.038\sqrt{\frac{B_a}{B_w}} \cdot v_a = 0.038\sqrt{\frac{B_a}{L_w \cdot d}} \cdot v_a \tag{3-1-19}$$

式中:v_y——深水中停船时受风横向漂移速度(m/s);

v_a——真风速(m/s);

B_a——船体水线上侧面积(m^2);

L_w——水线面长度(m);

d——船舶当时实际平均吃水(m)。

根据研究,若满载横漂时 C_a 取 1.4,则公式中的系数可取为 0.041。实际上该系数随船型、排水状态以及水深与吃水之比的变化而不同。同一船舶在浅水中,横漂时水动力增加,横漂速度相应要减小,因此当估算港内等浅水域中的漂移速度时,应按实际水深与吃水之比 H/d 对深水中的漂移速度加以修正,如表 3-1-2 所示。

一般大型船舶空载时$\frac{B_a}{L_w \cdot d}\approx 1.8$,则 $v_y = \frac{1}{20}v_a$;满载时$\frac{B_a}{L_w \cdot d}\approx 0.8$,则 $v_y = \frac{1}{30}v_a$。

风致飘移速度修正系数

表 3-1-2

水深与吃水之比(H/d)	1.1	1.5	2.0
普通船型船舶的修正系数	0.6	0.7	0.8
大型船舶的修正系数	0.5	0.6	0.7

2. 航行中船舶的漂移速度

航行中的船舶受风作用下,边前进边向下风漂移,同时船首还将产生偏转。因此为了保持船舶沿预定航线保向前进,必须使用风压差并压一舵角来达到目的。所要预配的风压差大小等于船舶斜航时的漂角 β 大小,漂角 β 值的大小决定于航行中的漂移速度 v'_y 和航速 v'_y,即

$$\tan\beta = \frac{v'_y}{v_s} \tag{3-1-20}$$

当船舶压某一舵角 δ 能保证其以某一漂角 β 在风中稳定斜航时，假设船首迎风偏转需操下风舷舵进行保向为例，为保持船舶沿预定航线保向前进，必须使作用于船体的诸横向力和力矩保持平衡，即 $Y=0, M=0$，如图 3-1-13 所示。

$$
\begin{aligned}
Y &= Y_a + Y_w + Y_\delta = 0 \\
M &= M_a + M_w + M_\delta = 0
\end{aligned} \tag{3-1-21}
$$

式中：Y_a、M_a——风动压力横向分力及转船力矩；

Y_w、M_w——水动力横向分力及转船力矩；

Y_δ、M_δ——舵力横向分力及转船力矩。

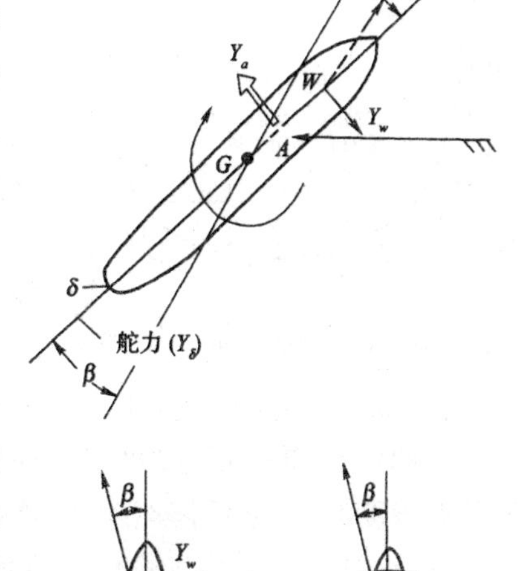

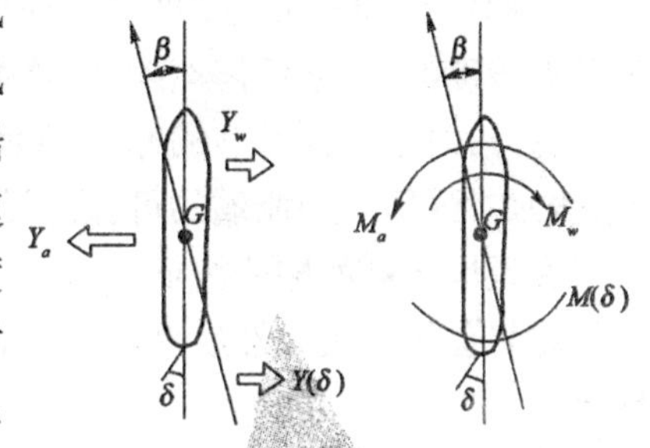

图 3-1-13　船舶航行中的风致漂移

通过上述方程可求出漂角 β，即风中斜航保向时的风压差角。风压差大小与风速、船速以及横移速度有关。风速增大，风压差增加，风压差的变化近似与风速成正比；船速增加，风压差随之降低，并呈负指数关系变化，因为船速提高时，斜航阻力增加，因而风压差减小；此外，横移速度小，风压差也小。通常风压差只有几度，若风压差达 10°时则船舶将处于几乎不可保向的范围，因为此时漂移速度已相当大，使 M_a 与 M_w 的代数和超过 M_δ 的值。

航行中的船舶若航速为 v_s，则受风作用下漂移速度 v'_y 的大小，可采用通过实船试验得出的下列公式

$$
v'_y = v_y \cdot e^{-1.4 v_s} \tag{3-1-22}
$$

式中：v_y 为停船时的漂移速度(m/s)；v'_y 为航行中风致漂移速度(m/s)；航速 v_s 的单位为 kn。

由此可见，船舶航行中的漂移速度除与影响停船时的漂移速度的因素相同之外，还与本船航速密切相关。船速越低，横漂速度越大。因此在港内靠离泊或掉头操纵过程中，应根据船舶当时漂移速度及下风侧可供使用的水域大小，确定可供操纵使用的时间，与完成整个操纵过程所需的时间相比较，是否安全可行，做到心中有数。

四、强风中操船的保向界限

船在航行时，除首尾来风不发生偏转外，其他方向来风都将使船在向下风漂移的同时还将产生偏转运动，大多呈现为迎风性偏转。为了保证船舶航行在预定的航线上，必须使用风压差和向下风舷压一舵角来抵消船的漂移和船首的偏转。风速越大，航速越慢，则风压差越大，为了保向所需的压舵量势必也越大。但在一定船速下操一定舵角所具有的保向作用是有限度的，因此，对应于某一定船速，当风速大到某一界限以上时，操舵不能抵消迎风偏转的合力矩作用时，便会出现凭操舵不能保向的现象，有的甚至出现即使用满舵，也无法保持航向。能够用舵保持航向的风速界限，称为保向界限。保向界限和风速与航速之比 v_a/v_s 及相对风向角 θ 有关。

如图 3-1-14 所示，某油轮在风中压舵角 δ 分别为 15°、35°时的可保向界限曲线。曲线下面的区域为可保向范围，曲线越处于较高的位置，越容易保向；曲线以上的区域为不可保向的范围，在 $\delta=35°$的可保向界限曲线的上部区域内，即为用满舵也无法保向的范围，由图可知：

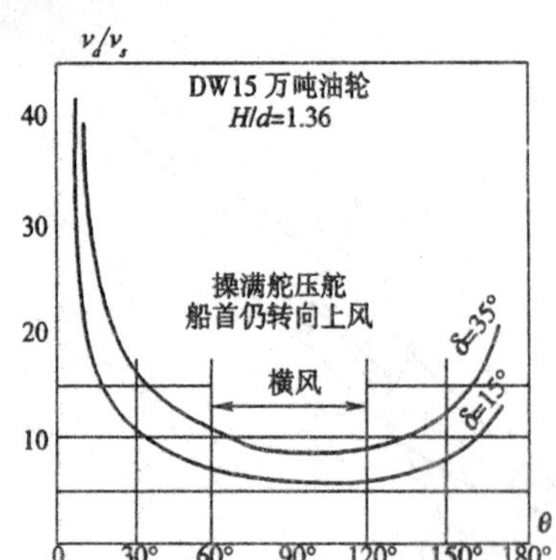

图 3-1-14　强风中的保向界限

(1)同一条船的不同舵角的保向界限曲线中,舵角大时曲线位置更高一些,这说明压舵角大,保向范围扩大。

(2)相对风向角对保向界限的影响尽管因船不同而有所差异,但大多约在 $\theta=80°\sim120°$范围内曲线出现最低值,这说明船舶正横附近或稍后受风时,保向最为困难。风速只要达到船速数倍时,就将出现即使满舵也无法操纵的情况。

(3)$\theta<90°$即斜顶风时曲线较高,$\theta>90°$即斜顺风时曲线较低,这说明船舶斜顶风的保向性较斜顺风时好。

(4)保向性范围总的来说随风速的降低而扩大,随船速的降低而减小,增大压舵角可扩大保向范围。

由此可知,提高航速、增加压舵角、采取斜顶风是提高船舶保向性的有效措施。但提高船速是有限度的,对于任何船舶,随着风速提高均存在受风不能保向的范围。

另外,对于不同类型的船舶而言,水线上下侧面积之比 $B_a/(Ld)$ 较大的船舶其保向性较差;浅水对强风中的船舶的可保向界限的影响甚微。

在近岸水域船舶往往低速航行,尤其是在较窄的近港航道上,强风中低速航行出现不能保向问题将会导致灾难性后果。操船者应掌握不同船速、不同风舷角情况下的船舶可保向的极限风速。

第二节　流对操船的影响

前面主要介绍船舶在静水中的运动。实际上,船舶在水中运动时,总是会受到水流的影响。对船舶操纵来说,流是一种外界影响,流速和流向是不可控制的。但通过操纵措施可以减小流对船舶的影响。流会影响船舶的航行轨迹,不但影响航行效率,甚至可能危及船舶的安全,存在搁浅碰撞等危险。这一节主要讨论均匀流对船舶操纵的影响。

一、流对航速、冲程的影响

(一)流对航速的影响

船舶在单向流场中航行,船舶对地的速度为船对水速度与流速的合成。

$$\vec{V}_0=\vec{V}+\vec{V}_c \qquad (3\text{-}2\text{-}1)$$

式中:$\vec{V}_0$——航速,也称对地速度;

$\vec{V}$——船速,船舶对水速度;

$\vec{V}_c$——流速。

顺流航行时,实际航速;$V_0=V+V_c$

顶流航行时,实际航速。$V_0=V-V_c$

因此,在静水船速和流速不变的条件下,顺流航行时对地船速比顶流航行时对地船速大两倍流速。当流向与船舶的首尾向有一定交角时,流速和净水船速的合速度将使船向来流的相反一舷运动,这种影响即通常所称的“流压”。流速越大,交角越大,船速越慢,流压角就越大。

船舶向下流侧漂移速度越快。操船时尤其应警惕横压流的影响，特别是船舶以较低航速在狭窄水域航行时。

航行中为保持船舶沿某一预定航线行驶，需根据流压大小进行流压差修正。当船舶在有流水域顶流靠泊时，应根据流速大小，借助其他方法，如侧推器、拖船、锚等外力协助，控制好流压角，掌握住船速，以使船舶平稳地靠上泊位。否则如船速与交角控制不当，尤其在急流时，交角摆得过大，将造成压碰码头的事故。

（二）流对冲程的影响

因冲程是指船舶对水移动的距离，船舶顶流和顺流航行时，若其他条件相同，停车冲程是一致的。

但在其他条件相同时，船舶在顶流时，对地冲程减小，流速越大对地冲程越小；顺流时，对地冲程增加，停车时减速的过程非常缓慢，如不借助倒车或抛锚，将不能阻止船以水流速度向前漂移。

进港靠泊时，为方便控制余速，通常选择顶流靠泊。如顺流进港，一方面应及早停车淌航，另一方面应及时运用倒车、抛锚或拖船制动等措施来减速。

二、流对旋回、舵效的影响

（一）流对旋回的影响

在有流水域中进行旋回时，船舶除了作旋回运动外，还受水流作用而产生漂移运动。流致漂移距离可用下列经验公式估算

$$D_d = \Delta t \cdot V_c \times 80\% \qquad (3\text{-}2\text{-}2)$$

式中：D_d——旋回中的流致漂移距离（m）；

V_c——流速（m/s），通常指航道中央的流速；

Δt——有流水域中船舶旋回180°所需时间（s）。

船舶旋回180°所需时间可根据船舶操纵性能资料中查得。否则可按船舶排水量大小估算，见表3-2-1。

不同吨位船舶旋回180°所需时间　　表3-2-1

吨　位	旋回180°约需时间	吨　位	旋回180°约需时间
0.5万吨	3.0min	10万吨	5.5min
1万吨	3.5min	20万吨	6.5min
5万吨	4.5min		

排水量大、船速低时旋回时间明显增加，加之浅水中船舶旋回性能变差的原因，因此狭水道、港内旋回时，应对旋回操船所需时间作出充分的估计。旋回掉头时所需水域大小 D_1 可按下式估算

$$D_1 = A_{md} \pm D_d \pm \text{安全余量} \qquad (3\text{-}2\text{-}3)$$

式中：A_{md} 为旋回最大进距，D_d 为流致漂移距离，顺流时加，顶流时减。

（二）流对舵力和舵效的影响

舵力及其转船力矩是与舵速的平方成正比的，而舵速又与船舶对水速度成正比，由于不论顶或顺流，只要流速相等，船舶相对于水的速度则不变，等于静水船速，所以在舵角及螺旋桨转

速(排出流速度)等条件相同时,顺流和顶流时的舵力相等,其转船力矩也相同。

虽然顶流、顺流时舵力及其转船力矩相同,但舵效不同,因舵效是个对地的概念。顶流时对地船速较顺流时小两倍流速,故使用相同的舵角,顶流时能在较短的距离上使船首转过较大的角度,因此顶流时的舵效比顺流时好。但是必须注意,当船首斜向顶流时,由于流压力矩的作用,船舶将迎流舷回转困难,舵效反而差。重载大船在遇强斜流时尤其如此。

第三节　受限水域对操船的影响

受限水域是指相对于不同吃水和船宽的船舶而言,水深相对较浅和航道宽度相对较窄的水域。在受限水域中操船时,船舶运动会出现不同于宽广的深水域时的现象和特点。由于水域的水深相对较浅而使船舶运动特点发生的变化,称之为浅水效应(Shallow water effect)。由于水道的宽度相对较窄而使船舶运动特点发生的变化,称为岸壁效应(Wall effect)。船舶往往同时受到浅水效应和岸壁效应的影响,统称为受限水域效应(Restricted water effect 或 Confined water effect)。

一、浅水对船速、船体下沉和纵倾变化、船舶操纵性的影响

船舶在浅水域中航行时,水动力将发生明显变化,其运动状态也将随之改变,并影响操纵安全。浅水是一个相对概念,同一水深,对于小吃水船舶可能是深水,而对于大吃水船而言可能是浅水。通常采用相对水深的概念来表示水深的大小,即水深吃水比(H/d)。对于一般运输船舶,从对船体前进时阻力的影响来区分,低速船 $H/d \leqslant 4$,高速船 $H/d \leqslant 10$,即可作为浅水域对待。

(一)浅水对船速的影响

船舶在水中运动的同时,会带动其周围部分的水一同运动。船舶前进运动、横移运动时,相当于在船舶本身质量上增加了一部分质量,增加的质量称为附加质量;船舶作回转运动时,会比船舶本身转动惯矩相应增加一部分惯矩,增加的惯矩部分称为附加惯矩。附加质量与船体质量之和称为虚质量;附加惯矩与船舶惯矩之和称为虚惯矩。

在水深充分的条件下,船舶运动的附加质量及附加惯矩的比例,大致可取值为:前后方向运动时的附加质量为船体质量 0.07 ~0.10 倍;横向运动时的附加质量为船体质量 0.75 ~1.0 倍;附加惯矩为船体惯矩的 1.0 倍。

1. 附加质量和附加惯矩增加

在浅水中,船舶运动时附加质量和附加惯矩比深水中明显增加。如图 3-3-1 表示了相对水深 H/d 变化时大型油轮附加惯矩变化的情况。实践证明,随着相对水深 H/d 减小,船舶附加质量和附加惯矩增加。当 $H/d \leqslant 2$ 时,增加比较明显;当 $H/d \leqslant 1.5$ 时这种增加倍率将急剧地增大。此外,船型越肥大,船速越高,附加质量和附加惯矩越大。

由于浅水中附加质量和附加惯矩的增加,即虚质量和虚惯矩增加,船舶在浅水中就很难加速,由图 3-3-1 可知,不同水深时大型油轮的附加惯矩要使加速了的船舶减速也很困难。此外,船舶在静止中使用同样拖力的拖船来转首时,在浅水中的转首运动要比深水中来得慢。

2. 兴波发生变化

船舶航进中，船体周围水压分布特点是，在船首处，因前进时船首推压水，水流流速降低，压力增高，水位上升，呈高波峰；在船侧中部，水流流速大，水位下降，形成低压处，呈波谷；在船尾部，因通过船侧和船底的水流在尾部会合，形成又一水位较高的区域，压力较高，呈低波峰。这种水压力的变化、高低及沿船长分布情况与船型、船速、水深与吃水之比有关。肥大型船，船速越高，这种压力变化越激烈，兴波也越大。

以上是深水中航行时船体首尾向水压力变化的一般特点，当船舶驶入浅水域时，随着水深变浅，具有一定船速和吃水的船舶，其船体中央部分的低压区将逐渐向船尾方向扩展。

由于船舶前进时周围的水位有升降，形成了兴波运动，即船行波。船行波可分为首波系和尾波系。发生于船首柱稍后的称为首波系；发生于船尾柱稍前的称为尾波系。尾波系不如首波系明显。这两个波系各有两种波，一是散波，它是由两舷向外扩散的短波；另一是横波，它处于船体两侧散波之间，垂直于船舶运动方向，由前向后传播。散波与横波相遇处呈较高波峰，各连接点的连线近似成一直线，如图 3-3-2 所示，此直线与船舶首尾线的夹角称为散波角。在深水中，散波角约为 18°~20°，而在浅水中，船舶前进时，散波角增大，当该角度增加到 40°，则说明浅水阻力的影响开始出现。角度越大，浅水的影响就越显著。

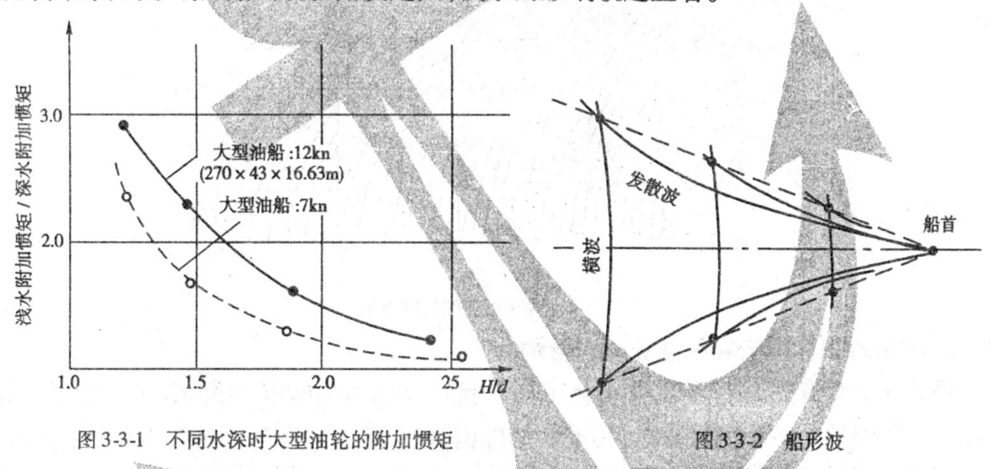

图 3-3-1 不同水深时大型油轮的附加惯矩

图 3-3-2 船形波

在浅水域中，如果水深极浅，船行波受到水深变浅的强烈影响，可能形成一种浅水中特有的波，称为孤立波(Solitary wave)。这种波是以一种与水深 H 的平方根成正比的波速 $\sqrt{gH}$ 推进的波。

在浅水中，船行波受到干扰，船首和船尾两个散波和横波相互叠加，产生高波峰，因此浅水域中横波的范围和高度增大，消耗能量增大，兴波阻力增大，散波角增大，宛如散波在向前追赶船舶，称为“赶浪”。如果航速达到孤立波传播的速度 $\sqrt{gH}$，此时波峰线与船舶中纵剖面间的夹角达 90°，即散波和横波完全相互叠加在一起，形成两个同船一起横向移动的巨大横波，船员称之为“拖浪”，此时兴波阻力达到最大值。

此外，船舶进入浅水后，还会出现下列现象：首散波变小，水花声减小；尾波增大，船尾及其两侧由于螺旋桨流作用而致水变混浊；船尾伴流增强，螺旋桨上下桨叶推力之差较深水明显，船体振动加剧。

3. 船速下降

驶于浅水域中的船舶，船体周围的水流因空间受限，水流流速加快，因而摩擦阻力增加；此外，浅水域中航行时，船体下沉，吃水增加，纵倾加大，也增加了摩擦阻力；同时船舶在浅水域中航行时，兴波阻力增加；船尾涡流增大，涡流阻力增加；以及由于推进器附近涡流的增强而导致推进器效率下降。所以浅水中航行，船舶在相同转速下船速比深水域低。

船舶在浅水域中，船速的下降比例，在实用上可利用 Schlichting 的减速图近似求取，如图 3-3-3 所示，图中所列曲线为等比例船速降低率曲线，线上标注数值为降速率的百分数。因此，从深水域以船速 v_s 驶入浅水域时，其船速的表达式为

$$v_{hs} = v_s(1-\alpha) \tag{3-3-1}$$

式中：α 为降速率。

图中，$\sqrt{A_x}/H$ 为船中水线下横剖面积的平方根与水深之比；$v_s^2/(gH)$ 为深水域船速的平方与水深和重力加速度之比。

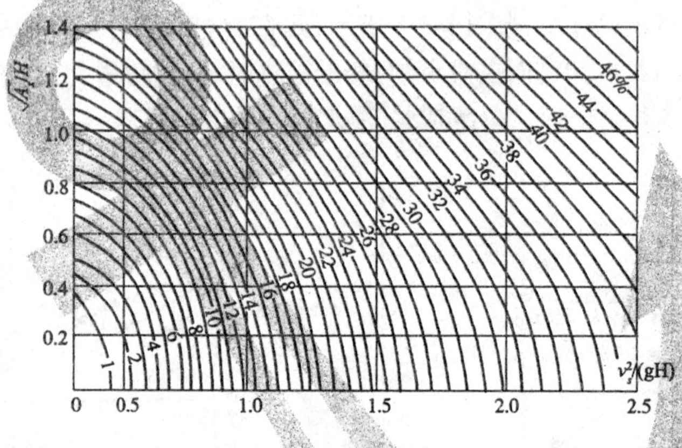

图 3-3-3 浅水中船舶的降速率

(二)浅水对船体下沉和纵倾变化的影响

根据流体力学有关原理可知，如流体不变，则静压与动压相加为一常数。动压增加则静压相应减小。当船舶处于静止状态时，其重量全部由静压(即浮力)所支持，此时动压为零。当船舶运动时，由于船体周围的水流被加速，动压增加静压减小，因而船体下沉，同时由于船首尾的水压力分布发生变化而使纵倾改变。

1. 深水中船体下沉和纵倾变化

在深水域中船体下沉与纵倾变化，主要决定于船型和船速。试验结果表明，肥大型船舶船体下沉和纵倾变化激烈；航速越快，船体下沉和纵倾变化越激烈。

船舶在深水中船体下沉和纵倾变化随船速的关系，可用船速的无因次量傅汝德系数 Fr 来衡量。

$$Fr = \frac{v_s}{\sqrt{gL}} \tag{3-3-2}$$

式中：v_s——船速(m/s)；

L——船长(m)。

(1)当 $Fr \approx 0.06$ 时，开始出现船体下沉现象。

(2)当 $Fr \leqslant 0.3$ 时,船首尾均下沉,并出现首沉大于尾沉的倾向。由于多数商船的速度在该速度范围内,所以静止时若为平吃水状态,在深水域航行时表现为平均吃水增加,并出现首倾。

(3)当 $Fr > 0.3$ 时,船尾下沉增大,可能超过首下沉。静浮时为平吃水状态的船舶将变成尾倾。

(4)当 $Fr > 0.6$ 时,尾倾更大,同时船体逐渐上浮并超过静浮位置并保持尾倾状态,呈滑行于水面的状态。

船舶在深水中船体下沉和纵倾变化随船型的关系,可用肥瘠率($\Delta/0.1L^3$,其中 Δ 为排水体积;L 为船长)来衡量。对于中低速船,而吨位较大、船长较大者,速长比均较小,一般船首和船尾均是下沉的,而且,船首下沉量要大于尾下沉量,所以表现为首倾。肥瘠率越高的船,该首倾及下沉情况更为显著。当然,低速时,这种首倾现象是很小的。

2. 浅水中船体下沉和纵倾变化

浅水中的船体下沉及纵倾的变化,较深水中更为激烈。除与船型、船速有关外,还与水深有关。由于水深较浅时,船体周围的水位下降现象范围更大,还受到水深较浅时产生的孤立波影响,所以船体下沉及纵倾变化与深水中相比有其特点。其变化与船速及水深的关系可用水深傅汝德系数 Fr_h 来表示。

$$Fr_h = \frac{v_s}{\sqrt{gH}} \tag{3-3-3}$$

式中:v_s——船速(m/s);

H——水深(m)。

船速较低时就开始下沉。

$Fr_h < 0.6$ 即 $v_s < 0.6\sqrt{gH}$ 时,首下沉大于尾下沉,静浮时平吃水状态变成首倾。

$Fr_h > 0.6$ 即 $v_s > 0.6\sqrt{gH}$ 时,下沉加剧,尾下沉增大,超过首下沉,原为平吃水状态的船舶将变为尾倾。

$Fr_h = 1$ 即 $v_s = \sqrt{gH}$ 时,船体尾倾最大,阻力最大,船体下沉量加剧。

$Fr_h > 1$ 时,船体以尾倾状态上浮。

图 3-3-4 为浅水和深水域中船体首、尾下沉的比较。由图可知,浅水中船体下沉和纵倾的特点是:

(1)较低船速时就开始出现船体下沉;

(2)随着船速增加,下沉量增加率比深水中大。

(3)船体达到首纵倾最大值及由首倾变为尾倾时所需船速低。

一般商船速度范围内的船舶在浅水中航行时,通常表现为首下沉量大于尾下沉量,即原为平吃水的船舶将变为首倾。但是,如果船舶在浅水中回转,却有可能呈尾倾状态,这是由于一方面旋回中船速下降,首尾下沉量均减小;另一方面由于旋回时转心位置接近船首,因而旋回时船尾切线速度比船首大,即船尾切向水流流速大,水位下降多,导致船尾下沉量增大。

3. 浅水中船体下沉量的估算

船体下沉量大小的估算,可根据模型试验的图表或估算公式进行推定。

学者 Hooft 估算吃水变化率的公式为

$$\tau(\%) = \frac{Fr_h^2}{\sqrt{1 - Fr_h^2}} \cdot \frac{\Delta}{(0.1L_{pp})^3} \times 0.1 \tag{3-3-4}$$

式中：τ 为吃水变化率，即吃水变化量与船长之比；Fr_h 为水深傅汝德系数，即 $v_s/\sqrt{gH}$，g 为重力加速度，H 为水深，单位为 m；Δ 为排水容积，单位为 m^3。

大型油轮在浅水域中航行时船首下沉量与水深/吃水(H/d)、船速的关系，如图 3-3-5 所示。该图为一模型船的船首下沉量试验结果。对于与模型船舶长 300m 不同船长的船舶，可将图示的船首下沉量乘以 $\sqrt{L_i/300}$ 求得(L_i 为各船的船长)。

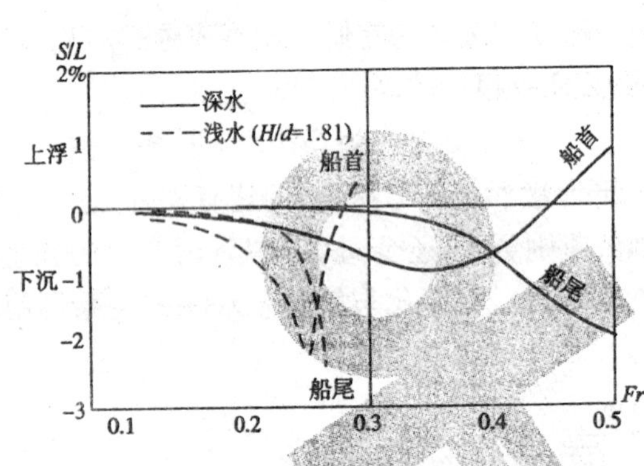

图 3-3-4 浅水与深水中船首尾下沉量的比较

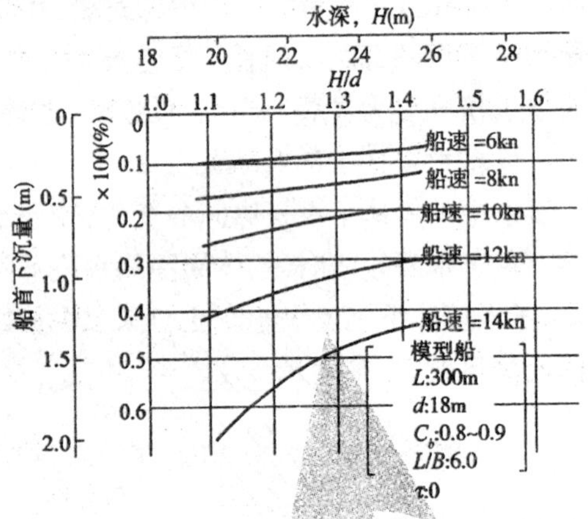

图 3-3-5 某油轮船首下沉量与 v 及 H/d 的关系

此外，美国 Barrass 提出的大型船舶船体下沉量估算的简易公式为

$$S = C_b \cdot \frac{v_s^2}{50} \tag{3-3-5}$$

式中：S 为浅水中船舶重心处的平均下沉量(m)；v_s 为船速(kn)。

由上可见，相对船体下沉量 S/L 在浅水中与水深傅汝德数的平方、方形系数、船舶吃水成正比，而与船舶长宽比 L/B 及水深成反比。

(三)浅水对船舶操纵性的影响

驶于浅水域的船舶，较之深水域其操纵性总的变化趋势是：旋回性变差，航向稳定性变好。

1. 舵力略有下降，舵效下降

浅水中，舵叶周围的水流发生了变化，伴流、涡流增加使舵力下降。另一方面，由于相同转速时浅水中船速下降，增大了螺旋桨的滑失，又提高了舵力。但总的结果，舵力下降实际上并不大。

但在浅水中舵效却明显变差，这是由于浅水中回转阻力大大增加，旋回性指数 K 大大减小，而追随性指数 T 减小的幅度比 K 来得慢，舵效指数 K/T 因而减小的缘故。

2. 旋回性下降，航向稳定性提高

浅水中航行，舵力下降不大，舵力转船力矩下降也不大。船舶旋回阻矩及虚惯矩均有较大增加，其中旋回阻矩的增加幅度更大。从船舶旋回性和追随性指数 K、T 来分析，$K = a/b$，$T = l_C/b$，不难看出，K、T 同时减小。所以，船舶从深水进入浅水中，旋回性变差，而追随性、航向稳定性变好。

图 3-3-6 所示为某大型油轮（DWT 为 27.8 万吨，L_{pp} = 325m，d = 21.79m）在不同水深与吃水之比 H/d 条件下，满舵 35°旋回的试验结果。由图可知，水深变浅，旋回初径增大，纵距也有所增加，但纵距增加率远低于旋回初径增加率，由此可见，浅水中旋回圈各要素并非整体性增加。根据多数试验结果表明，一般认为，H/d = 4 左右时，旋回圈开始受到浅水的影响；当 H/d = 1.25 时，旋回圈约比深水中增大 70% 左右。

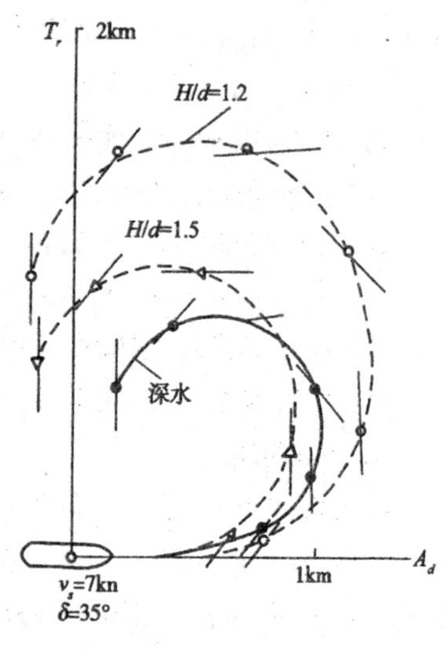

图 3-3-6　某油轮旋回试验记录

进入浅水后，当水深吃水之比 H/d < 4 时，螺旋试验中的不稳定环形区域开始减小；Z 形试验中，惯性也开始减小。这说明水深变浅时航向稳定性和追随性有所改善。但某些大型油轮船模试验结果发现，在中等水深（H/d 为 1.6 ~ 2.6）时船舶会出现航向稳定性反而下降的特殊现象，故往往将这种中等水深称为危险水深，在操船时应予注意。

3. 停船性能影响

船舶驶于浅水域时，由于船体下沉、首倾、兴波增强、二维流增速等原因，船体阻力将有所增加。另外，由于螺旋桨推进效率的降低，使得冲程有一定的减小，缩短了停船距离。特别是刚停车后余速较高的一段时间内，浅水阻力较大的特点将有利于较快降速而减小冲程。当船速降至较低船速时，因为上述作用因素的减弱，减速情况趋缓，所以对减小冲程的作用减弱。

二、岸壁效应及保证船舶操纵安全所必要的航道宽度

（一）岸壁效应

水道宽度受限时，当船舶偏航接近水道岸壁，因船体两舷所受水动力不同，而出现的船舶整体吸向岸壁、船首转向航道中央的现象称为岸壁效应（Bank effect），如图 3-3-7 所示。

水道宽度对操船的影响，根据 Hooft 的研究认为，航道宽度与船长之比 $W/L \leq 2$ 时，出现岸壁效应，这个值可作为窄水域对待；当 $W/L \leq 1$ 时，操纵性受到明显影响。这里所述的水道宽度是指航道的底部宽度。

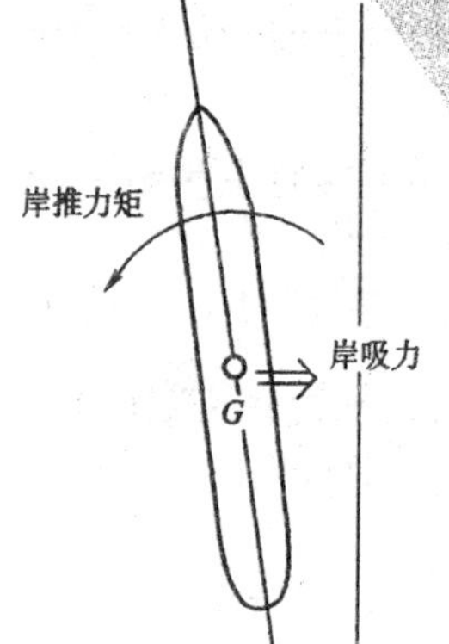

图 3-3-7　岸壁效应

1. 岸推（Repulsion）

如果船舶偏至航道某一侧距离岸壁较近时，航行中船首排开的水分向左右两舷侧，近岸一舷由于岸壁阻挡水流扩散缓慢；同时一部分需从船底流过的水也因水浅而流动不畅。因此在船首近岸舷形成高水位，产生转船力矩推首转向航道中央，这种现象称为岸推。该力矩称岸推力矩，如图 3-3-7 所示。

2. 岸吸（Suction，attraction）

与岸推产生的同时，在船中尾部由于船体靠近岸壁，近岸侧过水断面小，流速增大，压力下降；此外，螺旋桨正车时，把前方的水吸入盘面然后排向后方，使吸入流的一面，即船中尾部两侧，尤其内舷侧形成较

低水位,压力下降。因此,船中尾部近岸舷水流流速快、压力低,船舷两侧构成推船向岸靠拢的压力差。这个横向吸引力称为岸吸力,这种现象称为岸吸,如图3-3-7所示。

3. 岸壁效应的影响因素

模型试验和实船试验表明,岸壁效应与下列因素有关:

(1)岸间距越小,岸壁效应越明显。船岸间距达1.7倍船宽时,便可显出岸壁影响。

(2)水道宽度越窄,岸壁效应越激烈。

(3)航速越高,岸壁效应越激烈。

(4)船型越肥大,岸壁效应越明显。

(5)水深越浅,岸壁效应越激烈。

(二)航道宽度

1. 决定航道宽度所必须考虑的事项

航道宽度是指具有必要水深的(满足操船要求而必须具有的富余水深时)航道海底宽度。选择宽度时应考虑下列因素:通行船舶的尺度、速度及操纵性能;他船的动态与交通流量;浅水效应和岸壁效应;风、浪等外界条件;助航设施状况;为减轻操船者的心理紧张负担而留有一定的富余宽度。

2. 航道宽度的基本构成

1)保向宽度(船舶操纵宽度)

无风流时,保向航行所需的宽度因船舶操纵性的优劣而不同。据研究,以船速5kn通过运河时的模型试验表明:操纵性好的船舶,需宽度$1.6B$(船宽);操纵性一般的船舶,需宽度$1.8B$;操纵性较差的船舶需宽度$2.2B$。

在有风流时,还应考虑风流产生的漂移量;船舶驶经长直的航道时,必须考虑船位误差导致的横向偏位;以及用舵保向时转舵产生的船尾反移量等等。

2)两船间距及船岸间距

并航时船舶间的相互作用力主要决定于航速、船型、水深、间距等。一般情况下,以备车速度(12kn左右)航行的船舶,二船间距至少应取船长左右,船岸间距应保持在船长的一半左右。

Oldenkamp的模拟计算结果,得出了船速和船岸间距的影响关系。如船速为12kn时所需的航道宽度为1倍船长,则船速为16kn时需使航道宽度增加40%。有岸壁效应时船速12kn需增宽60%,16kn时需使航道增宽2倍以上;而当船速降至5kn时,在可行驶的水道中,两船间隔可窄至船宽B左右,距岸间隔取$1.5B$,则操5°压舵角即可保向。

但应注意的是,在浅水域内河中行驶时,考虑到由于浅水效应可能导致转首发生碰撞,航速应降至10kn以下。

3)操船时为减轻紧张心理而增加的宽度

国外对大型船船长所作的调查表明,在较长航道中能缓和操船紧张心理的航道宽度约为4~5倍船长。当然,这个值在设计航道时显得较大,但可作为操船者的心理要求加以考虑。心理上要求的航道宽度因地形、交通、水文气象等航行环境的变化而不同。

3. 港湾航道的宽度

港湾航道的宽度可根据实际需要如航道的长度、会遇频繁程度、船舶的尺度等因素来确定。表3-3-1可作为双向航道确定宽度时参考。

航道的宽度　　表 3-3-1

航　道	船舶交通情况	航道宽度
较长的航道	航道内船舶会遇频繁	$2L$
	非上述交通情况时	$1.5L$
上述情况之外的航道	航道内船舶会遇频繁	$1.5L$
	非上述交通情况	L

注：L 为可通过的最大船舶长度。

三、狭水道中船舶保向操纵

船舶在宽度受限的水域航行时，由于岸壁效应的影响使船产生：先直航运动，然后变为回转运动，再变为横漂运动。为保持船舶在预定的航线上航行，势必需向岸壁侧（即内舷）压舵。航道宽度越窄、航速越快、岸壁效应越明显，保向所需压舵量越大。图 3-3-8 为船舶偏离航道中央线的距离大小与保向压舵角之间的关系。

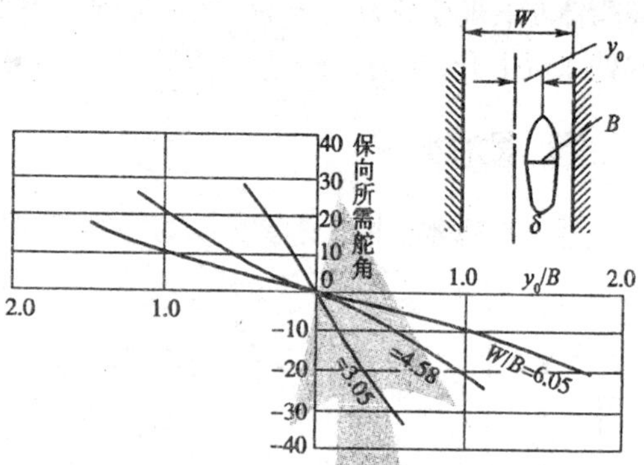

图 3-3-8　偏航距离与保向舵角之间的关系

岸壁效应通常是指船舶偏离航道中央、靠近岸壁航行时所出现的现象。但如果航行于宽度、水深同时受限的水域内，例如运河中航行时即使船舶驶于航道中央，船首也会发生偏转。图 3-3-9为运河航行的模型实验结果。图中 S/A_x 为水道断面面积与船体横断面积之比（也称阻塞比），如果 S/A_x 变小，对应一定的 S/A_x 值存在一难以保向的速度。在图中当 $S/A_x=3.63$ 时，该速度为 7kn 左右。这是由于船速接近孤立波波速（$\sqrt{gH}$）时，保向最困难，船舶需操较大舵角，才能克服产生较大的不稳定转头力矩；当 $S/A_x=9.49$时，为保向所需操舵的舵角平均值，不论船速在 4～12kn 之内如何变化，总是在 $\delta=4°$之内。

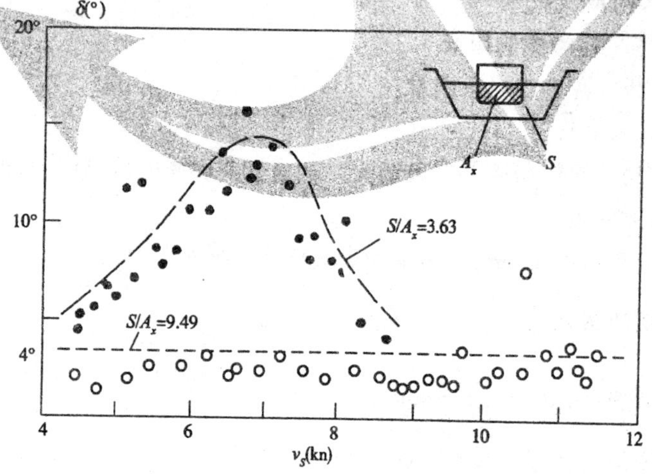

图 3-3-9　狭长水道中的船速与保向舵角

根据巴拿马运河等地引航员的经验,在狭水道航行时,船舶偏离航道中心线而需保持直航时,允许的压舵量为15°舵角,如果超过15°舵角才能保向,则比较危险,应采取减速措施并尽可能增大船岸间距。

日本专家曾就苏伊士运河航行时保向问题进行过研究,得出以下结论:

(1)航道相对宽度和相对水深极小时,保向所需压舵角明显增大。

(2)在狭窄极浅航道中航行时,如 $v_s = \sqrt{gH}$,即船速等于孤立波波速时,保向最困难,船舶需操较大舵角才能克服孤立波产生的不稳定转头力矩。

(3)根据模型试验结果和实船经验,在水道宽度接近船长的浅窄水道内,建议行驶于航道中央的船舶应将其船速降至10kn以下,以便保向。

浅水域中航行时,船体左右舷的航槽形状完全对称的情况不多,一般海底均呈倾斜状态,即使在中心线左右呈完全对称形状的航道或运河中,船舶也不一定就航行在其中心线上。这样船体左右舷水深就不一样,即使船保持直航,浅水舷船首排开的水扩散困难,致使浅水舷船首处水位上升,压力升高,产生推首向深水侧偏转的现象。

四、富余水深

浅水中操船,由于受限水域的影响往往引起操纵困难,横移阻力过分增大,不得不依靠拖船的协助;航行中船体下沉增大,有时会使船底与海底接触而导致船体损伤、主机和推进器故障。因此,在浅水域中为保证船舶安全和航行安全,水深必须满足一定的要求,以适应水域的条件和状况、适应操船的方法和条件,使水深超过实际吃水,并保持一定的安全余量,这个安全余量通常称之为富余水深(Under keel clearance)。如图3-3-10所示,富余水深可由下式求出

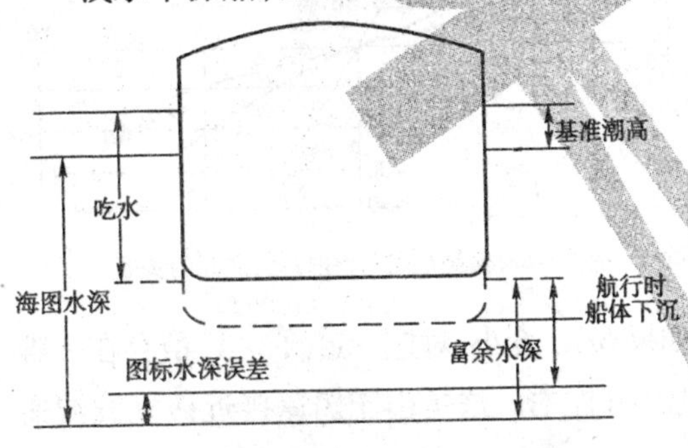

图3-3-10 富余水深示意图

富余水深 = 海图水深 + 当时当地的基准潮高 − 船舶静止时的实际最大吃水

(一)确定富余水深应考虑的因素

在确定富余水深时,应考虑以下因素:

1. 船体下沉和纵倾变化

船舶在浅水域中航进时,船体下沉量增大。在通常商船速度范围内,直航时一般呈现为首倾,故尤应注意船首下沉量。

2. 船舶因波浪引起的摇荡、横摇、纵摇和垂荡使吃水增加

横摇时的吃水增加量 $\Delta d_R = \frac{1}{2}B \cdot \sin\theta_m$

纵摇时的吃水增加量 $\Delta d_P = \frac{1}{2}B \cdot \sin\varphi_m$

垂荡时的吃水增加量 Δd_Z = 垂荡振幅

其中:θ_m 为最大横摇角,φ_m 为最大纵摇角。

3. 海图水深的测量误差

根据国际测深标准，海图的图标水深中含有的测量误差为：

水深范围：20m 以下，允许误差为 0.3m；

水深范围：20～100m，允许误差为 1.0m；

水深范围：100m 以上，允许误差为水深的 10%。

与此同时还应考虑海底碍航物、地形及其变化。

4. 水位的变化量

(1)当时当地的潮高误差。

(2)气压变化引起的水位变化。气压每升高 1hPa，水面下降 1cm。

(3)水的密度变化引起的吃水变化。设船舶由海水(密度为 ρ_1)进入淡水(密度为 ρ_2)，则吃水变化量为

$$\Delta d = d_1 \cdot \frac{C_b}{C_w}\left(\frac{\rho_1}{\rho_2} - 1\right) \tag{3-3-6}$$

式中：d_1——在海水中的吃水；

C_b——方形系数；

C_w——水线面系数。

5. 为安全操纵应考虑的因素

(1)受限水域航行时会产生浅水、岸壁效应等现象，故应留出一定的富余水深，以保证船舶安全航行，克服上述效应，而有效地进行保向、改向或移动的安全操纵。

(2)致主机冷却水入口吸入泥沙。如主机冷却水使用靠近船底的吸入口时，至少需有冷却水吸入口直径 1.5～2 倍的船底富余水深。

(3)海底表层为硬岩时，由于不平坦，触底的危险性就更大，因此所取富余水深应比软泥底时大。根据 Bojtch 的提案，对岩石底质估算为 60cm，砂底估算 30cm 的富余水深是必要的。

(4)在港内操纵时，往往为制动或掉头而用锚，锚的抓底情况因底质不同而异，当底质为泥时，一般都是锚爪向下全部埋入泥土。而在结实的砂底上拖锚时，则往往锚爪未能充分埋入，所以船底下应留有相当于锚头宽度间隙，一般取锚冠凸缘的宽度。

在具体确定富余水深时，应将上述各因素根据具体航行条件加以考虑进行取舍。

(二)确定富余水深的参考实例

(1)欧洲引航协会(EMPA)，对进出阿姆斯特丹、鹿特丹、安特卫普诸港的船舶，建议采用如表 3-3-2 所示的富余水深。

表 3-3-2

水　域	大　型　船	VLCC
外海航道	吃水的 20%	吃水的 15%
港外航道	吃水的 15%	吃水的 10%
港内	吃水的 10%	吃水的 5%

(2)马六甲海峡、新加坡海峡对吃水 15m 上的深吃水船及 DW15 万吨以上的 VLCC 船舶过境时，规定了至少应保持 3.5m 富余水深。

(3)日本濑户内海主要港口的富余水深基准为

$d<9\text{m}$	$5\%d$
$9\text{m}\leqslant d<12\text{m}$	$8\%d$
$d\geqslant 12\text{m}$	$10\%d$

有的港口如水岛港、加古川港则规定富余水深为 $10\%d+50\text{cm}$。

(4)上海引航站规定,通过长江口南水道的船舶,应留 0.6m 的富余水深。

第四节　船间效应

船舶在近距离接近航行,如对驶、追越或驶近系泊船时,船舶两舷的水流对称性遭到破坏,会产生类似岸壁效应的现象,出现互相吸引、排斥、转头、波荡等现象,称为船间效应(Interaction)。

一、船间效应的概念

(一)波荡

处于他船船行波中的船舶,因其处于波的不同位置而受到向前加速和向后减速的作用,这种现象称为波荡(See-sawing)或无索牵引(Wireless towing)。

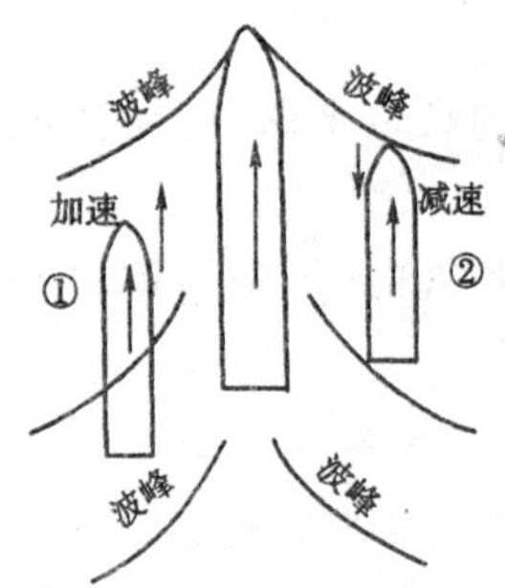

图 3-4-1　波荡现象

如图 3-4-1 所示,两船如平行接近处于追越关系时,就要受到追越船或被追越船所造成的船行波作用,在图中①位置时,处于波峰而受到推动作用,船舶被加速;在图中②位置时,处于波谷而受到波浪的阻遏作用,船舶被减速。这种现象在大型船和速度与之相差不大的小型船之间,当两船较为接近地并航时更易发生。在狭水道内航行时,大型船舶船速越高,兴波越为激烈,小型船吃水越浅,波荡现象就越激烈,对小船的影响就越大。

(二)转头

当船首向与他船散波方向存在夹角时,即船舶斜向与散波遭遇时,伴随波的回转运动,波峰处的船体部分受波的前进方向的作用力,而波谷处的船体部分则受到相反方向的作用力,其结果产生了使船转头的力矩。

这种转头作用,也是当对方船的兴波越激烈时越大,当小型船、吃水浅的船遭受到高速大型船的散波作用时特别显著。

(三)吸引与排斥

航进中的船舶,首尾处水位升高,压力增高从而给靠近航行的他船以排斥作用;而船中部附近水位下降,压力降低,则给靠近的船舶以吸引作用。

以上三种现象有时可能同时出现。

二、追越、对驶过程中两船间的相互作用

(一)追越中两船间的船间效应

关于追越中两船的相互作用力和力矩的变化情况,可用图 3-4-2 所示的 Dand 所作的模型试验结果来说明。在试验中,$H/d=1.3$,试验时将两船相对位置予以相对固定,如图 3-4-2 中

的①～⑤,在各相对位置处 A、B 两船均以 9.1kn 速度前进,测定二船间的相互作用力和力矩。只要将图中不同位置处的结果连接起来,即可再现 A、B 两船在追越局面中不同场合下的两船相互作用。

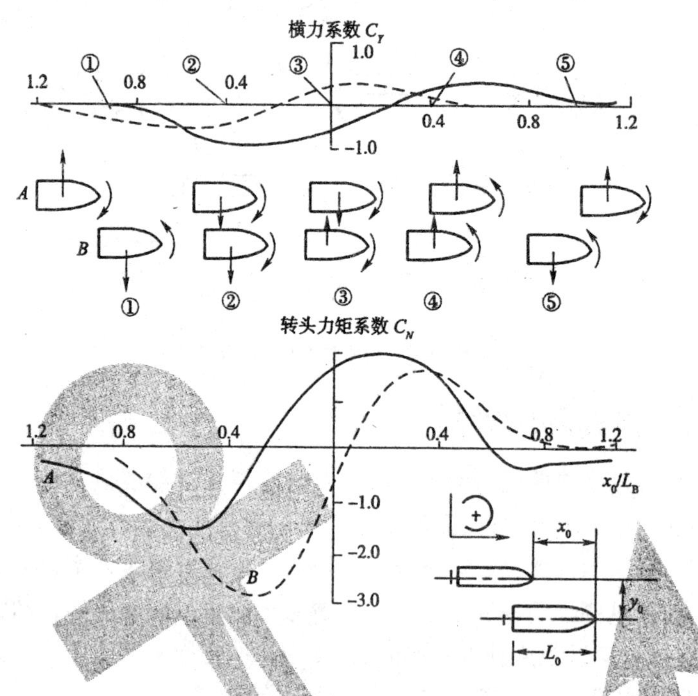

图 3-4-2　追越中船间作用力(矩)系数

从图 3-4-2 的模型试验结果可以得出以下结论:

(1)在 A 船首与 B 船尾平时,即图中的①位置,此时如两船距离较近,前船(B 船)易出现内转,可能挡住后船(A 船)的进路,发生被后船船首触碰的危险。

(2)当两船间的横距低于其中较大船的船长时,如两船相重叠部分为船长的 2/3～3/4 时将出现危险的转头运动,如图中位置②,此时在追越中易出现追越船船首突然内转碰撞被追越船船中或船尾的现象。追越中的碰撞事故的统计分析充分说明了这一点。而位置④,情况则相反,被追越船船首碰撞追越船船中或船尾。

(3)当两船平行时,如图中位置③,两船间横向作用力很大,若并行时间较长,随着两船距离迅速接近而出现追越船船尾擦碰对方船中的危险现象。

在浅窄航道航行时,追越中应特别注意以上几种危险局面。

(二)对驶中两船间的船间效应

两船对驶会船时的相互作用情况,根据船模试验结果,如图 3-4-3 所示。

位置 1:两船船首内侧高压互相排斥,船首各自外转。

位置 2:两船首部各被对方中部的低压所吸引,船首各自内转。

位置 3:两船内侧各为低压,互相吸引。

位置 4:两船尾部个被对方中部的低压所吸引,船首外转。

位置 5:两船的尾部内侧高压相互排斥,船首各自内转。

两船间的这种相互作用力和力矩非常大,但是,在对驶会遇的情况下,这种非常大的力和力矩的出现是短暂的。在其所产生的力发生效果之前，两船已经相互驶过了，使这种力和力矩的作用效果大大减轻。

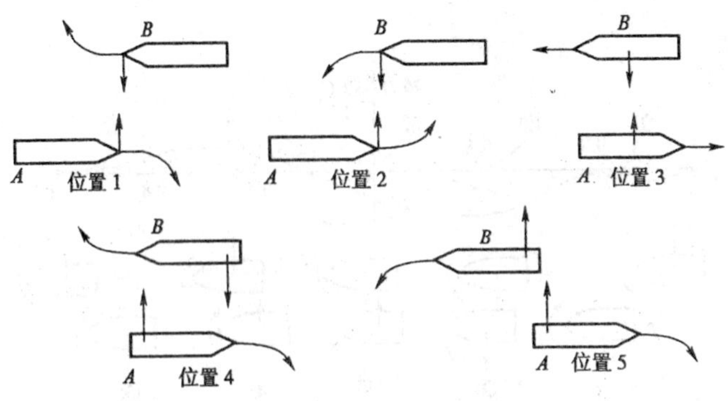

图 3-4-3　两船对驶时船间效应

三、驶过系泊船时的相互作用

当船舶近距离驶过系泊船时，船间的相互作用使得驶过船受到的影响类似于岸壁效应。但除船间作用力和力矩的影响之外，系泊船也会受到驶过船的船行波及其岸壁反射波的影响。这种影响常表现为船舶的首摇、横荡、纵摇，以及横荡、纵荡及垂荡六个自由度的运动。其中对船舶影响最大的则是纵荡。不良后果是可能造成系泊船靠岸舷侧的擦损和断缆等事故。

根据经验，航行船舶近距离驶过系泊船时，系泊船所受影响的大小与下列因素有关：

(1)航行船舶排水量越大，航速越高，系泊船所受影响越大；

(2)水深越浅，船间距离越小，系泊船所受影响越大；

(3)系泊船排水量越小，影响越大；

(4)强风急流将助长这种影响。

四、影响船间效应的因素及其预防措施

(一)影响船间效应的因素

船间效应的大小取决于两船相互作用力、作用时间以及船舶排水量的大小，因此与下列因素有关：

(1)船间距离：两船横距越小，船间作用力越大。船间作用力的大小约与两船间横距的4次方成反比；船间作用力矩约与两船横距的3次方成反比。一般说来，当横距小于两船船长之和时就会产生这种作用，当横距小于两船船长之和的一半时，则相互作用明显增加。两船过渡接近则有碰撞危险。

(2)船速：船速越大，船体周围压力变化越剧烈，兴波也越激烈，船间相互作用也越大。船间作用力和力矩约与船速平方成正比。

(3)作用时间：两船作用时间长，速度差小，相互作用越大。在对驶局面中，两船相对运动速度较高，相互作用力和力矩虽然很大，但作用时间短暂，在其所产生的运动发展起来之前，两船已相互驶过，因而该力的作用效果大为减小；在追越局面中，尤其当两船速度差较小时，持续时间长，相互作用明显。

(4)大小相差较大的两船并航时,较小的船受影响较大。

(5)在浅窄的受限水域中航行时,相互作用比广阔的深水域中明显。

(二)船间效应的预防措施

1. 追越时预防措施

在受限水域近距离追越过程中,应当采取有效措施,减轻船间效应,避免发生碰撞事故。

(1)尽量避免在狭窄湾段或浅滩处追越,应选择平直、通航密度小的允许追越的航段进行追越;

(2)尽量保持足够的横距,深水中快速追越时,两船间应至少保持大船的一倍船长,最好能大于两船船长之和。在港内低速追越时,两船间的横距可以减少到最少保持一倍船宽,但若考虑到操船上的安全,最好能大于大船的一倍船长。

(3)追越前必须用 VHF 或声号征得被追越船的同意后方可追越。

(4)被追越船如同意追越,应尽量让出航道,减速至能维持舵效的速度行驶;追越船应适当加车,尽可能加大两船的间距,以便增大两船间的速度差,减小两船并行的时间;

(5)一旦出现明显的相互作用而有碰撞危险时,则追越船应减速,停车或倒车,并用相应的舵角制止偏转;而被追越船则应适当地加车以增加舵效,抵制偏转,此时被追越船如果减速则可能丧失舵效,反而容易引起碰撞。

2. 对驶时预防措施

对驶会船时,为避免激烈的船间效应而发生碰撞的预防措施是:

(1)应避免在复杂的航段会船;

(2)对驶前应减速缓慢航行,尽量保持两船间的横距大于大船的船长;

(3)待两船船首相平时,切忌用大舵角抑制船首外转,否则将导致船首进入对方船中部低压区加速内转而引起碰撞。正确的措施是适当加车增加舵效,稳定船首向,减少通过的时间,使相互作用迅速消失而安全通过。

3. 驶过系泊船时措施

为了避免对系泊船造成过大影响,航行船舶近距离驶经系泊船时,宜减速行驶,同时尽可能加大与系泊船的横距。

系泊船在有航行船舶驶过时,为了避免受其影响而造成事故,应当采取的措施是:

(1)加强值班,保持系缆受力均匀,避免某根缆绳单独过紧或过松;

(2)必要时对系缆和碰垫做必要的调整,以增加船舶系泊稳定度;

(3)发现有大船快速驶过时,系泊船应对舷梯做出必要调整,停止有关可能受影响的作业,避免发生事故。

思 考 题

1. 试述船舶静止、前进、后退中的风致偏转规律。

2. 理论上船舶在静止中的风致漂移速度与哪些因素有关?实践中一般大型船舶风致漂移速度的经验值是多少?

3. 何谓船舶的风中保向界限?船舶在风中的保向界限与哪些因素有关?

4. 简述风对船舶操纵的影响。

5. 简述流对船舶操纵的影响。

6. 船舶由深水进入浅水会产生哪些浅水效应？其对操船产生的影响是什么？

7. 从船舶操纵的角度如何确定富余水深？确定富余水深时应考虑哪些因素？

8. 近岸航行的船舶会产生哪些岸壁效应？影响岸壁效应的因素有哪些？

9. 简述船舶在追越过程中船间效应及可能发生的危险。

10. 简述船舶在狭窄航道中对驶会船时危险的操纵行动。如何正确地操纵船舶？

11. 系泊船受驶过船兴波的作用会产生哪些运动，其中最危险的是什么运动，双方应如何采取措施？

12. 简述影响船间效应的因素。

第四章 港内操船

港内操船指对船舶进行靠泊、离泊、系离浮筒、掉头和锚泊等的操纵。港内操船时需要合理运用船舶操纵性能和船舶操纵设备及港作拖船，准确把握外界环境对船舶操纵的影响，以便对船舶的航向、航速和船位三要素进行实时控制，保证船舶操纵的安全。

第一节 进出港时操船

一、港内水域概述

港口系指位于江河、湖泊、海岸等水域的沿岸，具有一定设施和条件，可供船舶停泊、货物装卸、物料供应等作业的地方。它的范围包括水域和陆域两部分。水域部分一般设有制动水域、码头前沿水域、回旋掉头水域以及航道、港池、锚地等，陆域部分主要由码头和堆场构成，如图4-1-1所示。港口的水域、气象、水文条件不同，船舶操纵方法也存在很大差异。船舶操纵人员首先要了解航行水域情况，针对其特点，制定相应的操纵方案。

（一）进出港航道

进出港航道是指连接停泊水域和港外水域或沿海水域的可航通道。进出港航道有天然航道和人工疏浚航道之分。其特征参数有航道宽度、航道水深、航道方向以及乘潮水位等等。

1.航道宽度

航道宽度，即航道的有效宽度，是指可供船舶安全航行的宽度。航道宽度是衡量航道水平方向通航最大船型尺度（船长与船宽）的重要标志。从设计角度出发，一般根据船速、航迹带宽度、风流造成的横向漂移量以及必要的安全富余宽度等因素确定航道宽度，根据船舶通航的频繁程度，可将进港航道分为单向航道或双向航道。在航行密度比较小（如在日平均通航艘次≤1）时，从经济上考虑，一般采用单向航道。从船舶操纵角度出发，航道宽度是指船舶航行水域在水平面方向的限制，即受限水域宽度，故船舶在航道内航行要考虑保向宽度、岸壁效应、

船间效应以及是否需要拖船协助等问题。

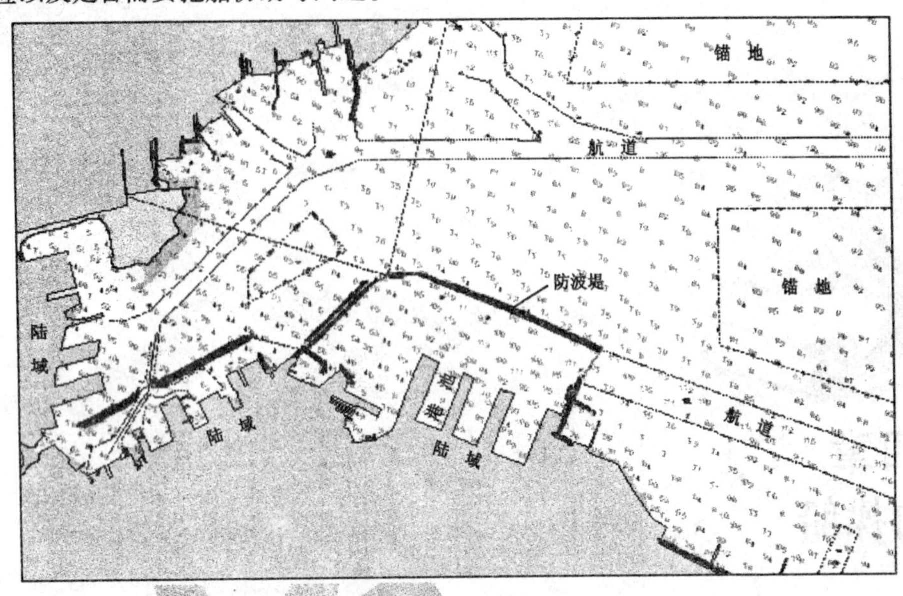

图 4-1-1　港口水域示意图

2. 航道水深

航道水深通常是指理论最低潮面至海底的深度,即海图水深。航道水深是衡量航道垂直方向通航最大船型尺度(吃水)的重要标志。人工疏浚航道工程量巨大,一般考虑船舶乘潮进出港。从设计角度出发,在航道起算水位确定以后,按设计船型满载吃水,考虑龙骨下最小富余深度,并考虑波浪的影响、航行下沉量以及回淤等因素确定航道水深。从船舶操纵角度出发,航道水深是指船舶航行水域在垂直方向的限制,即浅水,故船舶在航道内航行要考虑安全富余水深(UKC)的问题。

3. 航道方向与弯度

航道方向是指航道中线的方位角。航道方向是衡量风、浪、流影响程度的依据。进港航道的布置一般顺着主流向的方向。在往复流的水域,如河口港,一般航道方向与流向基本平行,然而在沿海或有旋转流的水域,航道方向或多或少与流向都有一定的交角,有的甚至为横流,在急流、横风的情况下可能造成船舶难以安全通过航道。

受地形地貌的影响,在整个进港航道长度范围并非一个航道方向,可能存在一个甚至多个转向角。尽管在航道设计时考虑了转向点附近水域宽度的具体要求,但弯曲航道的确增加了实际操船的难度,而且转向角越大,难度越大。特别在通过弯曲河道时,由于弯处流场比较复杂,更要引起足够的重视。转向角较大的水域,中、大型船舶应考虑拖船协助转向。

4. 乘潮水位

吃水较大的船舶,如果某一航段的水深不足于使船舶安全通过航道,则需要在一定的时间内利用一定的潮位,以确保船舶安全通过该航段,这种能使船舶在一定时间内可安全通过航道的潮位称为乘潮水位。考虑乘潮水位设计的航道不能全天候通航。对于需要乘潮进出港的船舶,需要考虑进出港的时机和时间。

(二)连接水域及码头前沿水域

连接进出港航道至码头的水域有掉头水域、码头前沿水域、制动水域等。这些水域的大小

及其与航道之间的关系直接影响船舶操纵的安全性。

1. 掉头水域

掉头水域也称为回旋水域。掉头水域是指船舶在靠离码头、进出港口需要掉头或改变航向时的专用水域。掉头水域的大小与船舶尺度、掉头操纵方式、流向流速及风向风力等因素有关。

掉头水域范围的大小一般决定了船舶掉头操纵方式,掉头水域范围较大时,可以采用自力掉头操纵方式;掉头水域范围有限时,小型船舶可以采用拖锚掉头方式,中、大型船舶需采用拖船协助方式。

2. 船舶制动水域

船舶制动水域是指供船舶靠泊过程中停船操纵的水域。船舶制动水域一般设在进港方向的直线上,有时也可能是曲线。制动距离的大小与船舶尺度、制动操纵方式、流向流速及风向风力等因素有关。

制动距离是船舶靠泊过程中选择船速的依据。船速过高,可能不易停船;船速过低,又可能由于风流的影响而产生较大的漂移。因此,应根据可供制动的距离和水文气象条件选择合适的进港船速。

3. 码头前沿停泊水域

码头前沿水域是指供船舶靠离泊操纵和装卸作业的水域。码头前沿水域一般水流比较稳定,具有足够的水深和宽度,能满足船舶安全靠离泊操纵和装卸作业的要求。按码头布置形式可分为顺岸码头前的水域和突堤码头间的水域。其大小按船舶尺度、靠离码头的方式、水流和强风的影响、转头区布置等因素确定,一般为 $2.0B$(B 为船宽)。

码头前沿水域在任意情况下都具有能保证船舶满载时的安全停泊要求的水深。为此,码头前沿水域的水深通常比航道和掉头水域的水深大。

(三)码头及泊位

船舶最常见的停泊方式之一是码头系泊。码头是港口的主要组成部分。一个码头可以有一个或多个泊位组成。

码头是指供船舶停靠、装卸货物和上下旅客的水工建筑物。码头的种类繁多,分类方法也不尽相同。码头大致有下列几种分类形式:

(1)按照码头的平面布置进行分类,可分为顺岸式、突堤式、墩式等形式。墩式码头又可分为与岸用引桥连接的孤立墩或用联桥连接的连续墩,墩式码头也称为栈桥式码头;突堤码头又分窄突堤(突堤是一个整体结构)和宽突堤(两侧为码头结构,当中用填土构成码头地面);

(2)按结构形式进行分类,可分为重力式、板桩式、高桩式、斜坡式、墩柱式和浮码头等形式;

(3)按用途进行分类,可分为一般件杂货码头、专用码头(渔码头、油码头、煤码头、矿石码头、集装箱码头等)、客运码头、供港内工作船使用的工作船码头以及为修船和造船工作而专设的修船码头、舾装码头等等;

(4)按照码头周围水域是否有掩护进行分类,可分为有掩护码头和开敞码头两种形式。有掩护码头又分为具有天然掩护和人工掩护两种。例如,在挖入式或回填式港池内所建码头属于人工掩护码头。多数 VLCC 码头属于外海开敞式码头。

尽管码头形式有所差异，水域环境和自然环境有所不同，但进出港、靠离泊操纵的方式并没有本质上的差别。有掩护码头与开敞式码头比较，由于受风、流、浪的影响不同，故船舶操纵差别比较大。

(四)锚地及港湾

船舶停泊方式除了码头系泊之外，另一种重要的停泊方式是锚地停泊。最普通的锚地停泊方式是锚泊，此外，还有系浮筒停泊方式。

1. 锚地与港湾

锚地与港湾是专供船舶(船队)在水上停泊及进行各种作业的水域。如装卸锚地、停泊锚地、避风锚地、引航锚地及检疫锚地等。装卸锚地为船舶在水上过驳的作业锚地；停泊锚地包括到离港锚地、供船舶等待靠码头、候潮和编解队(河港)等用的锚地。避风锚地指供船舶躲避风浪时的锚地，小船避风须有良好的掩护。检疫锚地为外籍船舶到港后进行卫生检疫的锚地，有时也和引航、签证等共用。

港湾具有天然掩护的自然港湾(有时也辅以人工措施)，可供船舶停泊或临时避风的水域。避风港是供船舶在航行途中，或海上作业过程中躲避风浪的港口，一般是指为小型船、渔船和各种海上作业船设置的临时锚地。

2. 锚地及港湾停泊方式

1)单浮筒系泊

单浮筒系泊是船舶在锚地或港湾常用的停泊方式之一。一般从船首用缆或锚链直接将船舶系在系船浮上。这种方式系泊操纵方便，船舶能随流向和风向改变方向，缆绳或锚链受力较小；所需水域面积较抛锚停泊要小。其缺点是占用水域面积较大。对于VLCC，海上单点系泊(single point mooring, SPM)就是典型的“单浮筒系泊”方式。

2)双浮筒系泊

双浮筒系泊是从船舶首尾分别用缆绳系于浮筒上。这种系浮方式适用于锚地或港湾较为狭窄的水域，在河道中常用。双浮筒系泊的最大优点是占用的水域面积较小，但其缆绳受力较大，故一般首尾都布置多根系缆。

锚泊和浮筒系泊两者的船舶操纵过程较为类似，最大的区别在于浮筒系泊基本没有选择的余地。浮筒系泊具有操纵复杂，机动性差、稳定性较好等特点，故浮筒系泊适合于停泊时间较长的情况，如海上装卸作业、船舶修理等。

3)锚泊

锚泊是指船舶抛锚的停泊方式，是船舶最常用的停泊方式之一。在水域较为宽阔，水深、底质适宜抛锚，避风条件较好的情况下宜采用单锚泊停泊方式。反之，在单锚泊抓力不足或水域宽度有限的情况下宜采用双锚泊停泊方式。双锚泊又分为八字锚泊、一字锚泊和平行(一点)锚泊三种方式，其占用水域和操纵的复杂程度各不相同。

4)组合停泊方式

为了节省建设码头的费用或在受限水域增加船舶的系泊稳定性，有些港口采用组合停泊方式。所谓组合停泊方式是指船首用单锚或双锚进行锚泊，船尾用系缆将船舶系在浮筒或码头上的停泊方式，其操纵过程较为复杂，既有锚泊操纵又有系泊操纵。

二、进出港时船速的控制

进出港操纵是船舶从航行状态转为停泊状态或由停泊状态转为航行状态的必经阶段。这一阶段,由于船速的降低,控制航向的能力变差,航行水域的宽度和深度受限,通航密度增大,更增加了船舶搁浅、碰撞的可能性。航速过快会增大船舶的下沉量和惯性冲程,航速过慢会增大船舶的风流致漂移和航迹带宽度。因此,要根据船舶操纵性能、通航情况、航行水域的水文气象和地理环境对进出港船速进行掌控。

(一)船舶进港减速运动控制过程

船舶进港过程为减速操纵,船舵控制航向的能力随着船速的降低而减弱。为了保证船舶操纵的安全,在仅靠船舵控制航向的情况下,船舶抵达停泊位置时应具有一定的舵效。

1. 船舶进港过程

船舶进港过程中,一般采用主机转速逐级递减方式进行减速操纵。具体船速递减方式取决于船舶情况、航行环境以及操船人员等因素,即根据船舶种类及载重状态、减速性能、进港水域、水文气象等情况分阶段进行减速。根据操舵对航向的控制能力,将船速递减过程分为四个阶段,即高速阶段、中速阶段、低速阶段和制动阶段。

2. 备车与减速

船舶由沿海水域驶入港口水域并向停泊位置接近过程中,由于港内航行需要频繁改变船速,因此,首先要进行备车。处于备车航行状态时,船舶是否降速取决于船舶距停泊位置的距离、船舶吨位、操纵性、通航环境以及船型种类等因素。对于中、小型船舶,通常距离停泊位置约 10 ~ 15n mile 时或提前 1 小时进行备车;如操船环境较好时进港备车时机应至少在至锚地前剩余航程 5n mile 以上时,并采用“港内全速”航行;大型船舶,特别是 VLCC,备车距离还要增大,一般在 15n mile 以上。大型集装箱船,由于其操纵性能较好,一般在至锚地剩余航程 5n mile 左右时或提前 0.5 小时进行备车;若交通条件复杂,通常在至锚地剩余航程 10n mile 或提前 1 小时备车,并采用“港内半速”航行。

3. 高速阶段

距离停泊位置为 10 ~ 15n mile(狭水道或航道航行可能更远)时,船舶一般位于外港航道或港口界限之外,船速为 10kn 以上(港内全速)。对于一般运输船舶,这一船速范围在港内航行属于“高速”,故称为高速阶段。在高速阶段,由于船速相对较高,受风、流的影响较小,船舶对操舵的反应较为灵敏,故其航向可由操舵进行有效控制,不需要拖船协助,则船舶操纵风险较小。

4. 中速阶段

距离停泊位置为 3 ~ 10n mile 时,船舶一般位于港口航道之内,船速约为 6 ~ 10kn(半速或慢速),对于一般运输船舶,这一船速范围在港内航行属于“中速”,故称为“中速阶段”。在中速阶段,尽管舵效有所下降,风、流造成的影响比“高速”时有所增大,但船舶航向基本还是可由操舵进行控制,基本不需要拖船协助。在受限水域,可能需要拖船系在大船的舷侧或船尾,以协助船舶保向。这时船舶操纵风险较“高速”时有所增大。

5. 低速阶段

距离停泊位置为 1 ~ 3n mile 时,船舶位于内港或航道内,船速一般约为 4 ~ 6kn(微速或停

车),对于一般运输船舶,这一船速范围在港内航行属于“低速”,故称为“低速阶段”。在低速阶段,风、流造成的影响比“中速”时进一步增强,舵效下降非常明显,特别是船速降至失去舵效的临界点时,停车之后,船舶很快失去舵效,操舵不足以控制船舶航向,船舶操纵风险也相应增大,则需要用侧推器(如果有)或用拖船协助船舶保持正确的位置和航向。一般以低速阶段作为使用侧推器的最早时机。

6. 制动阶段

距离停泊位置3~5倍船长时,船舶位于进港航道端部和泊位前沿之间的过渡水域,船速一般约为3~4kn。因为在这一位置范围需要进行制动操纵,故称为“制动阶段”。在制动阶段,由于需要进行倒车制动,舵完全失去对航向的控制能力,故需要使用侧推器(如果有)或拖船全面控制船舶的运动,船舶吨位越大制动所需的距离也随之增大。

船舶进港过程中,不同运动阶段,控制船舶运动的手段各不相同。随着船速的降低,舵的控制能力逐渐减弱,同时,风、流等外界影响逐渐增强,对侧推器或拖船的依赖程度逐渐增加。在各阶段中,制动阶段对拖船的依赖程度最强,则依此来选择所需最大拖船功率和数量,从船舶操纵意义上讲,高速、中速和低速三个阶段由于需要保持一定的船速使船舶安全进港,故属于“航行控制”阶段,而制动阶段由于需要进行减速、停船使船舶安全系泊,故属于“系泊控制”阶段。

7. 减速过程中的航向控制

进港操船中,随着船速逐步降低,舵的控向能力将会变得越来越差,此时需要侧推器或拖船协助控向。根据实践经验,需要注意的是不同的控向手段,需要有相应的船舶速度域,以达到有效地控制船舶航向的目的。

一般说来,操船者应当知道下列数据:

(1)自动舵可有效控制航向的速度范围为8kn以上;

(2)万吨级船舶手操舵有舵效的最低速度约为2kn,而大型船舶约为3kn;

(3)侧推器发挥作用的速度范围为4kn以下;

(4)港作拖船发挥作用的速度范围为4~6kn以下。

船舶在减速过程中的航向控制问题,在实际操船中并不完全像上述四条那样单一。各种控向手段可实施控制的有效速度域经常随船舶种类、船型、载态、外界环境条件的不同而不同。因此,需依据具体船舶及其所处的具体环境对船速加以订正。

(二)船舶出港加速运动控制过程

船舶出港过程为逐级加速操纵过程,舵控制航向的能力随着船速的提高而增强。比较而言,船舶出港操纵较船舶进港操纵容易。

船舶出港航行于港口水域时,应根据船舶状况、外界水文气象环境、航道及交通流情况决定行驶航速,一般航行速度以不超过6~8kn为宜。

三、接、送引航员时的操船方法

为维护港口秩序和保障船舶安全,一般港口都对进出港船舶实行强制引航制度。因此,船舶进出港过程中,安全接送引航员成为船长的主要责任之一。目前,因港口环境和情况不同,接送引航员的交通工具有两种:一种是引航船或拖船;另一种是直升机。

(一)引航员登离船装置的要求

引航员登离船装置是影响引航员登轮安全的因素之一。根据1994年1月24生效的1991年修正案,1974年SOLAS公约第V章(航行安全)第17条"引航员登离船装置"规定要点如下(图4-1-2):

(1)引航员登离船装置的安装应由负责驾驶员进行监督,并对安装和操作设备的人员就安全操作程序进行指导;

(2)负责驾驶员应携带与驾驶台进行通信的装置,并护送引航员经由安全通道前往和离开驾驶台。

(3)从海平面至船舶入口位置的垂直距离超过9m的船舶,应将舷梯或机械式引航员升降机与引航员梯组成组合梯供引航员登船或离船。

(4)舷梯的低位平台应保持水平,其上架设的引航员梯最少应保持2m的垂直长度;舷梯的倾斜角度向后最大不超过55°;

(5)在转送人员时,应备有立即可供使用的两根扶手绳,直径不应小于28mm,带有自亮灯的救生圈、撇缆。

(6)应配备适当照明,照亮舷外的登离船装置、甲板上人员登船和离船的位置。

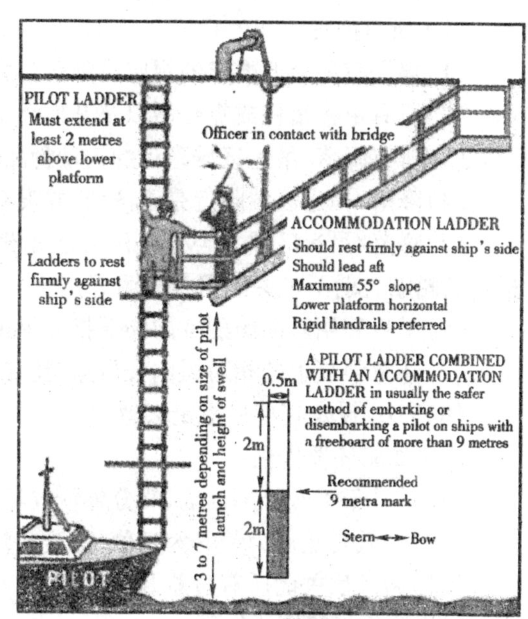

图4-1-2 引航员梯及舷梯

(二)引航员登离船时船舶操纵要点

引航员登离船时船舶的运动状态也是影响引航员安全的因素之一。船舶在锚地接送引航员无需讨论船舶动态问题,比较而言,航行中接送引航员的风险较大,而且由于引航员登离船水域往往通航密度较大,更要引起足够重视。引航员登船前,除了要做好以上装置的安放和检查外,还要较精确控制船舶,其操纵要点如下:

(1)调整进港船速,准确预报和控制抵达引航员登船点的时间。过早或过晚都不利于船舶安全,尤其是过早抵达引航地点而引航员还未抵达,因水域狭窄,往往会造成被动局面。

(2)根据引航员的要求,调整航向,通常将引航员梯或舷梯放在下风舷侧,以利用船体的遮蔽作用减小下风舷侧的风浪。在引航员上下船时,应保持航向和航速。

(3)降低船速,以适应引航船或拖船的并靠,但有强横流影响时,船速不宜过低,以免漂移过大而造成搁浅,一般以保持舵效的船速为准。

(4)能见度不良时,本船位置不易被引航船识别,必要时开启雷达为引航船导航并鸣放合适的声号供引航船识别。

(5)引航船附近往来船舶交通密集,应加强瞭望,注意及时用VHF与VTS和他船取得联系并及时避让。

(三)直升机接送引航员船舶操纵要点

随着航运业的发展,直升机在接送引航员和海上救助方面应用越来越多。特别是大型船

舶,往往引航员等船地点距离港口较远,引航船受风浪影响较大,采用直升机接送引航员的做法更为普遍。直升机具有方便、快捷等优点,但直升机在转运人员过程中也存在较大风险,由于操作不当造成机毁人亡的事故时有发生。究其原因,除了直升机驾驶员方面的因素以外,船上人员的操作失误也是事故原因之一。因此,船舶操纵人员有必要掌握直升机海上转运人员期间的船舶操纵知识,以利于安全。

1. 直升机抵达前的安全检查

对于所有船舶:

(1)根据有关最低要求的规定将降落区域报告交管中心(VTS)。

(2)所有甲板吊杆或克令吊以及其他活动设备是否落下并固定。

(3)所有降落/吊运区域附近的松动物品是否移开或系固。

(4)降落/吊运区域附近是否清洁,并没有残留货物和冰凌。

(5)降落/吊运区域是否处在日出至日没期间,或在能见度不良时有否足够的照明(直升机飞离船舶之前不可关闭甲板照明灯)。

(6)甲板照明灯的照射方向向下指向甲板,以免直接指向直升机驾驶员。

(7)注意甲板上的相对风向和风速,挂妥船旗或三角旗。

(8)VHF 设定在港口指定频道。

对于油船还要做到:

(9)不早于直升机降落前 30 分钟释放货舱压力(若没有配备惰性气体系统)。

(10)降低货舱压力使其为正值(若配备惰性气体系统)。

(11)通风后关闭所有货舱开口。

对于液化气船还要做到:

(12)采取所有防范水蒸气泄漏到甲板的措施。

对于散货/液货混装船还要做到:

(13)停止所有舱面通风,并落下舱口压条(干散货)。

消防措施:

(14)根据有关要求,在降落/吊运区域预先设置消防设备。

船员注意事项:

(15)指定协助直升机降落/吊运的船员,并在操作前在下列方面给予指令:

- 降落/吊运区域的位置(如果船上没有固定的场所);
- 在直升机降落之前和降落期间尽可能处于离开降落/吊运区域的安全位置;
- 任何时候都应远离降落/吊运区域;
- 在吊运期间,不要接触吊索。

(16)指定协助直升机接送引航员的船员需携带手提 VHF 对讲器。

(17)指令所有不参与操作的船员远离露天甲板。

(18)指令所有船员不得使用闪光灯照相机,以免影响直升机驾驶员的视线。

如果在驾驶台两翼吊运:

(19)去除驾驶台两翼的遮阳罩。

(20)所有雷达天线停止运转。

上述所有项目检查完之后,船长应确认:

(21)甲板消防组到位并做好操作准备。

(22)船长上驾驶台,并确认安全检查的所有项目是否做到。

(23)船长通知有关方面船舶准备就绪,必要时通知 VTS。

2. 船舶横摇和纵摇角

船舶的过度运动可能造成直升机滑出甲板上的降落区域。因此,在直升机降落甲板期间,一般要求船舶的运动状态最低达到下列要求:

横摇角左、右各不超过2.5°,即横摇幅度不超过5°;

纵摇角前、后各不超过2°,即纵摇幅度不超过4°。

为了减轻船舶的摇摆幅度,往往直升机驾驶员会要求船长调整航向和船速。

3. 船舶航向和船速

直升机降落甲板期间,一般要求船舶保持航向和船速。有时直升机驾驶员和引航员之间进行协商确定具体的航向和船速。一般情况下,要求船舶风舷角不大于30°,并避免航向的突然变化。

第二节 港内掉头

船舶在港内常常需要将航向掉转较大的角度(一般为180°),这种操纵称为掉头操纵。例如,顺流进港的船舶需要掉头进行顶流靠泊、出港航道位于停泊船的船尾方向以及特殊靠泊舷侧要求等等,都需要进行掉头操纵。一般在指定的"掉头水域"进行掉头操纵。

一、掉头所需水域的估算

船舶掉头所需水域的大小,因所采用掉头方式的不同而异,掉头方式可分自力掉头和拖船协助掉头两种。

(一)自力掉头

自力掉头是指依靠船舶本身的控制设备产生的力矩使船舶回转的掉头方式。按照所用设备的不同,自力掉头又分为操舵旋回掉头和顺流拖锚掉头两种方式。港内自力掉头通常采用顺流拖锚掉头方式。

操舵旋回掉头时先使船舶降速,而后需要主机进车增加舵力,则所需水域范围较大,一般不小于$3L$(L为船舶总长)。如果船舶装有侧推器,则使用侧推器进行掉头可减小所需水域范围,但无论如何不得小于$2L$。单桨船利用锚和风、流有利影响掉头所需水域应为$2L$。值得注意的是,在低速情况下,操舵控制航向的能力有限,同时,锚链负荷和锚的抓力也是有限的,故自力掉头方式仅适用于小型船舶在气象条件较好、水域较为宽阔的情况。

(二)拖船协助掉头

拖船协助掉头是指船舶借助拖船的拖力或推力产生的回转力矩使船舶掉转的操纵方式。这种掉头方式应用最为普遍。一般根据船舶排水量和水文气象条件,选择单拖船、双拖船或多艘拖船协助掉头操纵,例如,小型船舶进出港需要掉头时,在气象条件比较恶劣的情况下,可采用单拖船协助掉头。中型船舶一般使用两艘拖船拖船协助掉头,所需掉头水域至少为1.5L。大型船舶,特别是VLCC船舶,一般使用3~4艘拖船,拖船协助掉头所需水域范围一般不小于2L。

二、顺流拖锚掉头

在气象条件较好,流速1~1.5kn时,小型船舶需要顺流掉头时,可采用顺流拖锚掉头方式,拖锚掉头操纵示意如图4-2-1所示。

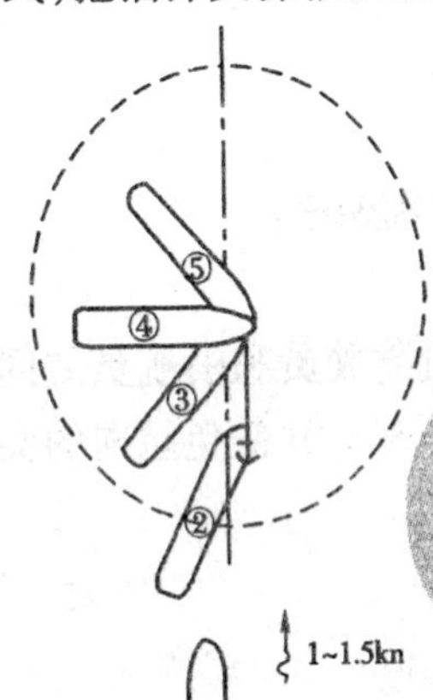

图4-2-1 拖锚掉头操纵示意图

(一)掉头方向的确定

(1)一般右旋FPP单桨船宜采用向右掉头,以便必要时倒车借助沉深横向力和排出流横向力加速船舶右转;

(2)当遇到4~5级以上的横风时,为争取上风位置,减少风致漂移,宜采取迎风掉头,特别是空船更应如此;

(3)在弯曲水道处,因凸岸侧水浅流缓,而凹岸侧水深流急,为了借助首尾的流压差加快船舶回转速度,缩短掉头时间,应向凸岸侧掉头。

(二)接近掉头水域的操纵

船舶接近掉头水域过程中,根据本船的停车冲程,适时停车淌航,必要时进行倒车减速。抵达掉头水域之前约2L时,船位应摆在掉头区中心线稍偏左的位置(或航道左侧1/3处),船速控制在2~3kn,操右满舵,使船首向右转动,见图4-2-1中的位置①。

(三)抛锚位置及出链长度

顺流抛锚掉头的抛锚位置应为掉头水域的上游。抵达掉头区抛锚位置时,使船舶对水速度减至0,航向角与流向成20°~30°交角,见图4-2-1中的位置②,抛下右锚,并一次送出所需链长,然后将制动刹牢。

一般出链长度2.5~3倍水深。如抛锚后发现船舶冲速过大,拖锚淌航速度过快,应当倒车必要时加抛左锚,出链长度1节入水,或者申请拖船在左船首顶推助操。切记不要抛出过多锚链,以防导致断链和丢锚。

(四)船舶转动过程的控制

船舶在锚链力矩和水动力矩的作用下开始向右转动,见图4-2-1中的位置③,随着船舶的转动,水动力矩逐渐增大,一般当船首转过70°左右后,由于流压和锚链的张力的作用,船身易出现后缩现象,应注意船舶首尾的距岸距离和周围情况,必要时进车加以抑制。当转向至横向受流(见图4-2-1中的位置④)时,水动力、锚链受力和转向角速度都达到最大值。这时,可根据当时船舶运动和锚链受力情况,运用车舵抑止船舶运动和缓解锚链受力。

(五)进车、起锚时的姿态

船舶航向掉转90°之后,水动力矩逐渐减小,转向角速度也随之降低,当转向角约为150°时(图4-2-1中的位置⑤),可进车,操右舵协助右转。当转向角约为180°时,可进行起锚操纵。如加抛了另一只锚,应先绞后抛的锚,以免双锚发生绞缠。

三、拖船协助掉头

大型船舶港内掉头或小型船舶狭窄水域顶流掉头时，需要借助拖船进行。利用拖船协助掉头可分为单艘拖船协助和多艘拖船协助，多艘拖船协助时，将拖船分别布置在远离掉头船舶船中的首尾部位，根据掉头方向的需要，首尾一端的拖船顶推，另一端的拖船拖曳，从而完成掉头操纵，多拖船协助时因船舶横移较小，掉头占用水域较单拖船协助时小。在此重点叙述单艘拖船协助掉头的方法。

（一）单拖船协助掉头的配置

在无流的水域，单拖船协助掉头时，拖船的协助方式及其作用点的位置取决于周围障碍物的情况。为了避免掉头过程中船舶接近障碍物，拖船的作用方向应为障碍物所处位置的相反方向。

在有流的水域，单拖船协助掉头时，拖船的协助方式及其作用点的位置取决于流向。为了减小船舶向下游漂移，顶流掉头时，宜采用拖船在船尾部顶推（推尾）或在船尾吊拖（拖尾）的协助方式；顺流掉头时，宜采用拖船在船首部顶推（推首）或在船首吊拖（拖首）的协助方式；横流掉头时，由于需要选择向上游的掉头方式，则宜采用拖船拖首或推首的协助方式。

由于吊拖的拖缆可以带在船首最前端或船尾最后端，从而可以获得最大转船力矩；同时，吊拖还可以改变拖力的作用方向，则可利用拖缆沿船舶纵向的分力控制掉头过程中的船舶前进和后退。而顶推力的作用点只能位于船首稍后某一可以顶推的部位，且基本不能改变推力的方向。因此，采用单拖船吊拖方式协助掉头比顶推方式协助掉头的效果好。

（二）顶流单拖船协助掉头

为了便于控制船速，缩短掉头水域，一般情况下流速不宜超过 1kn；最好在平流时抵达掉头区，争取掉头在流速较缓时进行。作为右旋 FPP 单桨船，为了利用掉头过程中可能的倒车操纵产生的横向力，最好选择向右掉头。

顶流的情况下单拖船协助掉头时，可采用推尾方式（图 4-2-2a）或拖尾方式（图 4-2-2b）。下面以顶流情况下单拖船推尾向右掉头为例，简要介绍其操纵步骤及要领（单拖船拖尾掉头与顺流拖首掉头操纵要领相似，参见下面的有关内容）：

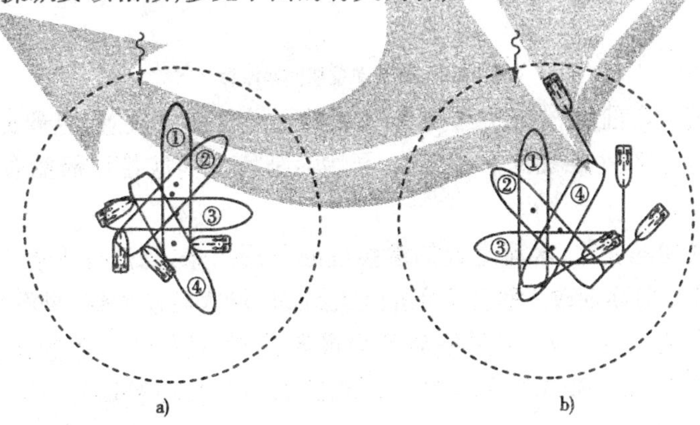

图 4-2-2　顶流单拖船协助掉头

（1）拖船顶推之前，船舶对地的速度为 0，为此，往往需要低速进车，使船舶对水的速度为

流速。船位应位于掉头水域的上游偏右的位置,见图中的位置①。

(2)船尾拖船开始顶推,随着船舶航向的变化,水流造成的漂移逐渐显现出来,当航向变化约30°~40°时,适时停车,防止船舶前冲,见图中的位置②。

(3)随着转动角速度的增大,船舶逐渐转为横向受流,见图中的位置③。应加大拖船推力,迅速转过横流状态,以免造成过大的漂移。横流时,一旦发现船舶前冲或后退,应及时倒车或进车予以纠正。

(4)船舶转过横向受流之后,应适当减小拖船推力,进而减小转动角速度。当船首向变化约150°时,拖船停止顶推,依靠转动惯性转过剩余角度,见图中的位置④。这时若转动角速度仍然很大,则需及时慢速进车、操左满舵,以减小转动角速度,直至船舶稳定在出港航行的新航向上。

(三)顺流单拖船协助掉头

为了便于控制船速,缩短掉头水域,一般情况下流速不宜超过1kn;最好在平流时抵达掉头区,争取掉头在流速较缓时进行。作为右旋FPP单桨船,为了利用掉头过程中可能的倒车操纵产生的横向力,最好选择向右掉头。

顺流情况下单拖船协助掉头时,可采用推首方式(图4-2-3a)或拖首方式(图4-2-3b)。下面以顺流情况下单拖拖首向右掉头为例,简要介绍其操纵步骤及要领(单拖船顶流推尾掉头与推首掉头操纵要领相似,参见上面的有关内容):

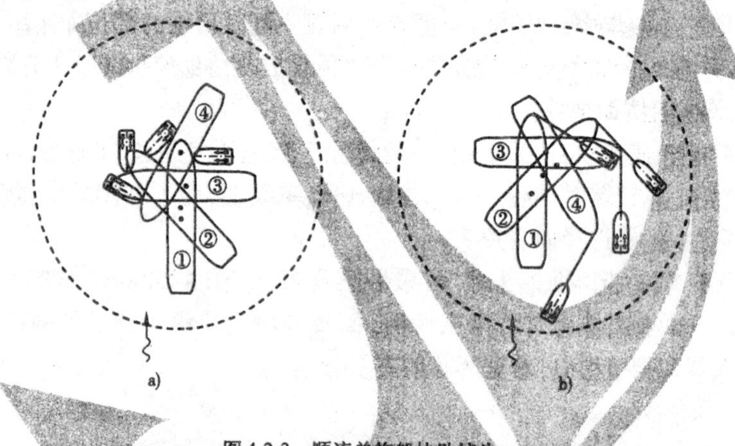

图4-2-3 顺流单拖船协助掉头

(1)拖船发出拖力之前,船位应位于掉头水域的上游偏左的位置,且船速为0。船首拖船开始的发出拖力。为了减小船舶向下游漂移,开始时拖缆方向应指向船舶右后方。见图中的位置①。

(2)随着船舶航向的变化,水流造成的漂移逐渐显现出来,当航向变化30°~40°时,为防止船舶后退,将拖缆方向逐渐改为垂直于船舶首尾线,以增大转船力矩,见图中的位置②。

(3)随着转动角速度的增大,船舶逐渐转为横向受流,见图中的位置③。应加大拖船拖力,迅速转过横流状态,以免造成过大的漂移。横流时,一旦发现船舶前冲或后退,应及时倒车或进车予以纠正。

(4)船舶转过横向受流之后,拖缆方向应逐渐向船舶右前方过渡,这样不但可以减小转动角速度,而且可以借助拖缆向前的拖力来减小下游漂移。当船首向变化约150°时,拖船停车,依靠转动惯性转过剩余角度，见图中的位置④。这时若转动角速度仍然很大，则需及时进车、操左满舵，以减小转动角速度，直至船舶稳定在新航向上。

第三节 靠、离泊操纵

船舶靠离泊操纵时，由于低速行驶，船舶受风流影响较大，且泊位附近可供操纵水域十分有限，给船舶的安全操纵带来挑战，对操船者在技术知识和实践经验上有更高的要求。因此，操船者应结合当事船舶的操纵性能，正确运用车、舵、锚、缆、侧推器和拖船，克服风、流、浅水和受限水域的影响，以便安全、顺畅地完成靠离泊操纵。

一、靠离泊方式的选择

按照是否需要外力协助来区分，靠离泊方式分为自力靠离泊和拖船协助靠离泊两种方式。靠离泊方式不同，操纵方法也不相同，故在靠离泊之前应根据船舶排水量、当时的操船环境以及操船者本身的具体情况来选择靠离泊方式。

（一）自力靠离泊方式

自力靠离泊指凭借船舶自身的控制设备进行靠离泊的操纵方式。船舶自身的控制设备主要包括推进器和舵，最常见的是单车、单舵船。而舵控制船舶的能力受多种因素的影响，特别是在靠离泊过程中的低速情况下，舵几乎完全失去作用。因此，传统意义上的自力靠离泊方式一般仅适用于小型船舶（万吨级以下船舶），且仅限于在气象条件不太恶劣、水文条件不太复杂的情况下进行操作。

随着船舶控制技术的发展，船舶自身的控制设备也在不断完善，船舶自力靠离泊能力逐渐增强。例如，现代化集装箱船的侧推器大大减小了对拖船的依赖程度。双车船自身的控制能力要高于单车船。因此，在气象条件不是很恶劣的情况下，有些装有侧推器的大中型船舶也采用自力靠离泊方式。

（二）拖船协助靠离泊方式

由于船舶行进速度越低，船舶失控的概率越大，且船舶吨位越大，操纵风险也就越大。因此，一般情况下，中、大型船舶均采用拖船协助靠离泊方式。实际上，为了降低靠离泊操纵风险，万吨级船舶有时也采用拖船协助靠离泊方式。

拖船协助靠离泊时，所用拖船总功率及数量根据船舶排水量、环境条件以及船舶的操纵性能等因素确定，并留有一定的富余量。

二、靠泊操纵的准备工作

船舶进港靠泊之前，应做好充分的准备工作，包括了解港口水域环境、水文气象条件以及本船的操纵性能等方面的信息；制定周密的靠泊操纵计划等。

（一）了解有关信息

掌握相关信息是制定靠离泊计划的前提条件。进港靠泊有关信息包括港口水域信息（航道、泊位、掉头水域等）、水文气象信息（风、浪、流、潮汐等）以及船舶信息（操纵性、载重状态、排水量）等。

1. 港口水域

进出港航道信息包括三方面内容。一是航道平面布置,如有效宽度、航道长度、实际水深、航道方向、航道弯势等;二是通航管理规定,诸如分道通航制、港内限速、VHF 的使用等。三是导航设施,诸如航标、导标的配布等。掉头水域信息主要包括掉头水域直径、水深及其位置等。

码头泊位信息包括两方面的内容。第一是泊位附近可航水域,诸如航道与码头附近的连接水域有无转角、掉头水域范围及位置、码头前沿停泊水域宽度等。第二是泊位平面布置方面的信息,诸如码头方向、泊位长度、泊位水深、泊位前后他船停泊情况、实际泊位空档大小(一般为船长的 120%)等。

2. 水文气象

水文气象信息包括靠泊过程中的遭遇的风、流、浪、潮汐等信息。对于风或流的影响,应掌握风向或流向与航道方向及码头方向的交角,确定是吹拢风还是吹开风,顶流还是顺流或开流还是拢流,并掌握风力或流速的大小及变化趋势。对于浪的影响,应掌握浪向与航道方向及码头方向的交角,并注意浪高对船舶吃水及拖船作用效果的影响。对于乘潮进出港的船舶还应掌握当地潮汐的变化情况。

(二)制定靠泊操纵计划

在了解和掌握上述信息基础上,结合本船的载重状态和操纵性能,需在靠泊前预先制定一个完整的靠泊操纵计划。靠泊操纵计划一般由船长或港口引航员制定。该计划中应对靠泊中的关键操作的时间、地点及操纵要点做出概要说明,以便有关人员做好充分准备。靠泊操纵计划一般应包括但不限于下列内容:

(1)预计靠泊操纵过程中及抵泊时的流向、流速、风向、风力、波向及波高;

(2)确认靠泊舷侧,准备相关舷侧的系缆、锚及设备;

(3)拖船协助靠泊时,确定拖缆在船上的系带位置及带缆时船舶抵达的地点;

(4)确定从锚地起锚的时机,如果从港外直接进港,确定抵达某一地点的时间;

(5)估计通过航道的时间,如果需乘潮通过航道,确定满足乘潮水位的时间段;

(6)如果需要掉头操纵,确定掉头操纵的地点及掉头方向;

(7)确定船舶抵达泊位的时机及时间。

(8)靠泊中可能遇到的险情及其预防和应急措施等等。

三、靠泊操纵过程

从船舶操纵特点来看,靠泊过程可分为两个阶段,第一阶段是指船舶从制动开始至抵达泊位前沿水域运动过程,该阶段是船舶抵达泊位的过程,故简称为“抵泊过程”。抵泊过程中的船舶运动参数有抵泊速度、抵泊横距和抵泊角度等;第二阶段是指船舶从泊位前沿水域向码头靠拢的运动过程,该阶段是船舶靠岸的过程,故简称为“靠岸过程”。靠岸过程中的船舶运动参数有靠岸角度和靠岸速度等。相应的泊位前沿水域也可分为“抵泊区”和“靠岸区”。如图 4-3-1a)所示。抵泊区是一个范围较广的扇形区域,也就是说,船舶可能从抵泊区的任意方向接近泊位前沿水域。靠岸区是一个长度约为船长、宽度为“横距”的矩形区域,即船舶靠岸运动过程应局限在该区域内。在进入靠岸区之前需对船舶姿态进行调整,以便适合于靠岸。在靠岸区内,在外力作用下船舶将以一定速度靠拢泊位。

四、靠泊操纵要点

靠泊操纵过程实质上就是利用有效操纵手段对船舶靠泊过程中运动状态进行控制的过程。这里的运动状态是指船速、航向和距离等运动和几何参数。合理选择这些参数有利于靠泊操纵的安全。这些参数的选择一般与船舶排水量、载重状态、停船性能、靠泊操纵方式以及水域环境、水文气象条件等因素有关。下面以船舶靠泊开敞式码头为例简要说明操纵要领,如图 4-3-1b)所示。

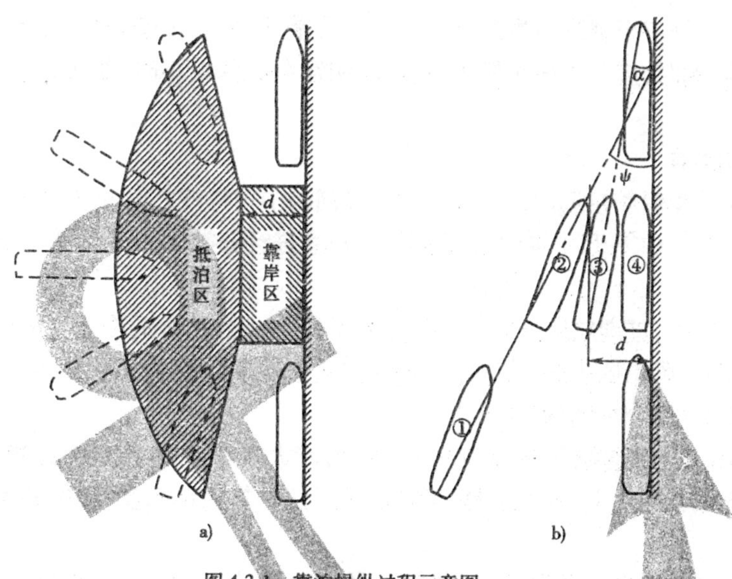

图 4-3-1 靠泊操纵过程示意图

(一)惯性余速

靠泊过程中,船舶抵达制动水域(距泊位前沿约 3~5 倍船长)时,推进器一般处于停车状态,这时的船速称为"惯性余速"。此后,船舶将以惯性余速滑行至泊位前沿,并要求抵达泊位前沿"靠岸区"(位置②)时基本为静止状态,因此,抵泊过程也是惯性递减过程。惯性余速过高,可能不易停船;惯性余速过低,又可能由于横风、横流的影响而造成船舶向下风、下游的漂移过大。在能保持舵效的前提下,船舶抵泊位前沿的船速越低越好;实践表明船首抵达泊位后端是船舶控制余速的最佳时机;一般小型船舶首抵泊位中间位置时余速最好控制在 2kn 以下,而大型船应控制在 0.5kn 以下或停住。故严格控制惯性余速是安全靠泊的条件之一。

在风、流影响较小的情况下,通常,船舶排水量越大、停船性能越差,则惯性余速应越低。船舶距泊位前沿约(3~5)L 时,小型船舶余速一般不宜超过 5kn,在该船速下,可利用主机倒车制动和(或)拖锚制动等措施使船舶抵达泊位时停下来;中型船舶不宜采用拖锚制动方法,可用主机倒车制动,故惯性余速一般不宜超过 4kn。大型船舶,特别是大型船舶(VLCC),倒车功率严重不足,需要拖船协助制动,此时的余速一般不宜超过 3kn。

上述参考数据应根据具体情况进行调整。重载船舶的惯性余速应比压载船舶略低;压载船舶有横风影响时,惯性余速不宜过低;顺流时的惯性余速应比顶流时略低;横风较大时,船速不宜过低;顺风较大时,船速不宜过高;船舶在静水港内靠泊时比有流港控速、倒车及拖锚时机一般均早。

（二）抵泊横距

抵泊横距是指船舶抵达泊位前沿时，船舶距泊位岸线的垂直距离，用 d 表示，如图 4-3-1 中的位置②所示，简称“横距”。

一般情况下，船舶排水量越大，横距应越大；有拖船协助靠泊时，可适当增加横距。小型船舶自力靠泊时，一般选择横距(1.5 ~2.0)B(B 为船宽)或20m左右。中、大型船舶由于有拖船协助靠泊，一般选择横距(2.0 ~2.5)B，但 VLCC 船舶由于其操纵风险较大，一般选择横距约2.5B 以上。

上述参考数据应根据具体情况进行调整。通常，压载船舶有吹拢风影响时，应适当增加横距，有吹开风影响时，应适当减小横距；重载船舶富余水深较小时，船舶横移困难，则应适当减小横距。

（三）抵泊方向

抵泊方向是指船舶接近泊位过程中的航迹向与泊位岸线之间的交角，也称为抵泊角度，用 ψ 表示，如图 4-3-1 中①、②位连线。按照抵泊角度进行分类，可分为大角度抵泊和小角度抵泊两种方式。

小角度抵泊时，进港航道方向与泊位方向平行，这时，可对抵泊角度进行选择。在这种情况下，如果船舶顺风流抵达泊位，为了保证船舶具有较好的操纵性能，船舶应顶风流靠泊，则船舶不得不在抵泊过程中完成掉头操作。

大角度抵泊时，进港航道方向与泊位方向有较大交角，有的甚至接近 90°，这时，抵泊过程可能是一个连续转向过程，其轨迹是一弧线，则无法选择抵泊角度，只能根据具体情况进行适当调整。

在可选择抵泊角度的情况下，一般排水量大的船舶宜采用小角度抵泊方式，且排水量越大，抵泊角度应越小；有较大吹拢风或吹开风影响时，为了减小船舶下风漂移，宜采用大角度抵泊方式；泊位后方有他船停泊比无他船停泊时的抵泊角度要大；顺岸流流速较高时，宜采用小角度抵泊方式。

（四）靠拢角度

靠拢角度是指位于靠岸区船舶向泊位靠拢过程中船首向与泊位方向之间的交角，用 α 表示。如图中的位置③所示。靠拢角度也称为“入泊角度”。靠拢角度一般不等于抵泊角度。在进行靠拢操作之前，需将抵泊角度调整至适宜的靠拢角度。当进港航道方向与泊位方向有较大交角时，靠拢角度的调整过程相当于大角度的转向过程。按照靠拢角度进行分类，可分为平行靠拢和小角度靠拢两种方式。

靠拢角度决定了船舶靠拢时的接触面积，$\alpha \neq 0°$时，接触面积小，船体可能仅与一个护舷接触，如果靠岸速度较大，则可能造成码头或船体损坏。因此，无论采用何种靠拢方式，船舶接触码头的瞬间都应采用平行靠拢方式($\alpha = 0°$)。

一般来说，船舶排水量越大，靠拢角度应越小；重载船顶流较强时，靠拢角度宜小；轻载船吹开风较大时，靠拢角度宜大。

通常，小型船舶可采用小角度靠拢方式；中、大型船舶由于其惯性巨大而难以控制，则必须采用平行靠拢方式。

（五）靠拢速度

船舶向泊位靠拢的速度简称为靠拢速度或入泊速度。采用平行靠拢方式时，靠拢速度等于船舶横移速度。船舶接触码头瞬间垂直于泊位的速度称为法向靠岸速度，简称靠岸速度。控制靠拢速度就是控制法向靠岸速度。靠拢过程实质上就是靠拢速度的递减过程。

开始时，可以靠拢快一些，之后逐渐降低靠拢速度，直至在快要接近码头时达到所要求的法向靠岸速度。

由于码头设计标准和船体强度的限制，一般对靠岸速度都有严格要求，操纵中应根据船舶排水量大小严格掌握。我国有关设计标准对海港船舶靠岸速度做出了明确规定，见表4-3-1。表中较大的值适用于靠泊条件较为恶劣或流速较大的河港情况。

由表中数据可知，船舶排水量越大，法向靠岸速度应越小。一般万吨级船法向靠岸速度应低于15cm/s；中型船舶应低于10cm/s；大型船舶应低于8cm/s。对于大型船舶，应控制在5cm/s以下。

表4-3-1

船舶排水量Δ(t)	法向靠岸速度 v(m/s)	
	有掩护码头	开敞式码头
Δ≤1000	0.20～0.25	0.25～0.45
1000＜Δ≤5000	0.15～0.20	0.20～0.40
5000＜Δ≤10000	0.12～0.17	0.17～0.35
10000＜Δ≤30000	0.10～0.15	0.15～0.30
30000＜Δ≤50000	0.10～0.12	0.12～0.25
50000＜Δ≤100000	0.08～0.10	0.10～0.20
Δ＞100000	0.06～0.08	0.08～0.15

五、靠泊操纵实例

（一）自力靠泊

船舶载态：1万吨级船舶压载。

环境条件：吹开风5级以下，码头位于有掩护的港池内，流和浪的影响忽略不计。可航水域宽度约2.0L。

泊位情况：码头岸线与船舶进港方向平行，泊位后方有他船停泊。

操纵方式：自力靠泊，控制手段包括推进器、舵、单锚、系缆。

操纵要点（图4-3-2）：

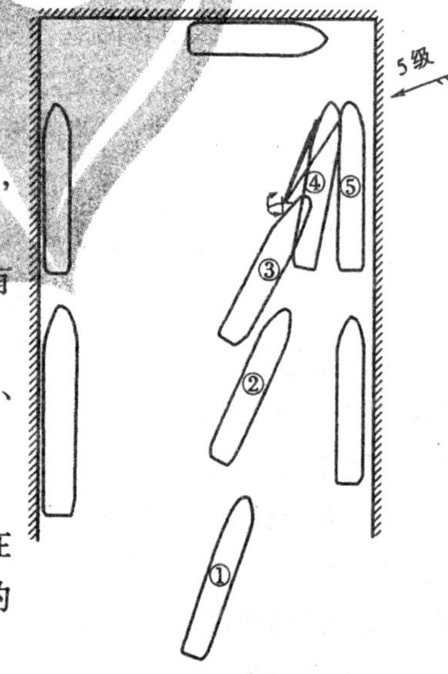

图4-3-2 自力靠泊实例

（1）船舶进入港池时，如图位置①所示，船速控制在3.5kn左右，船位应位于港池中线稍偏上风一侧，抵泊角度约20°。此时，操正舵，慢速倒车。

（2）船舶抵达泊位后方时，如图位置②所示，船速将降为

2.5kn 左右，受倒车横向力影响船首将右偏。此时，仍操正舵，并停车。

(3)船首抵达泊位中点时，如图位置③所示，船速将降为 2kn 左右，受倒车横向力影响船首继续右偏，受吹开风的影响船位向下风漂移，此时，抛下左锚 1 节落水，并操右满舵。

(4)船舶抵达泊位前沿时，如图位置④所示，船速将降为 0，受锚链力的作用船首发生左偏，使靠岸角度为 10°～15°。此时，船首距离泊位约 1～1.5 倍船宽，即可进行带前倒缆和首缆，并微速进车、操右舵，使船首渐渐接近码头岸线，船舶在锚链产生的转船力矩的作用下，将使靠岸角度逐渐减小。靠岸过程中如船首左转过快，可适当松出锚链；右偏过快，可适时停车。

(5)随着靠岸角度的逐渐减小，船舶靠岸时基本平行于码头岸线，如图位置⑤所示。这时，首部缆绳收紧后，即可系带尾缆和后倒缆。全部缆绳带妥后，松出锚链使其处于垂直状态，以免妨碍他船航行。

(二)拖船协助靠泊模拟器操纵实例

1.10 万吨级船舶靠泊

船舶载态：10 万吨级船舶满载。

环境条件：吹拢风，风向 NNW，风力 3 级；顶流，流向 150°，流速 0.5kn，浪的影响忽略不计。

泊位情况：泊位方向 330°～150°，泊位岸线与船舶进港方向接近 90°，泊位后方无他船停泊。

拖船配置：左舷首尾各配置 3000HP 拖船一艘，船尾配置制动拖船 3000HP 一艘；船舶到位靠入时，船尾制动拖船移至船中协助靠入操纵。

操纵方式：拖船协助靠泊，控制手段包括推进器、舵、拖船、系缆。

操纵要点(图 4-3-3)：

(1)船舶距泊位前转向点 1n mile 时，见图中船位置(1)，船速控制在 5kn，停车淌航，由于受右舷接近横风流的作用，船舶向左漂移明显，注意向右舷选取风流压差以便保持船舶的航迹向。

(2)船舶距泊位前转向点(3～5)L 时，见图中船位置(4)，左舷首尾及船尾带拖船，随船速的下降风流压差增大、舵效变差，此时应用拖船调整船舶航向保持航迹向，同时运用船尾制动拖船控制船舶运动速度，当船舶抵转向点前控制船速在 2kn 左右。

(3)船舶抵泊位前转向点时，见图中船位置(9)，首拖船顶推，尾拖船拖曳，使船舶向右转向，转向过程中应注意船舶受风流影响的漂移情况，为了减小掉头过程中拖船所致的向下游的漂移，视船舶转头速率的大小，以首部拖船顶推为主，尾部拖船拖曳为辅。

(4)船舶抵泊位下端前，见图中船位置(12)，余速控制在 1kn 左右，是控制船舶抵泊余速和靠拢角度的最佳时机，此时应利用首尾拖船调整船舶的抵泊角度，运用船尾制动拖船或辅以倒车控制抵泊余速。

(5)船舶抵泊位外档时，见图中船位置(15)，控制船舶首尾线与泊位平行，船舶与泊位的间距(1.5～2)B，船舶纵向运动速度大约为零。随后，运用拖船进行靠入的操作，保证船舶贴靠泊位的法向速度小于 10cm/s，并进行系缆操纵，见图中船位置(17)。

2.30 万吨级船舶靠泊

船舶载态：30 万吨级船舶满载。

环境条件：吹开风，风向 NNE，风力 5 级；顶流，流向 230°，流速 0.5kn，浪的影响忽略不计。

泊位情况：泊位方向 053°—233°，泊位岸线与船舶进港方向夹角 15°，泊位为开敞式。

拖船配置：共配置 7000HP 拖船四艘，总功率 28000HP，右舷首部两艘，右舷尾部一艘，船尾制动拖船一艘；船舶到位靠入时，船尾制动拖船移至船尾右舷协助靠入操纵。

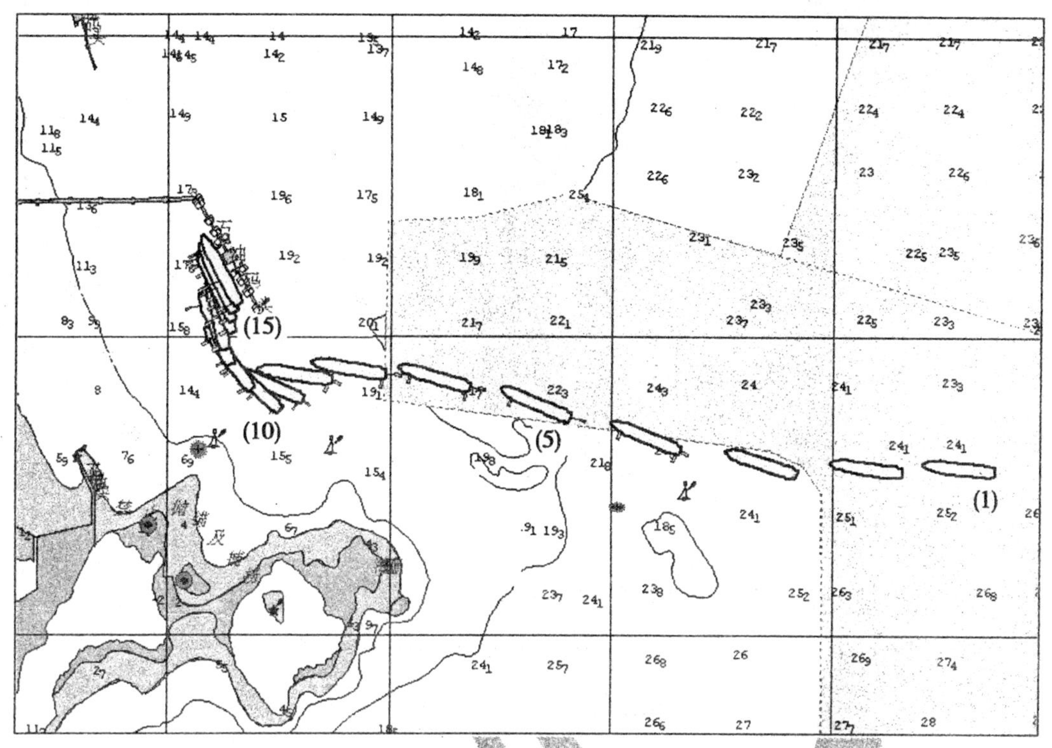

图 4-3-3 10 万吨级船舶靠泊

操纵方式：拖船协助靠泊，控制手段包括推进器、舵、拖船、系缆。

操纵要点（图 4-3-4）：

(1) 船舶距掉头区 (3～5)L 时，见图中船位置 (1)，船速控制在 4kn，停车淌航。

(2) 船舶抵掉头区前，见图中船位置 (2)，右舷首尾及船尾拖船带好，随船速的下降风流压差增大、舵效变差，此时应用拖船调整船舶航向保持航迹向，同时运用船尾制动拖船控制船舶余速，当船舶抵掉头区时控制船速在 2kn 左右。

(3) 船舶抵掉头区时，见图中船位置 (5)，首拖船顶推，使船舶向左转向，保证船首对准泊位上端，随后应注意流压的影响，必要时首尾拖船拖曳，并使船首向右偏转，以便减弱流的影响，同时应根据船舶速度减小的情况，适当使用尾拖船制动并辅以倒车，保证船首距泊位 1L 时船速控制在 0.5kn 左右。

(4) 船首距泊位 1L 时，见图中船位置 (7)，余速控制在 0.5kn 左右，是控制船舶抵泊余速和靠拢角度的最佳时机，此时应利用首拖船拖曳、尾拖船顶推的方式使船右转调整靠拢角度，运用船尾制动拖船或辅以倒车控制抵泊余速。

(5) 船舶抵泊位外档时，见图中船位置 (10)，控制船舶首尾线与泊位平行，船舶与泊位的

间距(2～2.5)B左右，船舶纵向运动速度大约为零。随后，运用拖船进行靠入的操作，保证船舶贴靠泊位的法线速度小于5cm/s，并进行系缆操纵，见图中船位置(15)。

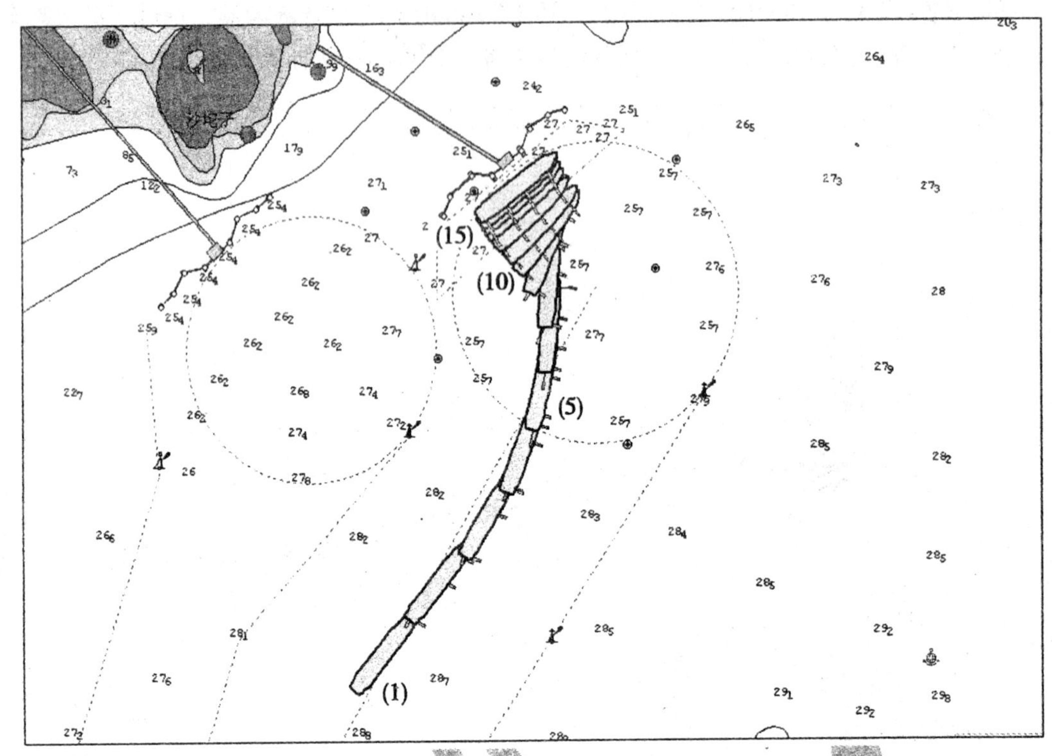

图4-3-4　30万吨级船舶靠泊

六、离泊操纵的准备工作

(1)离泊前，应实地观察风、流及泊位前后情况，前后有无动车余量、锚链方向及长度，系缆的角度及受力状态，以及水域内来往船舶的动态。凡不适宜部分应做必要的调整。

(2)制定离泊方案。应根据气象、潮汐、泊位特点、船舶动态、装载情况，按照本船实际操纵性能，正确决定离泊时机、离泊方案，并于出航前的会议上向有关人员进行布置。

(3)如有拖船协助，应交待协助操纵方案，以便使其主动配合。

(4)机舱试车前，驾驶员应到船尾察看系缆及推进器附近是否清爽，舷梯、吊杆及岸上装卸设备是否有碍，在确认无碍后方可试车。另外试舵、试声光信号，并按规定悬挂信号。

(5)备车和拖船就位后再作单绑。使用倒缆摆首或甩尾时必须确保其强度，里档锚不应与码头护舷齐平，突出部位或触岸部位应垫好碰垫，等水面清爽时即可实施离泊操纵。

七、离泊操纵

船舶单绑后，运用车、舵、锚、缆和侧推器，有时在拖船的协助下，克服风流等外界因素的影响，使船舶离开泊位，此后的出港过程是"加速"运动过程，随着船速的增加，舵控制航向的能力逐渐增强，风、流造成的漂移逐渐减小，操纵相对较容易。因此，离泊操纵较靠泊操纵容易进行。

通常船舶离泊操纵要领包括确定离泊方式、掌握首尾摆出角度和控制船舶的前后运动。离泊操纵方法一般取决于船舶排水量、载重状态以及水域环境、水文气象等因素。船舶离泊的操纵要领如下：

(一)离泊方式

按照离泊操纵时船首向与码头岸线之间的交角进行分类，离泊方式可分为首离、尾离和平行离三种方式。

1. 首离方式

首离方式是指使船首先离开码头，再进行船尾离开的离泊方式，如图 4-3-5a)所示。小型船自力离泊时，在顶流或吹开风、泊位前方清爽，且船首摆开 15°时车舵不会触碰码头的情况下，可采用首离方式。

2. 尾离方式

尾离方式是指使船尾先离开码头，而后再使船首离开的离泊方式，如图 4-3-5b)所示。小型船舶自力离泊时，一般采用尾离方式，特别在静水港或顺流情况下。尾离时，一般借助首倒缆，采用内舷舵、进车将船尾摆开。

3. 平行离方式

平行离方式是指使船舶首尾平行离开码头的离泊方式，如图 4-3-5c)所示。由于采用首离和尾离方式，操纵风险都比平行离方式要大。因此，在有拖船协助离泊的情况下，普遍采用平行离泊方式。中、大型船舶需拖船协助离泊，均采用平行离泊方式。

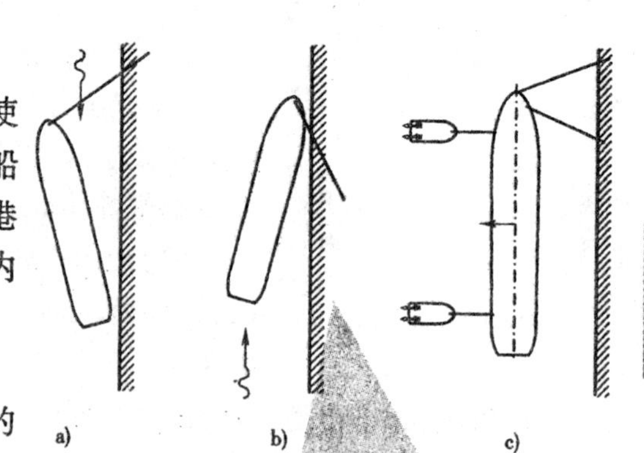

图 4-3-5 离泊方式示意图

(二)掌握摆出角度

离泊中的摆出角度，指船首(首离时)或船尾(尾离时)摆出多大角度时，才进行后续船舶操纵。首离或尾离时，其摆出角度的大小决定于当时外界环境影响程度和摆出后的操船需要。

当风流影响有利摆出时，摆出角度应适当减小；如顶流吹开风采用首离方式，或顺流吹开风尾离方式时。相反，当外力不利摆出时，摆出角度应适当增大；如顶流吹拢风采用尾离方式时就是如此。

(三)安全操纵横距

船舶离开泊位后，可能进行掉头、移泊或出港等后续操纵。这些后续操纵都需要有足够的安全操纵范围，具体讲就是指船舶离开泊位的安全横距。该安全横距取决于风、流的影响、泊位前后的活动空间、后续操纵的需要等因素。直接出港时，泊位前后无他船停泊，安全横距一般至少保证 $2B$，泊位前后有它船停泊，一般至少保证 $3B$。离泊后需在泊位前沿掉头操纵时，安全横距一般至少保证 1 倍船长。

(四)控制前冲后缩

船舶刚离开泊位时，因受到风流的影响会产生前后运动或首尾偏转的现象。此时，操船者应密切注意船舶周围的操纵余地，并利用附近的参照物灵敏地判断船舶的运动状况，有效地通过用车、舵、溜缆、侧推器或拖船予以控制。

八、离泊操纵实例

(一)自力离泊

船舶载态:8000 吨级船舶满载。

环境条件:顶流 1kn。

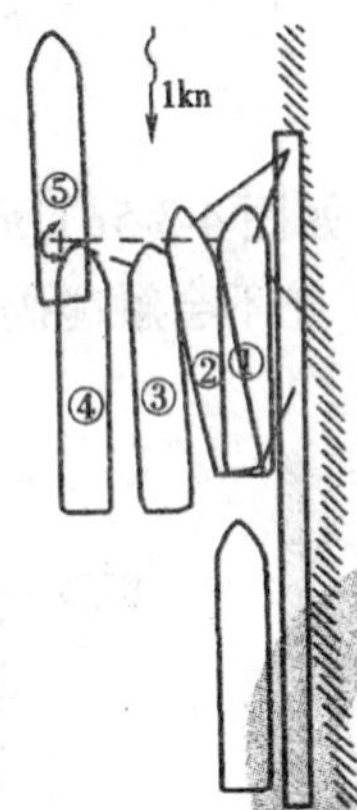

图 4-3-6　自力离泊

泊位情况:船头方向清爽,码头岸线与船舶出港方向一致,泊位后方有他船停泊。

操纵方式:无拖船协助,控制手段包括推进器、舵、开锚、系缆。

操纵要点(图 4-3-6):

(1)船舶备车后单绑,如图中位置①所示。

(2)开始离泊时,使尾倒缆受力,解首倒缆;边松首缆,边绞锚链,待船首摆出 10°~15°时,解尾倒缆,内舷舵;随后,船舶受流的冲压船尾外摆,船体向后漂移,如船舶漂移明显时应适当辅以微进车,如图中位置②所示。

(3)如图中位置③所示,待船尾在横向与后方停泊船舶清爽时,解首缆;此时船舶受流压作用会明显向后漂移,应快进车予以抑制。

(4)船舶抵图中位置④时锚绞起,即可开航,如图中位置⑤所示。

(二)拖船协助离泊模拟器操纵实例

1. 10 万吨级船舶离泊

船舶载态:10 万吨级船舶满载。

环境条件:吹开风,风向 E,风力 4 级;顺流,流向 010°,流速 0.4kn。

泊位情况:泊位朝向 012°—192°,船首方向与出港方向夹角 180°;泊位前后清爽。

拖船配置:共配置 4800HP 拖船两艘,总功率 9600HP,左舷首部、尾部各一艘。

操纵方式:拖船协助离泊,控制手段包括推进器、舵、拖船、系缆。

操纵要点(图 4-3-7):

(1)船舶备车、首尾拖船就位后单绑,见图中船位置(1),两拖船开始拖曳。

(2)当船舶被拖离泊位(2~3)B 后,首拖慢速拖曳,以便船舶右转,同时为克服流的影响和使船离开泊位辅以微倒车,见图中船位置(5)。

(3)待船舶离开泊位 0.5L 以上时,见图中船位置(6),船首拖船由拖曳改为顶推,同时根据船舶的运动趋势适当运用倒车,以便拉大船舶与泊位的距离。

(4)待船舶转向 90°左右时,见图中船位置(7),可以根据船舶后退的运动趋势,适当微进车并辅以右满舵。

(5)船舶转过 150°左右时,见图中船位置(9),拖船停止操作,依靠船舶惯性进行调转,并进车,用舵控制船舶的转头趋势。当船舶掉头 180°后,见图中船位置(10),即可解掉拖船,船舶开航。

2. 30 万吨级船舶离泊

船舶载态:30 万吨级船舶满载。

环境条件:吹开风,风向 NNE,风力 5 级;顶流,流向 230°流速 0.5kn。

泊位情况:泊位方向 053°—233°,船首方向与出港方向夹角 165°。泊位为开敞式。

拖船配置:共配置 7000HP 拖船四艘,总功率 28000HP,左舷首部、尾部各两艘。

操纵方式:拖船协助离泊,控制手段包括推进器、舵、拖船、系缆。

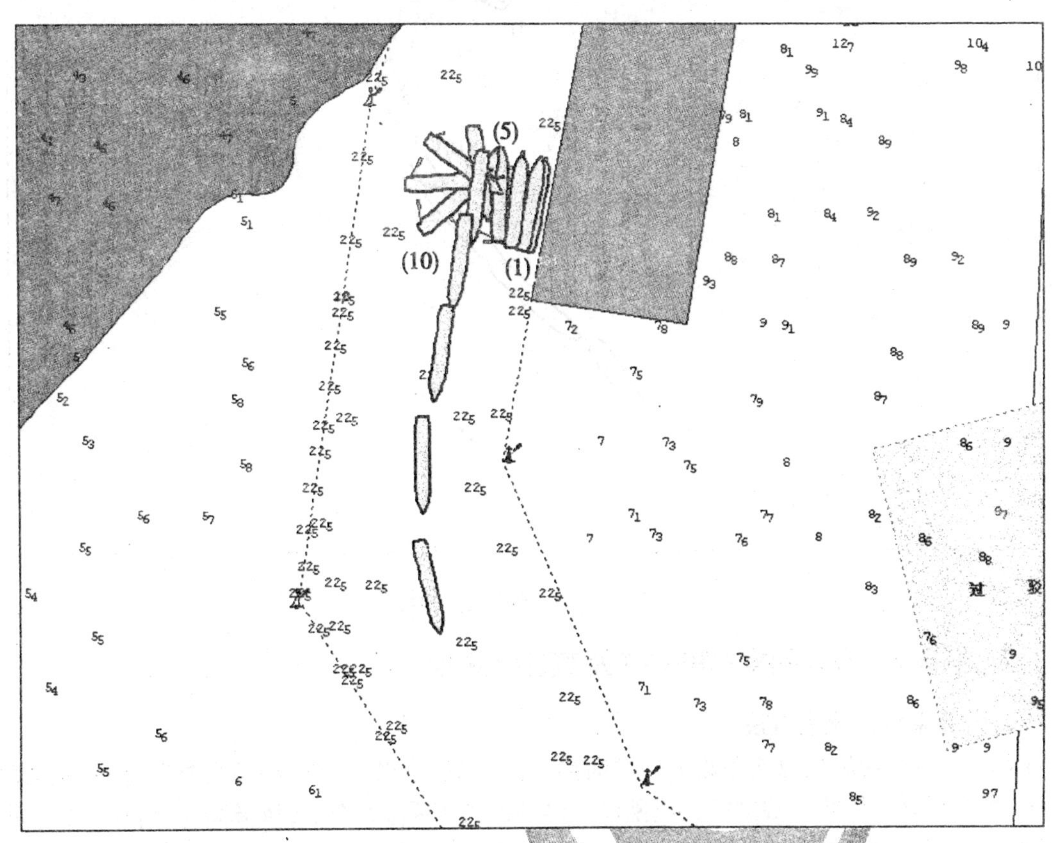

图 4-3-7 10 万吨级船舶离泊

操纵要点(图 4-3-8):

(1)船舶备车、首尾拖船就位后单绑,见图中船位置(1),四拖船开始拖曳。

(2)当船舶被拖离泊位 3B 以上时,首拖慢速拖曳,以便船舶右转,同时为克服流的影响和使船离开泊位辅以微进车,见图中船位置(5)。

(3)待船舶离开泊位 1L 左右时,见图中船位置(6),船尾拖船由拖曳改为顶推,同时根据船舶的运动趋势适当运用进车,以便拉大船舶与泊位的距离。

(4)待船舶转向 90°左右时,见图中船位置(7),为减小船舶向下游方向的漂移,首部拖船慢速拖曳,可以根据船舶前进的运动趋势,适当微倒车。

(5)船舶转过 150°左右时,见图中船位置(8),拖船停止操作,依靠船舶惯性进行调转,并进车,用舵控制船舶的转头趋势。当船舶掉头朝向出港航道后,见图中船位置(9),即可解掉拖船,船舶开航。

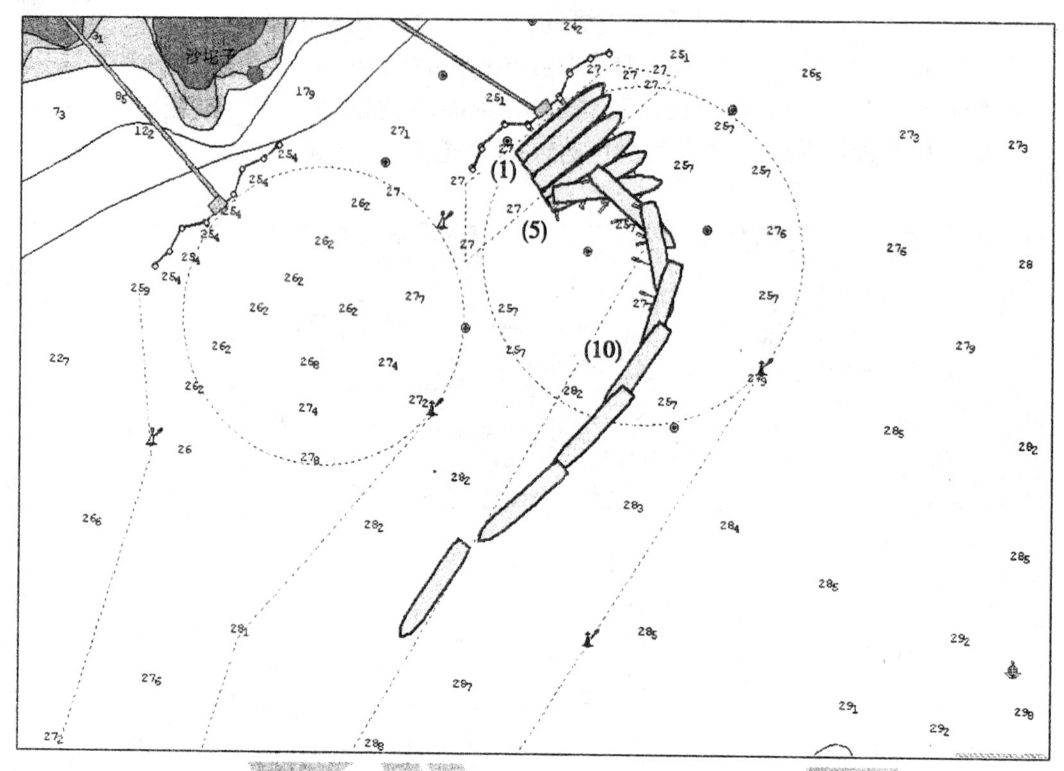

图 4-3-8　30 万吨级船舶离泊

九、系离单、双浮筒操纵的要领及其注意事项

(一)系单浮的操纵方法

系单浮一般应取顶风或顶流方向驶向浮筒进行系浮操作。当船舶顺风或顺流进港抵达单浮时,可在浮筒下风或下游侧掉头或抛锚后再行顶风或顶流系浮筒;风流同时存在时应参考泊位附近载重状态相近船舶的船首向,顶风流的合力方向驶近浮筒,见图 4-3-9。

(1)风流较弱时顶风流系单浮,应使船成顶风状态,将浮筒置于右舷(1～1.5)B 处,以保持舵效的最低船速淌航驶向浮筒,当船首距浮筒的纵向距离约(0.5～1)L 时,视实际船速适当倒车将船拉停,保持船首近乎与浮筒靠上的状态后,送出系浮缆或系浮链等。

(2)顶风流较强时系单浮,为防止停船后,船首很快压向下风或下游并给系浮带来困难,先在浮筒左侧(约 0.5L)上风处抛左锚,出链 1.5 倍左右水深(视风流情况而定,以能拖锚为宜,但应注意拖锚不要和固定浮筒的索具发生纠缠),利用风流作用力、辅以必要的倒车或进车用舵使船首接近浮筒,完成系浮后应尽可能将锚绞起。风流较强时,最好借助拖船协助进行系浮筒的操纵,中大型船更应由拖船协助进行系浮操纵。

(二)离单浮筒

离单浮筒操纵较为简单。一般情况下先将系浮链或系浮缆中的单头缆解掉,最后才解去回头缆,进车做舵避开浮筒即可开航。

(三)系双浮筒

船舶系双浮筒时,应将两浮筒连线比作码头,顶风或顶流驶向上端浮筒,驶向上端浮筒的

方法与系单浮筒时相同。系好船首浮筒后,船舶后退再系船尾浮筒,见图4-3-10。

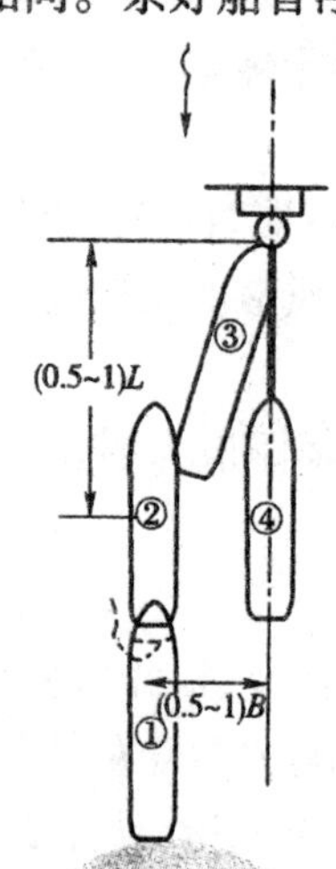

图4-3-9 系单浮示意图

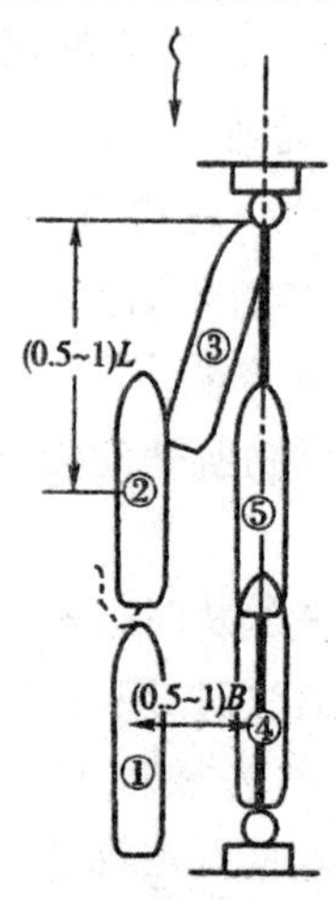

图4-3-10 系双浮示意图

(四)离双浮筒

无论顶流离还是顺流离均应解除下游端的所有缆绳,顶流端只留回头缆。用拖船向顶流方向沿30°~50°方向起拖,以顶流端摆出两浮筒连线为度,然后解掉顶流端回头缆,进车做舵并保持船身与流向约成20°左右(满载、流急时该角度不可过大)使船舶驶离浮筒连线。

(五)系离浮筒注意事项

(1)系离浮筒过程中由于无码头作为依托,总的来说风流影响较码头为大,加上带缆需时长,要求操纵者应认真分析客观条件,制定周密计划,精心操纵船舶,以防碰撞浮筒,触碰泊位前后他船等事故。

(2)迅速带缆是系浮中的一个重要环节。要求本船船首尽可能接近浮筒,一般纵向距离约为20m,横向距离约为10m。系浮时尽量保持船首与浮筒之间相对静止。

(3)系浮筒时如需抛锚,应充分考虑锚与浮筒固定装置发生绞缠的可能性,此时的抛锚操纵应特别谨慎,不可将锚轻易抛出,为安全起见应考虑拖船协助。拖锚抛锚位置距浮筒不宜过近,一般距浮筒连线大约为30~40m。

(4)系双浮筒时,应避免在转流时进行,以防船首系好浮筒后,因转流使船尾无法接近下端浮筒。

(5)系双浮筒时,如遇较强的横风会使系缆受到过大的作用力,此时应注意检查缆绳受力情况,保证各缆受力均匀。当受力过大时如可行可改用单浮筒系泊法,或必要时离泊改用其他安全方式。

(6)系浮停泊过程中,单头缆受力,回头缆不受力。

十、尾系泊操纵方法及其注意事项

为在有限水域容纳较多船舶,在遮蔽优良的港内(多为静水港)可进行尾系泊,俗称尾靠方式。这是一种用单锚或双锚向外固定船首,用系缆使船尾固定于浮筒、岸线、突堤或码头之上的船身与码头接近垂直的停泊方式。

采用尾系泊方式的商船多为临时性系泊。对于大型船舶,尾缆通常采用四根,船首则采用

双链交角较小(如20°左右)的八字锚形式予以固定。出链长度视外力影响而定(从2.5~6节不等),也无需二链等长,为能在横风时单船出泊而又无碍于邻船,也可使二链保持平行。

(一)尾系泊船的靠泊

尾系泊的接近路线一般取与码头平行的进泊方向。系泊时应特别关注锚抓底的可靠性。上风舷的锚位应偏于本船停泊泊位的上风一侧,而船尾上风舷的系缆也应予以加强。

1. 无风时尾系泊操纵要点

(1)平行于码头线淌航驶向泊位,船与码头所保持的横距应为船长、尾缆长和船首出链长三者之和。

(2)据本船实际情况及时控制余速。

(3)抛锚采用进抛法时,应考虑不应妨碍周围他船的锚及链,并使抛出的锚位于泊位的正前方附近。如采用退抛法抛锚,应根据本船冲程情况将船停在预定的锚位处。

(4)利用车、舵、侧推器或拖船,并伴随松出锚链至预定长度,使船到达预定系泊位置,带上船尾各缆。

(5)如抛双锚,则应按抛八字锚方法抛锚后再行靠尾。

2. 有风时尾系泊操纵要点

(1)可按平行码头的方向淌航驶向抛锚位置,接近上风侧锚位时,宜控制余速于1kn之内,出链2.5倍水深。

(2)利用车舵、拖锚驶至下风侧锚位后,抛出下风侧锚。倒车、控制船的退速,运用舵、侧推器或拖船使船尾渐渐对向码头泊位。锚链带力后,进一步松链至预定长度,以控制船尾与码头之间的距离,然后先上风舷、后下风舷依次带好各尾缆,绞紧挽牢即可。

(二)尾系泊船的离泊

1. 无风条件的离泊操纵

尾系泊船在无风条件下离泊时,操纵较为简单。解掉尾缆后,收短两舷锚链,先绞起短链锚或非出航一侧的锚链,依靠出航侧的锚作支点,使船首对向出航方向后,起锚出航。

2. 强横风条件下离泊操纵要点

(1)离泊单绑时,绞紧上风舷锚链,尾部留有两条缆绳并尽可能收短,以便为及早动车创造条件。由船尾下风舷引出一保险缆并带到上风侧码头较远距离的缆桩上。

(2)开始离泊时,绞进上风舷锚链并徐徐松出下风侧尾缆,待船首转向上风并向前启动时,立即解掉尾缆并收进。快进车配合操舵、侧推器或拖船避免船舶落向下风,在船舶前进过程中对保险缆做溜缆操作。

(3)当船首抵二锚位时分别绞起惰锚和力锚,并配合车、舵、侧推器和拖船使船首面向出港航道。

十一、船舶并靠操纵方法及其注意事项

(1)并靠的船舶,最好不要有向并靠一舷的横倾。并靠侧突出于舷外的部件,如舷梯等应一律收进。同时应备好固定于舷边或手提的碰垫。

(2)贴靠时应尽量平行靠拢,使两船平直的船舷部分相互接触,以免造成点接触而损及船体;并靠接触位置最好在大型船的中部附近,干舷高的船首、船尾不要自上而下地凌于干舷低

的船舷上方，以免损及栏杆、舱面设施或甲板建筑。

(3)风浪天并靠大型船舶，当风力小于5级时为了便于船舶的贴靠应选择在上风舷进行；而当风力大于5级时为了减小涌浪对并靠操纵的影响应选择在下风舷进行。风力和涌浪较大时，船舶颠簸剧烈则不宜靠泊，应等待条件好转后再行靠泊。

(4)有流水域并靠时，应注意由于两船间流速加快、水压力减小，当两船接近时会发生船舶偏转或船舶快速靠拢的现象。

(5)抛锚时应预先掌握对方船的锚位、链向及出链长度，以免使锚与锚相互纠缠。靠锚泊船舶，如条件允许，应靠其未抛锚舷侧。靠毕应将本船的锚绞起。

(6)并靠系浮的他船时，一般应先带好两船之间的相缆即固定用缆，浮筒缆要后带，以防引起两船之间的相互移动及错位，各系缆应尽量均匀受力、系紧挽牢。防止从导缆孔跳出或严重磨损。

(7)锚泊船在风大流急时会产生严重偏荡，这给靠泊带来一定困难。因偏荡速度除中间的平衡位置处最快外，在两边极限位置处速度则最低，而且往往成顶风态势，故并靠偏荡之中的船舶应选在被并靠船偏荡到极限位置处进行。

十二、船舶进出船坞操纵方法及注意事项

(1)船舶进坞前，应调整到要求的吃水差、无横倾的状态，并收妥双锚。按厂方要求做好其他入坞前的准备工作。

(2)船舶进出船坞宜在涨末，流速较缓时进行。一般情况下潮流港浮坞的方向和流向基本一致，而干坞的方向与流向垂直。

(3)船舶进出坞，因本身无动力，需借助拖船助操。通常情况下需三艘拖船，其中之一绑在船尾的一舷，以代替进坞船的车舵；一艘用于拖船首；另一艘用来提尾；如果船舶较大或风流较急时，根据需要另配拖船在下风流舷侧顶推。处于船尾的一艘拖船应具有较高的主机功率。

(4)船舶接近坞门时的余速、船身与风流的交角，以及与岸边的横距等因素，依靠对拖船的全面指挥和正确的配合。

(5)船抵坞门前，应保持船舶位于船坞中心线上，并尽可能使首尾线与船坞中心线平行。

(6)船抵坞门后，分别从船首左、右舷各送出一根缆绳系于坞边的缆桩上，以校正和稳定船首的位置；另送出一根缆绳引至坞前方的绞车上，以便在坞内绞船前进。随船身在坞中的前移，船尾可带缆时，再带上左、右各一根缆以稳定船尾、取代拖船。

(7)船首刚进入或船尾刚驶出坞门时，应防止因坞内海水的涌出或涌入导致船首或船尾的偏转，及时采取必要措施避免碰撞船坞。

十三、船舶进出船闸操纵方法及注意事项

(一)进船闸

(1)控制船速维持舵效，使船沿导标中线低速接近闸口，横风较强、受风面积较大的船舶应保持在导标线上风一侧行驶。至闸口前适当距离(例如200～300m)处，使用车、舵，领直船身进闸。

(2)船首进入闸口，闸口两侧水被挤出。应适时进车，保持入闸趋势，并力求勿使船首偏

向船闸的任何一侧。这可以通过船首缆或及时使用车舵加以调整,必要时请求拖船协助。横风时,在保证进闸口船首领直的前提下,使船舶靠向上风侧。

(3)船首带缆时,通常应先带左侧后带右侧缆,以抵御倒车时的不利偏转。横风较强时,半载或空载船舶可视需要用拖船在下风舷顶推,带首缆时则应先带上风侧后带下风侧缆。

(4)船进闸后,船尾左右舷再各带一缆,并保持船舶在船闸的中心线上。横风时,上风舷侧所带的首、尾二缆应予绞紧。船停于闸内后,在放水前和放水中应调整前后各缆,尽可能使其受力均匀,以防调水时出现前冲后缩。

(二)出船闸

准备出闸前调整缆绳使船舶处于导标中心线略靠上风侧,船尾先解下风缆并收进后,再解上风舷缆,快速收进后开慢车前进,船首缆松弛后也解掉,由船闸工提着前行,待船首出闸时收进,横风较强时,船尾上风舷缆解去后,由船闸工提着前行,等船舶起速后再停车收进,以免船尾推向下风。

第四节 锚泊操纵

锚泊是船舶最常用的停泊方式之一。锚泊操纵涉及锚地的选择、锚泊方式的选择、安全出链长度以及锚泊过程中减缓偏荡和预防走锚措施等。

一、锚地的选择

一般港口都有指定的通用或专用锚地,但具体的锚泊位置可以由操船者在有限范围内自由选择。锚地水深、船舶密度、避风条件等差别较大,需根据船舶本身的特点选择合适的锚泊位置。在选择锚地时,一般需考虑锚地水深、底质和地形、回旋余地、避风条件等因素。

(一)锚地水深

选择锚地最小水深时,应考虑船舶吃水、海图水深、当地潮差、波浪高度及船舶的摇摆程度等因素。同时锚地水深的选择既要保证船舶有较好的操纵性能,又要保证锚泊过程中的停泊安全。锚泊时,最低潮时所需锚地最小水深可按下式进行估算

$$h = dk + \frac{2}{3}h_w \tag{4-4-1}$$

式中:h——最低潮时的锚地最小水深,即海图水深;

d——锚泊时船舶最大吃水;

k——系数,无浪涌或遮蔽良好时取1.2;有浪涌或遮蔽不良时取1.5;

h_w——最大波高,无浪涌或遮蔽良好时取0。

例如,一艘最大吃水为12.5m的船舶,在遮蔽体条件较差的锚地锚泊,则所需最小水深约为19m;而在遮蔽体条件较好的条件下,仅需约15m。据此推算,万吨级船舶选择锚地时的水深为15~20m。

有些大型船舶可能需要在深水水域锚泊,在深水区域选择锚地最大水深时,应考虑锚机的额定起锚能力和锚的有效抓力等因素。考虑到锚的有效抓力,锚地最大水深一般不宜超过一舷锚链总长的四分之一。考虑到锚机的起锚能力深水抛锚的水深极限一般可取85m。

（二）底质和地形

锚抓底之后能否发挥出较大的抓力与底质的关系极为密切。软硬适度的沙底和粘土质海底抓力均好，泥沙混合底次之，硬泥、软泥底质较差，石底、珊瑚礁底不宜抛锚。锚地的海底地形以平坦为好，若坡度较陡（等深线较密）则将影响锚及锚链的抓力，容易出现走锚。另外，在底质不明的水域不宜锚泊。

（三）回旋余地

除了要满足水深和底质条件外，锚泊时还要有足够的回旋水域。所需回旋水域直径取决于水文气象条件、出链长度、船舶长度、水深等因素。

单锚泊占用水域范围为圆形，如图 4-4-1 所示。

港外锚地或开阔水域锚泊时，所需锚泊水域半径为：

（1）与固定物标：

$$R = L + L_c + 2r \tag{4-4-2}$$

（2）与活动物标：

$$R = L + 2L_c + 4r \tag{4-4-3}$$

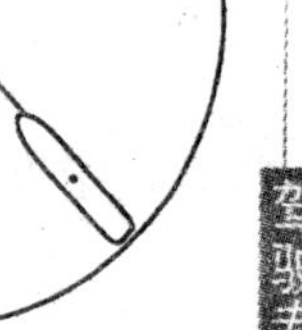

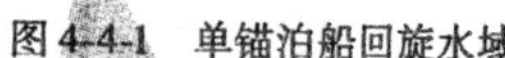

图 4-4-1 单锚泊船回旋水域

其中：R——锚泊所需水域半径；

L——船长；

L_c——出链长度；

r——测量误差。在雷达定位时约为测定船位至物标距离的 2%。

港口水域或遮蔽良好水域锚泊时，所需锚泊水域半径为：

（1）单锚泊时：

$$R = L + 60 \sim 90\text{m} \tag{4-4-4}$$

（2）双锚泊时：

$$R = L + 45\text{m} \tag{4-4-5}$$

其中：R——锚泊所需水域半径；

L——船长。

大型船舶在大风浪中锚泊时，为保证锚泊安全，应保证锚位距下风侧 10m 等深线 3 ~ 5n mile 的距离，当条件受限时与 10m 等深线的距离不应小于 2n mile。

（四）避风条件

水域周围的地形应能成为船舶躲避风浪的屏障，以保证锚泊水域海面的平静。尤以可防浪涌袭扰的为水域最好。

当根据当地气象预报、海浪预报和所处海区盛行的季风选择锚地时、应以免受强风袭扰，靠上风水域一侧为原则（避风水域内）。

（五）其他方面

所选锚地附近还应远离航道或水道等船舶交通较密集地区，还应是无海底电缆、输油管路等水中障碍物的水域，水流宜缓且方向稳定。

二、进入锚地操船法

（1）驶向锚地过程中，应根据水文气象、碍航物、通航密度及本船惯性适时停车，抵锚位前船舶应保持一定的舵效。

(2)按照“宁尾勿首”的原则通过其他锚泊船。由于驶向锚位的船舶航速低,受风流影响较大,为防止船舶被风流压向其他锚泊船,应从锚泊船船尾通过,尽可能避免从锚泊船船首通过。

(3)加强瞭望,应特别注意正在起锚准备开航的船舶,也应注意与锚地中在航船舶的避碰。

三、锚泊方式

按照使用锚的数量进行分类,锚泊方式可分为单锚泊和双锚泊两种方式。按照双锚泊两锚链方向的交角进行分类,双锚泊又分为八字锚、一字锚和平行锚三种方式。锚泊方式的选择取决于锚地条件、底质、风、浪、流等情况。

(一)单锚泊

单锚泊是指船舶在锚地采用单锚进行锚泊的停泊方式,如图4-4-2a)所示。一般情况下,船舶多采用单锚泊方式进行停泊。

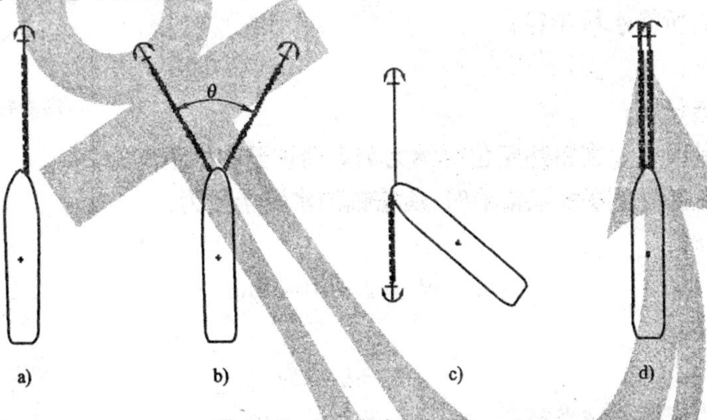

图4-4-2 锚泊方式示意图

与双锚泊方式比较,单锚泊方式具有操作简单,抛、起锚方便,适用范围较为广泛等优点,中、大型船舶多采用单锚泊方式;其不足之处是大风、急流情况下锚泊力略显不足,且偏荡严重,容易导致走锚。

(二)八字锚泊

“八字锚泊”是双锚泊方式之一。船舶先后抛出左右两个锚,使两锚链保持一定水平张角的锚泊方式称为八字锚泊。如图4-4-2b)所示。

与单锚泊比较,八字锚泊方式具有锚泊力较大,回旋水域较小,大风、急流情况下对偏荡有一定的抑制作用等优点,适于底质差、风大流急、单锚泊抓力不足或为有效防止风流所致偏荡的情况;其缺点是操作较为复杂,当风、流方经常改变后两锚链容易绞缠,故使其应用范围受到一定的限制。目前,即使是小型船舶,也很少采用这种方式进行锚泊。但有些组合系泊方式中常采用八字锚。

八字锚泊时,通常两链的夹角为30°~60°;为防止偏荡两链夹角为50°~60°,为防止大型船的偏荡两链夹角取60°~90°。八字锚泊的锚泊力约为单锚泊的1.7~1.8倍。

(三)一字锚泊

在狭窄水域内,船舶沿流向先后抛出左右两个锚,使两锚链水平张角保持在180°左右的锚泊方式称为一字锚泊,如图4-4-2c)所示。

在流的作用下,产生锚泊力的锚称为力锚;另一锚则称为惰锚,相应的锚链分别称为力链和惰链。通常力链长度为3~4节左右,惰链长度为3节左右。

一字锚泊方式具有最大程度地限制锚泊船运动范围的优点,故多用于往复流的狭水道或河道内临时锚泊;其缺点是作业较为复杂,风、流方向经常变化后两锚链容易绞缠,且大风、急流情况下锚泊力不足,一般仅适用于小型船舶。

(四)平行锚泊

船舶同时抛下左右两锚,使双链长度相等并保持平行,即两锚链水平张角保持在0°左右的锚泊方式称为平行锚泊,也称为"一点锚",如图4-4-2d)所示。

平行锚泊方式具有锚泊力较大(约为2倍单锚泊的锚泊力)的优点。我国南海海域常受台风袭扰,有些船长采用平行锚泊方式来抵御台风的影响,取得了良好的效果。风、流方向经常变化后两锚链容易绞缠,平行锚泊方式也不能有效抑止偏荡的产生。

四、单锚泊操纵方法

对于运输船舶来说,无论是小型船舶,还是大型船舶,最常用的锚泊方式是单锚泊,故首先介绍单锚泊操纵方法。传统上讲,单锚泊操纵方法有前进抛锚法和后退抛锚法两种。前进抛锚法仅适用于小型船舶,军舰为求锚位的准确性也多采用前进抛锚法。一般商船多采用后退抛锚法。

(一)备锚

备锚是指使锚和锚链处于预备抛出状态。包括启动锚机、解开制链器、合上离合器、用锚机将锚从锚链孔处送至预定抛出高度、刹紧制动器、脱开离合器等操作步骤,然后等待抛锚指令。

锚备妥后,锚冠至海底的高度称为预定抛出高度,简称"抛锚高度"。锚的下降相当于自由落体运动,抛锚高度越大,下降速度越快,严重时不但可能造成刹车失效或锚机损坏,还可能引起锚与海底撞击而变形或损伤。因此,抛锚高度不宜太高。

按照抛锚高度进行分类,抛锚方法可分为浅水抛锚和深水抛锚两种方法。从锚链孔处直接抛锚或在水面以上1~2m处进行抛锚的方法称为"浅水抛锚法"。这种方法适用于中、小型船舶在水深吃水比(h/d)为1.5以下的水深抛锚,如图4-4-3a)所示。现代中、小型船舶的吃水一般不超过13m,故浅水抛锚法一般适用于25m以下的水深。

备锚时将锚送入水中距海底一定高度的预备抛出状态,从这一高度抛锚的方法称为"深水抛锚法",如图4-4-3b)所示。这种方法适用于小型船舶在水深吃水比约3.0以上、中型船舶在水深吃水比约2.5以上的水深抛锚。大型船舶,特别是大型船舶,其吃水可达25m以上,则要求采用"深水抛锚法"。

据有关调查资料统计,在水深为40~80m范围内,平均抛锚高度约为12m。实际上,为保险起见,水深为25~50m时,即应采用这一抛锚高度,水越深抛锚高度应越小。水深为50~80m时,可利用锚机先将锚送达海底的预备抛出状态,即抛锚高度为0。在水深超过80m时,

可利用锚机将预定需抛出的锚链全部送出,并使锚链横卧海底。

(二)抛锚时的船首向

根据船舶进港船速和停车冲程确定停车位置,用余速接近锚泊位置。接近过程中注意风、流等外界的影响,适时进车操舵控制航向,减小横向漂移。船舶抵达抛锚位置之前时的船速不宜过快,否则,为了减速不得不使用长时间的倒车,将对抛锚时的姿态产生影响。

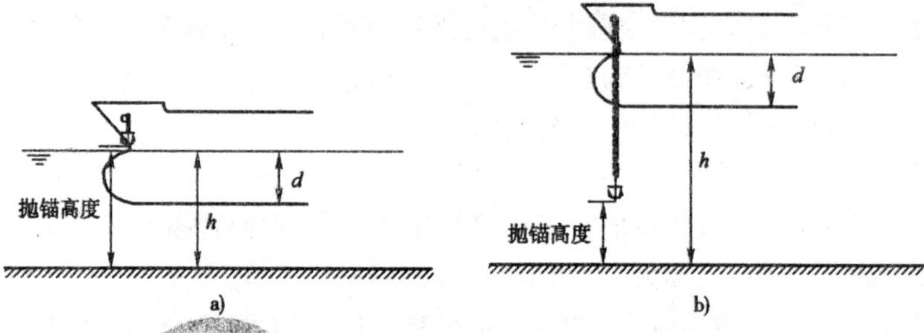

图 4-4-3 不同水深的抛锚高度

船舶进入锚地的船首向最好指向风、流作用的合力方向。锚地有他船锚泊时,可根据其他锚泊船的船首向和锚链的松紧程度大致判断当时的风、流作用力的方向和大小。通常,压载船舶遭遇大风且流速较小时,宜采用船首顶风抛锚方式;重载船舶遭遇急流且风力较小时,宜采用船首顶流抛锚方式。风舷角或流舷角越小越安全,一般不宜大于 15°,切忌在横风、横流时抛锚。

(三)抛锚时的船速

运输船舶一般采用后退抛锚法。抛锚时的退速不宜过高,否则,容易出现出链过快而刹不住的现象,造成断链、丢锚或锚机损坏等事故。一般认为,停船后船舶对地略有退速时为抛锚的最佳时机。退速的大小主要取决于船舶排水量,小型船舶一般控制在 2.0kn 以下;中型船舶控制在 1.0kn 以下;大型船舶控制在 0.5kn 以下。大型船舶抛锚时的退速甚至要更小。

正确判断船速是选择落锚时机的关键。传统上可用正横附近灵敏度较高的串视物标之间的相对运动来判定。还可充分用精度较高的 DGPS 的船速进行判断。此外,长期的海上实践经验表明,当倒车排出流水花抵达船中部时,一般船舶已对水停止运动,即船对地略有退势。但值得注意的是,在有流的影响时,这时船舶对地的速度约等于流速。

(四)调整姿态及松链

将锚抛入水中,一般先出短链,视锚链滑出的长度适时将锚机刹车刹紧。这样即可防止锚链堆积过多,又可缩短拖锚距离,迫使锚很快抓底。可根据水深情况确定短链长度,一般抛出 2~2.5 倍水深的短链长度时,应将锚链刹住,利用船后退的拉力使锚爪啮入土中。

抛出短链后,抛锚操作人员应随时将水面以上锚链部分的松紧程度和方向情况向驾驶台报告。锚链方向通常用整点时钟表示,例如,“12 clock”表示锚链指向正前方;“3 clock”表示指向右正横;“6 clock”表示指向正后方;“9 clock”表示指向左正横。

船长或引航员根据报告的具体情况采用进车、操舵或倒车措施调整船舶运动状态,使之便于松链。在锚链指向正横之后时,即使锚链受力较大,也不可进行松链。这时,应适当倒车使锚链指向正横之前,再进行松链。

一般根据锚链的松紧程度进行松链,锚链受力时送出锚链,锚链松弛时刹住锚链,这样反

复几次，直至松至所需链长。

（五）锚抓底情况的判断

锚链松到所需链长后，应将刹车刹牢、合上制链器等操作。此后抛锚操纵人员切不可立即离开船首，应对锚链受力状态进行仔细观察，判断锚是否有效抓底。如图 4-4-4 所示。

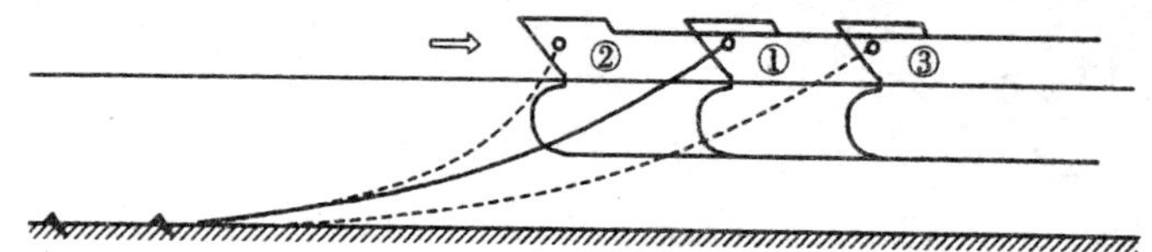

图 4-4-4　锚的抓底情况判断方法

停止松链几分钟后，船舶在风、流的作用下将以微小速度后退，锚链随着船舶的后退逐渐绷紧，这时，锚链受力最大，露出水面的锚链长度也最长，如图 4-4-4 中的位置①。如果锚链绷紧之后短时间内变得松弛，即露出水面的锚链长度缓慢缩短，锚链成自然悬垂状态，则说明锚已经稳定抓底，如图中的位置②，反之，如果锚链长时间处于绷紧状态或锚链绷紧时抖动，则说明锚没有稳定抓底，而处于走锚状态，如图中的位置③。如果船舶处于走锚状态，应进行起锚，并重新抛锚。

五、双锚泊操纵方法

双锚泊方式分为八字锚泊、一字锚泊和平行锚泊三种方式。各种锚泊方式的操纵要领如下：

（一）八字锚锚泊操纵方法

根据抛锚时风的来向不同八字锚的操作方法分为顶风后退抛锚法和横风抛锚法两种，而横风抛锚法又分为前进中抛锚和后退中抛锚。下面分别对各方法的操纵要点加以叙述。

1. 顶风后退抛八字锚

使船迎风、迎流或迎风流之合力方向缓速航进到位 1（图 4-4-5），在略有退势时，抛下任一舷锚（风流不一致时，应先抛上风锚）。

倒车后退松链约 2 节左右，船退到位 2。进车，向未抛锚舷施舵，控制已抛锚的链长（此时等于两锚间距）达预定长度的 0.5 ~1 倍，即能保证夹角 θ 为 30° ~60°（位 3 时），用舵调整船身，并抛下另一锚。然后，随着风流作用船体后退，继续松链至预定长度，使两链均衡受力，并保持有一舷的联接卸扣留在甲板上，船在位 4 停泊稳妥。

2. 横风流抛八字锚

横风条件下抛八字锚，分为前进抛锚法和后退抛锚法二种。图 4-4-6 是采用横风流前进抛锚法。

船横风流缓速航进至位 1 时，抛上风（流）描，进车松链，达位 2 时抛下风（流）锚，微倒车，让风流将船压向下风下游方向，同时相应松出两链至预定长度并调整使其受力均匀，在位 3 稳定锚泊。

若采用后退抛锚法，则应先抛下风流锚，后抛上风流锚。

（二）一字锚锚泊操纵方法

一字锚泊一般采取顶流操纵方式，可分为前进抛锚和后退抛锚两种操纵方法。先抛惰锚后抛力锚的方法称为顶流前进抛锚法，如图 4-4-7a）所示；先抛力锚后抛惰锚的方法称为顶流

后退抛锚法,如图 4-4-7b)所示。

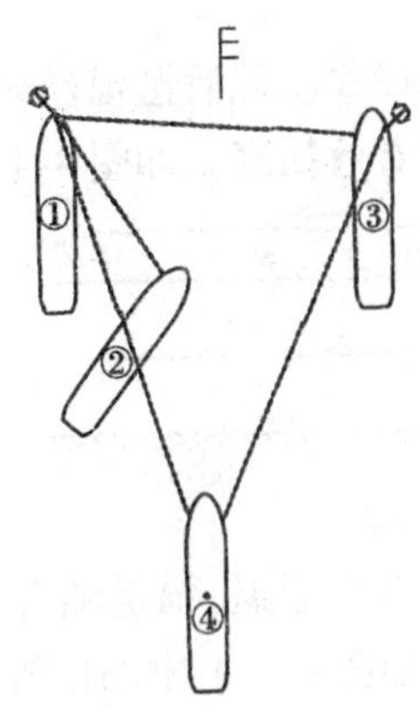

图 4-4-5　顶风八字锚操纵示

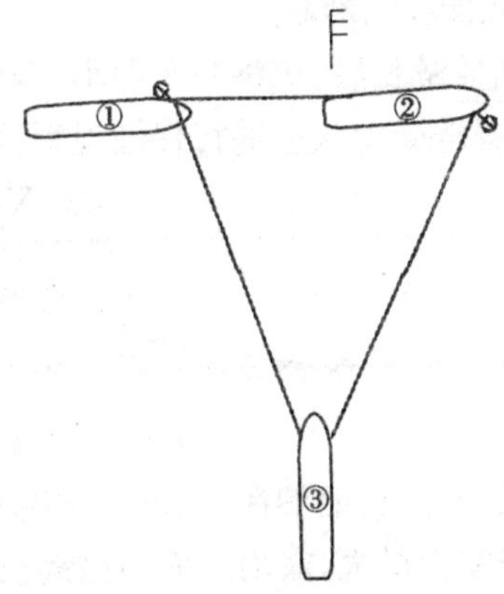

图 4-4-6　横风流抛八字锚操纵示

1. 顶流前进抛锚法

1)适时抛出惰锚

船舶及早停车淌航使之顶流前进,保持对地余速为 1.0kn 左右抵达惰锚位置(位置①)时,抛出惰锚(有侧向风影响时,为防止两锚链绞缠,惰锚应为上风舷锚)。抛出短链后即刹住,使之受力。

2)前进中松出惰链

根据需要,进车、操舵保持航向,使船首顶流前进,并慢速松出惰链。当船首抵达力锚位置附近(位置②)时,松出的惰链长度约为预定两舷出链长度之和,然后刹住惰链。在使船舶对地略有退速时,抛出力锚(有侧向风影响时为下风舷锚),出短链即刹住,使之受力。

3)绞进惰链、松出力链

随着船舶的缓慢后退,慢速松出力链,同时绞进惰链,直至船首抵达两锚位中点附近(位置③)时,调整两锚链长度至预定的出链长度。

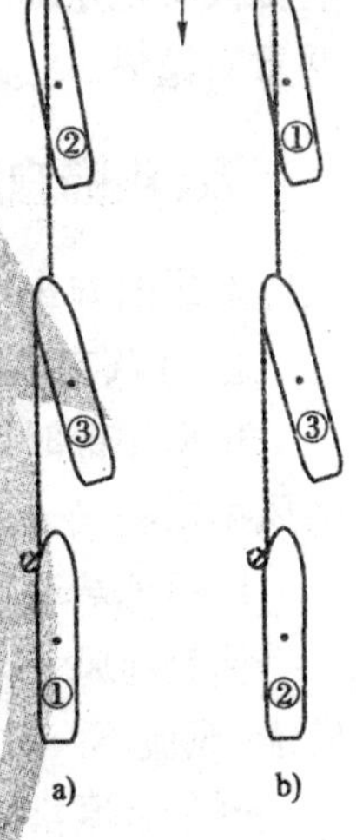

图 4-4-7　一字锚锚泊操纵示意图

2. 顶流后退抛锚法

1)适时抛出力锚

抛力锚的方法与单锚泊抛锚方法相似。船舶及早停车淌航使之顶流前进,船舶抵达力锚位置,并稍有退速(位置①)时,抛出力锚(有侧向风影响时为下风舷锚),抛出短链后即刹住,使之吃力。

2)后退中松出力链

随着船舶的缓慢后退,慢速松出力链。当船首抵达惰锚位置附近(位置②)时,松出的力链长度约为预定两舷出链长度之和。然后进车,在使船舶对地略有进速时,抛出惰锚(有侧向风影响时为上风舷锚)。

3)绞进力链、松出惰链

进车、操舵舵调整船速及保持航向,使船顶流缓慢前进。惰链受力后,随着船舶的缓慢前进松出惰链,同时绞进力链。直至船首抵达两锚位中点附近(位置③)时,调整两链至预定出

链长度。

两种抛锚方法比较，顶流前进抛锚法有利于保向、锚位准确、风流作用下两锚均保持良好抓底状态等优点，因而被普遍采用。而顶流后退抛锚法具有防止惰链受力过大的优点，但不利于保向，特别是受到较大外力影响时，如横风等，很难有准确锚位和良好的锚泊状态。

由于一字锚泊不适用于长时间停泊，且一般为浅水区域，因此，力链和惰链出链长度一般相同，约为3节甲板。但在涨、落潮流速不等的水域，流速较大方向的锚链可出链4节甲板，流速较小方向的锚链可出至3节甲板。两锚链松紧程度应适当。遭遇横风影响时，两锚链过紧可能因锚链受力过大而造成走锚；过松可能因船舶向下风漂移距离较远而失去一字锚的作用。为便于锚链绞缠后的清解，应使两链的卸扣位于甲板。

（三）平行锚锚泊操纵方法

平行锚的操作相对简单，适时控制船速，当船舶顶风流抵达锚位且略有退势时，将两锚同时抛出，然后两锚松链至所需长度并相等即可。

六、锚泊船的偏荡

锚泊船在风、流、浪等外力、水动力和锚链力的作用下，将产生围绕锚泊点的周期性左右摆动，这种现象称为“偏荡”运动。偏荡运动使锚链水平方向增加了额外动力，这种额外的动力是船舶走锚的主要原因之一，严重的偏荡会导致断链。除一字锚外，单锚泊、平行锚、八字锚以及单点系泊等停泊方式都存在偏荡现象，其中单锚泊、平行锚及单点系泊的偏荡运动幅度较大。在此，以单锚泊船在大风中的偏荡运动进行概述。

（一）偏荡运动轨迹

锚泊船偏荡运动过程中，船首、重心和船尾的运动轨迹呈横“8”字形，并与风向垂直。如图4-4-8所示。

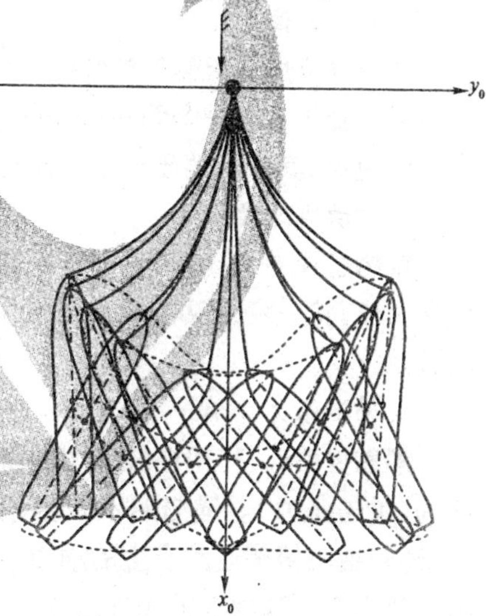

图4-4-8 单锚泊船的偏荡运动轨迹

（二）偏荡运动特征参数

偏荡运动的特征参数有偏荡幅度、周期、角速度、锚链张力、锚链方位等等。实船试验结果表明，偏荡运动过程中，各参数随时间呈周期性变化，如图4-4-9所示。

1. 偏荡幅度

偏荡过程中，船首在 y_0 方向所能达到的最大值称为“极限位置”，坐标 $y_0=0$ 时，称为“平衡位置”。一般将沿 y_0 轴方向左右两个极限位置之间的水平距离称为偏荡幅度。偏荡幅度越大，锚链冲击力也相应增大。偏荡幅度主要取决于出链长度、风力的大小、船舶载况以及纵倾姿态等因素。一般来说，出链长度越长、风力越大、船舶吃水越小，偏荡振幅越大；轻载比重载偏荡幅度大；尾倾比首倾偏荡幅度大。偏荡振幅最大可达2.5倍船长。因此，为了使偏荡幅度不至于过大，大风浪中锚泊船的出链长度不宜过长。

2. 偏荡周期

偏荡周期是指锚泊船两次抵达同一极限位置所用的时间。偏荡周期越小，偏荡运动越剧

烈，锚链受到冲击力的频率越高。偏荡周期同样取决于出链长度、风力的大小以及船舶载况等因素。一般来说，出链长度越短、风力越大、水面以上受风面积越大、风压力中心位置前移，偏荡周期越短；轻载比重载偏荡周期短。一般单锚泊船的偏荡周期为 10 ~ 15 分钟。因此，为了使偏荡周期不至于过短，大风浪中锚泊船的出链长度不宜过短。

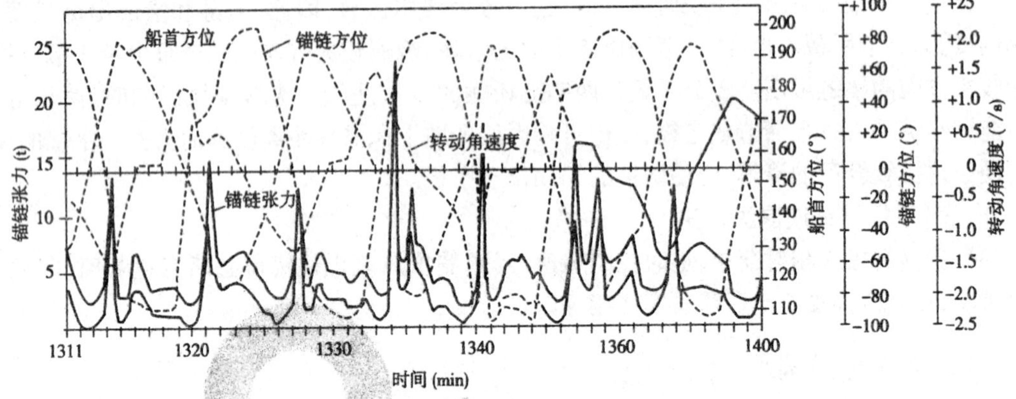

图 4-4-9　偏荡运动参数随时间的变化

3. 风舷角的变化规律

锚泊船偏荡过程中的风舷角指风向与船舶首尾线之间的交角，也称为船首方位。偏荡过程中，风舷角随时间呈周期性变化。在一个偏荡周期内出现两次风舷角最大值。一般船首接近平衡位置时，风舷角最大，其最小值出现在极限位置附近。最大风舷角可达 50°以上。

4. 锚链方位角

锚链方位角是指船首处锚链方向与船首向之间的交角。偏荡过程中，锚链方位角随时间呈周期性变化。在一个偏荡周期内出现两次锚链方位角最大值。船首位于平衡位置时，锚链方位角为 0°，其最大值出现在极限位置。

5. 转动角速度

偏荡过程中，船舶转动角速度随时间呈周期性变化。一个偏荡周期内出现两次转向角速度最大值，其一般出现在船首由极限位置向平衡位置运动过程中，此时，船首接近平衡位置附近。

6. 锚链张力

船舶锚泊时，作用在锚链上的张力分为静力和动力两种类型，前者称为“静态张力”，后者称为“冲击张力”。锚泊船不发生偏荡时，作用在锚链上的力仅为静力；偏荡时，不仅包括静力，还包括由偏荡运动产生的动力。偏荡过程中，冲击张力的大小随时间呈周期性变化。一个偏荡周期内出现两次最大冲击张力。最大冲击张力一般出现在船首由极限位置向平衡位置运动过程中转动角速度发生最大值之后的时刻，此时，船首接近平衡位置，风舷角最大，锚链方位角较小。最大冲击张力一般为静态张力的 2 ~ 3 倍，最大可达 5 倍。小型船偏荡时锚链受冲击张力约为正面所受风压力的 3 ~ 5 倍，压载大型油轮约为 3 倍，满载大型油轮约为 2 倍，空载集装箱船约为 3 倍。船舶偏荡周期越短，锚链的张力越大。

(三) 减轻偏荡的措施

偏荡使船舶产生纵向和横向的周期性运动，严重时会导致断链或走锚，因此，有必要采取措施以减轻锚泊船的偏荡。这些措施包括：

1. 增加船舶吃水和调整纵倾状态

轻载或尾倾的锚泊船偏荡剧烈，可通过增加船舶吃水（如使船舶吃水为满载吃水的75%）、调整为平吃水或首倾的方法来减小偏荡幅度、增大偏荡周期。

2. 加抛止荡锚

如果偏荡幅度较大，并有走锚的危险，可将另一舷首锚在船首刚从极限位置向平衡位置过渡时抛出，出链长度为1.5～2.5倍水深并刹牢，使之处于拖锚状态，该短链锚称为"止荡锚"。利用止荡锚与海底的动摩擦力来抑制偏荡幅度，可以大大减轻偏荡幅度和减缓偏荡周期，其应用最为普遍。

3. 改变锚泊方式

由单锚泊改为八字锚泊方式可有效防止偏荡的产生。

4. 采用车、舵等手段抑制偏荡

大风来临之前，锚泊船应将主机备妥，并启动舵机。在锚泊船偏荡过程中适时使用车、舵配合，不但可以用进车缓解锚链张力，还可利用微进车减小偏荡幅度。但当船舶偏荡到左右极限位置时，若动车过多，反而会加大锚链的负荷，增加走锚或断链的危险。如船舶装置有侧推器，也可在偏荡时灵巧运用侧推器抑止偏荡。

七、船舶走锚

走锚是指锚在外力作用下离开锚泊位置而持续拖动的现象。锚泊船走锚可能造成搁浅、碰撞等事故，因此，必须采取措施防止走锚。

（一）走锚的原因及姿态

锚泊船走锚的根本原因是外力大于锚泊力。具体讲走锚是由多种原因造成的，这些原因包括锚地底质不佳、出链长度不足、外力增大（大风、急流、浮冰等）以及偏荡运动等等。其中重要原因是剧烈的偏荡。

走锚时，锚泊船的船首一般位于偏荡运动轨迹的平衡位置附近，处于风舷角最大，且基本固定不变的姿态。

（二）走锚的判断

预防走锚是安全锚泊的必要条件，但预防措施并不一定能完全防止意外走锚。锚泊船走锚之后，防止船舶搁浅、碰撞等事故的关键是发现走锚，并采取适当的应急措施。下面介绍一些行之有效的走锚判断方法及应急措施。

（1）锚泊时，根据锚地锚泊船的密度、气象水文情况设置雷达和GPS等定位系统的"警戒圈"范围，使之能在锚泊船走锚时将发出报警。也可根据与锚地的其他锚泊船，特别是下风、下游的船舶的相对位置变化来判断是否走锚。

（2）仔细观察锚泊船的偏荡运动，如果周期性偏荡运动突然停止，船舶变为一舷受风，锚链处于上风舷侧，且风舷角基本保持不变，则可断定发生了走锚。

（3）条件允许时，派人到船头观察锚链的受力情况。偏荡运动中，锚链应周期性地张弛。如发现锚链始终处于绷紧状态或发生间歇性的剧烈抖动，即可判断有走锚可能。

(三)走锚的应急措施

(1)单锚泊船一旦发现走锚,切不可松长锚链,因为松长锚链不利于锚的二次抓底。应立即抛出另一舷首锚并使之受力,防止船舶由于走锚距离过大而发生搁浅、碰撞等事故。

(2)通知机舱备车、报告船长、悬挂及鸣放"Y"信号,并用 VHF 等通信手段及时报告有关当局和发出航海警告。

(3)主机备妥后进行起锚,择地重新抛锚。

八、绞缠锚链的清解

船舶抛双锚时,由于风向、流向的变化,使船舶围绕锚泊点回旋,导致左、右两根锚链相互绞缠(绞花)。绕一道称为"单花",绕两道称为"双花"。一旦锚链绞缠,必须及时清解才能开航。如果当地有拖船则可请拖船向绞花的相反方向顶推回旋,逐个解开绞花。如果无拖船协助则必须依靠船员自行清解,清解时必须一花一花地分别清解。清解锚链宜在平流或缓流时进行,以便于操作。

(1)备妥挂缆、保险缆、引缆、送出缆各一根和若干卸扣,备好升降坐板。如果有可能放下一艘救生艇协助。

(2)绞紧"力链"使绞花露出水面。必要时用白棕绳在绞花下面系结,以防绞花下滑,如图4-4-10 所示。

(3)从"惰链"一侧船舷送出挂缆和保险缆,用卸扣与惰链相连。挂缆和保险缆的另一端则收紧挽在船首部的缆桩上,如图 4-4-11 所示。

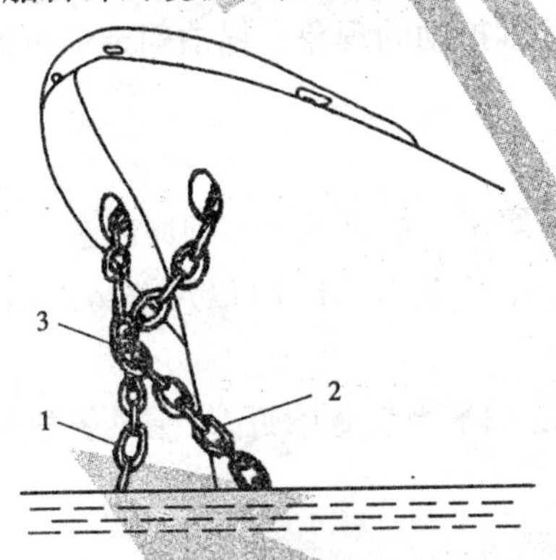

图 4-4-10 锚链绞缠图

1-力链;2-惰链,3-系绳结位置

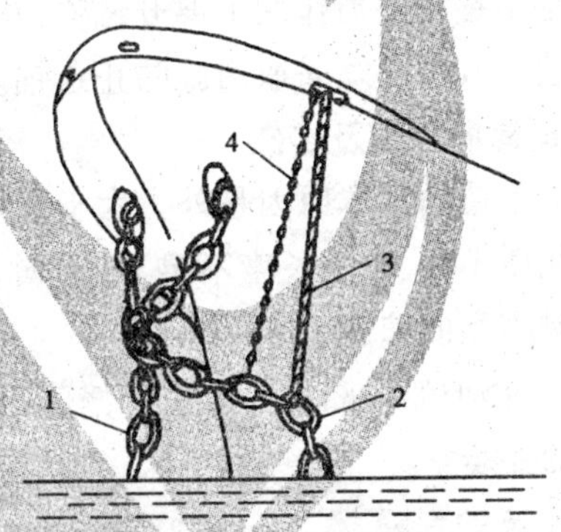

图 4-4-11 出挂缆和保险缆

1-力链;2-惰链;3-保险缆;4-挂缆

(4)用制链器夹住惰链,再用锚机将惰链倒出排列在甲板上,直到下一个连接链环松到甲板上。

(5)解开连接链环,在其末端链环上系妥送出缆,送出缆的另一端挽牢在缆桩上。

(6)将引缆的一端接在卸下的惰链末端链环上,另一端从惰链筒送出,在力链上按惰链缠绕的反方向绕一道,再从惰链筒收回,绕在卷筒上。

(7)打开制链器,绞引缆,同时松送出缆。惰链绕过力链解一花后,仍经惰链筒由引缆绞回到甲板上。

(8)如果为单花,则可装上连接链环,解掉引缆和送出缆,绞紧锚链后解掉挂缆和保险缆。

如果为双花，可将送出缆两端交换一下位置而改作引缆，原引缆改为送出缆，重新操作一次即可。

九、起锚作业

（一）准备工作

（1）通知机舱送电，供锚链水。

（2）锚机加油润滑，空车试验（正反转），确认一切正常后再合上离合器，打开制链器和刹车带，让锚机受力。

（3）准备工作完毕，立即向驾驶台报告。

（二）绞锚操作

（1）接到驾驶台起锚口令后，大副根据锚链受力情况指示木匠以适当速度绞锚。

（2）开启锚链水冲洗锚链上的污泥。

（3）绞锚过程中，大副应随时将锚链的方向报告给船长，以便驾驶台进行车、舵配合绞锚。绞锚操作人员应报告锚链在甲板以下的节数。

（4）绞锚时若风大流急，锚链绷得很紧，此时不能硬绞，而要报告驾驶台，进车配合，等船身向前移动锚链松弛后再绞，以防损伤锚链和锚机。若锚链横越船首，应利用车、舵将船逐渐领直后再绞进。

（三）锚离底的判断

首先，锚爪出土的瞬间锚机负荷最大，锚离底后锚机负荷突然下降，此时锚机转速由慢变快，声音由“吭吭”的闷声变为“哗哗”的轻快声。其次，利用海图水深（考虑潮高变化）和出链长度相比较，当出链长度小于水深时，即可判断锚离底。

（四）锚离底

锚离底时应报告，同时降下锚球或关闭锚灯。锚出水后，要观察锚爪上是否挂有杂物，若有应及时清理，然后根据需要将锚悬于舷外待用或收妥。

（五）结束工作

（1）若锚不再使用需收进锚链筒时，应慢慢绞进直到锚爪与船舷紧贴为止。

（2）合上制链器，用锚机倒出一点锚链，使制链器受力，然后上紧刹车，脱开离合器。

（3）关闭锚链水，盖上锚链筒防浪盖，罩好锚机，用链式制链器加固锚链，封好锚链管口，通知机舱关闭锚机电源。

十、值锚更

船舶在锚地抛锚，驾驶员要值锚更班。值班人员应坚守岗位并做到：

（1）密切注意周围环境和天气的变化。

（2）注意过往船只和其他锚泊船动态。

（3）注意本船的号灯、号型是否正常。

（4）勤测锚位，勤查锚链。

（5）若天气恶劣，风力增大，必要时应备妥主机。

（6）若偏荡剧烈或走锚时，应立即报告船长，采取措施。

（7）如发现他船走锚向我船而来，应马上报告船长并设法与走锚船取得联系并采取行动，避免碰撞。

第五节　大型船舶操纵

根据我国主管机关相关规定,船长大于250m或DWT 8万吨以上的船舶为大型船舶。与普通万吨级船舶相比较,大型船舶在操纵性能、系泊操纵以及锚泊操纵上存在很多不同特点。

一、大型船舶的特点

(一)长宽比 L/B 小

从船舶尺度上来看,大型船舶的一个重要倾向是增加钝度,即 L/B 减小,目前大型油船的 $L/B=6.0\sim6.5$。由于 L/B 的减小使船舶首摇的阻尼减小,因此,大型船舶的旋回性能比 L/B 大的船舶要好一些,但航向稳定性有所降低。

(二)舵面积与船长吃水比 A_R/Ld 小

大型船舶的一个倾向是舵面积占船体水下侧面积的比例(用 A_R/Ld 表示)的减小,大型油船的 A_R/Ld 一般在1/60以下。由于 A_R/Ld 的减小,使舵的转船力矩减小,因此,大型船舶的旋回性能和舵效比 A_R/Ld 大的船舶要差一些。

(三)方形系数 C_b 大

大型船舶另一个船型参数 C_b 较一般货船有明显的增大趋势。大型油船的 C_b 一般在0.8以上。由于 C_b 的增大,使船舶首摇的阻尼减小,因此,大型船舶的旋回性能比 C_b 小的船舶要好一些,但航向稳定性相对差一些。

(四)单位载重吨分配的主机功率小

从船舶的主机装置来看,与一般货船比较,大型船舶单位载重吨分配的主机功率(PS/DW)要小得多了。一般大型船舶的PS/DW为0.25以下,这就造成大型船舶的紧急停船性能较一般货船差很多。因此,对于紧急停船距离,不论是绝对值,还是相对值都比一般货船大很多。启动距离较一般船舶也大得多。

(五)船舶质量大

巨大的船舶排水量,使得船舶进行机动操纵异常迟缓和笨重。因此,要早用舵、早回舵而且要用较大舵角;港内航行时,通常都用两艘或两艘以上的拖船来协助变速与改向。

通常转向时的转头速率不应超过15°。否则使船舶停止转头非常困难。

(六)浅水效应明显

由于大型船舶船体肥大,浅水区航行时,船体的下沉量较一般船舶为大,船尾伴流也会明显增大。故浅水区停车淌航时,大型船舶失去舵效的时机较一般船舶为早,在无拖船协助时,浅水区停船淌航应对舵效加以足够注意,必要时应微进车航行。

(七)岸壁效应明显

由于大型船舶船体肥大,靠岸壁行驶时,易产生船体向岸壁靠拢而船首转向航道中央的现象——岸壁效应。

操船中,应尽可能使大型船舶位于航道中央,如不得不靠岸壁行驶时,可适当向岸壁侧压舵,以预防岸壁效应。

(八)船间效应明显

由于大型船舶船体肥大,船间效应更为明显,特别在浅而窄的水域航行时应引起足够的重视。

二、大型船舶的锚泊操纵特点

(一)接近锚地

应以本船的减速性能为基础,借助经验,结合水道长度、形状、宽度、船舶通航密度以及水文气象等条件进行减速操作。大型船,由于质量大,所以,在相当远的距离处就应控制向锚地的接近速度。其减速的情况大约为:

泊位前约 2n mile 处,余速控为 4kn;

泊位前约 1n mile 处,余速控为 2kn

泊位前约 1 个船长处,余速应控于 1kn 以下。

(二)锚泊的准备工作及抛锚操作

大型船舶的锚地一般水深较大,而锚和每米锚链的重量又较一般船为大,所以不允许如同一般船一样,将锚从锚孔直接抛出,否则易引起锚机刹车失灵、烧损等不良后果。应按深水抛锚法进行准备和操作。

当水深不足 1 节锚链时,利用锚机将锚链送出至水面下接近海底,然后再利用刹车在船的极低余速下抛锚。

当水深超过 1 节链长时,也采用锚机送链法将锚送至海底,以极小余速抛锚,或者索性将预定锚链全部用锚机送出,并配合船舶后退,使锚链横卧海底。

(三)抛锚时的余速

大型船舶抛锚多采用后退抛锚的单锚泊方法,以便于控制余速及出链速度,避免使锚链承受过大应力。

为使锚很好抓入海底,必须具备适当的后退速度,但若该速度稍过,则又要考虑锚机、锚链等条件的制约,通常应低于 0.5kn。一般说来,锚机刹车最大负荷取值要比锚链破断强度低 0.14倍,所以当锚设备状态不太好,对于抛锚时船的退速选定必须更加慎重。

三、大型船舶港内操纵特点及其注意事项

(一)系泊方式

大型船舶吨位大,吃水也大,为了满足泊位对水深的要求,大型船舶系泊分为码头系泊、船墩系泊、单点系泊和多点系泊等。

(二)开敞式泊位

为了满足大型船舶吃水对水深的要求,大多数大型船舶的泊位位于远离陆地的开敞水域,船舶停泊过程中受流及风浪的影响大。因此,在大的风浪来临前,应根据泊位的波稳情况决定船舶的防风措施,如在泊位避风应增加系缆和加强值班。

(三)系泊用缆

为了保证大型船舶的系泊安全,系泊用缆应为高强度的尼龙缆或钢丝缆。码头或船墩系泊时,通常用头缆、尾缆、前后倒缆以及前后横缆各 4 ~8 条,组合起来,全部共用到 20 条以上。单点系泊时,如波浪很小最适合的系缆长度是水面至导缆孔高度的 1.5 倍左右,当波浪较明显

时，则以松得稍长些为好。

(四)需拖船协助

大型船舶不同于中小型船舶，无论是进行系离泊操纵，还是掉头或较大角度转向操纵，大型船舶均需拖船协助，并且需要多艘拖船，有时甚至5~6艘以上。

协助大型船舶操纵的拖船多采用组合带缆方式，即，行进时船首需要做动力的吊拖，船体两侧需要做动力或做舵船的傍拖，船尾则需要制动或做舵船的吊拖；靠泊或掉头时首尾需要吊拖方式带缆，船体两侧需要顶推方式带缆。

(五)控制余速

抵达泊位前，应控制大型船舶余速为零，以便消除船舶的惯性，保证安全。此后，借助拖船使船舶入泊，贴靠泊位的法向速度应控制在2~5cm/s。

思 考 题

1. 简述接、送引航员时的操船方法。
2. 一般情况下港内掉头方向如何确定？港内掉头所需水域如何估算？
3. 简述靠泊操纵要领及其注意事项。
4. 简述离泊操纵要领及其注意事项。
5. 简述锚地选择的原则。
6. 简述单锚泊、八字锚、一字锚和平行锚的使用场合和特点。
7. 简述单锚泊操纵要领和注意事项。
8. 何谓单锚泊船的偏荡？缓解偏荡的方法有哪些？
9. 简述如何判定船舶走锚。
10. 简述发现走锚后的措施。
11. 简述大型船舶的操纵特点。
12. 试述单锚泊操纵的要领及其注意事项。
13. 试述值锚更的注意事项。

第五章
特殊水域的船舶操纵

第一节　狭水道中的船舶操纵

狭水道是指水道的相对水深或相对宽度较小，因而给通过该水域的船舶进行操纵带来各种影响的水域。诸如港湾、江河、运河、锚地、岛礁区、狭窄海峡等。狭水道内航道狭窄而且弯曲，水流和水深变化较大，航海危险物较多，来往船只密集，航行比较困难。许多海事是由于在狭水道中的航行和操纵措施不当而引起的，因此，狭水道航行时，驾驶人员必须了解狭水道的航行特点，掌握狭水道内各种导航、转向、避险和过浅滩方法，以及各种注意事项和应急措施，正确合理地运用避碰规则中狭水道航行条款。

一、狭水道中的船舶操纵特点

（一）航道狭窄、水浅滩多

狭水道的宽度一般较为狭窄，有的仅能允许单向通航，给船舶尤其是大型深吃水船舶的航行和避让带来一定困难，因此必须严格遵守海上避碰规则、内河避碰规则、港章和特定水域的航行条例等。狭窄水道上浅滩一般较多，水深限制较大，船底富余水深也不足，势必会影响船舶操纵性能。由于航道的变迁，航道水深经常变化，也给船舶的安全航行带来一定的威胁，对于大型深吃水船舶在进出港时必须准确地掌握好航道基准水深和潮汐资料，计算潮时和潮高，利用高潮安全进出港。

（二）航道弯曲、灯浮较多

狭水道不仅狭窄，而且航道弯曲、航向变化频繁，不仅转向点多，而且有的弯头转向幅度较大，甚至由于过于弯曲致使弯道两端的船舶不能互见，在频繁的转向过程中给船舶避让带来一定困难；由于水道宽度受到限制，岸壁和船吸效应的影响也比较明显。为了给进出狭水道的船舶提供准确的定位和物标识别，在狭水道内经常设置一些灯浮，供船舶进出港导航使用，如著

名的多佛尔海峡和我国的长江口南水道，都是典型的浮标导航水道，均按国际标准设置"A"系统的水上助航标志。

（三）潮流湍急、流向多变

一些狭水道处于两个大洋之间或者是内陆与海洋相通的地方，由于海水温度、密度或盐度等不同造成水流湍急多变，狭水道航行应特别注意航道中的水文气象条件，尤其是潮流的流速和流向，它们与航道的地貌以及每月的汛期均有关系。因此大型重载船舶尤其应掌握其变化规律，在进出口时应预配好流压差，并且尽量避开急涨或急落时间通过弯头或靠离泊位。

（四）航区复杂、碍航物多

狭水道内暗礁、沉船、渔栅等障碍物较多，有的狭水道内还铺设海底电缆、输油管道或者设置锚地、捕鱼区、危险区、测速区、校磁场和引航站等，一些狭水道内还有桥梁或架空电缆。这些都要求进出口船舶加强瞭望，并随时准确掌握自己的船位，特别在晚上或视线不良的天气状况下，更应注意及时避让来船和障碍物，确保船舶航行安全。

（五）船舶密集、往来频繁

狭水道是船舶与港口之间的必经之地，水道内的船舶流量一般比较大，容易出现交通拥堵现象，交叉相遇局面时有发生。面对这些情况，驾驶人员要注意控制好航速，及时采用车、舵进行避让，并且运用良好船艺，遵守港口规定，谨慎操纵船舶。

二、狭水道中的船舶操纵要领及其注意事项

（一）狭水道中的船舶操纵要领

1. 充分做好狭水道操船的准备

（1）备妥有关海图、港图、最新蓝图、港章、航路指南有关部分及经验介绍等资料；

（2）应收听并及时改正有关的航海通告，研究和查核有关航海图书资料；

（3）掌握狭水道水域附近的地形地貌，包括两岸山峰、岛屿、岸滩、大的弯曲航段、居间障碍以及航行障碍物等；

（4）掌握狭水道可航水域的水文情况，包括水流、水深、可航宽度、最大可偏航距离，以及潮汐、潮流甚至洪峰等；

（5）掌握狭水道内的助航标志及导航设施，应准确识别并判明其意义且要熟记其号码和配布，包括其间的距离和驶至各航标的大致时间等，与此同时对显著的物标及特殊的岸形也须熟悉；

（6）掌握狭水道内的船舶交通状况，包括狭水道内航行船舶和锚地船舶动态以及分道通航制的适用水域和有关航道、航速等方面的航行规章等；

（7）船舶本身应检查船舶操舵系统、动力系统的运行状态，声光信号设备，有关助航仪器，并确认它们处于良好的工作状态；

（8）制定通过狭水道最有利于安全的航行计划。

2. 保证船舶航行在计划航线上

在狭水道中航行时，必须随时掌握船位，并确保船位走在预定的计划航线上，以防误入险区和造成不必要的会船。为了达到这一目的，需要采用正确的避险方法和导航方法。

狭水道的避险方法主要是利用方位线或距离圈避险，确保船舶远离有碍航行的各种障碍

物，如暗礁、沉船、浅滩和渔栅等。

狭水道的导航方法主要是浮标导航和岸标导航（包括人工叠标导航、自然叠标导航、单标方位线导航等），有时也可利用上述两种相结合的方法进行导航。总之应根据狭水道的具体情况，确定其合适的导航方法，确保船位在预定的计划航线上安全航行。

3. 正确掌握转向点

狭水道航行，对船位误差的要求与开阔海区不同，因此掌握转向点的要求也不同。在开阔海区，可选择正横附近物标的预定方位为转向依据，但在狭水道内若不顾当时当地的客观实际，千篇一律使用此法，就会陷入被动，如图5-1-1所示，选择正横附近物标 A 的罗经方位为300°时转向至260°，但当船位偏离计划航线（图中实线），而实际航迹偏东时（图中虚线），很明显若按原转向计划转至260°，船会驶向浅滩。所以在狭水道内，必须根据具体水道的特点，因地制宜，准确选择转向依据和正确进行转向操纵，才能达到误差最小的要求。

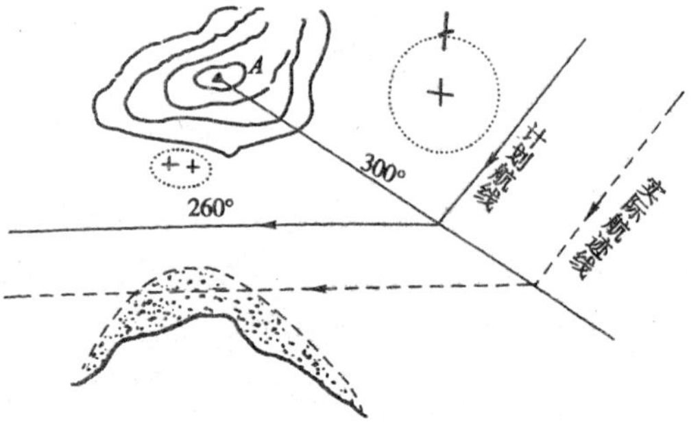

图 5-1-1　利用正横附近物标转向

例如在狭水道内航行，若用浮标导航，如果当时当地的风流较缓和，而且船位保持在计划航线上，一般当船位正横浮标时转向。若遇顺流航行则应早转，若遇逆流航行则应晚转；当船位偏外应早转，船位偏内应晚转。

又如在岛礁区狭水道航行时，可利用人工航标和自然标配合使用，即利用物标的“串视”、“开视”、“闭视”和前后标连线等方法进行转向，这些方法不仅灵敏度高、观察方便和迅速，而且效果也较好。

再如若客观条件受到限制，不能按上述方法选择转向依据，则可利用单标方位线作转向依据，但应注意以下两点：一是尽量选用新航向前方物标的预定方位，即改用前方物标 B 的罗经方位265°为转向依据，其转向后船位的误差比原来小得多（图5-1-2）。若航道条件许可，还可直接以前方物标 B 作新航线的单标方位导航线（图5-1-3），以物标 B 罗经方位280°作单标方位导航，新航线由原260°拟改为280°，当船到达此方位线时转向。二是利用正横物标与新航向平行的方位（图5-1-4），当前方无物标，上法不能用时，仍可利用正横附近物标，船以190°航行，从物标 C 作新航向260°的平行线，相交计划航线于 A，根据 A 至转向点 B 的距离及当时的船速，可求得从 A 到 B 所需航行的时间 t，当船到达物标 C 罗经方位260°时，开始计时，航行 t

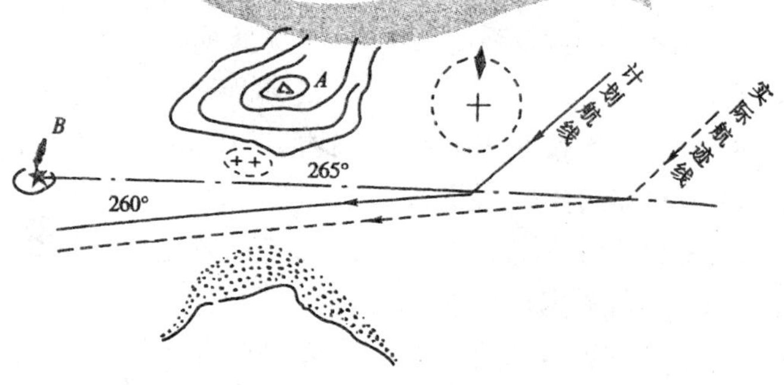

图 5-1-2　利用单标方位线转向

时间后即转向。若 A、B 间的距离不长,船速又较准确,则此法的误差是很小的。

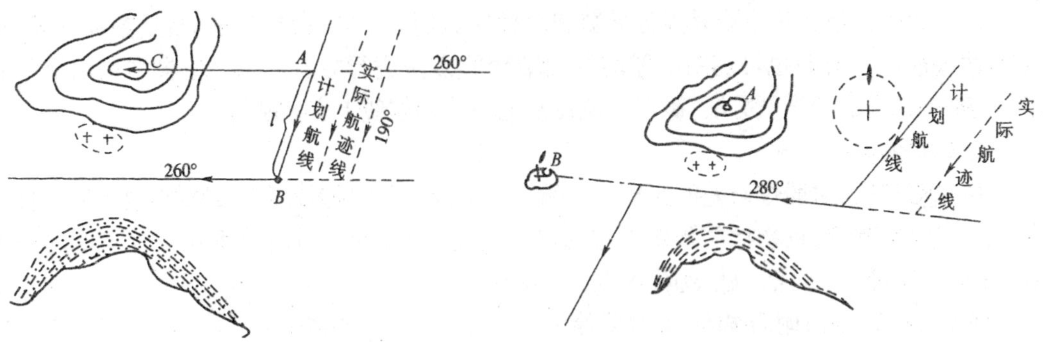

图 5-1-3 单标方位导航　　图 5-1-4 利用平行方位线转向

4. 正确掌握航道的宽度、水深和避让幅度

在全面研究分析水道情况的基础上,正确掌握航道的宽度、水深和避让幅度,是狭水道航行的重点。其中最关键的是在对水道情况的全面了解、研究和熟悉的基础上,解决好狭水道航行中的避让问题,它既包括对遇、交叉和追越过程中的避让幅度和范围,又包括避让大船、小船、渔船或帆船等来船的幅度和范围;既包括能见度不良时的避让幅度以及锚泊时的范围;又包括狭水道中抛锚掉头或用车、舵掉头所需的幅度和范围。

(二)狭水道中船舶操纵的注意事项

狭水道内操船,除掌握上述船舶操纵要领外,还应注意以下事项:

(1)注意掌握狭水道内水流流向、流速的变化以及风对操船的影响,正确预配风流压差。

(2)船舶通航密度大且碍航物多,应及早备车,以便随时控制船速,遵守有关航行规则,正确避让。

(3)能见度不良时除开启雷达、加强瞭望、减速行驶外,应根据情况派人瞭头和备锚航行。

(4)驶过浅水区应连续测深,保证足够的富余水深并尽量选高潮通过,必要时应降速航行以减小首倾。

(5)近岸侧航行应减速,防止浪损及首向深水侧偏转。

(6)在航行中要经常检查和核对有关助航仪器和设备。

(7)若用浮标导航要逐个进行核对并记录,以防错认或遗漏;大风浪中,浮标有可能移位、灭失或灯光失常,不要盲目信赖。

(8)通过险要、复杂航段或潮流较强的水道时,应选择视野良好、交通较少的平流时刻通行,以免陷入尴尬境地。

(9)在狭水道中避让时,一般按照按照车、舵、锚的顺序进行。但在操纵困难或紧急避让时应毫不犹豫地抛单锚或双锚配合车、舵助操。

(10)航行于分道通航制区域应严格执行其航法及有关规定。被 IMO 采纳的分道通航制,执行国际规则;未被 IMO 采纳的,则执行地方规则的相关规定。

(11)航行于船舶交通管理区域,应服从海上交管中心的指挥、调度,根据要求实时报告本船的动态及有关情况。

三、弯曲水道中的船舶操纵

弯曲水道中的水流向凹岸一边冲压，近凹岸边流速大，凸岸边流速小，加上岸壁效应和浅水效应，使船舶操纵变得困难。

（一）顶流过弯

船位保持在水道中央略偏凹岸一侧，将船首迎着流，慢速顺着凹岸的弯势一点一点地内转，即随时要与岸线保持平行，尽量使船沿着水流流线航进，如图5-1-5所示。

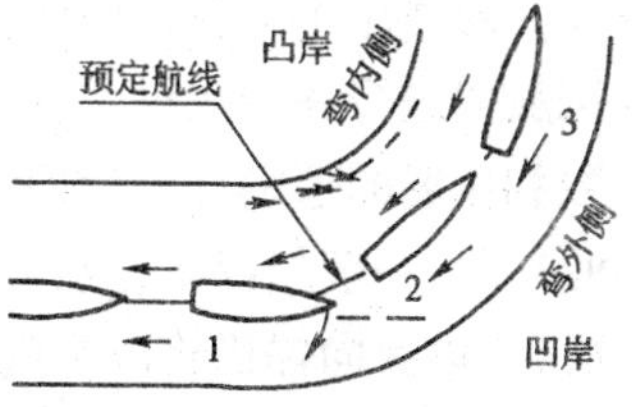

图5-1-5　顶流过弯

一旦用舵太迟或过早把定，就会使船首内侧受流而外偏，此时，应迅速加车用舵纠正之。当措施无效时，应果断抛双锚，快倒车，以防发生事故。

（二）顺流过弯

过于靠近凹岸航行时，船首将被排开，船尾被吸拢，使船产生转头而横越水道；反之，过于靠近凸岸，船首会受到弯嘴回流的作用而偏转，同时船尾也受到流压，使船冲向凸岸，如图5-1-6所示。

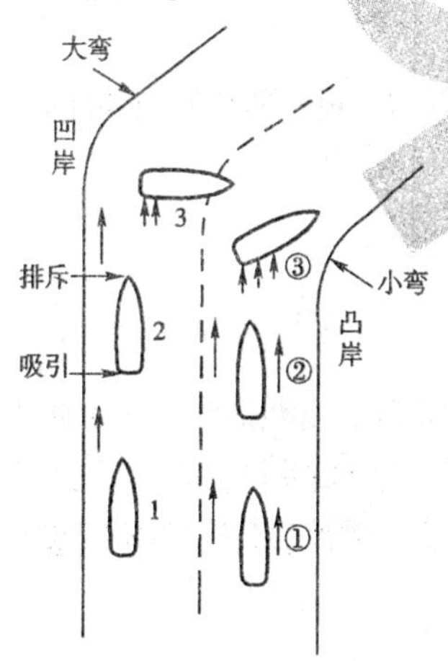

图5-1-6　顺流过弯

在顺流中过弯，应保持船位在水道的中央，使船尾坐着流，沿着弯势操舵旋转，与岸线保持平行，顺流中速度不易控制，舵效比较迟钝，为保证顺利过弯，可以提前停车淌航，在到达弯段前突然加车，以提高舵效。

四、运河中的船舶操纵

内河（运河）是连接外海与河港或贯通外海的水道，有天然的和人工两种。人工内河一般称之为运河，如苏伊士运河及巴拿马运河等。这种水道一般也是航道狭窄、水深较浅，给船舶航行带来一定的困难，故必须予以足够的重视。

（一）航速的选定

运河航行中如速度太大，船岸间的流体动力作用增强，会使船舶操纵性受损害，情况严重时甚至有导致搁浅或触礁的危险。速度过小，则保向及旋回性下降，在有流的水域操纵时，更易陷入困境。

各运河都有航速限制。船舶的实际航速应根据船舶的实际载况、风流影响等在限速范围内作适当的调整，确保航行安全。但需注意，用主机转速来比对航速时，同样的转速在浅水中要比深水中的船速小。

如果发现船速太快需减速时，应逐渐地减下来，否则尾波赶上来，舵效大受影响，船可能发生偏转。减速如需采用倒车，应先驶到航道中线上，这样出现偏转尚有纠正余地。

总之，航速的选择应符合以下要求：

（1）符合水域主管当局的限速规定；

（2）确保本船的操纵性需要，尤其要确保本船的舵效；

（3）确保能安全避让他船，可实施必要的机动；

(4)尽可能在上述各条均予满足的情况下,提高营运效率。

(二)保向操纵与操舵要领

在河床基本对称的运河中航行时,应保持船位在河面的中线上,则两岸对船的效应基本持平,只需少量左右相等的舵角即可保持所需航向。

对河床不对称的内河或运河,为使船舶驶于航线上需通过保向操纵来进行。顺直航段,可按航向进行保向操纵。在由一个直航段转入下一个直航段航行需进行转向时,应根据转向度数和本船的追随性和旋回性等性能,确定舵角和施舵的时机,以便顺利转入下一航向航行。弯曲航段,一般情况下,因为航向需要连续不断地按航道的走势而改变,常采用沿曲线驶过的方法,所以保向操纵将改为间歇性的转向操纵。每次间歇当中的船舶保向目标,均按船首前方的目标予以确定,并视船舶本身出现的偏移量不断进行修正或改变前方保向目标。

船在运河中航行,受浅水和水域宽度的影响,再加上航速限制,舵效比海上差得多,所以其操舵要领为:一是在操船者叫舵后,要立即用舵使船首转动;二是操舵也不可突然使用过大舵角。当然这是在一般情况下,但当有异常水流时,船舶出现偏转、横移或其他危险时,操船者应根据当时具体情况,早用舵,叫快舵,用较大舵角抵御外力的影响。

(三)偏转的产生与克服

1.产生偏转的原因

由于操舵不稳、速度突变(减速太快更明显)、河床不平或岸边不对称等原因,使船突然偏转。

2.克服偏转的措施

克服偏转的措施必须十分迅速与果断,否则会酿成事故。

1)单车船克服偏转的措施

以右旋单车船为例。当偏转不大时,可用加速、满舵纠正之,船摆正后立即减速。当偏转剧烈时,船首向左,可用倒车纠正之,利用倒车的横向力防止尾吸向右岸,并减弱首向左偏的力量。

另一个克服剧烈偏转的方法是在使用车舵的同时抛出偏转相反一舷的锚,利用短链拖锚法来阻滞偏转的力量。

低速时产生偏转,用车舵较易克服;高速时克服偏转较困难。

2)双车船克服偏转的措施

一般的偏转可将偏转相反一舷的车停住,并向偏转相反一舷做舵,当首停止偏转并开始向相反一舷转动时,再将停止的车开进车,用舵驶回航道中线。如果在克服最初的偏转后,首向另一舷偏转很快,此时可将偏转相反一舷的车倒转。

低速时发生偏转,可将偏转一舷的车加速,另一车减速或停车,并用满舵配合。

高速时发生偏转,应将偏转相反一舷的车全速倒车,另一车减速或停车,同时用满舵配合。这种方法可以减少冲力,改善操纵条件。

(四)运河中会船

有的运河,如基尔运河、巴拿马运河的某些航段,航道宽度和深度比较大,两船对驶而过,只要双方配合得当,影响就不明显。而在苏伊士运河中,影响就较大,因此只能在规定的湖泊中会船。如果特殊情况下会船,一般都是一船系缆,让另一船驶过。所以苏伊士运河靠亚洲一侧的岸边都有系缆桩,随时可带缆。

(1)系缆靠岸时,应尽量不用倒车,减速应逐渐进行,一般约在 1n mile 前就需减速。有风时,当条件许可应靠下风一边;操纵性较差的船靠岸时,可将船停在中间,待带缆艇带好缆后绞拢。双桨船应注意螺旋桨不要碰及岸壁。除有流及强顶风外,一般只需带两根横缆即可。

(2)他船驶过时使系泊船剧烈摇荡而无法使船稳定,为克服这种摇荡,必须松掉前后缆,车舵抵消之,否则易造成尾部与驶过船尾部碰撞;双桨船只能用外舷车,以防碰坏螺旋桨。

(3)驶过船必须以慢速保持在航道的中线上航行,这样虽与系泊船距离较近,但可避免船舶过分靠近另一岸而出现侧壁效应。

(五)狭窄入口处的操船

港口防波堤、船闸或运河入口处往往很窄,其宽度比船宽略大些,且常受到横风流的影响,给船舶操纵带来一定困难。故进口船操纵时应掌握如下要领(图 5-1-7):

(1)将船舶航线选在与口门连线相垂直,并处于口门中心线上风流一侧,在位 1 处适当估计风流压差,并按限速规定驶上预定航线,并不断用导航叠标来核对船位及修正风流压差。

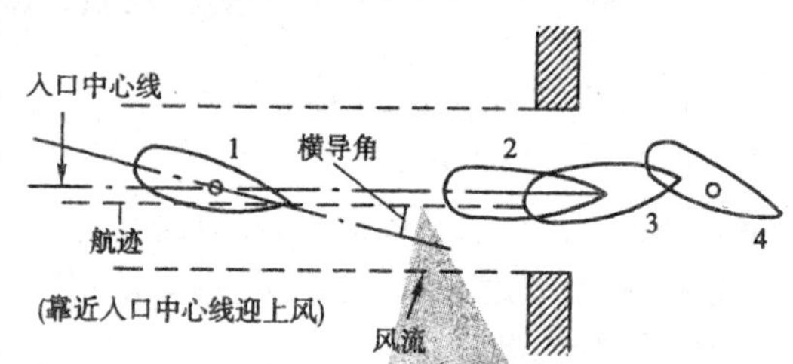

图 5-1-7　狭窄入口处操船

(2)当船首接近口门时(位 2),将船首拎直,使船首尽可能沿口门上风流一侧进入口门,同时注意纠正船舶因风流影响发生变化而出现的航向偏转。

(3)当船首通过口门后(位 3),为防止船尾压向下风侧,应立即加车操下风舵将船尾甩向上风,使尾顺利通过口门。

(4)当船舶一旦通过口门后(位 4),应及时控制船速,并设法用车舵将船位恢复到导航叠标线上,为下一步靠泊操纵奠定良好基础。

总之,当受横风流通过口门时,船速不能太慢,否则由于风流压差过大,将会导致入口操纵困难,但当横风流太强时,而且又是空载状况,应暂缓入口操纵。

第二节　桥区水域的船舶操纵

一、桥区水域的特点

船舶桥区通航具有自然环境特殊,通航水域受限,风险性大,交通流密集等特点。桥区水域的水深状况、深水航道、水流方向、岸标异常复杂,且随着水下地势的变化而渐渐发生改变。桥梁的修建很大程度改变了水域原有通航环境并对船舶航行安全带来很大程度的不利影响。桥梁修建前后,桥区水域通航环境的改变体现在航道宽度缩减,通航高度受限,流场特性发生改变,交通流密集度增加等。

桥梁选址通常为航道曲率半径较大的平直航道水域,一般情况下的桥梁选址应满足《内河通航标准》、《通航海轮桥梁通航标准》、《海港总平面设计规范》及有关桥梁建设规范的相关

要求，桥梁轴线法线方向与主航道方向夹角小于5°；但大桥在实际设计、建设过程中，往往只考虑到便于桥梁及其接线与道路路网相衔接，或只考虑降低桥梁建造成本等因素，而忽略通航要求，使得船舶通航条件极度恶化。

除了单孔单跨桥梁对航道可航水域的影响较小外，其他设计工艺的跨海、跨江桥梁都会因为在航道中设置桥墩而缩减船舶原有通航水域宽度；另外，桥墩的修建将明显改变该水域原有流态，桥墩的修建使原有水流受阻而产生的水位升高引起壅水现象，容易导致船舶失控而发生碰撞桥墩事故；并且桥墩的修建使桥区水域局部交通流密集度增大，易导致船桥及船舶碰撞事故的发生。

桥区通航风险主要分为两个方面，一是外界条件导致的通航风险，如强风、强流等自然环境导致的通航风险；另一个是船舶自身因素导致的通航风险，如船舶失控、操纵失误等造成的安全事故风险。

二、桥区水域的操纵要领及其注意事项

(一)桥区水域的操纵要领

船舶通过桥区水域时的操纵难度较大，因而操船时应集中精力，谨慎驾驶。操纵船舶使船舶航迹带所占宽度尽可能小，并维持船位在航道中心线附近是桥区船舶操纵的关键所在。特别是在横风流较强的桥区水域，更应做到船舶、人员、设备都处于最佳状态，以确保船舶顺利通过桥梁通航孔水域。

图5-2-1所示是船舶桥区水域在横向风流作用下单向通航的航行示意图。

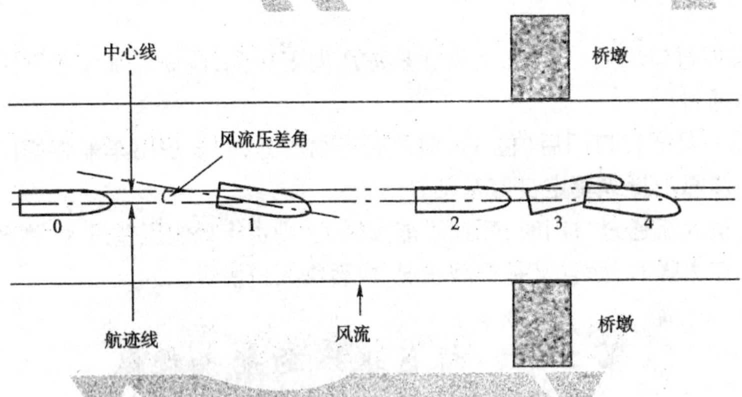

图5-2-1　横风流作用下单向通航航行示意图

船舶通过桥区水域时，船长或驾驶人员应调用全船一切可用资源确保船舶桥区水域的航行安全。轮机部应核实主机、舵机工作状况良好，备车航行；甲板部大副亲自或指派人员到船首备锚瞭头；驾驶台当值人员紧密配合船长或引航员监控驾驶台仪器资源；船舶应接受主管机关的统一指挥，主动联系附近船舶进行协调避让。

1. 调整航向、确认船速船位(位置0、位置1)

位置0为初始船位，船舶进行过桥前的准备工作，驾驶人员在船舶过桥前进行初始船位调整；位置1为船舶根据自然条件预设风流压差角，使船舶计划航线与桥梁通航孔轴线方向呈直角，并保持船首向稍微靠近中心线的上风舷一侧。

2. 桥墩入口处操纵(位置2、位置3)

船舶首部进入桥墩连线水域之前,驾驶人员调整船舶风流压差角,使船体保持平直通过桥墩连线水域,并尽可能保持在航道中心线上(位置2)。当船舶尾部驶出桥墩连线水域时,船身状态如位置3所示,船首向由于横向风流的作用,导致向下风舷产生一定的偏转,偏转程度越大,船舶碰撞桥墩的风险越大。

3. 船舶整体通过桥墩水域后的操纵(位置4)

船舶整体通过桥墩连线水域后,桥区水域的船舶操纵仍然没有结束,桥墩水域横向风流等自然条件对船舶的影响仍然存在,如位置3所示,如驾驶人员不采取适当的操作,重新预设风流压差角,船舶仍然会因为过大的风流压导致漂移撞击桥墩。因此,有必要重新预设风流压差角。

(二)桥区水域船舶通航注意事项

1)根据自身情况选择合适的通航桥孔通过,保留足够的富余高度、富余水深,并与桥墩边缘保持足够的安全间距;禁止船舶从有禁航标志的桥孔通过。

2)船舶进入桥区水域前,应当备车,并对船舶主要航行设备、号灯等进行检查,确保处于良好状态。

3)加强瞭望,谨慎驾驶,使用安全航速。

4)如发现桥区水域助航标志等有异常情况,不能确保安全过桥时,不得强行通过,并应立即采取安全措施,同时向当地海事管理机构报告。

5)禁止在桥区水域内追越、掉头、试航或并排航行。

6)配备有效的航海图书资料(包括航行通告),并按规定进行更新。

7)除非紧急情况,船舶不得在桥区水域内停泊或锚泊。船舶因紧急情况在桥区水域锚泊或停泊时,应立即向当地海事管理机构报告,并按规定显示信号、用甚高频等发布船舶动态,采取有效措施尽快驶离桥区水域。

8)船舶应注意收听天气预报和有关航行安全信息,如遇大风、能见度不良、汛期急流等异常情况,不能确保安全过桥时,不得冒险通过,并应及早采取安全措施。

9)有下列情况之一,船舶不得通过大桥:

(1)能见度低于规定要求时;

(2)风力达到限制通航的风力等级时;

(3)汛期流速达到限制通航的速度时;

(4)其他严重影响航行安全的情况。

10)主管机关的其他规定。

第三节　岛礁水域的船舶操纵

珊瑚岛礁多见于平均水温为25~35℃、海流较强的热带水域,并易于在阳光可射入的较浅水域内发展起来。在热带和亚热带的水域中分布很广,如我国南方诸群岛和澳大利亚东北海岸延绵长达1000多里的大堡礁。珊瑚礁是由珊瑚虫繁殖和生长所分泌的碳酸钙结成的不同形状的群体,大体上可分为海岸礁、堡礁、环形礁、桌礁等。

一、礁区的特点

(1)航行资料较少,海图精度差。多礁水域由于通航船舶较少,故测量较少及未测量部分多有存在;有些测点即使标有水深,但精度肯定也不高。

(2)航路标志稀少,航标系统极不完备,没有显著物标可供测定船位。有些岛礁虽然成陆,但海拔较低,遇恶劣天气,雷达图像有时也难以辨认。根据实际经验,在视线良好时,往往目力比雷达看得远,辨认得更确切。

(3)水深变化很大,海流、潮流复杂。如西沙之滨湄滩、湛函滩,其上水深只有十几米,但各滩之间却有五六百米的深沟,加上礁壁陡峭,海底崎岖的影响,使海流湍急,变化无常。同时往往在礁滩的下侧出现涡流与回流。进出水道退潮时流速很大,而当外海有长浪袭来时,则掀起汹涌波涛。

(4)这些地方往往又是热带低压的发源地。如中国南海受台风影响的时间特别长,同时又受季风影响。

二、礁区操纵要点及注意事项

(一)进入礁区前的准备工作

(1)正确选择航线:使用最新的大比例尺海图;测深少的海域,尽量把航线选在水深点相对密的地方;根据海流、潮流、风向、风力和天气等条件拟定航线,一般至少要离礁盘 6 n mile 以外;画好物标正横线,并推算出物标正横的时刻以便校对。

(2)正确选择出航时间;如无特殊情况应在白天接近礁盘。如能在白天低潮时接近更佳,并应考虑太阳的高度和方向。如迫不得已夜间通过,必须保持足够的距离,距离必须大于推算船位的最大误差。

(3)航前必须校正和测定各种仪器的误差。

(二)进入礁区

1)可保持不间断的航迹绘算工作,并不失时机地利用一切定位手段进行定位,并相互比对,运用已有的航路图志,对照陆岸形状,确保定位的准确性。

2)视具体情况进行测深,如可行可用其来辨位。

3)在接近物标的能见距离时,应选派有经验的人员登高瞭望,及时采取避险措施。瞭望时可据下列特征进行辨认:

(1)背着太阳观察海水颜色,较深水域呈紫蓝色,次深水域为蓝绿色,随着水深变浅将为淡黄褐色;当太阳高度较高且为晴空时,如背向太阳用望远镜识别视野内水色的变化,最好的条件是左右各约 60°视野,并随太阳高度降低而减小。根据经验,岛礁水域呈现黄绿色水深约为 2 ~ 5m,呈现带白的蓝色水深约为 15m,呈现带紫的蓝色水深约为 30m,深紫蓝色水深约为 70m。

(2)海面有微波时,被淹没的礁滩会出现和周围不同的特殊波纹。稍有风浪,礁盘上或沙洲边缘即起白浪;若刮大风,更是白浪滔滔。这种浪与大海浪涛不一样,前者为碎浪,后者则一般为长浪;

(3)礁盘所在地的水天线附近上空常有反光,在晴天比别处亮;

(4)早晨和傍晚时分,可根据海鸟成群结队的飞行方向进行判断;

(5)当然也可寻觅一些礁盘上的特有标志。

4)尽可能在保向前提下减速航行,还应注意不致造成因流致漂移而触礁或搁浅。

(三)礁区通行

在礁区中航行要随时掌握自己的船位,运用正确的导航法及避险法,走在自己的航线上,是确保礁区操船安全的关键。现将岛礁区主要导航法及避险法介绍如下。

1.导航法

1)浮标导航

在海图上按照浮标所示的航道划出各段的航线,量出各浮标间的航向与航程,然后顺着浮标逐个通过。一般浮标导航的水道,各航段的航线多与浮标线相平行,并保持一定的安全距离通过。当到达一个浮标后,可根据通过下一个浮标所需的正横距选择浮标的舷角来确定航向。其舷角可以用下式作近似的估算

$$q = \frac{d}{0.017D} \tag{5-3-1}$$

式中:q——浮标舷角度数;

d——浮标正横距(n mile);

D——两浮间的距离(n mile)。

当有风流影响时,需配以适当的风流压差。水流的方向和大小,可以通过观察临近浮标的水花与倾斜方向作出判断。风、流对船舶的影响可以用观察浮标的舷角变化加以判断。随着船舶的前进,船首方向浮标的舷角将逐渐加大,而船尾方向浮标的舷角将逐渐减少(对船尾而言)。如果前方浮标的舷角不变,则将与该浮标发生碰撞。

浮标导航,通过每一浮标时均应仔细核对,并记下其名称及通过时间,以防发生错认或漏认,同时推算出到达下一个浮标的时间。

2)人工叠标导航

在狭窄航道,特别是进出口地段,一般都设置导航叠标。航行时,应将船舶保持在前叠标的串视线上。当发现远标在近标之左(右),则船已偏在导航串视线之左(右)。叠标导航中,如转向下一组叠标时应结合本船的旋回性能选择恰当的转向施舵点,还要考虑风、流影响。

3)自然叠标导航

就地利用山峰、岛屿、建筑物等自然物标,组成叠标,其导航方法与人工叠标相同。选择叠标时应选取明显、孤立、细长的物标。为了保证叠标的灵敏度,宜选两标间距大而前标近的叠标,当 $d/D \geqslant 1/3$(d 为两标间距,D 为船至前标的距离)时,即可符合导航的要求。

4)"开视"与"闭视"导航

利用两标的"开视"与"闭视"来导航(图 5-3-1)或两物标中点与另一远处物标串视(图 5-3-2),或利用前后连线来导航(图 5-3-3)。

5)单标方位线导航

此法是选用航线前方或后方的一个明显物标作导航标(图 5-3-4),航行中,保持其罗经方位不变,则船在此导航线上。若方位变了,即船已偏离导航线,此时需用"方位增大,右舵;方位减小,左舵"的办法来纠正。当没有合适的叠标时,可采用此法。用目测物标舷角的方法同

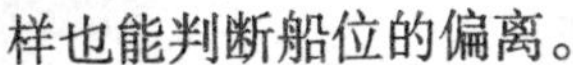

样也能判断船位的偏离。

图 5-3-1　开视与闭视导航

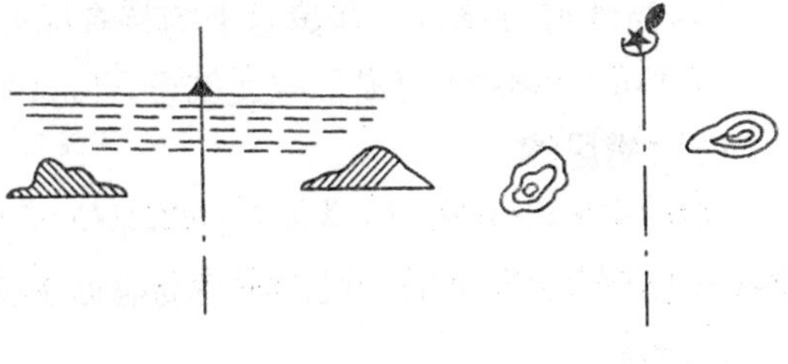

图 5-3-2　串视导航

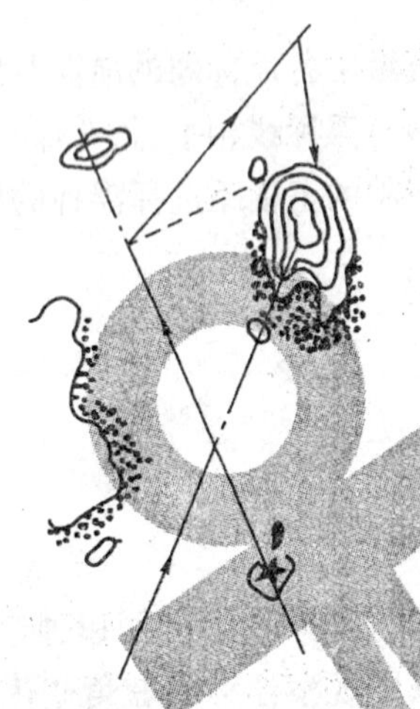

图 5-3-3　前后物标导航

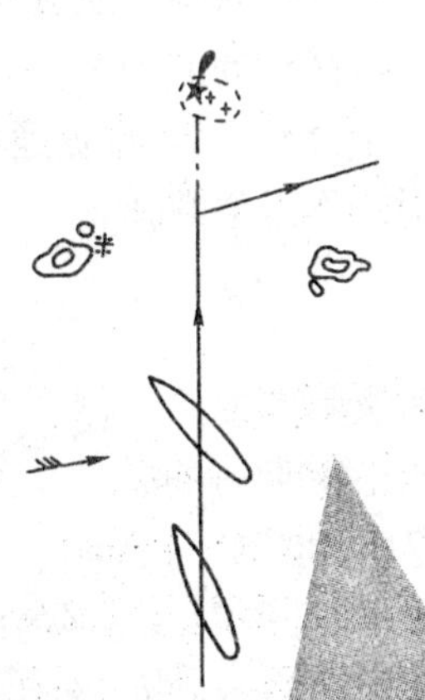

图 5-3-4　单标方位线导航

2. 避险法

1) 避险方位线

利用物标方位线作为避险线时,应选取在障碍物附近并在海图上有准确位置和容易辨认的物标,最好是处于航线的两端。由该物标作避险方位线时,应与障碍物之间留有足够的安全距离。航行中,保持该物标的罗经方位始终小于(或大于)避险线的罗经方位,即可安全避开该障碍物。如图 5-3-5 所示,航行中保持灯塔 A 的罗经方位始终大于 270°,即可安全避开该礁。

图 5-3-5　方位线避险

2) 避险距离圈

在障碍物附近选一物标,以该物标为圆心,以适当的安全距离为半径作一圆弧,航行中,以仪器或目测该物标的距离,始终保持船舶在该距离之外,即可避开障碍物。

(四) 做好应急准备,正确实施抛锚

首先使船舶顶风慢进,边测深边通过礁区;然后将链用锚机送至锚泊所需水深的长度,使船舶后退;待锚抓住珊瑚礁后再慢慢松出锚链,并在越过礁面的较深水域处锚泊。须注意,倒车不可太猛,防止拉断锚链或使锚卡住。

珊瑚礁区一般不宜采用普通抛锚法,一是锚可能由于与珊瑚底撞击而受损;二是锚可能抓

住珊瑚较深而难于起锚；三是若锚抛在能滑落的斜面上，有可能得不到应有的抓力，甚至向深水滑落而难于起锚。所以在选择锚地及抛锚方式时要对上述问题予以高度的重视。

第四节　分道通航制和船舶交通管制区域及其附近水域的船舶操纵

一、分道通航制和船舶交通管制区域及其附近水域的船舶操纵要点

分道通航制是指用分隔线、分隔带等方法，把沿相反或接近相反方向行驶的航行船舶分隔开的一种制度。分道通航制的实施，对改善水上交通秩序，避免碰撞事故的发生已起到了显著的效果。分道通航制尤其运用于狭水道、沿岸海域、江河、港口附近等通航密度较大的海区，如图 5-4-1 宁波—舟山港分道通航制；世界上许多通航稠密的海区都已建立分道通航制区域，部分已被 IMO 所采纳。

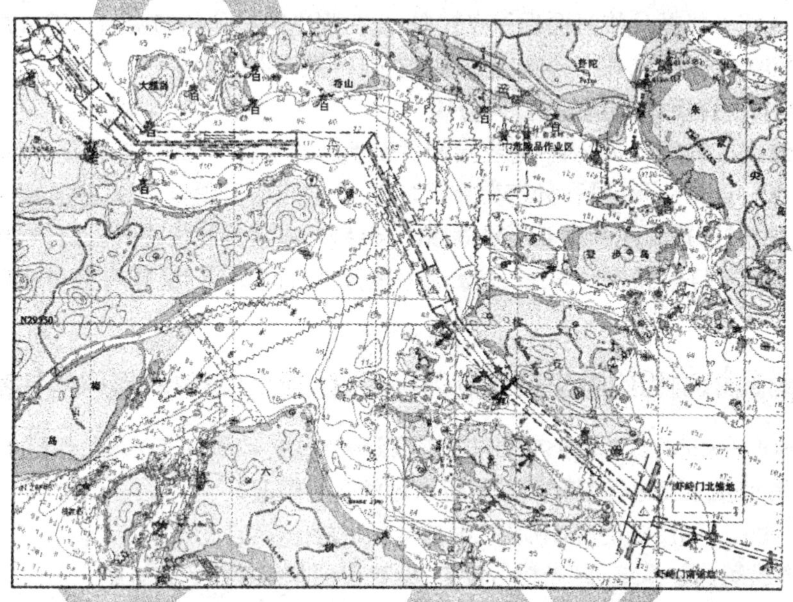

图 5-4-1　宁波—舟山港分道通航制示意图

在被 IMO 所采纳的分道通航制区域内航行，必须遵守《国际海上避碰规则》第十条和有关的地方规则；在尚未被 IMO 所采纳的分道通航制区域内，也应遵守其主管机关对分道通航制区域所作的具体规定。

（一）航线标绘要顺着船舶的总流向，并取分道的中线为宜

众所周知，通航分道往往比较狭窄，加之船舶拥挤，受风浪影响和避让他船等原因，不能使船舶始终走在预定的计划航线上，故需要经常定位和修正偏差。航线标绘宜取通航分道中线为宜，切忌为图省事和方便，在分道内有几个航向变动的情况下，而任以一直向线代之；或在分道内确定转向点和端外区域驶进和驶出时，不去考虑和船舶总流向的角度问题。在遇有追越他船、避让、转向等情况时，尤其在狭窄和浅点多的区域（如马六甲海峡的一拓浅滩）就难有足

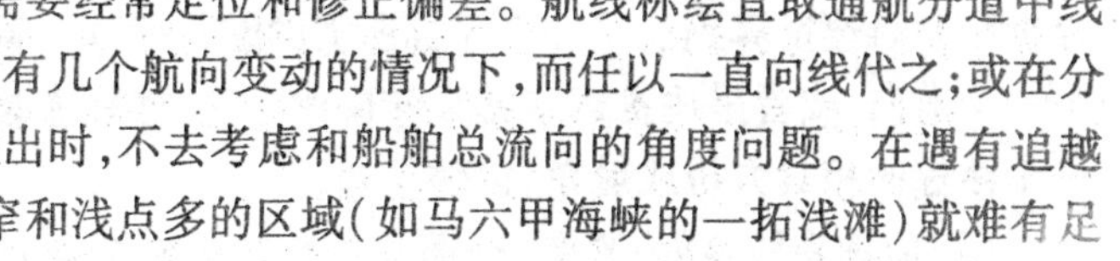

够的回旋余地。

(二)认真瞭望观测,注意连续定位

分道通航区内船舶拥挤,船速快慢不一,受风流影响明显,这就需要值班驾驶员做到认真瞭望和观测,连续定位,随时掌握自己的准确船位和他船动态,熟悉和了解分道区域内明显的、重要的定位航标,正确处理好避让和定位的关系,切忌偏重定位而疏忽避让。在夜间,由于在灯光的反向散射和岸边背景亮光的影响或能见度较差的情况下、视力对船舶的动态的判定和距离的估计都可能有误差,故更需要我们保持正规的瞭望和观测,以便及早采取对策,避免险情出现。

(三)在转向、交叉警戒区内要谨慎驾驶,并采用安全航速

分道通航区内根据需要还设立有交叉警戒区,当接近到转向点和航经这些区域时,应特别谨慎和小心,要设法弄清他船的动态和意图,并采用安全航速行驶,尤其当本船处于追越他船状态时更要注意。切不可自以为船速快,就盲目穿越两船中间,要充分考虑到可能出现的意外情况,视需要和实际情况采用灵活措施,如提前和推迟转向时间等,以达到不使本船和他船构成紧迫局面。切忌机械地按海图标示点转向,或在刚追越过他船船头后立即改向,应按避碰规则的要求做到驶过、让清,并充分考虑到他船在航行操作上的困难。

(四)及时用 VHF 沟通联系、协同避让

在分道通航区内航行,常因船舶密集和可航水域的限制,导致你追我赶、各不相让的局面,尤其在转向点附近,狭窄地段和分道交叉区域,往往会出现几艘船齐头并进的情况,由于相互间距离太近、相对位置变化和操舵不稳等原因,极易形成紧张和危险的局面。如能及时运用标准航海用语,加强与他船沟通联系,做到互相配合,协同避让,就能有效避免船舶进入紧迫局面。

二、分道通航制和船舶交通管制区域及其附近水域船舶操纵的注意事项

(1)及时收听和改正航海通告,研究、查核最新海图,特别注意水深、浮标的变动情况,熟悉分道通航制和船舶交通管制区及其附近水域的各种情况。

(2)备车航行,以便随时控制航速,根据情况加派瞭头。

(3)检查船舶操舵系统、声光信号设备、助航仪器是否正常,以确保安全。

(4)严格遵守分道通航制和船舶交通管制区域及其附近水域的各种航行规定。

(5)近岸航行应减速,防止浪损。

(6)确认船位,走规定的通航分道。尤其在横流地段,更应经常观察前后方物标,及早发觉偏航并纠正。

(7)大风浪常造成浮标移位,漂失或灯光失常、熄灭。故航行中对浮标不应盲目信赖。可利用前后浮标之间的方位及本船的航向或其他浮标、陆标进行定位核对。

(8)通过每一浮标时均要进行核对、记下其名称与正横时刻,以防错认或遗漏,根据前一浮标距和航速推算到达下一个浮标所需的航行时间。同时根据船与浮标之间的横距,来确定下一个航向,或者采用推迟或提早转向的办法,使船舶驶在预定航线上。转向后还必须核对下一个浮标的相对方位或舷角,以防认错。

(9)应选视线良好、平流、交通流密度较小时刻通过涨落流较强的区域,航行中应掌握流

向、流速及其变化，正确配以流压差。

(10)夜航或能见度不良时应加强瞭望并开启雷达或ARPA，避让时仍需再次确认水面环境和情况。

(11)驶于浅水区域应连续测深，保证足够富余水深并选高潮通过，必要时应减速航行，向浅水侧施舵，制止首向深水侧偏转。

(12)航行中转向或变速后应核对舵角指示器、车钟、转速表，防止船的动态与发令效果不符。

第五节 冰区水域的船舶操纵

一、冰区航行的准备工作

1)参阅航路指南、冰情报告及其他资料，摸清冰区的规律及其特性。

2)检查船体结构，特别是船首部分，必要时在首尖舱内加撑纵向和横向的冰梁，以增加首部强度。

3)做好防冻工作：

(1)航行灯：航行中不论昼夜应保持常亮，不仅能在严寒中保持灯内干燥，驱除水汽，还可防止灯丝骤冷骤热，以延长使用寿命。

(2)标准磁罗经、船尾露天应急舵磁罗经：罗经柜内照明灯泡应常开，柜外帆布套应扎紧。

(3)室外陀螺罗经复示器、转速表复示器和舵角指示器：其内的照明灯泡不论昼夜，应保持常开。

(4)救生艇淡水箱等存放淡水容器：存放的淡水只能装至其容器容量的3/4，并用帆布包妥，或暂时移至室内。

(5)甲板集装箱的系固设备：箱底脚的紧锁器在航行中如受浪打或溅湿，会被冻住并陷于冰中，到港后此冰块仍会坚固不化。建议用草包裹住箱的底脚，虽然仍会结冰，但较易敲掉清除。另外建议在未进入寒冷区域前将法兰螺丝内的残水倒尽，并防止雨水、浪花再度进入而结冰。

(6)上部边水舱、前后尖舱、双层底水舱：在严寒中因舱内存水结冰容易导致膨胀变形或崩裂，故要求上部边水舱和前后尖舱的存水不要太满，其实际存水量应不超过满舱的85%；而双层底水舱一般在低温下不易结冰，除非船体已搁浅在冰中或冰面上时，故建议在严寒时的存水量至多为其容量的90%。

(7)消防水管、室内外淡水管和冲洗管：上述水管在使用后均应将管内的残水放尽，室内的可用稻草包扎，防止冻裂。另外若在短时间内停用消防水，必须保持消防泵与冲锚链水出口阀常开，以保持管系内海水不断流动。

(8)机电设备和应急救火泵：大型船舶机舱内的设备所占空间比例比小船要小得多，在寒冷地区停泊时，机舱内的温度很低，对主机、电器、燃油与其他设备都很不利，可使用电热等设备以及减少通风量，以调节机舱与舵机间的温度与湿度；在严寒时关键的机电设备可根据情况保持常开；甲板机械和电机中有加温防潮的设备者也应开启；应急救火泵常设于船首或船尾近

船底处,应放尽其残水,防止进水管和泵壳被冻裂。

此外在空舱或无货物时舱内无需通风,应及时关闭通风筒,以防冷空气入内,使舱内或相隔的舱内存水结冰;还应采取其他防冻措施,如甲板通道和甲板上结冰,可撒少量黄砂;若甲板上有积雪,应在甲板下风侧扫出一条通道,并安置扶手绳;若船上有游泳池,其池水阀在冬季应常开,以防雨水流入管内而被冻裂。

4)载货时,应把不怕湿或不贵重的货物配在首舱和各底层舱。货舱内两边最好留有通道,并保证污水易于流入污水沟(井)。

5)船舶必须保持一定的吃水,以使螺旋桨和舵没入水中一定深度,并保持1~1.5m的尾倾。这样能使得船舶具有良好的操纵性能和破冰能力,同时又能保护车叶和舵叶以及增加船舶稳性,也可避免船底海水阀门被碎冰堵塞。

6)检查排水设备及救生设备,使之于良好工作状态;增添防水堵漏设备以备应急。

7)一般不应配置甲板货,如实在需要时,则必须考虑到上甲板及其设备与货物结冰的可能性,从而使重心提高,降低稳性,并应保证甲板排水畅通。

8)桅顶应加设瞭望台,并和驾驶台之间建立通信联络手段。

9)还要配备下列专用物品:保温衣及靴,护目镜,防冻润滑油,御寒食物,冰锚用具以及除冰排冰物料或材料等。

10)船首准备好拖缆一根,船尾做好拖他船的准备。

11)冰区航行比正常航行需准备更多的燃料、淡水和食物(图5-5-1)。

图5-5-1　冰区航行船舶

二、冰情探测

(一)海冰及其分类

海冰是由海水冻结而成,或是陆地冰川注入海洋的淡水冰。北半球每年10月至次年3月海冰分布很广,可达北纬40°,南半球自4月至9月到达南纬50°。我国每年11月至次年3月在渤海湾和辽东半岛附近海面有冰冻,最盛期为1~2月,冰厚可达1m以上。

从航海观点看,海冰可分为冰山与冰群。

1.冰山(Ice berg)

冰山是由海上的冰在风流和浪的作用下堆积起来或极地附近陆上的冰川断裂坠入海中的浮冰。冰山按其大小可分为冰山(直径超过30m)、小冰山(直径为6.30m)和冰岩(直径为2~6m)。

2.冰群(Pack ice)

海上生成的冰,在风浪和水流的作用下破碎成冰块,称为冰群。冰群分布范围很广,如按其大小可分为:碎冰(直径$D<2$m)、块冰($2\leqslant D<10$m)、小冰块($10\leqslant D<200$m)、中冰块($200\leqslant D<1000$m)、大冰块($1000\text{m}\leqslant D<5$n mile)和冰原($D\geqslant 5$n mile)。

(二)冰量、冰色和硬度

1. 冰量

用十分法度量出视野范围内海面上浮冰覆盖的比例量,即为冰量。冰量可分为八级:

(1)无冰(Free ice)为0;

(2)散冰(Open water ice)为1/10以下;

(3)稀冰(Very open pack ice)为1/10~3/10;

(4)疏冰(Open pack ice)为4/10~6/10;

(5)密冰(Closed pack ice)为7/10~8/10;

(6)集冰(Very closed pock ice)为9/10~10/10;

(7)满冰(Compact pack ice)为10/10;

(8)坚冰(Consolidated pack ice)为10/10。

其中满冰与坚冰皆占海面10/10,但当流冰的冰块间重新冻结在一起时才可称为坚冰,不然则称为满冰。冰量的大小用于表明船舶在冰区中航行的困难程度,当冰量在1/10以下船舶可自由航行;冰量为1/10~5/10船舶不能按预定航向航行;冰量为5/10~8/10船舶航行有障碍;冰量为8/10以上无破冰船(Ice breaker)支援难以单独航行。

2. 冰色与硬度

生存期长的冰比初生的冰硬度大,淡水冰比海水冰要硬。冰的硬度可以通过冰的颜色来识别:灰或铅灰色,呈冰激凌状的冰最软;纯白色的板状冰稍硬;青白色的板状冰比较硬;青绿色或灰绿色的板状冰最硬。

(三)冰况探测

1. 冰山的视距

在晴朗的白天,大冰山的视距可达10n mile以上;在晴朗的黑夜,用肉眼能在1/4n mile以外看到冰山,用望远镜可在1n mile处见到冰山。

夜间,如月亮与冰山都在前方,则难于发现冰山。如满月在船尾方向高照,冰山视距几乎与白天相同。

2. 雷达探测

冰山的回波强度与冰山的大小和反射面的角度有关,高大的冰山有时能在十几海里以外显示回波,而露出水面3m的冰山,往往只能在2n mile左右探测到,高度小于0.3m的冰山已经很难探测到。

冰中水道的宽度小于1/4n mile,在雷达上不易辨认。但冰原中平滑浮冰的冰缘能被明显地识别。

(四)接近冰区的征兆

冬季在高纬度航行,除应按时收看冰情传真图或收听冰情预报外,还必须提高警惕,加强瞭望,并根据以下征兆判断冰区的临近。

(1)冰光(Ice blink):日光照射下的冰山或有冰水域的上空因冰反射的原因呈黄白色,下部明亮,上顶暗淡,其高度视冰的远近而异。白天当天空有云时黄色消失,在云层部呈白色。无冰水域或陆地上空则呈灰色。

(2)在冰区的边缘往往出现浓雾。

(3)风浪天,波浪突然减弱,此时,如上风方向无陆地即表明海冰存在。

(4)连续测试海水的表面温度,根据其温度的剧降可预示海冰的接近。如船舶不在海洋的寒流中,则当海水温度为1.1℃时,海冰的边缘已在100~150n mile之内;海水表面温度为0.5℃时,则距冰缘一般不超过50n mile。

(5)远离陆地时,发现海狮、海豹或海鸟等,则预示附近有海冰。

(6)发现异常的折光现象,常预示远处有海冰存在。

(7)本船发出的声音如汽笛声等,因冰山的存在可能会有回声;海浪打击冰山可能发出浪花声。

(8)在冰群的周围,有冰片或碎冰漂流出来。

(9)冰山崩解或冰块破裂坠海,可能发出巨响;浮冰在风浪中可能发出挤压声。

三、冰区的船舶操纵

(一)进入冰区操纵

在航线上有冰山、冰群时,只要情况许可,船舶应尽量绕过冰区迂回航行,这样较为安全有利。如冰区边缘可见,则应尽量沿其上风侧水域航行。如不得不通过冰区,应正确选择适当的地点、时机和方法进入。

(1)适当的地点:应选于冰原的下风侧,并应在舌状突出之间的较平坦处进入。其原因是,上风侧冰块密集,积层较厚,容易损坏船体,而下风处受浪影响较小。

(2)适当的时机:应等待微风缓流或无流时进入。因为涨潮时冰易聚集、增厚;退潮时积冰碎裂,浮冰漂流快,因而对船舶不利。当涌浪较强或有5级以上横风时则不宜进入;当冰量在6/10以上、冰厚在30cm以上时,应争取破冰船导航。

(3)适当的方法:进入时保持船首与边缘垂直,将抵冰缘的余速降至最低程度(3~5kn),减小对船首柱的冲击力,并避免首侧旁板、船尾车舵受损;待船首顶住冰块时再逐渐增加车速,分割并推开冰块,驶向选好的航路。

(二)冰区通行操纵

(1)根据冰量、厚度正确选择航速。冰量较少可常速航行,冰量较多应缓速航行,冰区夜航时航速应较白天低,能见度不良时应降至维持舵效的最低航速。一般经验,当冰量为4/10时,可维持8kn航速,冰量每增加1/10就减速1kn;在航行中应不断变速,以减轻与沉重的大冰块碰撞的力量。

(2)冰中用舵转向最好少改向,改向时宜操小舵角,一次改向应避免超过30°,大角度改向宜分几次进行。此外,倒车时必须正舵,以防冰块碰坏舵叶,撞弯舵杆。

(3)应绝对避免接近冰山航行,及早采取绕航措施,并且要加强视觉瞭望,配合雷达探测,寻找冰中通道。

(4)单凭进车力量难以破碎前方硬质冰块而不能前进时,可先行退出而后再进车,利用船舶冲势破冰前进。如果无法前进需要逃脱时,从原航路驶出较另选新路方便。

(5)保持连续测深与不间断瞭望,随时注意首尖舱及污水沟(井)的水尺变化。同时冰区航行阻力大,操纵能力下降,故应提前采取措施避让他船,冰区航行因航向多变,尤其受流冰影响时,船位变化大,应勤测船位。

(6)冰量超过6/10以上,有破冰船居前引导时,应保持约3倍破冰船船长的距离等速跟进。距离过大不利于船舶跟进,过短则容易出现碰撞。

(三)冰困后的措施

冰困(Beset)是指船舶被困于冰中而不能动弹。冰困后的措施有:

(1)全速进车交替使用左、右满舵,待船首松动后再快倒车、正舵退出。若在潮汐港河道中遭冰困,可等候涨潮来临,两舷的冰向两岸扩散,冰的压力得到释放,等船边冰松动后,再倒车正舵退出。

(2)交替排灌对称压载水舱,使船体出现横倾和纵倾,协助船身松动。但对大吨位船舶和船困于压力冰中,因吃水变化太慢,此法难以奏效。除非通过泵出压载水减少首吃水,使船首爬上冰层,再利用注入压载水压破冰层,使船体松动。

(3)不论是自力脱出还是等待破冰船救援,至少应保持进车以免尾后水道被冰封住冻结,以便于破冰船救援。

(四)破冰船护航及拖带

非冰区专用船舶,冰量达6/10时宜用破冰船引导护航;冰量达7/10以上若无破冰船护航,不宜盲目进入冰区。编队时把船壳较弱、功率较小的船放在船队中部。破冰船开路护航,其后船舶与破冰船的间距约为破冰船船长的2~3倍。船间距离一般保持2~3倍本船船长。后船要密切注视前船的信号,调整两船的间距,当前船减速,而后船来不及停住惯性冲力时,可转离前船的航迹来避免碰撞。

护航中的航速,当冰量为4/10时,可维持8kn航速,冰量每增加1/10就减速1kn。

护航发生困难时,可由破冰船拖航。拖带中,一般采用龙须缆(Bridle,由两根直径5cm的钢丝缆、一个转环及一段短链组成)。拖缆最好从锚链筒中穿进,分别系于两舷缆桩上,为便于紧急时易于解拖,应用挽桩方法。在冰量大且有压力的冰中拖带时,拖缆宜尽量缩短,一般相距为20~40m,必要时仅10~20m即可。

四、冰区锚泊、停泊及靠泊注意事项

(一)冰区锚泊

流冰对锚泊船的压力很大,尤其是大块流冰横在锚链上或船首,既不能破碎它们,它们又不能从两舷侧流过,其后的冰块相继流来,愈积愈多,冰块受风流驱动的力量之总和,均将施加于锚链上。因此在流冰中锚泊极易断链走锚,通常冰厚超过10cm就不宜锚泊,若不得不锚泊时,则出链长度一般为2倍水深。即使走锚也不可松链,而应开车顶冰,起锚续航。锚泊于固定冰中,则无需抛锚。锚泊中,为防止锚机运转部位冻结,应保持慢速运转状态。冰中锚泊时,除值锚更外,还须注意:当心假象、严防走锚,要通过观察锚链方向及其动态来判别走锚;及时用车舵躲过大冰块,制止锚链滑出。

(二)冰区停泊

由于种种原因,如黑夜不能在冰量很大的流冰群中找到通道或破冰开道,不得不在流冰群中停泊时应注意:

(1)由于船舶与流冰冰块漂移速度有差别,会产生船与冰之间的撞击。为保持车舵,停泊船应以首顶流冰方向,用合适的速度插入一片碎冰组成的流冰群中,应尽量插入深一些,约1/2

船长;冰况中等、功率大的船可插入约2/3船长,但切勿在大冰块之间停泊。

(2)停泊中应不时缓速前进,将船尾车、舵附近的冰块赶走,以保持尾部不被困住;同时也应适当地用车进退并左右用舵,以减少冰与船壳冻结在一起的机会。

(3)不论流冰群漂向何处,如附近有浅滩与暗礁,在冰中停泊的船应将船首向着海或安全的地方,以便随时逃离。如流冰群漂向浅滩或暗礁,则应奋力退出原插入之处,另寻安全停泊处所。

临时性停泊往往不在有固定冰的海岸上靠泊,却可在较小些的浮冰块上使用冰锚停泊。但必须在事前对浮冰的走向及沿线附近水深有足够的把握,确认安全后方可进行。

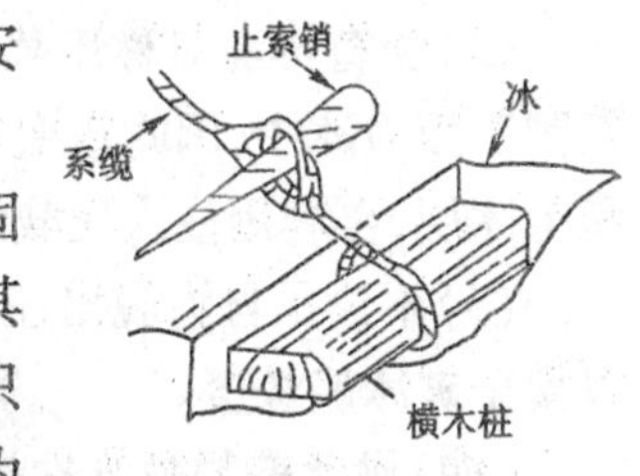

图5-5-2 抛冰锚

抛冰锚是冰区使用的特殊系缆方式。其做法是先在冰的牢固位置处挖一浅槽,然后将一长形硬木料($0.07\times0.25\times2\ m^3$)置于其中,套上缆绳后注水,使之与冰冻结在一起。这种系缆方式一般只系一根缆绳即可,与抛锚停船在形式上有某些相似之处,故称之为抛冰锚。如图5-5-2所示。

(三)冰区港内靠泊

港内结冰时,常因船身与码头间冰块堆积而不能靠拢,此时可雇用拖船进行往返破冰和驱冰,或利用本船车叶的排出流排冰或靠坚实的船体挤压冰块,或利用船首以近90°角度驶近码头刮冰,或用码头蒸汽或热水排冰等方法,驱赶码头边冰块,以便靠泊。

1. 泊位下端有余地

可操纵船舶对准泊位下端向码头靠拢,并带头缆至泊位上端较远的缆桩上,然后绞首缆进车外舷舵,使船首紧贴码头刮走码头旁的冰块;当船首抵达上端位置时,若里档尚有少量浮冰,则可带上前倒缆和尾缆开进车,利用排出流将碎冰排出,再靠上船尾,并带妥尾部缆绳。

2. 泊位下端无余地

应将船首先对准泊位上端插入,带妥首缆和首倒缆,用进车和外舷舵,并在拖船顶推的协助下,挤压里舷积冰;然后再用排出流将碎冰排出。按上述方法反复进行多次,可逐渐将冰块挤碎排尽,使船尾靠拢泊位并带妥尾部缆绳。

思　考　题

1. 简述狭水道中操船要点及其注意事项。
2. 简述弯曲水道中的船舶操纵的要领及其注意事项。
3. 简述运河中的船舶操纵的要领及其注意事项。
4. 简述桥区水域的船舶操纵的要领及其注意事项。
5. 简述岛礁水域的船舶操纵的要领及其注意事项。
6. 简述冰区的船舶操纵的要点(进入冰区、冰区航行、冰困后的措施)。
7. 简述冰中锚泊、靠泊、停泊的注意事项。
8. 简述使用分道通航制时船舶操纵要点。
9. 简述在船舶交通管理区域操纵时的注意事项。

第六章 恶劣天气下的船舶操纵

恶劣天气下的船舶操纵主要指大风浪中的船舶操纵。船舶在海上航行，不但受到风、流的影响，还受到波浪的影响。大的波浪不但影响船舶的运行效率，而且还危及人命和船舶的安全。为避免船舶在大风浪中的危险情况，需要了解风浪的特性、风浪对船舶的影响以及风浪中的操船。

第一节　大风浪中的船舶操纵

一、波浪概述

波浪是指水质点在重力以及表面张力作用下以其原有平衡位置为中心，在垂直方向上作周期性轨圆运动的现象，即波浪传送能量不传送质量。

波形是指位移对于质点坐标的曲线形状。它是在波的传播过程中，由波线上一系列质点在某一时刻的位移的点所连接而成的曲线图形。

图 6-1-1a）给出了表示波形的空间坐标系，其坐标原点 O 位于静水时的水平面上，z 为指向上方垂直于该水平面的坐标轴，x 为指向波浪传播方向的坐标轴。图 6-1-1b）给出了表示波形的时间历程的坐标系。

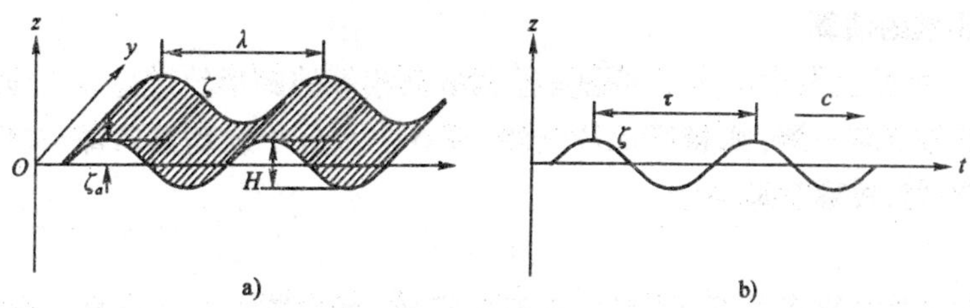

图 6-1-1　波形在空间的坐标

用于描述海浪的特征的物理量称为波浪要素,主要包括波高、波周期、波长和波速等等。

(一)波峰、波谷、振幅与波高

波形最突起的地方或波面的最高处称为"波峰",波峰处的纵向位移为正向最大值。同理,波形最凹下的地方或波面的最低处称为"波谷",波谷处的纵向位移为反向最大值。振幅是用来表示波浪强弱的物理量,它是指从静止水平面至波峰或波谷的距离,一般用符号 ζ_a 表示。

波高指相邻波峰或波谷间的垂直距离,一般用符号 H 表示,显然,波高等于 2 倍的振幅,即 $H_a=2\zeta_a$。

(二)波浪周期

波浪完成一次波动所需要的时间或两个波峰(或波谷)相继通过一固定点所经历的时间,称为"波浪周期",简称"波周期",一般用符号 T 表示。波浪的显著特点是周期性,即位移、速度、加速度,经过一定时间之后又重复地回到原来的数值。根据简谐振动原理,有

$$T=\frac{2\pi}{\omega}$$

其中,ω 为"角频率",也称波浪频率。

(三)波速

波速指波传播的速度,一般用符号 c 表示。波速取决于水的惯性和弹性,而与波的频率无关。波速有两种含义,在物理意义上有明显的区别。

(1)相速度:等相位面或波峰(或波谷)在单位时间内的水平位移。我们平时所说的"波速"指的就是"相速度"。

(2)群速度:即群波传播能量的速度。群波是由一系列波长和频率不同的波叠加而成的合成波,则群波的波形将随时间变化。若各个分波在水中传播的相速度各不相同,其振幅最大部分的运动速度称为群波的群速度。其值约为相速度(波速)的一半。

(四)波长

沿着波的传播方向,两相邻的同相位水质点或两相邻的波峰(或波谷)间的水平距离叫做"波长"。一般用符号 λ 表示。波长是指任意两个相位差为 2π 的水质点之间的距离。由波速、波长的定义可知:在水质点振动的一个周期内,振动状态传播的距离恰是一个波长,所以

$$\lambda=c/\omega \quad 或 \quad \lambda=cT$$

式中,ω 表示波频率。波长、波速和频率,称为波浪的三要素。

(五)波陡

指波高与波长之比(H/λ),它是用来描述波形的陡峭程度。

(六)波浪要素的估算

波浪前进时,水面上每个水分子都沿直径和波高相等的圆形轨道运动。波峰上水分子运动方向与波浪前进方向一致,则波峰比较陡峭;波谷中水分子运动方向却与波浪前进方向相反,则波谷比较平坦,故称为坦谷波。

1.规则波

海浪可以被认为由很多简单、规则的谐波所组成,每个谐波有其自身的振幅、波长(或周期或频率)以及传播方向,这种简单、规则的谐波称为规则波。规则波实际上是一种假定的波

浪,尽管其与实际波浪有一定的差异,但它使复杂的船舶在波浪中的运动问题大为简化,故在许多研究领域具有广泛的应用价值。

根据波浪余摆线理论,波浪可用正弦或余弦波表示,则波浪要素之间有如下关系

$$k=\frac{2\pi}{\lambda}\qquad \omega=\frac{2\pi}{T} \tag{6-1-1}$$

其中:k——波数(rad/m);

ω——波的频率(rad/s);

根据势流理论,对于深水中的波浪,有

$$\omega^2=k\cdot g$$
$$c=\frac{\omega}{k}=\frac{\lambda}{T}=\frac{g\tau}{2\pi} \tag{6-1-2}$$
$$\lambda=\frac{g}{2\pi}\tau^2\approx 1.56T^2$$

由上述公式,得到坦谷波的波速和波浪周期与波长间的如下关系

$$T=0.8\sqrt{\lambda}$$
$$c=1.25\sqrt{\lambda} \tag{6-1-3}$$
$$\omega=\frac{7.85}{\sqrt{\lambda}}$$

值得注意的是,式(6-1-3)仅适用于深水中的规则波。

2. 不规则波

实际上,海浪是极其不规则的。对于不规则波的描述采用实际观测统计结果来表示。经过一定时间观测,将观测到的波高按从大到小依序排列起来,形成一个波列,则该波列中最大的波高称为最大波,记为 H_{max},对应的周期为 T_{max}。

取该波列中最高的一部分波的波高的算术平均值,称为“部分大波的平均波高”。如取波列中波高较大的 1/10 个波高算术平均值,称为 1/10 最大波高,记为 $H_{1/10}$,所对应之周期之平均值称为 1/10 最大周期,记为 $T_{1/10}$,据对海上不规则波进行统计 1/10 最大波高是平均波高的 2.0 倍;如取波列中波高较大的 1/3 个波高算术平均值,称为 1/3 最大波高,也称为有义波高,有时也称作有效波,记为 $H_{1/3}$,它是波浪预报的一个重要指标。人们在海上目测的波高非常接近有义波高。所对应周期的平均值称为 1/3 最大波周期,记为 $T_{1/3}$,也称为有义波周期。

常把有义波高 $H_{1/3}$ 设为 1,则用统计法可求得平均波高 H_m 为 0.63,$H_{1/10}$ 为 1.27,$H_{1/100}$ 为 1.61。

有义波高可用来确定最大有义波长和最大能量波长,即

$$\lambda_{最大有义}=60H_{1/3}$$
$$\lambda_{最大能量}=40H_{1/3} \tag{6-1-4}$$

根据这两个波长可以估计出某船在该不规则波中航行时的摇摆情况。

二、船舶在波浪的运动

船舶在波浪作用下,沿着和围绕着通过船舶重心的 X、Y、Z 轴作线性运动和回转运动。各

摇荡运动的名称为:

X 轴——纵荡和横摇;

Y 轴——横荡和纵摇;

Z 轴——垂荡和首摇;

其中对船舶安全有威胁的摇摆是横摇、纵摇和垂荡。改变航向和(或)船速,可以改变船舶的摇荡程度。船舶在波浪中的摇荡程度取决于作用于船舶的外力和外力矩以及船舶本身的运动性能。

(一)波浪遭遇周期

设船舶以与波浪方向成一定的交角 μ 和船速 V 在波浪中运动,如图 6-1-2 所示,则波浪相对于船舶的传播速度为

$$V_E = c + V\cos\mu \tag{6-1-5}$$

式中:V_E——相对波速(m/s);

c——波速(m/s);

μ——船首向与波向的交角,简称波向角。

波浪相对于运动中船舶的周期称为波浪遭遇周期,它就是船上人员所看到的波浪周期,故也称为波浪视周期,简称为"遭遇周期"。

由图 6-1-2 可知,遭遇周期可用下式表示

$$T_E = \frac{\lambda}{V_E} = \frac{\lambda}{c + V\cos\mu} \tag{6-1-6}$$

式中:T_E——遭遇周期(s);

λ——波长(m);

(二)波向角及船舶摇摆程度

当船速 $V>0$ 时,遭遇频率取决于波向角。在海上,船舶遭遇不同的波向角分别称为顶浪、偏顶浪、横浪、偏顺浪和顺浪,如图 6-1-3 所示。以右舷受浪说明如下。

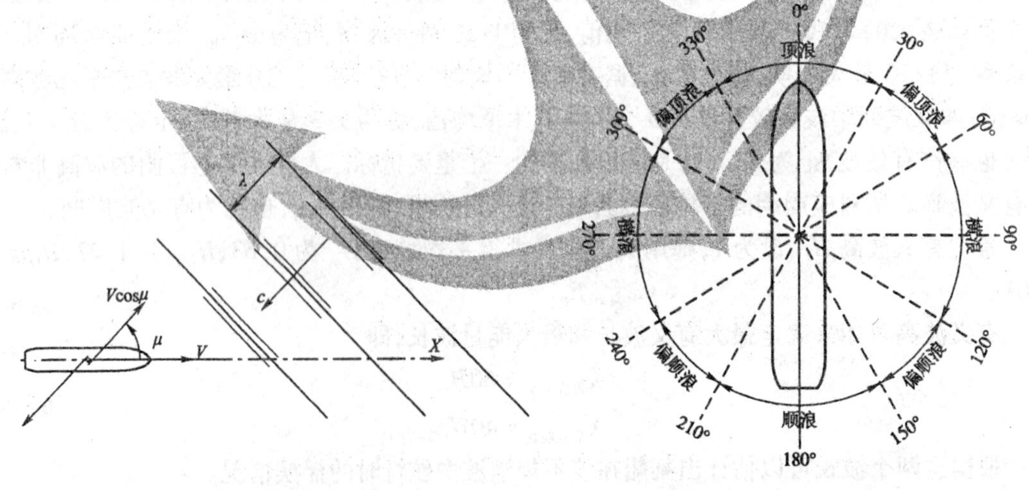

图 6-1-2 波浪遭遇频率

图 6-1-3 波向角及其名称

当 $0° \leqslant \mu < 30°$ 时,称为顶浪,也称为"迎浪",其遭遇频率比波浪频率要高,纵摇摆幅较大,横摇摆幅较小。在 $\mu = 0°$ 时遭遇频率最高,相应的纵摇摆幅最大。

当 $30° \leq \mu < 60°$ 时，称为偏顶浪，其遭遇频率比顶浪时要低，纵摇摆幅比顶浪时要小，但横摇摆幅比顶浪时有所增大。

当 $60° \leq \mu < 120°$ 时，称为横浪，其遭遇频率比偏顶浪时要低，纵摇摆幅较小，横摇摆幅较大。在 $\mu = 90°$ 或 $270°$ 时遭遇频率等于波浪频率，相应的横摇摆幅最大，纵摇摆幅最小。

当 $120° \leq \mu < 150°$ 时，称为偏顺浪，其遭遇频率比横浪时要低，纵摇摆幅比横浪时要大，横摇摆幅比横浪时要小。

当 $150° \leq \mu < 180°$ 时，称为顺浪，其遭遇频率比偏顺浪时要低，纵摇摆幅比偏顺浪时要大，横摇摆幅比偏顺浪时要小。

在 $\mu = 180°$ 时遭遇频率最低，相应的纵摇摆幅较大，横摇摆幅较小。

（三）横摇运动

1. 自由横摇周期

船舶在规则波中小角度（小于15°）无阻尼横摇周期（船舶自由横摇周期）可用下式近似求得

$$T_R = \frac{CB}{\sqrt{GM}} \tag{6-1-7}$$

式中：B——船宽（m）；

GM——初稳性高度（m）；

C——横摇周期系数，客船为0.75～0.85；货船为0.7～0.8；油船重载时为0.7～0.75；油船压载时为0.74～0.94；渔船为0.76～0.88。其也可按下式计算

$$C = 0.746 + 0.046\ (B/d) - 0.086(L/100) \tag{6-1-8}$$

各类船舶的横摇周期如表6-1-1所示。

表6-1-1

船舶种类	横摇周期 T_R(s)	船舶种类	横摇周期 T_R(s)
客船500～1000t	6～9	客船30000～50000t	20～28
客船1000～5000t	9～13	货船（满载）	9～14
客船5000～10000t	13～15	货船（压载）	7～10
客船10000～30000t	16～20	拖轮	6～8

大型油船的横摇周期，空载时都在6s以下，满载时在14s以上。

从船舶设备承受情况及船员的舒适程度和船舶安全考虑，一般来说，$GM > B/10$ 横摇过于剧烈，而 $GM < B/30$ 横摇过于缓慢，当 $B/30 < GM < B/10$ 时比较适中。

由式(6-1-8)可见，船舶自由横摇周期与船宽、船型以及横稳性高度等因素有关，其中只有初稳性高度是可以调整的。实际上，对于航行中的船舶，调整初稳性高度几乎是不可能的，故一般采取调整遭遇周期的措施。

2. 横摇摆幅

船舶在波浪中横向摇摆的幅度称为横摇摆幅，一般用横摇角来表示。在规则波中的强迫横摇摆幅可以近似地用下式表示

$$\theta = \frac{\alpha_0}{1 - \left(\frac{T_R}{T_E}\right)^2} \tag{6-1-9}$$

式中：α_0——最大波面角(°)，$\alpha_0 = 180H/\lambda$；

T_R——船舶自由横摇周期(s)；

当船舶横摇周期小于遭遇周期，即 $T_R/T_E < 1$ 时，则船舶横摇频率大于遭遇频率，船舶横摇较快，甲板平面与波面经常保持平行，很少上浪，但船舶所受惯性力较大。

当船舶横摇周期大于遭遇周期，即 $T_R/T_E > 1$ 时，则船舶横摇频率小于遭遇频率，船舶横摇较慢，甲板平面与波面经常不平行，上浪较多，且船舶经常受到波浪的冲击。

当船舶横摇周期近似等于遭遇周期，即 $T_R/T_E \approx 1$ 时，则船舶横摇频率近似等于遭遇频率，船舶横摇剧烈，横摇角越来越大，严重时将导致船舶倾覆，这种现象称为谐摇或谐振。

谐摇时的横倾角可用下式估算

$$\theta_s = 7.92\sqrt{\alpha_0} \qquad (6\text{-}1\text{-}10)$$

式中：α_0——最大波面角。

实际上，一般在 $T_R/T_E = 0.7 \sim 1.3$ 区间内就会发生谐摇，该区间称为“谐摇区间”或“谐振区间”。因此，船舶在海上航行时，应尽可能避免船舶横摇频率与遭遇频率相近的情况。

3. 避免横向谐摇的措施

船舶在波浪中横摇剧烈时，不但会危及人员、设备、货物和船舶的安全，严重时还会发生谐摇而使船舶倾覆。则需要采取减摇措施，避免谐摇的产生。从船舶操纵角度出发，减摇措施包括调整船舶自由横摇周期和遭遇周期。

1）调整船舶自由横摇周期

由公式(6-1-7)可知，船舶航次计划确定之后，可根据本航次各海区、各季节可能的波浪遭遇周期，在装载时适当调整GM值，即选择船舶自由横摇周期，使船舶的横摇避开谐振区间。

2）调整波浪遭遇周期

由式(6-1-6)可见，波浪遭遇周期与船速、波向角、波速和波长等因素有关，其中只有船速和波向角是可以调整的。实际上，对于航行中的船舶，调整船速和(或)航向对于减轻横摇是行之有效的措施。

但是，当波向角 $\mu = 90°$ 或 $270°$，即正横受浪时，遭遇周期等于波浪周期，这时改变船速对调整波浪遭遇周期不起作用。

(四)纵摇运动

1. 纵摇周期

船舶的纵摇周期可用下列近似公式估算。

$$T_P = C_P\sqrt{L} \qquad (6\text{-}1\text{-}11)$$

式中：T_P——船舶纵摇周期(s)；

L——船长(m)；

C_P——纵摇周期系数，客船为0.45～0.55，客货船为0.54～0.64，货船为0.54～0.72，油船为0.80～0.91。

2. 纵摇摆幅

船舶在波浪中的纵向摇摆幅度称为纵摇摆幅，一般用纵摇角来表示。

一般风浪中航行的船舶，在纵摇周期和遭遇周期不变的情况下，当 $L > 1.5\lambda$ 时纵摇摆幅最小，而当 L 远小于 λ 时纵摇摆幅最大。

船长与波长的关系对船舶相对纵摇振幅有决定性影响。$L>1.3\lambda$ 时，相对纵摇振幅小于 0.6；$L>1.5\lambda$ 时，相对纵摇振幅小于 0.4，纵摇角较小；船长越大，越趋平稳。$L\leqslant\lambda$，相对纵摇振幅急剧增大，正如小船遇长波，船舶纵摇很大，不论船速如何，无法避免。

3. 船舶在不规则波中的纵摇情况

船舶在不规则波中顶浪前进，它相当于遭遇一系列波长变化的规则波的作用，这时不再适用谐摇的概念，而需用临界状态的概念来说明船舶的摇摆情况。

当船舶的纵摇周期 T_p 和波浪 T_E 相等时，将发生谐摇。如已知船舶的航行速度，则根据式(6-1-12)和谐摇区间可推算出谐摇波长 λ_{syn}

$$\lambda_{syn}=T_E(V+0.78)+\sqrt{[T_E(V+0.78)]^2-(VT_E)^2} \tag{6-1-12}$$

根据谐摇波长和船长的关系，可以确定船舶所处的临界状态，从而判断船舶的摇荡情况。

1）亚临界区域

船舶以某一速度顶流航行，当谐摇波长 λ_{syn} 小于 3/4 船长时，该船处于亚临界区域，这一速度相当于低速。此时，纵摇和垂荡都比较缓和，甲板干燥。不产生砰击。

2）超临界区域

当谐摇波长 λ_{syn} 大于 $\lambda_{最大有义}$ 时，该船处于超临界区域，船舶的纵摇和垂荡中等。这相当于中速货船在小波中航行，或快艇顶着中等海浪航行的情况。但在大浪中一般商船难以达到这么高的速度。

3）临界区域

当谐摇波长 λ_{syn} 介于船长和最大能量波长 $\lambda_{最大能量}$ 之间时，该船处于临界区域。此时，船舶的纵摇和垂荡都非常严重，可能出现强烈的拍底和上浪。所有船舶都有可能处于临界区域。为了减轻摇荡，须避开临界区域，其有效的方法是将船速降低到保持舵效的速度。

根据以上临界状态的划分，我们可以根据遭遇的波浪要素来判断顶浪航行时船舶的摇荡情况。

4. 减轻纵摇的措施

在船舶纵摇周期与遭遇周期相等，即 $T_P/T_E\approx1$ 时，船舶将发生纵向谐摇。由于船舶纵摇惯性矩、阻尼力矩和稳性高度都比较大，故船舶在波浪的作用下产生的纵摇摆幅比横摇摆幅要小，纵倾角一般不超过最大波面角。纵向谐摇的摆幅取决于波长与船长之比、波向角和船型等因素。

由式(6-1-11)可见，船舶自由纵摇周期与船长有关。实际上，调整自由纵摇周期是不可能的，故一般采取调整遭遇周期，即调整船速和（或）航向的措施来减小纵摇摆幅。

（五）垂荡运动

1. 垂荡周期

船舶垂荡周期可用下列近似公式估算

$$T_H=2.4\sqrt{d} \tag{6-1-13}$$

式中：T_H——船舶垂荡周期(s)；

d——船舶平均吃水(m)。

船舶垂荡周期和纵摇周期很接近，后者稍大于前者。一般有 $T_R>T_P\approx T_H$ 的关系。且 $2T_P$

$\approx T_R$。

2.减轻垂荡的措施

在船舶纵摇周期与遭遇周期相等,即 $T_H/T_E \approx 1$ 时,船舶将发生垂荡谐振。由于垂荡运动时对水运动的阻尼很大,则重力垂荡使运动衰减很快。

由式(6-1-13)可见,船舶自由垂荡周期与吃水有关。实际上,调整船舶自由垂荡周期是不可能的,故一般采取调整遭遇周期,即调整船速和(或)航向的措施来减小垂荡振幅。

综上所述,船舶在波浪中的摇荡取决于船舶自由摇摆周期与波浪遭遇周期的相互关系,一般情况下船舶的横摇周期大于纵摇周期,纵摇周期略大于垂荡周期,横摇周期的大小约为纵摇周期或垂荡的两倍。航行中减轻船舶横摇、纵摇和垂荡幅度的有效操纵措施是改变船速和(或)改变航向。比较来看,横摇的危害最大,且当船舶横向受浪时,这种危害性将进一步增大,特别是发生横摇谐振或大幅度横摇时,将危及船舶的安全,严重时可能导致船舶倾覆。因此,当船舶遭遇巨浪时,应尽可能避免横向受浪。

三、大风浪中航行时所遭受的危害

横浪航行时,会导致船舶剧烈的横摇,使货物产生移动,直接危及船舶的安全,故大风浪中不采用横浪航行的方式。因此,只讨论船舶纵向受浪航行的危害情况,纵向受浪航行分为顶浪或偏顶浪与顺浪或偏顺浪两种情况。

(一)顶浪或偏顶浪的危害

船舶在顶浪或偏顶浪航行时,遭遇周期要比顺浪或偏顺浪时短,遭遇频率也比较高,其产生的危害主要表现在拍底、螺旋桨空转、甲板上浪等。

1.拍底

在激烈的纵摇和垂荡中,当船首升起后在下落过程中与波浪表面的向上运动相撞击时产生的现象,称为拍底。它使船首底部,甚至在整个首垂线后1/4船长区域和波浪表面发生冲击,进而产生巨大的应力,严重时将导致船首部位结构受损。拍底时船体发生剧烈的振动。船舶是否发生拍底及其严重程度取决于波长与船长之比、船舶载重状态、船速以及船型等因素。

(1)波长:当 $\lambda/L \approx 1$,即波长与船长接近时容易产生剧烈的拍底。海上的波长一般在80~140m之间,因此,如果船长在这个范围内,则易发生拍底;反之,大型船舶船长较大,不易发生拍底。

(2)吃水:$d/L < 5\%$,即吃水与船长之比值小时易产生拍底。一般空船时拍底严重,吃水为2/3以上满载吃水时不易发生拍底。

(3)船速:当傅汝德数 $Fr = V/\sqrt{gL} = 0.14 \sim 0.21$ 范围内时,容易产生拍底。

(4)船型:方形系数及棱形系数大的船,拍底冲击力也大。U型船首比V型船首遭受拍击的次数多,强度也大。

产生拍底的条件是上述几个因素的综合影响结果,单独一个或两个因素不一定能引起船舶产生拍底。

综上所述,为了减少拍底,一般采取如下措施:保持船首吃水大于1/2满载吃水;避免纵摇和垂荡的谐振;减速,保持船速在 $Fr = V/\sqrt{gL} = 0.1$ 左右。

2. 甲板上浪

打在甲板上的海水可看作是自由液面对稳性的影响，严寒时还有结冰的危险。同时浪的作用还会使甲板设备、上层建筑直接遭受破坏。特别是装有甲板货时，易造成货物移动，危及船舶的安全。

甲板上浪的程度与干舷高度、船速及相对波高($H_{1/3}/L$)等因素有关。船舶干舷越低，船速越高，波高越大，甲板上浪也越严重。

为了减少甲板上浪，一般首先采取降低船速的措施；其次是适当调整船舶航向。

3. 螺旋桨空转

剧烈的纵摇和垂荡会使螺旋桨的一部分或全部周期性地露出水面，发生螺旋桨空转现象，俗称打空车。空转时，螺旋桨效率显著下降，船速下降，螺旋桨、轴系和船体产生很大的震动，同时使它们受到很大的冲击应力，随时有可能受损。空船状态更容易产生螺旋桨空转现象。

为了减轻螺旋桨空转现象和防止桨叶等受损，应保持桨叶没入水中20% ~30%螺旋桨直径，压载船舶的吃水差以1.5 ~2.0m为宜。当出现螺旋桨空转时，可及时调整航向和船速以减轻船舶摇荡。

(二)顺浪或偏顺浪的危害

船舶在顺浪或偏顺浪的海况下航行其主要危险运动有冲浪和打横、稳性降低、谐摇等等，简要介绍如下：

1. 冲浪和打横

船舶位于波峰的前部时，可能被波浪加速而骑在波峰上，这种现象类似于冲浪运动员位于波峰之前的情况，故称为“冲浪”现象。当船舶发生冲浪时，波浪力的作用可能使船舶发生航向突变，即发生所谓“打横”现象，使船舶遭受横浪的作用而产生突发性横倾，严重时有船舶倾覆的危险。

当船速在波浪传播方向上的分量约等于波浪“相速度”时，这时的船速较高，船舶将被波浪加速而发生冲浪和打横现象。一般认为这时的船速 $V \approx 1.8\sqrt{L}$(V单位为kn，L单位为m)，故称其为发生冲浪或打横现象的临界速度。在临界速度以下有一个区域，其船速范围为：$1.4\sqrt{L} < V < 1.8\sqrt{L}$，在该速度范围内尽管不大可能发生冲浪或打横，但可能发生较大的纵荡运动，其危险程度与冲浪或打横几乎相同，故称这个区域为“临界区域”。在临界区域内，船舶稳性明显降低，且这种稳性降低的持续时间较长。

2. 横稳性降低

当船舶位于波峰时，由于排水体积的减小，将使横稳性降低。其降低程度与船型有关。稳性的降低量基本上与有义波高成正比。当 $\lambda/L = 1 \sim 2$ 时，且波高很大时，船舶可能完全丧失横稳性。这种情况下，顺浪和偏顺浪时尤其危险，这是因为遭遇周期较长，即船舶在波峰处的时间较长，也就是说，稳性降低的时间变长了。

3. 谐摇运动

当船舶自由横摇周期与波浪遭遇周期一致($T_E \approx T_R$)时，将加大横摇摆幅。顺浪和偏顺浪航行时，横稳性处于临界状态，故横摇周期变长，可能发生这种横摇谐摇运动。

4. 大幅度横摇

当遭遇周期约等于船舶自由横摇周期的一半，即 $T_R \approx 2T_E$ 时，将可能发生不稳定的大幅度

的横摇运动。这种横摇可能发生在遭遇周期较短的顶浪航行中。在顺浪和偏顺浪的情况下,特别是在船舶初稳性高度较小,即自由横摇周期较长时,也可能会发生这种现象。

5. 组合危险

船舶在顺浪和偏顺浪中的运动十分复杂,其运动是三维六自由度的,上述各种因素或危险现象都可能同时或先后发生,如甲板浸水、甲板上浪并滞留在甲板上或由于货物移动而增大横倾力矩等,都可能使船舶处于危险之中,严重时造成倾覆。

当船速在波浪传播方向上的分量接近波浪群速度时,一般群速度为群波主波相速度的1/2。这时的船速较低,船舶将受到巨浪的连续冲击,遭遇这种连续的巨浪冲击的最大波高可达有义波高的2倍。这时,上述稳性降低,谐摇运动、不稳定横摇或综合危险现象都可能发生,进而可能产生导致船舶倾覆的危险。

(三)顺浪或偏顺浪避免危险的方法

IMO海上安全委员会在1995年10月19日提出了一份建议,以707号通函(MSC/Circ. 707)进行发布。该通函对船舶在顺浪和偏顺浪航行中避免危险情况的操纵方法提出了一些建议,这些建议对保证船舶安全具有促进作用。但该建议中特别指出:该操作指南绝对不是确保安全的标准。如果船舶没有足够的稳性,以及顺浪和偏顺浪的几种危险情况同时发生时,即使船舶在非危险区域也可能是不安全的,因此,船长应确保船舶保持良好的稳性状态,谨慎驾驶。

MSC/Circ. 707对船舶不同船速下的危险范围以矢量图的形式表示,如图6-1-4和图6-1-5所示,并提出了避免危险局面的指导意见。该指导适用于各种船舶在波向角为135°~180°范围内的顺浪或偏顺浪的情况。建议采取下列操纵措施避免发生危险:

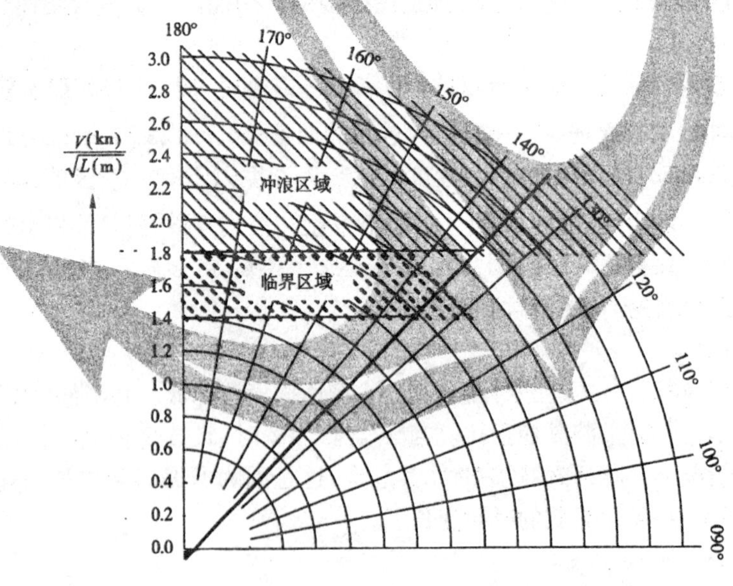

图6-1-4 引起冲浪的临界区域

1. 防止冲浪和打横的措施

将船速降低至$1.8\sqrt{L}$以下,则可避免冲浪和打横。但如果船速在$1.4\sqrt{L}\sim1.8\sqrt{L}$范围内如果船舶仍发生较大的摇摆,摇摆周期增大是船舶横摇幅度增大的重要标志。为了避免危险,

应进一步降低船速，即不但要避开图 6-1-4 所示的“冲浪区域”，还要避开“临界区域”。

2. 防止巨浪连续冲击的措施

当平均波长大于 $0.8L$、有义波高大于 $0.04L$，且船舶的上述危险现象较为显著时，应注意不要使船舶进入图 6-1-5 所示的“危险区域”。当遭遇周期约为波浪周期的 2 倍（约1.5～2.8）时，一般认为船舶位于危险区内。当船舶位于该危险区域时，应降低船速以避免巨浪的连续抨击。

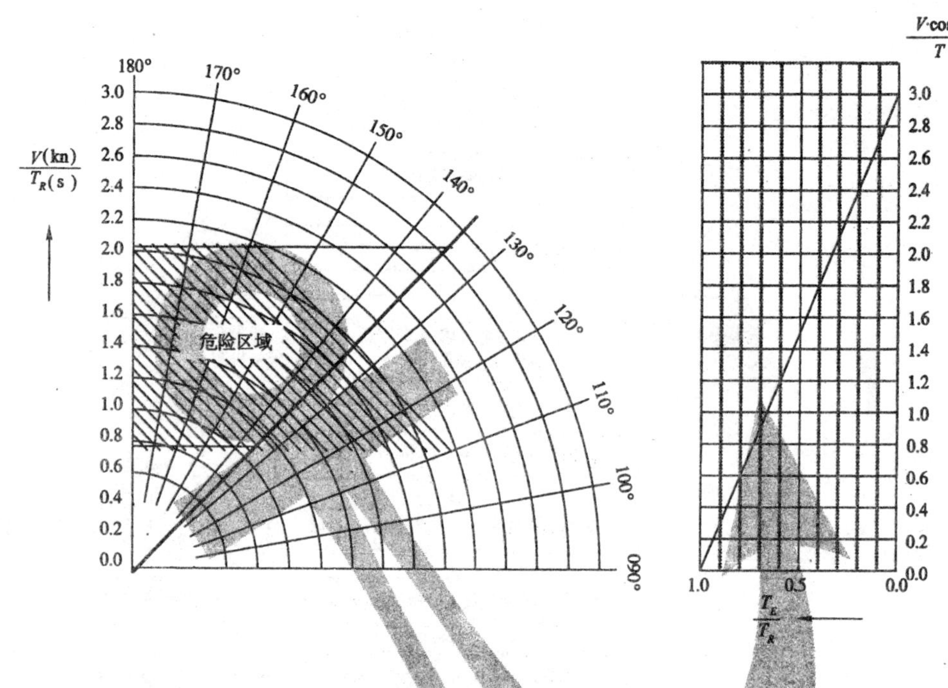

图 6-1-5　引起巨浪冲击的危险区域

为了避免船舶位于危险区域，也可采取改变航向的措施。但是，航向的改变量不宜过大，否则可能对船舶稳性产生不利影响。适当降低船速及较小的航向变化相结合，是安全操纵船舶的有效措施之一。

3. 避免谐摇和大幅度横摇

如前所述，当 $T_E/T_R \approx 1$ 时，船舶将发生谐摇。据有关资料，当 $T_E/T_R \approx 1/2$ 时，将发生大幅度横摇。因此，船舶不但要避免发生谐摇，而且要避免大幅度横摇。遭遇周期 T_E 为 V/T 的函数，利用这一关系，我们知道船舶是否会发生谐摇或大幅度横摇。

上述可见，为避免以上严重情况船舶需要减速，但应注意的是，船速也不宜过低，无论如何要确保船舶在大风浪中保持航向的最低航速。

4. 流程图及其应用

为了便于图 6-1-4 和 6-1-5 的使用，MSC/Circ. 707 还给出了使用流程图，如图 6-1-6 所示。具体参数的获取方法如下：

1）已知参数

L—— 垂线间长 L_{pp}(m)；

B—— 船宽(m)；

d—— 船舶吃水(m);

GM—— 初稳性高度(m)。

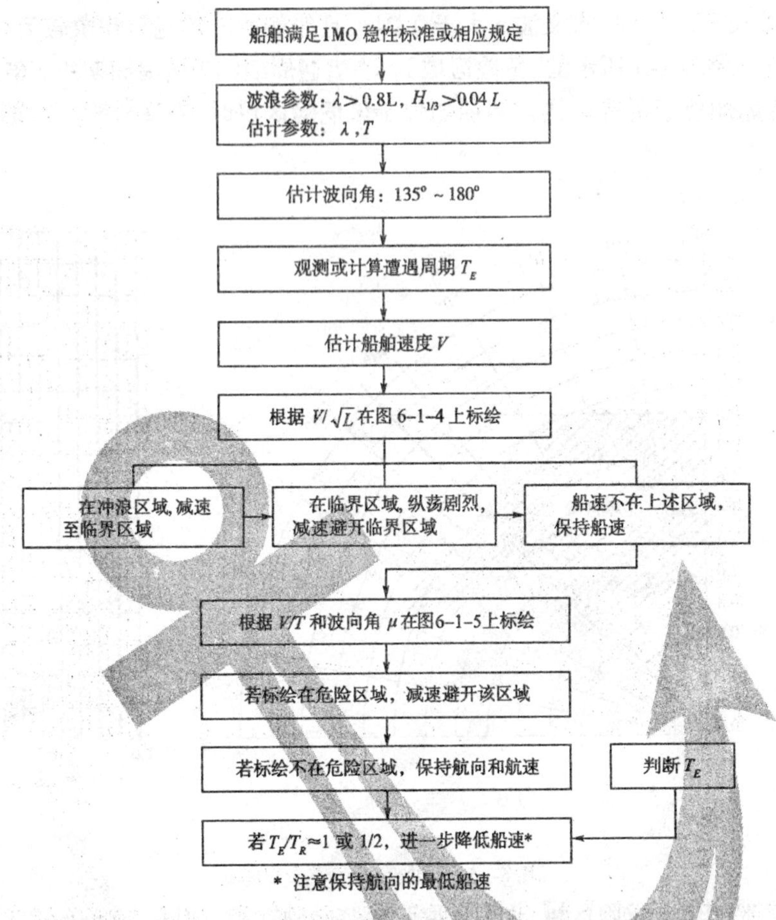

图 6-1-6 避免顺浪和偏顺浪航行危险操纵流程图

2）估计或计算参数

V——船舶的实际速度(kn),以适当的方法估计实际船速。

μ——波浪遭遇角(°),即前述波向角。可通过视觉观察的方法获得。一般风向与浪向基本相同。若海上能见度不良,雷达影像可显示波峰的船舶方向。

λ——平均波长(m)。可通过视觉观测并与本船长度对比获得波长,或通过雷达测量波峰之间的距离获得波长。

T——平均波浪周期(s)。使用秒表测量海面上浪花的起伏运动周期。在一定时间内测量 n 次,将时间被 n 除,得出平均波浪周期。在已知波长的情况下,也可通过计算获得平均波浪周期,即 $T = 0.8\sqrt{\lambda}$。

T_R—— 船舶自由横摇周期(s)。它取决于船舶装载情况。可使用秒表在船舶装卸货离港后在平静的海面上测量船舶的横摇周期。也可利用公式 $T_R = 2CB/\sqrt{GM}$ 进行估算。

T_E—— 遭遇波周期(s),可使用秒表测量船舶在波浪中的纵摇周期获得,也可通过 $T_E = \lambda/(c + V\cos\mu)$,$c = \lambda/T$ 计算获得。

$H_{1/3}$—— 有义波高(m)。

四、大风浪航行的准备工作

航行中的船舶应经常处于适航状态。当预测到将有大风浪来临时,必须采取相应措施。检查并保证做好下列工作:

(一)保证水密

(1)检查甲板开口封闭的水密性,必要时进行加固。

(2)检查各水密门是否良好,不需用的一律关闭拴紧。

(3)将通风口关闭,并加盖防水布。

(4)天窗和舷窗都要盖好,并旋紧铁盖。

(5)锚链管盖好,防止海水灌进锚链舱。

(二)排水畅通

(1)检查排水管系、抽水机、分路阀等,保证处于良好工作状态。

(2)清洁污水沟(井),保证黄蜂巢畅通。

(3)甲板上的排水孔应保持畅通。

(三)绑牢活动物

(1)吊货设备、主锚、备锚,舷梯、救生艇筏以及一切未固定的甲板物件都要绑牢。

(2)散装货及烧煤要扒平。

(3)各水舱及燃油舱应尽可能注满或抽空,以减少自由液面。

(4)舱内或甲板装有重件货物时,应仔细检查加固,必要时加固绑扎。

(四)做好应急准备

(1)保证驾驶台和机舱、船首、舵机室在紧急情况下通信联系畅通。

(2)检查应急电机、天线、舵设备等处于良好状态。

(3)保证消防和堵漏设备随时可用。

(4)保证人身安全,如拉扶手绳、甲板铺砂等。

(5)加强全船巡视检查,勤测各液体舱及污水沟等。

(五)空船压载

空船在大风浪中有很多不利之处,例如:风压增大了倾侧力矩,保向性下降,拍底增大,空转加剧,失速严重,易发生横摇谐振等等。为确保航行安全,应进行适当的压载,以提高船舶抗风浪的能力和改善船舶的性能。

空船压载量可参考下列数字:

夏季:为夏季满载排水量的50%;

冬季:为夏季满载排水量的53%;

在吃水差方面,既要防止空转,又要减轻拍底,一般以尾倾吃水差1.5~2.0m较为理想。

五、大风浪中的操船方法及其注意事项

船舶在大风浪中航行,不论波向角如何,都会给船舶带来危险局面。因此,必须采取有效措施,减轻船舶的摇摆程度,缓解波浪的冲击,以等待海况好转,或采取积极手段,尽早驶离大

风浪海区。

广大海员从大风浪操船的实践中总结出以下几种方法可供参考。船舶可以根据本船的船型、稳性、吃水、载况、海域和航线等条件,选择适当的操纵方法。

(一)"Z"字航法

如果在航线上遭遇顶浪或偏顶浪(波向角为 300° ~060°),则可采用"Z"字航行方法。顶浪或偏顶浪航行时,波浪与船的相对速度较大,波浪对船体造成较大的冲击,严重时,造成大幅度横摇、甲板大量上浪以及拍底、螺旋桨空转等。顶浪航行一般要降低船速和调整航向,以减轻摇摆幅度(图 6-1-7)。

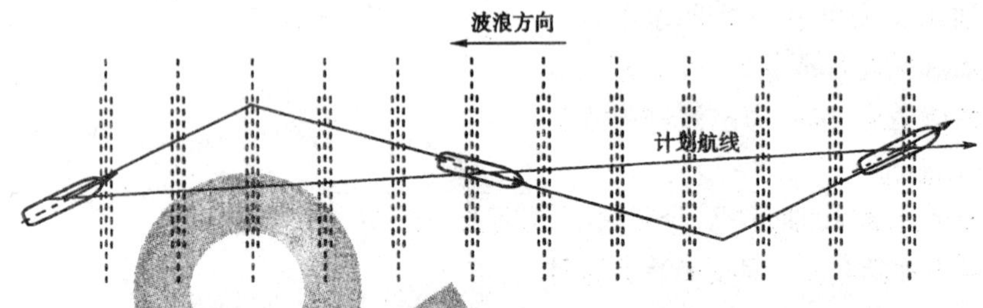

图 6-1-7 顶浪航行的"Z"字航法示意图

广大海员总结的"Z"字航法在实践中证明是行之有效的。即适当调整船速,以船首一舷 10° ~30°的受浪角航行一段距离后再改为船首另一舷 10° ~30°的受浪角的航行方法。其中航向和船速的调整以减小船舶摇摆幅度为准。"Z"字航法既可以保证一定的航速,又可以减轻船舶的摇摆幅度。它适用于耐波性较好的中、大型船舶,特别是大型集装箱船舶。对于小型船舶或经不起波浪冲击的船舶,宜改用"漂滞"方法。

(二)滞航

如果船舶在顶浪航行时经不起波浪冲击,则可采用"滞航"方法。即以能保持航向的最低船速将风浪放在船首 2 ~3 个罗经点(波向角为 20° ~30°)的方位上迎浪(或顶浪)前进的方法。这时的船舶实际上是处于缓进或不进,甚至是微退的状态。而随着风向的改变需将航向不断地进行调整。

这种方法可以缓解波浪对船舶的冲击和甲板上浪,使船滞留在原地附近,以等待海况的好转。对于下风侧海域不大充裕,船长较长,船舶干舷较高的船采用此法较为有利;大风浪中为放救生艇可采用此操船法。滞航中要根据风浪的情况选择最佳的风浪舷角,以减轻船舶的摇摆幅度。并根据风浪的变化及时调整航速,保证有足够的舵效,以免船舶"打横"。

(三)顺浪

如果在航线上遭遇顺浪或偏顺浪(波向角为 120° ~240°),则可采用"顺浪"方法。即以船尾部受浪前进的方法,称为"顺浪"。顺浪航行时,波浪与船的相对速度较小,可以大大减轻波浪对船体的冲击。滞航中经不起波浪袭击的船舶,可改用顺航。顺浪航行的船舶可以保持相当的速度,有利于摆脱大风浪海域或台风中心。

但要注意,如前所述,当平均波长大于 $0.8L$、有义波高大于 $0.04L$,且船速 $V \approx 1.8\sqrt{L}$时,则极易发生冲浪及打横等危险情况,波长远小于或远大于船长时,船舶摇摆都能得到缓和。因此,当遇到顺浪航行的危险情况时,应果断地减速或小量地调整航向,并选择船尾方向 1 ~2 罗

经点（波向角为 160°～170°或 190°～200°）的受浪角航行。

尾突出、舵面积较小的船，在顺浪中不易保持航向，可采用在船尾拖曳其他物件（如大缆等）来提高保向性。

（四）漂滞

船舶主机停止随风浪漂流的状态，称为漂滞。从动力学上讲，漂滞中，波浪对船体的冲击力大为缓解，甲板上浪不多。但是，严格来讲，漂滞不是一种操纵方法，它是船舶的一种被动漂浮状态。在大风浪中，只要主机和舵机不出现故障，极少采用主动停车进行漂滞的操纵方法，如前所述，主动停车将使船舶在波浪中处于失控状态，船舶极易处于横浪状态，很难预料船舶将会发生的危险情况，历史上也有由于船舶在大风浪中失去动力而倾覆沉没的事故。

因此，船舶一般不主动采取"漂滞"。但船体老旧的船舶，为减少波浪对船体的冲击，应主动采取漂滞的操船法。不得不采用此操船法时，应保证船舶具有良好的水密性和较大的复原力矩。

当船舶在大风浪中主机发生故障而被动停车之后，关键是采取措施避免船舶处于横向受浪状态，如将锚链送出一定的长度，尽可能使船舶处于顶浪或偏顶浪状态，以等待救援。

六、大风浪中掉头

船舶在大风浪中由顶浪转为顺浪或反之，都要进行掉头操纵。在整个掉头操纵过程中，其遭遇周期随着航向改变而发生变化，当船舶转至横浪时，若旋回引起的横倾与波浪造成的横倾相位一致时，则过大的横倾将危及船舶的安全。而且横向受浪还容易出现横摇谐振，掉头时间越长，出现横摇谐振的几率越高。就更增加了这种危险。因此，必须严格掌握掉头时机，控制掉头时间，避免操舵引起的横倾与波浪引起横倾的相位相同，谨慎地进行操纵。

（一）掉头操纵时机

海浪大小的变化是有规律的，一般情况下，连着三四个大浪之后，会接七八个小浪，俗称三大八小。要利用这个规律，选择在海面较平静的时机进行掉头操纵。

（二）掉头操纵方法

开始时慢速中舵（15°左右），掉头过程中适时使用快车满舵。这样可以使前冲惯性小，减小船舶转向中的横倾角，同时保证舵效，缩短掉头时间。

由于判断错误在旋转中遇到大浪来临而处于困难境地时，切勿强行掉转，可选择与波浪的适当相位，等待时机，再次掉头。此时，切忌急速回舵，防止大幅度横倾而导致船舶倾覆。

第二节　避离热带气旋的船舶操纵

台风是发生在热带海洋上的一种强气旋性涡旋，总伴有狂风暴雨。在热带洋面上生成发展的低气压系统称为热带气旋，根据中心附近的最大风力分级，12 级以上通称台风。台风在海上移动，会掀起巨浪，狂风暴雨接踵而来，对船舶可造成严重的威胁。当台风登陆时，狂风暴雨会给人们的生命财产造成巨大的损失，尤其对农业、建筑物的影响更大。

与陆地上防台风是被动的相比，船舶在海上防台风则是积极的、主动的，尤其是在大洋上，周围可航水域宽阔，可以提早避开台风的移动路径。

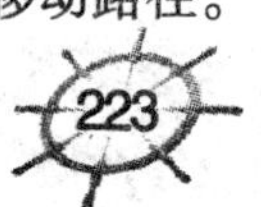

一、船舶在热带气旋中相对位置的判断

在地球的北半球水域内，台风的右半圆其波浪较左半圆为激烈，这是因为低气压气旋逆时针旋转与其本身的前进运动相叠加而造成的。沿着台风前进的方向，操船者常称台风的右半圆为"危险半圆"，左半圆称为"可航半圆"，如图6-2-1所示。在南半球水域内，低气压气旋为顺时针旋转，故与北半球相反，称右半圆为可航半圆，而称左半圆为危险半圆。

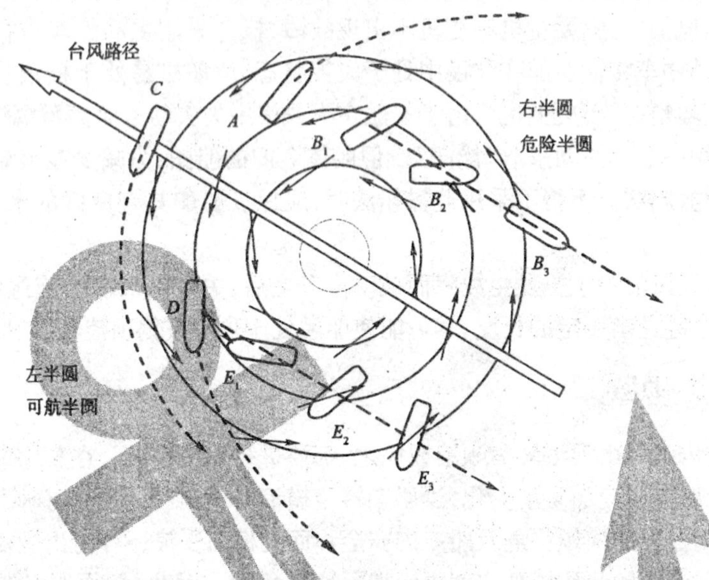

图6-2-1 北半球船舶所处台风位置及避离法

由于台风的巨大危害性，因此，船舶应尽可能避开台风区域航行。如果不慎进入台风区域，应采取措施避离危险局面。

航行在台风区的船舶，操船者可根据观测到的气象变化情况来判断本船所处台风的位置。从气象变化来看，在北半球的操船者可根据下列方法进行判断。

(1)风向右转，本船处于台风区的右半圆，称为危险半圆(南半球则为左半圆)。

(2)风向左转，本船处于台风区的左半圆，称为可航半圆(南半球则为右半圆)。

(3)风向无明显变化，本船可能处于台风路径附近。气压逐渐降低，本船处于台风的路径之前；气压逐渐升高，本船处于台风的路径之后。

(4)无风、气压值最低，并可见晴天而海面呈现三角巨浪，则说明本船已处于台风眼内。

二、船舶在热带气旋不同相对位置中的避离操纵

航行在台风区的船舶，在确知台风动态和本船在台风区的位置后，可根据具体情况，采取有效措施避离台风中心。

首先应尽可能远离台风中心，一般应保持距离300n mile以上，风力在6~7级，气压不低于10^5Pa；迫不得已时，至少要保持100n mile以上，风力不超过8级。

沿海航行船舶遇到台风袭来应及早驶入避风锚地；在大洋上的船舶须改变航向和航速，避离台风中心。船舶在北半球台风区不同位置的操纵方法简要介绍如下(南半球操船的相应受风舷角与之相反)：

（一）危险半圆的避台操纵方法

在北半球，台风路径的右半圆（危险半圆），风向与台风移动路径相同，风力比左半圆大，风向逐渐向右转变（顺时针方向），船舶有被卷入台风中心的危险。处于危险半圆时，应采取与台风路径垂直的方向全速驶离，即以右首约15°～20°的风舷角顶风全速避离，如图6-2-1中的*A*船所示。

如果风浪巨大，不能全速驶离时，可以采取右首顶风滞航，以等待台风过境，随着台风中心的移动而避离台风区，如图6-2-1中的*B*船所示。

（二）在台风进路上的操纵方法

船在台风进路上时，风向基本不变，气压逐渐降低，台风中心即将过境。在北半球应使船尾右舷受风顺航，迅速驶进左半圆（可航半圆），再采取相应措施，如图6-2-1中的*C*船所示。

（三）可航半圆的避台操纵方法

在北半球，台风路径的左半圆（可航半圆），风向与台风移动路径相反，风力比右半圆小，风向逐渐左转变（逆时针方向），其危险性比右半圆小。处于可航半圆时，应使右尾受风驶离台风中心，直到风力由大变小，气压由低变高。如图6-2-1中的*D*船所示。

如果下风方向有陆地或水域受限，无法驶离时，可以采取右首顶风滞航，以等待台风过境，随着台风中心的移动而避离台风区，如图6-2-1中的*E*船所示。

思　考　题

1. 简述船舶固有周期与波浪遭遇周期之间的关系如何影响船舶在波浪中的摇摆。
2. 简述如何预防和避免船舶在风浪中的横向谐摇。
3. 船舶在大风浪中航行时所遭受的危害有哪些？
4. 船舶在大风浪航行前的主要准备工作有哪些？
5. 简述船舶在大风浪中的操船方法及其注意事项。
6. 在北半球位于台风的不同部位，如何操纵避离台风？

第七章 应急船舶操纵

船舶所处的环境和情况复杂多变,总会出现一些非正常的紧急情况。这些紧急情况将可能危及人员、船舶和环境的安全。紧急情况的出现往往具有很大的偶然性,而且只要有可能出现,就会在不恰当的时候发生。尽管我们强调对事故的预防措施,但在操作过程中总是存在预料不到的环境和情况的变化,以及人在操作过程中的疏忽等潜在危险。在紧急情况出现后如何采取应急措施以避免或减小损失,是船舶操纵的研究内容之一。

第一节　船舶碰撞前后的处置

由于通航密度的增大、人的失误以及环境因素的影响等,船舶航行的碰撞事故时有发生。发生碰撞紧急情况时,船舶驾驶人员应采取适当操纵措施,以使损失降低到最低程度。

一、碰撞前的应急操船

由于船舶的大型化和航速的提高,如在航行中两船发生碰撞,其后果都是灾难性的。由于船舶碰撞后的损害程度取决于两船相对运动速度和碰撞角度、碰撞位置和破损的大小以及碰撞船舶的吨位大小。因此,无论由于何种原因导致碰撞不可避免时,船舶驾引人员应运用良好船艺,采取减少碰撞损失的应急措施。这些措施包括:

(1)如可行,应采取紧急措施避免碰撞部位发生在船中或机舱附近,最好使两船平行擦碰,如不能则应尽量使船首部位碰撞。

(2)如可行,采取大角度紧急转向措施减小碰撞角度,避免“T”字碰撞。

(3)全速后退,可行时抛双锚并借助拖船,降低船速,以减小撞击能量。

二、碰撞后的应急操船

碰撞发生后,为了减小碰撞的损失,应根据两船大小、干舷高度的差异等具体情况采取如

下的应急操船措施。

(一)当我船船首撞入他船船体时

当我船船首撞入他船船体后,应首先开微速进车顶住对方。为使本船能与对方船体靠紧以减少进水量和防止滑出,有时可互用缆绳系住,并配合用车,保持顶住对方破洞的姿态,以减少他船的进水量。如被撞船舶有沉没的危险且附近有浅滩,经对方同意后,可将他船顶向浅处搁浅。

待被撞船舶采取防水应急措施后,征得同意后方可倒车脱出。倒车退出后,应滞留在附近,一方面检查本船的损坏情况,另一方面可随时准备实施救助和协助,当确信对方已经脱离危险可以继续航行时,本船也确信可安全以续航,并办理完有关碰撞事实确认手续之后,方可离去。

(二)我船船体被他船撞入时

当我船船体被他船撞入后,应尽可能减小或消除船舶纵向惯性速度,使本船停住(消除对水速度),以减少进水量,并迅速关闭破损舱室前后的水密装置,进行排水及堵漏工作。当确认船舶没有沉没的危险,且船舶本身的排水、堵漏器材能控制进水量后,方可同意对方倒车脱出。如果是一舷船体受损且破损部位位于水线附近时,应尽可能操纵船舶使破损部位处于下风侧。

三、碰撞后的应变部署

船舶发生碰撞后,应立即发出堵漏警报信号,实施堵漏应变部署。除了上述应急操纵措施外,船长还应就下列事项进行部署:

(一)查明碰撞损失

查明船体进水情况要进行现场检查,大副和水手长检查全船,要求木匠测量各货舱舱污水井(沟)、压载水舱和淡水舱的水位,通知机舱测量各油舱的油位,并将测量结果与碰撞前的记录进行比较,迅速确定船体破损的位置、大小及进水量等情况,并检查其他有关人员的应变部署情况,并将测量、检查结果迅速报告船长。判明损坏情况时应考虑下列因素:

(1)碰撞的船舶大小;

(2)碰撞前的相对速度;

(3)碰撞角度的大小;

(4)碰撞的部位。

(二)保证船舶水密和排水

当破损部位确定后,应立即关闭破损部位附近舱、室的水密门、窗,必要时予以加固。通知机舱启动相关泵系全力排水,并随时测量各舱室的水位,以计算泵系的排水量。

(三)堵漏措施

根据船体破损部位、大小和进水量,船长组织研究堵漏措施。碰撞引起的船体破损部位多位于舷侧水线附近。破洞较大时,需用堵漏毯紧贴洞口以限制其进水。挂上堵漏毯后再根据破洞的大小,采用堵漏板或制作水泥箱,灌注水泥堵住漏洞,然后排除舱内积水。破洞舱室大量进水量较大时,必须对进水邻近的舱壁进行加强,防止因水压过大引起舱壁破损而波及相邻舱室。

选用堵漏器材时应考虑:破损部位;漏洞大小;漏洞形状和航行区域。

(四)调整纵横倾

船体进水后一般都引起纵倾和横倾的变化。应详细测量各油舱、水舱的液位变化情况,利用排出、注入(对称灌注)、移载和转驳等方法保持船舶的浮态。值得注意的是,使用注入法调整船舶浮态应应特别谨慎,因为这种方法可能降低储备浮力和稳性。

(五)抛弃货物

在下列情况下应采取抛弃货物的措施:

(1)因进水可能引起货物着火;

(2)因进水可能引起货物急剧膨胀;

(3)为保持稳性;

(4)为保留储备浮力或减少进水量。

四、抢滩时的注意事项

如果碰撞后水线附近或以下破损范围较大,无法进行堵漏,大量进水,排水的速度跟不上进水的速度,估计船舶有沉没的危险,附近有浅滩时,可考虑采取抢滩措施,并申请救助,以保存船舶及货物,减少损失。

(一)抢摊前的准备工作

(1)选择适宜的抢摊地点;

(2)适当调整吃水差;

(3)备双锚;

(4)报告有关当局。

(二)选择抢滩地点时应考虑的因素

(1)地质:泥、砂或砂砾地质均适于船舶抢滩,但软泥地质易导致船体下沉而难以脱浅,活砂地质则不易固定船体。此外附近应无礁石。

(2)风和流:尽可能选择潮流较小的场所进行抢滩,并应在高潮后落潮期间进行抢滩。尽可能选择港湾内遮蔽风浪良好或当地盛行风的下风场所。

(3)水深:水深(含潮位)应大于轻载吃水,小于型深,保证船舶主甲板始终露出水面。

(4)坡度:为了避免船体受损或堵住机舱海水阀,坡度应适当。较适宜的坡度大小可参照造船的下水滑道的比例,即小型船1:15,中型船1:17,大型船1:19~1:24。可利用抢滩位置处相邻两个等深线的数值之差与其间距之比判断坡度。

(5)四周环境:四周环境应便于固定船舶,应让出航道以利于出摊作业和施救工作进行。

(三)抢滩和出滩操作

选定抢滩地点后,可按下列步骤进行抢滩和出滩操作:

(1)抢滩前应向压载水舱注入压载水,将船舶吃水差调整到与抢滩坡度相适应。

(2)船首抢滩时,尽可能保持船舶首尾线与岸线垂直,慢速接近,适时停车,使船舶缓慢地接触滩涂。速度过大,不但易损坏船体,而且不利于出滩。

(3)船首上滩时,可抛下双锚,以便稳定船体和利于出滩。若抛锚将影响抢滩效果,也可在抢滩后,用专业救助拖船或重吊将锚向后抛出。

(4)抢滩后,应尽可能在下一个高潮位来临之前将破洞堵好。然后进行出摊操作。

(5)出滩时,应选择在高潮前的涨潮期间进行操作。排除压载水,高潮位到来时收绞双锚,配合主机倒车,将船舶慢慢脱出滩涂。

五、碰撞后续航的注意事项

船舶发生碰撞经全面检查后,如主机、辅机情况良好,船体破损部位经过堵漏,加强后进水得以控制。因破损进水经过纵横倾的调整后具有正稳性及一定的保留浮力,救生设备完整无损,可继续航行至附近港口作进一步修复。

船舶碰撞受损后,如继续航行操纵应谨慎,并做到:

(1)减速航行,密切注意进水的变化并应详细记录;

(2)航线设计应选取近岸航线并勤测船位;

(3)密切注意气象变化,查明临近海域可供避风的锚地,风力增大应立即择地避风,切勿心存侥幸;

(4)与附近海岸及公司保持密切联系,使公司及时掌握船位及航行情况;

(5)保护好损伤部位,尽量使之处于下风舷,经常根据实际情况调整航向和航速;

(6)风浪大时尽量减少船舶的摇摆,无法继续航行时可考虑利用海锚在海上滞航。

第二节　船舶搁浅前后的措施

船舶搁浅或触礁是最常见的航行事故之一。船舶搁浅或触礁一般发生在沿海或港口附近,其危险性尽管不如碰撞、触损等航行事故大,但其始终处于危险状态,不但可能造成船体损坏,还可能阻塞航道而影响通航安全。及早使船舶脱离危险水域,进而减小船体应力和造成污染的危险是船舶搁浅后的紧迫任务。本节从操船者的角度出发,简要介绍船舶搁浅或触礁后的应急措施。

一、搁浅前的紧急措施

航行中,发现搁浅不可避免时,应根据船舶所处的情况和环境采取如下行动:

(1)如不明搁浅水域的地形和地貌,应立即停车,可行时立即抛双锚;

(2)如明了搁浅水域情况,船尾方向水域开阔水深充裕,且船舶航向与浅滩垂直,应立即停车、倒车,可行时抛双锚;

(3)如明了搁浅处仅为航道中新生的小沙滩,应全速前进并左右交替满舵。

二、搁浅后的紧急措施

船舶搁浅后,船舶驾驶人员应立即按照下列步骤采取行动,以便达到控制局面和减少损害的目的:

(一)立即行动

(1)搁浅情况未判明前不应盲目动车脱浅;

(2)运用一切可能的手段保证船舶整体水密性;

(3)显示适当的船舶搁浅信号;

(4)通知有关主管机关和其他有关机构。

(二)搁浅船舶的态势评估

当紧急危险过后,船长或驾驶员应对搁浅船的态势进行初步评估,包括但不限于下列各项:

(1)船上人员的安全状况;

(2)天气和海况,包括预报情况;

(3)潮流和潮汐情况;

(4)船舶周围水域的海底底质、海岸线和水深情况;

(5)船舶损坏情况,以及已发生的污染和潜在污染的危险性;

(6)进一步损失的危险性;

(7)保持通信畅通;

(8)船体与海底之间的作用力;

(9)脱浅后船舶的吃水和纵倾情况。

一旦决定通过外援浮起船舶时,应立即发出救助请求,且不可延误。救助程序的及早启动和救助人员的及早到达是救助成功的关键。

(三)固定搁浅船舶

通过初步评估表明船舶不存在偏转、沉没和倾覆的可能,可在另下一个高潮时运用全速倒车尝试进行脱浅。如果船舶不能在短的时间内脱浅,在船舶搁浅的期间应使主机处于随时可用的备车状态并保证船舶的安全。这时,如果船舶在涌浪的作用下有上下起伏运动,表明搁浅船是活动的。活动的搁浅船存在偏转、向岸推移、墩底和加重搁浅的危险之中。应采取下列固定措施:

(1)船首向的变化表明船舶发生偏转且船尾清爽可以操作,则可果断地运用主机和舵,以防船舶搁浅加重。

(2)可能的话,用缆绳或锚链使搁浅船固定在礁石、珊瑚礁或其他固定点以避免船舶偏转和向岸漂移。

(3)有拖船协助时,可以通过拖船将搁浅船向宽阔水域一侧顶推以防偏转。

(4)向舱内注水使船舶下沉以防搁浅船向岸漂移和墩底。可向漂浮一侧的压载舱注入压载水,以增加船底与海底的接触面积,进而分散海底的作用力,还会减小船体扭矩和弯矩。

(四)测量船舶吃水和检查搁浅部位

要想对船舶态势作出准确的评估,必须尽可能收集相关信息。特别注意检查搁浅部位舱室的损坏情况。当货舱有货无法进行检查时,在打开测深管、天窗、舱口和其他连接通道时应特别小心,以防使进水扩大。应注意船体列板变形、扭曲和其他船体损坏的表征。

频繁测量各压载舱、燃油舱等水线以下各舱室的液位深度,并将所测值与搁浅前的测值进行比较,以发现船体破损情况。

对搁浅船船体周围进行测深,以便确定搁浅程度。若海面涌浪较大而无法准确测量时,可用铅锤测量主甲板至海底之间的距离间接获得水深。所测得的水深资料应在大比例尺海图或草图上的船体周围进行标注,以表明船舶搁浅程度。测量舷边水深方法可自船首向两舷每隔

10m 测一个点如图 7-2-1 所示测量船体周围的水深应从船边开始以辐射方向进行。在测深的同时，还应采样海底底质，底质不仅影响摩擦力，而且底质及海底坡度还影响锚的抓力。

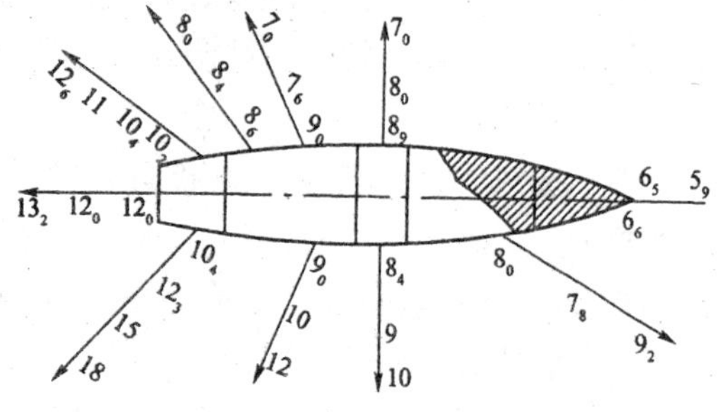
图 7-2-1　船体周围水深测量法

测量船舶吃水数据时，应记录当时的时间、潮高以及海况等情况。并将吃水应修正到潮高基准面。通常，潮高基准面与当地的海图基准面相同。

船体部分搁浅时如发现某部位搁浅后的吃水大于搁浅前的吃水又大于舷边水深，则表明该部位未搁浅。如搁浅后的吃水小于搁浅前的吃水，则表明该部位已搁浅，且搁浅后的吃水与搁浅前的吃水差异越大，表明搁浅越严重。如搁浅部位的吃水小于舷边水深，表明此处船体搁在海底突出物上；如搁浅部位的吃水大于舷边水深，说明此处船体陷入海底。

搁浅船的吃水是计算损失浮力的基础，又是计算脱浅拉力的依据。船舶能否顺利脱浅，与搁浅船的吃水勘测是否精确关系密切，因此，用一定的时间努力获得准确的搁浅船吃水是非常重要的。

三、脱浅方法及脱浅拉力的计算

（一）脱浅方法

脱浅方法可分为自力脱浅和外援脱浅两大类。自力脱浅是指船舶利用自身的设备（车、舵、锚、缆）使船舶脱离浅滩的方法；外援脱浅是指借助外力使船舶脱离浅滩的方法。

1. 自力脱浅

1）候潮脱浅

船舶不是在高潮时搁浅，船体只有轻微的损坏，尾部有足够的水深，则可等待下一个高潮来临时争取起浮脱浅。必要时利用车、舵、锚配合协助脱浅。一般是高潮前 1 小时动车，当快倒车无效时，可改用半进车配合左右满舵扭动船体，然后再快倒车脱浅。在需要时在运用倒车的同时配合绞锚，锚能产生持续而强大的拉力，且拉力方向准确，当有浪涌时，每来一个涌浪就能增加一点浮力，如锚有足够的拉力，就能将船体拉动，对船体脱浅十分有利。如底质是泥沙，倒车时应注意泥沙可能在船体周围堆积妨碍出浅。

2）移载脱浅

船舶的一端或一舷搁浅，而另一端或另一舷有足够的水深，则可移动燃油、淡水、压载水或货物的方法减少搁浅一端或一舷的压力，再配合主机、锚使船舶脱浅。移载脱浅前必须经过准确的计算，以防脱浅后船体产生过度的纵倾或横倾而发生危险。在一舷搁浅而海底又陡峭时，此方法不宜使用。

3）卸货脱浅

此方法是上述几种措施不能使船舶脱浅时才采用。卸出的重量应是主机拉力、拖船拉力、锚的拉力或移载等不足的数量。采取此措施应对船舶首尾吃水差的变化及卸载后的稳性进行准确的核算。

卸货时要考虑迅速、方便和损失最小的原则,一般先卸出多余的油水,再卸不易受损的货物。为防止卸货时船舶越搁越深,应向压载舱注水,待准备出浅时再将水排出。

2. 外援脱浅

船舶搁浅后,如果船体损坏严重,已经失去漂浮能力;或主机、车舵损坏;或经计算所需的脱浅拉力太大超出自力脱浅的能力;或船舶搁浅后水位急退,要求尽快脱浅时,应毫不犹豫地请求外援,以求尽快脱浅。申请外援时,应预先计算脱浅所需拉力、拖船的数量和功率。外援不仅可以利用救助船的拖力协助脱浅,还可以利用救助船协助固定船体、堵漏排水、移载、过驳或者利用大型打捞浮筒增加搁浅船的浮力,达到脱浅的目的。

救助船到达后,搁浅船应提供下列资料:

(1)船舶资料;如主要尺度、总布置图、静水力曲线图、原来载重吨数等。

(2)货物种类、重量及分舱图,油水的数量及舱室位置。如装有危险品货物应详细列明其舱位和数量以及注意事项,且应在申请救援电报中注明。

(3)搁浅前的航向、航速及搁浅的时间,目前的船首向。

(4)搁浅前后的吃水以及搁浅后吃水曾否出现过变化。

(5)主机、甲板机械的功率及目前的技术状况。

(6)船舶搁浅后曾采取的措施和收到的效果,并对救助工作的建议。

(7)船位、舷边水深、当地的潮汐情况等。

(二)脱浅拉力的估算

当船舶搁浅后采取何种方法脱浅,应对脱浅所需的拉力以及可供脱浅的拉力进行估算,从而采取相应的脱浅方法。

1. 脱浅时所需拉力

船舶搁浅后,船底与海底接触,吃水将比搁浅前减少,将减少的吃水乘以每厘米吃水吨数,即可计算出船舶损失的排水量。即

$$\Delta D = 100 \cdot TPC \cdot (d - d_1) \tag{7-2-1}$$

式中:ΔD——因搁浅而损失的排水量(t);

TPC—— 每厘米吃水吨数(t/cm);

d——搁浅前的六面平均吃水(m),要考虑船舶离港后至搁浅时油水的消耗量及海水密度发生变化时而引起的吃水变化量;

d_1——准备脱浅时的六面平均吃水(m),应根据搁浅后观测的六面平均吃水,加上至准备脱浅时的潮差变化量。

如果搁浅后造成某些舱室破损进水,而又未能排出,则应求出各舱进水量的总和,一并加在损失的排水量之内,即得

$$\Delta D = 100 \cdot TPC \cdot (d - d_1) + \sum p \tag{7-2-2}$$

式中:$\sum p$——各舱进水的总和(t)。

则脱浅时所需拉力,可按下式估算

$$F = f \cdot \Delta D \tag{7-2-3}$$

式中:F——脱浅操作所需拖力(t);

f——船底与海底的摩擦系数,根据海底底质按表 7-2-1 选取。

底质与摩擦系数

表 7-2-1

海底底质	摩擦系数	海底底质	摩擦系数
稀粘土	0.18~0.22	板石	0.40~0.42
软粘土	0.23~0.30	卵石	0.42~0.50
粘土砂	0.30~0.32	珊瑚礁	0.50~1.00
细砂	0.35~0.38	礁石	0.80~2.00
砾石	0.38~0.42		

2. 可供脱浅的拉力

1）主机的推力与拉力

$$F_P = 0.01N \tag{7-2-4}$$

式中：F_P——主机的推力或拉力(9.81kN)；

N——主机功率(PS)，倒车时的拉力内燃机按60%计算。

2）拖船的拖力

根据拖船的种类计算其拖力，按拖船的使用特性求取。

3）绞锚的拉力

$$F_a = (3 \sim 5)W_a \tag{7-2-5}$$

式中：F_a——绞锚的拉力(9.81kN)；

W_a——锚重(t)。

第三节　船舶发生火灾时的应急处置

船舶发生火灾或爆炸后，应立即采取下列措施：

1）立即发出消防警报，通报全船并立即进入应急消防部署。

2）迅速了解火源的地点、火势及其来源。

3）根据火源地点，按风的相对方向适当地操纵船舶，使火源处于下风。即火在船尾，迎风行驶；火在船首，顺风行驶；火在船中附近，旁风行驶。如有可能，则应尽量降低船速和减小船舶的摇摆，避免急剧转向，以免加剧火势。

4）采取下列的灭火措施：

（1）立即切断通往火灾现场的油路、电源等；

（2）关闭通风，避免火势扩大；

（3）使用适当的灭火器材和设备。利用注水或灌水灭火时，应注意船舶的浮力、稳性和横倾情况，及时排水；

（4）防止灾情的扩大。

（5）灭火后不要急于开舱，防止复燃。

（6）确认必要时，可以弃船或抢滩。

（7）及时通报船东和有关方面，必要时请求救助。

第四节　救生与弃船

一、从遇难船上救人操船方法

船舶在救助遇难船舶上的人员或救生艇、救助艇上的人员时，应考虑本船以及被救船或艇的漂移速度，然后根据不同的情况进行救助：

(1)如遇难船可放出救生艇或救生筏时，本船应驶往遇难船的下风侧停留，并等待对方救生艇驶来；也可驶往遇难船的船首或船尾的近距离处，使本船位于遇难船的上风，更便于遇难船放下救生艇来靠本船的下风舷。然后利用起重设备将艇筏一起吊上船，以节约遇难者的体力并使之及早得到护理，如艇太重或救生艇无吊放装置时，可将遇难者转移到救助船的救生艇或救助艇中后再吊起。

(2)需要本船放艇时，本船应驶抵遇难船的上风一侧，自本船的下风侧放下救生艇；在收艇时，本船应绕航至遇难船的下风侧，等待救生艇驶靠本船下风舷后，再行收起。

(3)对于飘浮在海面上的遇难人员，一定要注意他们的体力业已耗尽，很可能已经没有力气作任何的攀登动作了。尽管如此，仍应在舷边张挂救生网，供遇难人员攀附，并在网的两个下角各连接一根吊索通过吊柱及滑车引向起货机，缓慢将遇难人员吊起。

对于在舷边救助遇难人员，应选择在船舶的中部，远离推进器，干舷低，有吊杆起重设备的地方。有条件时，应尽可能多放一些救生索、单人坐板、救生裤、绳索、吊货网络等物，以便吊起。

对于远离舷边的待救者，可用抛绳枪把带浮体的救生索抛给他们攀附，再将他们拉到舷边吊上船。

如有大群遇难人员漂在水中，救助船可拖曳带有救生圈或救生衣等浮力较大的缆绳在飘浮者上风处低速围绕其回转，让人员攀附其上再设法吊起。如有可能由救助船放下救生艇将飘浮在水中的遇难人员逐个救助上艇，再吊上大船是最好的办法。

(4)如风浪大或其他原因，人员无法离开遇难船时，可以用抛绳枪或其他方法在两船间带好缆绳，用救生裤使人员骑在上面转移到救助船上。救生裤用滑车挂在两船间的大缆上，拉动另一条系在滑车上的回收索，就能往返渡送遇难者离船。风浪大在两船间绷紧大缆有困难时，可直接在水面上用救生裤渡送。

二、人员落水救助操船

船舶航行中落水的船员或旅客，其体力消耗很快，将危及落水人员生命，尤其是在低温水域更是如此。因此，需在最短时间内将落水者救起。

(一)人员刚落水时的紧急处置

航行中的船舶值班驾驶员一旦发现人员落水，应立即采取下列紧急措施：

(1)发现者应投下就近的救生圈、自发烟雾信号；夜间应抛下自亮灯浮救生圈。

(2)向落水者一舷操满舵，摆开船尾，以免船尾和螺旋桨打到落水者。

(3)发出人员落水警报，启动人员落水应急预案，按照应急部署采取行动。

(4)派专人携带望远镜登高瞭望,不断报告落水者的方位和大概距离。

(5)报告船长,同时通知机舱备车,运用适合当时情况的操纵方法操纵船舶驶近落水者,并准备放艇救助。

(6)风浪中救助落水人员时,救助船应先驶向落水者的上风舷,在下风舷放下救生艇,救生艇于下风舷将落水者救起。

(二)驶近落水者船舶操纵方法

人员落水后,应根据当时的具体情况操纵船舶驶近落水者,以便释放救生艇实施救助。IMO A.601 决议要求船舶进行人员落水的操纵试验,并将试验结果列入"操纵性手册"中,以便使用。人员落水后的船舶操纵行动分三种情况,即立即行动、延迟行动和人员失踪(搜寻失踪人员)。

立即行动:操船者发现人员落水后立即采取操船行动,并使船舶在最短的时间内返回落水者的位置;

延迟行动:操船者人员落水接到目击者报告后采取操船行动,并使船舶较精确地返回落水者的位置;

人员失踪:操船者接到人员失踪报告后采取操船行动,并使船舶返回原航迹向上的搜寻行动。

表 7-4-1 列出下列四种操船方法使用的情况。

表 7-4-1

	立即行动	延迟行动	人员失踪
单旋回	适用	不适用	不适用
双半旋回	适用	较适用	不适用
Williamson 旋回	适用(但耗时长)	最适用	适用(但耗时长)
Scharnow 旋回	不适用	不适用	适用

常用的驶近落水者的操船方法及其适用范围概要如下。

1. 单旋回

单旋回法驶近落水者的时间最短,它适用于上述的"立即行动",但不适用于"延迟行动"和"人员失踪"。其操纵方法如图 7-4-1 所示,操纵要点如下:

(1)向落水者一舷操满舵;

(2)距落水者方位剩余 20°舷角正舵停车;

(3)如落水者难以视认,则应航向改变 250°时操正舵,一边停船,一边努力搜寻落水者。

2. 双半旋回(double turn)

双半旋回适用于"立即行动",要求始终见落水者。其操纵方法如图 7-4-2 所示,操纵要点如下:

(1)向落水者一舷操满舵,旋回 180°并保持该航向航行;

(2)当落水者方位达正横后 30°处再一次操满舵旋回 180°;

(3)向落水者上风处定向驶近,适时降速,接近落水者。

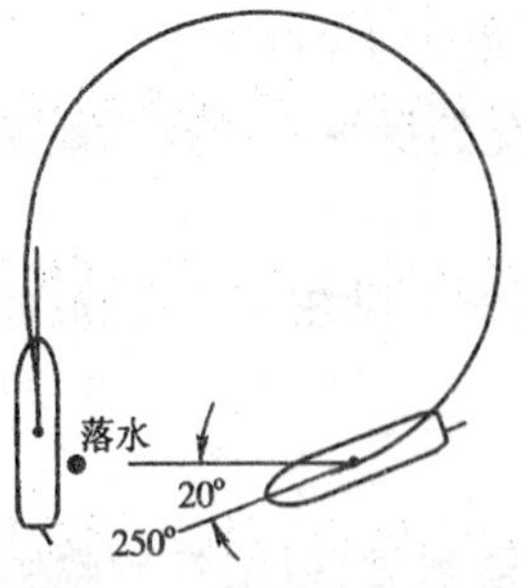

图 7-4-1 单旋回操纵示意图

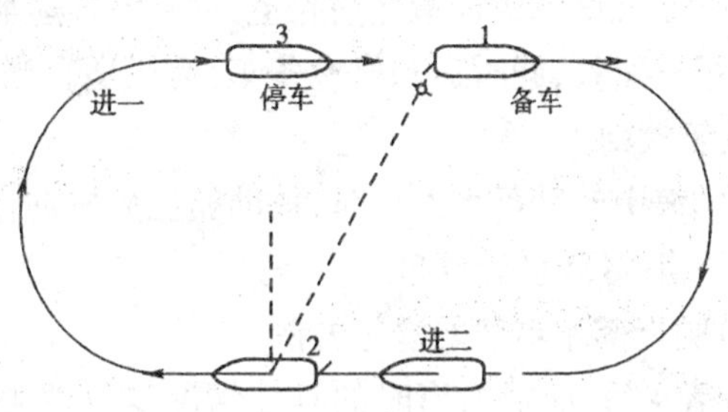

图 7-4-2 双半旋回操纵示意图

3. Williamson 旋回

Williamson 旋回法是最常用的方法。这种驶近落水者的位置较为精确,在夜间或能见度不良时是有效的接近落水者的操船方法,多数船舶的人员落水操纵试验均采用这种方法。它最适用于上述的“延迟行动”。对于“立即行动”和“人员失踪”也适用。但该法的所需时间较长。其操纵方法如图 7-4-3 所示,操纵要点如下:

(1)向落水者一舷操满舵;

(2)当转向角达到 60°时操相反一舷满舵;

(3)船首距原初始航向的相反方向相差 20°时回正舵;

(4)待船舶航向变为初始航向的相反方向时把定,发现落水者适时停船接近落水者。

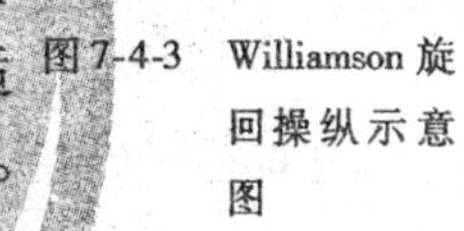

图 7-4-3 Williamson 旋回操纵示意图

4. Scharnow 旋回

Scharnow 旋回法的特点是耗时比 Williamson 旋回法要少,并可节省 1 ~2n mile 的航程,如图 7-4-4 所示。但该法返回原航向不够准确。它适用于上述的“人员失踪”的搜寻,而不适用于“立即行动”和“延迟行动”。其操纵方法如图 7-4-5 所示,操纵要点如下:

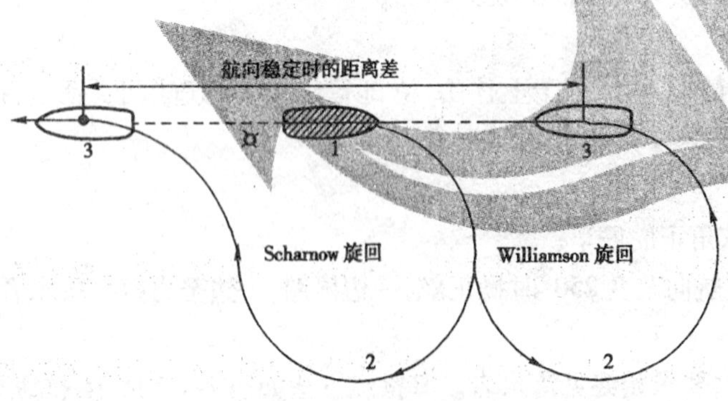

图 7-4-4 Scharnow 旋回与 Williamson 旋回的比较

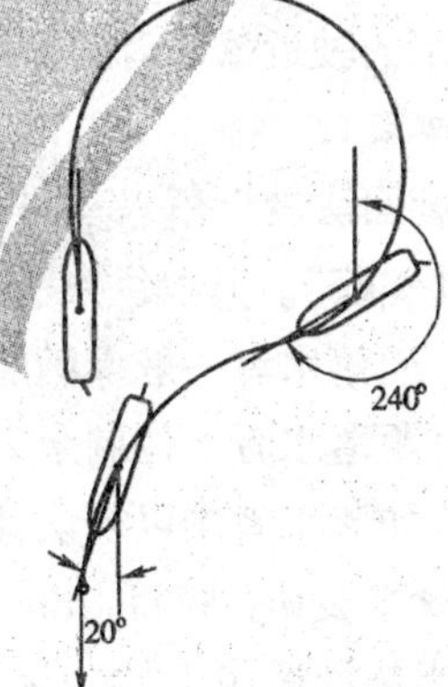

图 7-4-5 Scharnow 旋回操纵示意图

(1)向任一舷操满舵;

(2)当船舶改向达 240°时操另一舷满舵;

(3)船首距原初始航向的相反航向差 20°时回舵;

(4)待船舶航向变为初始航向的相反方向时把定,发现落水者适时进行停船接近落水者。

三、商船搜寻与救助的计划和执行

现行的有关船舶参与海上搜寻与救助的指南为《国际航空和海上搜寻救助手册》(International Aeronautical & Maritime Search And Rescue Manual,IAMSAR)。它是国际海事组织(IMO)与国际民航组织(ICAO)于1998年联合出版的,本手册共三册:

第一册组织管理——有关搜救概念、组织、训练、通信与管理。

第二册任务协调——有关搜救系统、通信、得知遇难和初始行动阶段、搜寻计划与技巧、拯救计划、其他紧急救助等。

第三册移动设施(即船舶和飞机)——有关提供救助、现场协调和船舶/飞机上的紧急事故处理。

第一册和第二册供岸上搜救中心使用;而第三册则需携带在船上和飞机上,因为船舶/或飞机是海上搜救资源。《国际航空和海上搜寻救助手册》代替了以前出版的在《商船搜救手册》(MERSAR Manual)和《IMO搜救手册》(IMOSAR Manual)。

这套搜救指南,内里详细说明了有关搜救事项,包括每个阶段、遇难求救频率、程序、海空通信频率、现场救助通信频率(包括GMDSS船舶)、搜寻计划的计算、技巧等等。本节介绍有关海上搜救的主要内容。

驾驶专业

(一)搜救行动的协调与实施

在国际海事组织海上安全委员会(MSC)的全球搜救计划中,将全球海区划分为13个海上搜救责任区(Search and Rescue Region,SRR),每个搜救责任区指定一个沿海国政府为救助协调中心(Rescue Co-ordination Center, RCC)。该救助协调中心负责搜集海上紧急信息,建立通信联络,提供搜救服务,并协调同一海区内各国政府之间和相邻海区之间的搜救服务。搜救责任区内的各沿海国应设立自己的救助协调中心,并在本国沿海各分管水区设立救助分中心(rescue sub-center,RSC)。

1. 海上搜救中现场指挥的协调

救助协调中心、救助分中心收到遇险信号后,应立即派出专业搜救船舶或飞机,或应招事发现场附近的船舶参与搜救行动。当两个或多个搜救设施共同参与一个搜救任务时,由指定的现场协调人(On-Scene Commander,OSC)来协调搜救行动,其他参与搜救的设施则按现场协调人的指示参加搜救活动。现场协调人是参加搜救的一个救助单位、船舶或航空器的负责人;或第一艘抵达现场的设施负责人。

海面搜寻协调船的识别信号是:白天悬挂国际信号旗"FR";夜间则定常显示预定的识别标志。

2. 船舶实施救助应考虑的一般事项

对水里的幸存人员,救助船可能有必要:

(1)系好攀网、撇缆、绳梯等便于落水人员攀爬的设施;

(2)指定若干船员使用适当装备下水中救援幸存人员;

(3)释放救生艇和(或)救生筏;

(4)在船舷系靠一救生筏或救生艇,做为登船站;

(5)恶劣天气时,应考虑使用镇浪油来减小海浪的影响。经验表明,植物油和动物油,包括鱼油,最适合于镇浪;除非无其他方法,否则不得使用燃油,这是因为燃油对水中人员有害;可以使用滑油,滑油危害性较小,试验表明,船舶慢速前进中用橡胶皮龙慢慢向海面释放200L滑油,可以在5000m² 左右海面镇浪。

(6)做好准备,提供初步的医疗处置。

(二)搜寻计划

为了使船舶和航空器进行有效的搜寻,需事先计划好搜寻模式和程序。以使船舶和航空器最大限度地减小风险和延误。

1. 搜寻基点

"搜寻基点"是指进行搜寻活动的地理参考点。在不能从岸上机关得知遇险搜寻基点(Datum)时,海面搜寻协调船应通过推算遇险者的漂流值,确定搜寻目标存在概率最高的位置,并将该位置定为搜索基点,向参加救助的船舶和海岸电台进行通报。以该点为中心对所在区域开始进行搜索。确定搜寻基点时应考虑的因素为:

(1)通报遇险的时间和船位;

(2)各救助船到达遇险船船位的时间;

(3)救助船到达之前的时间内,遇险船、其艇筏的漂移量;

(4)救助船驶抵现场前,已飞达现场的搜救飞机所作的情况估计;

(5)遇难船舶的漂移速度可由风压漂移和流压漂移的合速度进行估算,漂移方向为漂移速度的矢量方向。漂移距离等于漂移速度与漂移时间的乘积(事故发生时或上一次计算基准时间与搜寻开始时的时间间隔)。

2. 搜寻区域

搜寻目标有一定存在概率的区域,是一个考虑到所通报遇险位置的不准确性、计算漂移距离有误差,以所求得的搜寻基点为中心的区域。

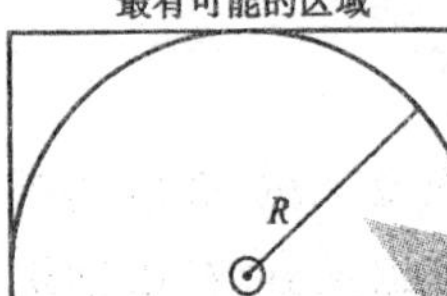

图7-4-6 搜寻区域

初始搜寻阶段,遇险最可能存在的区域,是以搜寻基点为中心,以10n mile为半径画圆后,沿漂移距离方向所做该圆的外切正方形区域,如图7-4-6所示。

该区域当有多艘搜救船舶驶达的时候可能会有所扩大。然而,从搜救实际结果来看,与其在宽广的搜索区域内粗略地进行搜寻,倒不如在狭窄区域内彻底地进行搜寻为好。

3. 海面搜寻协调船的规定

海面搜寻协调船根据任务、海区和船舶的具体情况,对搜索的具体要求做出规定如下:

(1)雷达搜寻的模式虽没有特殊规定,但海面搜寻协调船可按维持1.5倍雷达观测距离的船间间隔要求各船成一列横队进行搜寻(平行搜寻)。

(2)平行搜寻时,各船最初的航向通常应与遇险船的漂移方向一致。

(3)为实施平行搜寻,搜寻速度通常应取最慢船舶能开出的最高船速。以便让所有的船舶都能参加平行搜寻。

(4)目视搜寻时应按适合于救助船艘数的搜寻模式实施,平行搜寻模式的船间间隔可按本手册确定。当搜寻目标为小型艇、筏、运动艇、落水人等较小目标时，该间隔将适当减小。

(5)能见度不良时，应减速、缩小间隔进行搜寻。无雷达或雷达有缺欠的船舶应配置在其他船舶的后面进行搜寻。

4. 搜寻线间距

除了扇形搜寻模式以外，都需要规定一个搜寻线间距，用 S 表示，搜寻线间距可用下式计算

$$S = S_u f_w \tag{7-4-1}$$

式中：S——搜寻线间距(n mile)；

S_u——未经修正的搜寻线间距(n mile)；

f_w——天气修正系数。

表 7-4-2 给出了未经修正的搜寻线间距的数值。可见，它的大小取决于能见度情况和搜寻目标的具体情况；表 7-4-3 给出了天气修正系数的数值。

表 7-4-2

搜寻目标	能见距离 (n mile)				
	3	5	10	15	20
落水人员	0.4	0.5	0.6	0.7	0.7
4 人救生筏	2.3	3.2	4.2	4.9	5.5
6 人救生筏	2.5	3.6	5.0	6.2	6.9
15 人救生筏	2.6	4.0	5.1	6.4	7.3
25 人救生筏	2.7	4.2	5.2	6.5	7.5
长度 <5m 的船舶	1.1	1.4	1.9	2.1	2.3
长度 7m 的船舶	2.0	2.9	4.3	5.2	5.8
长度 12m 的船舶	2.8	4.5	7.6	9.4	11.6
长度 24m 的船舶	3.2	5.6	10.7	14.7	18.1

表 7-4-3

天　气	能见距离 (n mile)	
	落水人员	救生筏
无风	1.0	1.0
风速 >28km/h(15kn)或浪高 >1.0m	0.5	0.9
风速 >46km/h(25kn)或浪高 >1.5m	0.25	0.6

(三)搜寻模式

可供使用的搜寻模式有：

1. 扩展方形搜寻

如图 7-4-7 所示。这是用于单船搜寻的一种方式。从基点开始，逐步扩展正方形边长进行搜寻。如果有可能，最好在基点处投下一艘救生筏或其他漂浮标志以观测漂移速度。此后，它可用作整个搜寻过程中的基点标志。

2. 扇形搜寻

如图 7-4-8 所示。这也是用于单船/单飞机搜寻的一种方式。当搜寻目标的可能存在区

域较小时，如有人落水或曾看到过搜寻目标但随后不久却又丢失等情况，就是宜于实施扇形搜寻的情况，而且发现目标的可能性也比较大。

该搜寻模式的半径通常在 2 ~ 5n mile。搜寻中船舶改向角均为右转 120°，分两段进行。前一段搜寻结束时（图中实线航迹），应马上右转 30°，进入后一段搜寻（图中虚线航迹）。

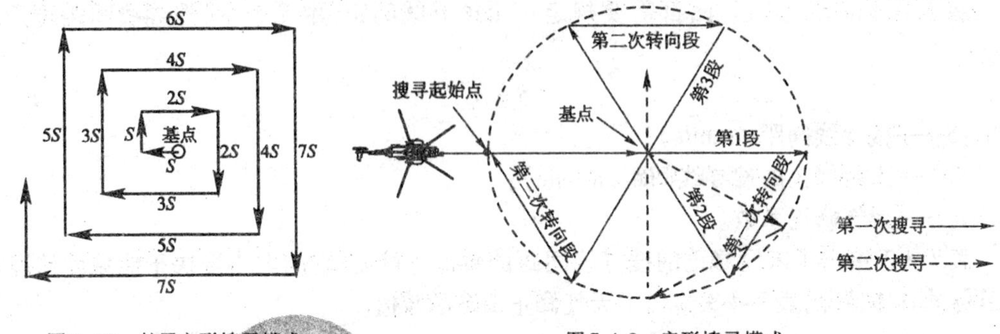

图 7-4-7　扩展方形搜寻模式

图 7-4-8　扇形搜寻模式

3. 平行搜寻

有两艘或多艘船舶参与救助时，可采用平行搜寻模式。平行搜寻的搜寻方向为遇难船的漂移方向，船舶之间的间隔为搜寻线间距 S。两船、三船、四船和五船以上的平行搜寻模式分别如图 7-4-9、图 7-4-10、图 7-4-11 和图 7-4-12 所示。开展平行搜寻的速度以参加搜寻的最慢船的最高速度或救助协调中心的指示为准。

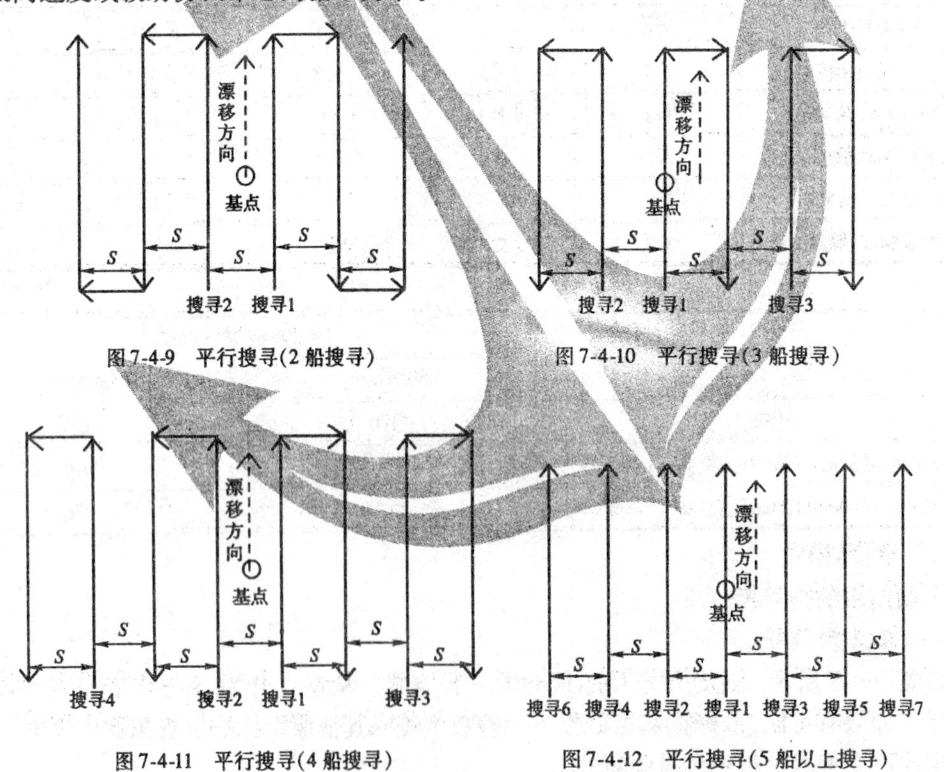

图 7-4-9　平行搜寻(2 船搜寻)

图 7-4-10　平行搜寻(3 船搜寻)

图 7-4-11　平行搜寻(4 船搜寻)

图 7-4-12　平行搜寻(5 船以上搜寻)

4. 海空协同搜寻

它是由飞机协同船舶，共同搜寻的模式。海空协同搜寻模式如图 7-4-13 所示。实施海空

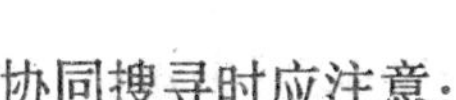

协同搜寻时应注意：

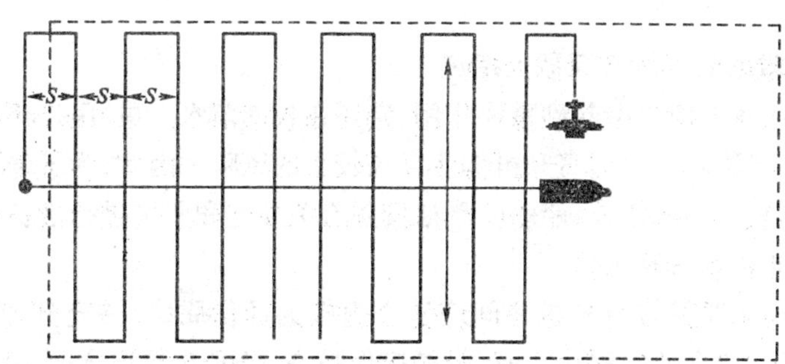

图 7-4-13　海空联合搜寻

(1)开始搜寻时，早到达的船舶应首先开始扩展正方形搜寻。实施中如飞机赶到时，则船舶仍继续其搜寻，飞机也应单独进入搜寻。

(2)第一次搜寻告一段落，海面搜寻协调船(CSS)或现场指挥(OSC)应根据船舶到达的艘数，确定可有效发挥船舶和飞机搜寻作用的方法，实施第二段搜寻。

(3)海面搜寻协调船(CSS)有关操船的指令，应使用本手册的标准信文，或国际信号规则，或标准航海用语。

(4)在实施搜寻的过程中，仍应全面遵守《1972 年国际海上避碰规则》。

(四)搜寻终止时的措施

1. 生存者得救的情况

有负伤者需医生处置，应将其转移至有船医的船舶上。为此，海面搜寻协调船(CSS)可向附近航行的船舶发出邀请医生的紧急通报，或与海岸电台(CSR)联系，了解附近有船医船舶的存在情况和从陆地派遣医生的可能。

救助活动已全部完成时，海面搜寻协调船(CSS)在向全部船舶通报搜寻终止的同时，应向海岸电台(CSR)报告搜寻终止及如下事项：

(1)收容生存者船舶的名称和目的港，收容于各船舶的生存者数量及其健康状态；

(2)是否需要医疗援助；

(3)遇险船的现状和是否有碍于航行。

2. 搜寻不成功的情况

当搜寻未取得预定结果时：

(1)决定停止搜寻时应认真考虑以下问题：

①生存者存在于搜寻区域之内的可能性；

②在已搜寻的区域之内若搜寻目标万一还存在，可以发现该搜寻目标的可能性；

③搜寻船和搜寻飞机能在现场滞留的时间；

④生存者在当时的气温、水温、风、浪等实际条件下得以生存的可能性。

(2)海面搜寻协调船(CSS)在与其他陆上的搜救机构协商基础上应做如下处理：

①在沿岸水域遇险时，有关停止搜寻的问题应经由最近的海岸电台(CRS)与陆上的搜救机构协商。

②在海洋水域遇险时，应向救助船通报停止搜寻并请其恢复原航向，同时将通报要点通报

陆上的搜救机构。但是,对于处在搜寻区域内及其周围附近的全体船舶,则仍要求其继续保持瞭望。

(五)直升机救助时船舶应采取的措施

直升机不但在海上搜寻中起到重要作用,它还在救助落水人员、医疗转移等方面中应用更为普遍,是常用的方法之一。但直升机作业存在较大的风险。因此,为了确保直升机作业的安全,除了直升机驾驶员的操作外,船舶应严格按照有关规定和要求进行准备和操作。

1. 船舶与直升机之间的通信

直升机作业期间船舶与直升机之间应建立直接的通信联络,并充分理解所交流的信息。除非预先另有约定,在直升机到达之前,船舶应保持在 VHF16 频道守听。直升机与船舶之间至少在下列方面应进行信息交流:

(1)船舶位置;

(2)到达指定集合地点的航向和航速;

(3)所处海域的气象、海况情况;

(4)如何从空中识别本船(如旗帜、橙色烟雾信号、聚光灯或日光信号灯等)。

2. 直升机降落或吊运区的位置

直升机降落或吊运区是指船上操作区。船上操作区应安排在主甲板上,如可行,两舷都要安排。船上操作区由“外部操纵区”和“内部清爽区”两部分组成。内部清爽区应尽量靠近船舷。外部操纵区可能延伸至舷外,但所有内部清爽区都不能延伸至舷外。

(1)外部操纵区和内部清爽区由两个同心圆组成的范围构成。外部操纵区直径至少为30m,该区域内的障碍物高度不得超过3.0m;内部清爽区至少为5.0m。

(2)留出从舷边顺利进出作业区的通道。

(3)在作业区内确定最佳清爽区位置,如没有障碍物的连续甲板。大型船舶可以在甲板上标出一个区域,漆写一个“H”表示用于直升机降落,或涂成黄色以表示仅用于吊运。

(4)为了减小船舶航行中所产生的扰动气流的影响,建议不要在靠近船首的位置设置上述区域。

(5)夜间吊运区内应提供足够照明,照明灯应妥善安置以免影响航行中飞行员或该区域内的工作人员的视线。照明灯的分布应保证正确识别表面和障碍物标志。对于吊运区灯光照不到的位置,船舶应与飞行员协商,尽可能将船舶照亮,尤其是作业区的障碍物,诸如桅杆、烟囱、甲板装置等。

(6)由于飞机会引起强烈气流,现场附近的衣物或其他散放物品应移开或系牢。

3. 船上安全准备

直升机降落或吊运区前,船舶应做好相应准备工作。在作业开始前,应召开会议与所有相关人员讨论关于直升机与船舶间作业的安全须知和操作要领。

(1)在直升机作业期间,应准备好下列消防设备或等效设备:

- 至少两个干粉灭火器,总容量不少于 45kg;
- 一个合适的泡沫施放系统(固定式或便携式),具备每平方米清爽区每分钟不少于6L 的泡沫量,并且能维持该流量至少 5 分钟;
- 二氧化碳灭火器,总容量不少于 18kg;

- 甲板水系统,并且能保证至少有两根水柱可以喷射至直升机作业区的任何部分;
- 至少两个具有双重功能的消防水龙带喷嘴;
- 防火毯或手套和足够的防火服;
- 在离船点附近放置足够的用于扑灭油火的便携式灭火器;
- 如有可能,应启动消防水泵,接好水龙带备用。

(2)为使直升机飞行员从空中更好地识别船舶和指明风向,船舶应悬挂好三角旗或其他旗帜。

(3)所有相关的船员或需转运的人员都应穿好救生衣。当穿救生衣可能使伤病人员的状况恶化时,可以不穿救生衣。伤病人员不应穿戴松散的衣服或帽子。

(4)绞缆端部的起吊装置不得与船舶的任何部位固定,并不得与固定设备的索具绞缠。

(5)除非直升机机组人员要求,否则船上人员不要试图去接触起吊装置。起吊装置的金属部分应与甲板接触以防静电。

(6)在装载易燃或爆炸货物的船舶上的可燃混合气体泄漏附近进行直升机绞盘作业时,在为避免因静电导致火灾或爆炸事故,绞盘作业接触船体的地方应远离气体泄漏或油舱通风孔。

(7)直升机飞行员一般希望以顶风(相对风向)一侧盘旋接近船舶。作业区上方应尽可能避免干扰、不受烟雾和其他障碍物的影响。

(8)从事直升机作业的船舶应悬挂的号型为"球菱球"。

四、弃船准备和弃船应急措施

在经最大努力,船舶沉没仍不可避免时,船长经周密和慎重的考虑后可决定弃船。实际上,不仅仅船舶碰撞导致弃船,船舶发生触礁、火灾、爆炸等事故,经积极抢救无效,事态恶化,确认已无法保全船舶,并将危及船上人员的生命安全时,均可能导致船长作出弃船的决定并发出弃船警报信号和遇险求救信号。

当听到弃船警报信号后,除"途中固定值班人员"外,全体人员应立即穿着救生衣,按应变部署规定的职责到艇甲板做好准备工作,待命放艇。在弃船前应着重做好以下几个方面的准备工作:

(1)电台负责人应在发出弃船警报信号后,仍在电台值守,发出遇险求救信号,同时做好弃船的准备工作,直到船长通知撤离。

(2)机舱值班人员在听到弃船警报信号后仍应坚持岗位按令操作,在得到完车的通知后,在轮机长的领导下,抓紧做好锅炉熄火放汽、关停发动机和机舱内正在运转中的其他一切设备、关闭海底阀和各个应急遥控油阀等弃船安全防护工作,再携带规定物品撤离机舱登艇。

(3)按应急部署表的规定,由专人做好下列工作:

- 降下国旗并携带登艇。
- 销毁秘密以上等级的文件。
- 由专人分别携带航海日志、轮机日志、电台日志和电台执照、车钟记录簿、出事地点及附近的有关海图、船舶证书、船员名册和旅客名册、救生艇电台、雷达应答器、望远镜、救生圈、手持式无线电对讲机、现金和账册、货运单证等物品登艇。

- 封闭油舱在甲板上的空气口，以免船舶沉没后燃油溢出污染海洋环境。

(4)放艇前，各艇长应检查工作就绪后向船长汇报：

- 艇底塞是否塞牢。
- 淡水、食品是否充足。
- 机动艇燃油柜是否装满燃油，发动机试车是否正常。
- 各种属具是否齐全。
- 各种吊艇装置的技术状态是否良好。
- 是否准备好艇的首尾系缆。
- 船边有无影响艇筏降落的障碍物。

(5)放艇前，船长应向艇长布置下列事项：

- 本船遇难地点。
- 发出的遇险求救信号是否有回答。
- 可能遇救的时间、地点。
- 驶往最近陆地或交通线的航向、距离及其他有关指示。

(6)做好放艇准备后，由船长下令放艇。放下救生艇或救生筏后，首先组织旅客安全离船登艇，然后安排船员有秩序地登艇，船长应在确信全船无任何人员后方可登艇离船。人员登艇后，应迅速在离开难船200m以外集合。

(7)离船后，船长对全体船员和旅客仍保持有完全的责权。

五、在恶劣天气下释放救助艇或救生艇筏的操船注意事项

航行中释放救生艇或救助艇是救助落水人员的常用方法之一，但应按照有关规定和要求释放，以确保艇上救助人员的安全。可按下列要求释放救生艇。

(1)如海面较为平静，应尽早放下救生艇。以免延误时机。

(2)释放救生艇时船舶纵倾应低于10°，横倾应低于20°，船速不应高于5kn。恶劣天气情况下，船舶可采用滞航操船法释放救生艇。为减少和避免大风浪中救生艇的摇摆及与大船碰撞，可用止荡索、碰垫和艇篙。

(3)救生艇落至水面时船舶最好为对水静止状态。在脱钩之前应将系船索系妥，前后应同时脱钩。如不能同时脱钩时，应先脱后吊钩，后脱前吊钩。

(4)如海面有风浪，应将船舶驶至落水者的上风侧，释放下风舷救生艇。

(5)救生艇接近落水者的方向取决于相对漂移速度、风况以及事故等情况：

- 一般情况下，最好从下风靠近落水人员；
- 如果遇难船舶发生火灾，可能需要从上风接近。

(6)抛绳枪和必要的系艇索应预先备好，以便和遇险船、艇筏之间系缆时使用。

(7)对在舷边的遇难人员应选择在船中部位进行救助。

(8)大风浪中收艇时，应前后同时挂钩，如不能同时挂钩时，应先挂前钩，后挂后钩。船舶横摇中挂钩应在大船由一舷横摇至中间位置时进行。

第五节　海上拖带

海上拖带是海上特种货物运输方式之一，一般由专业远洋拖船来完成拖带任务。对不经常从事海上拖带的运输船舶来说，海上拖带是一个全新的任务，船舶操纵有其特殊性和危险性。本节简要介绍有关海上拖带的基本知识。

一、拖带前的准备

事前充分的准备工作是安全拖带的前提。这些准备工作包括拖缆的准备、拖缆的传递、系结和确定合适的拖航速度等。

（一）拖缆的准备

拖缆一般用锚链、钢丝缆或尼龙缆组合而成，要求有一定的长度和适当的重量，并能形成一定的悬垂部分，以便具有充分的缓冲作用。

1. 拖缆的长度

适当长度的拖缆有利于缓解拖船与被拖船之间运动而产生的冲击张力，也有利于缓解被拖船的偏荡。根据海上拖带的实际经验，拖缆的长度可按下式来进行估算

$$S = K(L_1 + L_2) \tag{7-5-1}$$

式中：S——拖缆的长度（m）；

L_1——拖船的长度（m）；

L_2——被拖船的长度（m）；

K——系数，取1.5～2.0，拖带速度高时取大值。

2. 拖缆的悬垂量

长度、重量足够的拖缆，不仅能在拖船与被拖船之间形成悬链状态，还能起到缓冲作用，防止拖缆在拖带中受到冲击作用而发生断缆。但是悬垂量过大，在浅水中容易拖底。

根据悬链线长度计算公式，可得拖缆长度与悬垂量之间的关系

$$S = 2\sqrt{d\left(d + \frac{2R}{W}\right)} \tag{7-5-2}$$

式中：d——悬垂量（m）；

R——被拖船的阻力（N）；

W——单位拖缆长度在水中的重量（kg/m）。

在深水的洋面上拖航时，悬垂量宜保持达拖缆长度的6%左右，务必使拖缆的中部没入水中。根据经验，当海面平静时拖缆的悬垂量应不少于8m，风浪较大时拖缆的悬垂量应不少于13m。

（二）接近被拖船的操纵

为了连接拖缆，拖船根据当时的具体情况，采用不同方法接近被拖船。

1. 横风接近

横风作业无困难时，可采取与被拖船航向基本一致的航向在被拖船上风或下风接近。当本船横向漂移速度大于被拖船的横向漂移速度时，应从被拖船的上风舷接近；当被拖船横向漂

移速度大于本船的横向漂移速度时,应从被拖船的下风舷接近。

2. 顶风接近

当横风接近有困难时,也可采取顶风驶近被拖船待拖一端的方法接近。这种方法更易于控制船舶,并便于拖缆的传送。

(三)拖缆的传递

1. 使用抛绳枪

一般抛绳枪抛出撇缆的最远距离可达230m。无论哪种方法接近被拖船,应尽可能减小两船之间的距离。可由拖船或被拖船用抛绳枪抛出撇缆。

2. 救生艇送出

在海面较为平静的条件下,可由拖船放出救生艇传递拖缆。这时,拖船应驶向被拖船的上风舷侧停住,以使下风舷海况相对平静,放下下风舷侧救生艇,救生艇上积存部分引缆和拖缆。随着救生艇接近被拖船,拖缆逐渐放出,接近被拖船时,由被拖船抛下撇缆将引缆拉上被拖船。

大风浪中使用救生艇送缆有困难时,可通过从上风放出救生圈或救生浮体的方法,利用它将撇缆送出后,再进行拖缆的系结。

(四)拖缆的系结

拖缆的系结应满足牢固、应力分散和便于松绞等要求。为了分散应力,拖缆应先围绕甲板舱室或桅柱等,在另一舷缆桩上各绕一圈,然后在缆桩上绕8字。为了便于松出和绞进拖缆,应预先准备好制索器。

在拖缆通过的导缆孔或锚链筒的地方用帆布、麻袋等包扎后涂以牛油,拖航中还应定时加油。甲板室及舱口的转角处,要用木板衬垫以减小急折。舱口的围板内要用坚固的木方加强。钢丝缆或锚链与甲板摩擦部分,要垫以木座板。

(五)拖航速度的确定

拖航速度取决于拖缆强度、被拖船的阻力和拖船的剩余推力等因素。所谓拖船的剩余推力是指拖船推进器发出的推力与拖船阻力的差值,即提供给被拖船的拖力,拖航速度的高低主要由剩余推力来保证。匀速拖带中,拖船的剩余推力等于被拖船的阻力,且低于拖缆的安全强度。

1. 拖缆的强度

拖航中作用于拖缆的力包括被拖船阻力、拖缆阻力以及拖船与被拖船的速度差造成的冲击力等。拖缆的强度可按下式估算

$$T=\frac{\eta C^2}{N} \tag{7-5-3}$$

式中:T——拖缆的安全拖带强度(9.81kN);

η——拖缆的强度系数,钢丝缆可取0.045;

C——拖缆的直径(mm);

N——拖缆的安全系数,近距离拖航可取4;长距离或有风浪影响时取6~8。

2. 被拖船的阻力

被拖船的阻力包括被拖船的摩擦阻力、剩余阻力、被拖船推进器的阻力以及风浪流所产生附加阻力等。在静水中被拖船的阻力,由于速度较低,因此摩擦阻力几乎占总阻力的绝大部

分。在傅汝德数小于0.15时的拖航速度下，被拖船的总阻力可按摩擦阻力的1.1倍估算，不会出现大的误差。静水中被拖船的阻力可按下式估算

$$R=\frac{D^{2/3}V^{2}}{K} \tag{7-5-4}$$

式中：R——被拖船的阻力(9.81kN)；

D——被拖船的排水量(t)；

V——拖航速度(kn)；

K——系数，可取3000～4000。

3. 拖航速度的控制

拖缆的安全强度取决于拖缆的尺度，在满足 $R<T$ 的条件下，可按式(7-5-4)估算出最大允许拖航速度。

在实际拖航中，可通过观测拖缆的悬垂程度来判断拖航速度是否适当。拖航中拖缆保持符合要求的悬垂量，即说明拖缆所受的张力处于允许的范围之内，一旦发现拖缆露出水面或悬垂量极小，即应减速以缓解拖缆受力。

大洋中拖航时，一般情况下拖带运输船舶时，速度常控制在6～8kn，而拖带大型驳船、大型钻井平台等物体时则速度多控制在3～4kn。在拖航中应充分考虑风、浪、流等气象条件的影响。

二、拖带中的船舶操纵

(一)起拖及加速

两船拖缆牢固系结之后才可起拖。起拖时应使用微速进车，并尽可能反复使用停车、微速进，在保持拖缆有一定悬垂量的条件下，使被拖船渐渐加速；待拖速达到2kn时，可分段加速，每段加速以0.5kn左右为宜，并始终保持拖缆的悬垂量，直至达到预定的拖航速度。

(二)改变航向

需要大幅度改变航向时，应分段实施，避免单次实施20°以上的变向。有潮流、涌浪影响时，每次改向不宜超过5°；风、流、浪影响较小时每次可变向5°～15°。每次改向前，拖船需等待被拖船航向与拖船航向一致之后，才可以采取新的转向措施。在受限水域掉头时，在估计掉头区域或旋回水域时，须将拖船、被拖船的船长及拖缆长度一并考虑。

(三)拖航中被拖船的偏荡及其抑制

拖航中，被拖船的偏荡运动不但影响拖航的稳定性，还可能增大拖缆的受力、增加拖缆的磨损以及偏离拖带航线等危险。发生偏荡时，应采取下列措施予以抑制：

(1)尽可能增大被拖船的尾倾，并保持其正浮状态，以增加其航向稳定性。但对于船体受损的船舶，不宜采用注入压载水的方法。

(2)降低拖航速度以减小偏荡幅度。

(3)在被拖船的船尾拖曳一飘浮重物，可增加其航向稳定性。

(4)调整拖缆的长度。适当地缩短拖缆的长度可减小偏荡幅度。

(5)改变拖缆的系结方法，如在拖缆上增加抑制索，可减小偏荡幅度。

(四)拖缆长度的调整

在拖航作业中，为了减少被拖船的偏荡和使拖船与被拖船在波浪中的摇摆比较协调以减

少拖缆所受的冲击力,常常对拖缆的长度进行调整。

在浅水中或降低拖航速度时,为了防止拖缆拖底,一般拖缆的长度应适当缩短;在狭水道航行时,为了改善其操纵性能,拖缆的长度也应适当缩短。

(五)大风浪中的拖航

大风浪中拖航,应尽可能采用滞航方法,以减轻拍底、打空车和上浪等危害。但当拖航危及拖船和被拖船安全时,可解掉拖缆停止拖航,双方进行漂航,待风浪小后再继续拖航。

(六)拖航中的减速、停车和解拖

拖航中的减速和抵达停泊地的停车,均应逐级进行,以避免拖缆因受力突然降低而下垂过大。拖船突然停车,被拖船仍具有较大惯性时,拖船应微速前进,待被拖船速度逐渐降低后再行停车。只有在两船均已静止,并系泊或抛锚后方可解掉拖缆。抛锚时被拖船应注意勿使锚链和拖缆绞缠,如有绞缠的可能时应先将拖缆缩短或收起后,再抛锚。

思考题

1. 大型船搁浅后如何利用水尺资料来确定搁浅的部位与性质?
2. 船舶搁浅后为最大限度地降低损失应采取哪些正确的应急措施?
3. 当船舶碰撞不可避免要发生时,碰撞前、后应采取哪些正确的应急操船措施?
4. 船舶火灾时根据火灾发生的不同部位(船首,船中,船尾)应如何应急操船,并应注意哪些事项?
5. 船舶在海上拖带过程中船舶操纵的注意事项有哪些?
6. 在海上搜救中,搜寻基点的确定应考虑哪些因素,如何确定最可能区域?
7. 简述并图示扇形搜寻法。
8. 简述并图示扩展搜寻法。
9. 简述救助落水人员的四种旋回操船法的特点及适用场合。
10. 简述并图示单旋回操船法。
11. 简述并图示 Williamson 操船法。
12. 简述并图示 Scharnow 操船法。

第八章
轮机概论

第一节　常用轮机术语

一、船舶动力装置的含义及组成

船舶历史悠久，在以前相当长的岁月里，船舶都是以人力、风力作为航行的动力。直到1807年，以蒸汽作为船舶推进动力源的“克莱蒙特”号的建成，才标志着船舶以机械作为推进动力源时代的开始。

当时的推进器是由蒸汽机带动一个桨轮构成。构成推进器的桨轮直径较大且大部分露出水面，因而人们又称之为“明轮”；而把装有明轮的船舶称为“轮船”，把产生动力的蒸汽锅炉和蒸汽机等成套设备称为“轮机”。所以，当时的“轮机”仅是推进设备的总称。随着科学的发展和技术的进步，为适应船上的各种作业、人员生活、财产和人员安全的需要，不仅推进设备逐渐完善，而且还增设了诸如船舶电站、装卸货机械、冷藏和空调装置、海水淡化装置、防污染设备，以及压载、舱底、消防、蒸汽、压缩空气等系统，扩大了“轮机”一词所包含内容的范围。一般来说，“船舶动力装置”的含义和“轮机”的含义基本相同，即为了满足船舶航行、各种作业、人员的生活、财产和人员的安全需要所设置的全部机械、设备和系统的总称。它是船舶的心脏。

船舶动力装置主要由推进装置、辅助装置、船舶系统、甲板机械、防污染设备和自动化设备、特种系统等六部分组成。

（一）推进装置

推进装置是指发出一定功率、经传动设备和轴系带动螺旋桨、推动船舶并保证一定航速前进的设备。它是船舶动力装置中最重要的组成部分，包括：

（1）主机：指推动船舶航行的动力机，如柴油机、汽轮机、燃气轮机等。

（2）传动设备：其功用是隔开或接通主机传递给传动轴和推进器的功率，同时还可使后者

达到减速、反向和减振的目的。其设备包括离合器、减速齿轮箱和联轴器等。

(3)轴系:用来将主机的功率传递给推进器,它包括传动轴、轴承和密封件等。

(4)推进器:是能量转换设备,将主机发出的能量转换成船舶推力的设备,它包括螺旋桨、喷水推进器、电磁推进器等。

绝大多数现代船舶使用的推进器是螺旋桨,通过其在水中旋转推动水流产生的推力推动船舶运动。

(二)辅助装置

辅助装置是提供船舶除推进装置所需能量以外,用以保证船舶航行和生活需要的其他各种能量设备。它包括:

(1)船舶电站:其作用是供给辅助机械及全船所需的电能,由发电机组、配电板及其他电气设备组成。

(2)辅助锅炉装置:辅助锅炉装置一般提供低压蒸汽,以满足加热、取暖及其他生活需要。它由辅助锅炉及为其服务的燃油、给水、鼓风、配汽系统及管路、阀件等组成。

(3)压缩空气系统:供应全船所需的压缩空气,以满足作业、起动及船舶用气等用途。主要有空气压缩机、储气瓶、管系及其他设备。

(三)管路系统

管路系统是用来连接各种机械设备并输送相关流体的管系,由各种阀件、泵、滤器、热交换器等组成。它包括:

(1)动力管系:为推进装置和辅助装置服务的管路系统,主要包括燃油系统、滑油系统、海淡水冷却系统、蒸汽系统和压缩空气系统等。

(2)辅助管系:为船舶平衡、稳性、人员生活和安全服务的管路系统,也称船舶管系。

它主要包括压载系统、舱底水系统、消防系统、日用海淡水系统、通风系统、空调系统和冷藏系统等。

(四)甲板机械

甲板机械是保证船舶航向、停泊、装卸货物所设置的机械设备,主要包括舵机、锚机、绞缆机、起货机、开关舱盖机械、吊艇机及舷梯升降机等。

(五)自动化设备

为改善船员工作条件、减轻劳动强度和维护工作量、提高工作效率以及减少人为操作错误所设置的设备,主要包括遥控、自动调节、监控、报警和参数自动打印等设备。

(六)特种系统

为某些特种船舶而设计、装备的系统。如油船的原油/海水洗舱系统、浮式储油船的端点系泊系统、挖泥船的泥浆抽吸系统等。

二、船舶动力装置的类型

在船舶动力装置各组成部分中,无论从重要程度、制造成本看,还是从营运费用、日常维护管理所投入的工作量看,推进装置都处于最显著的地位。因此船舶动力装置往往以推进装置的类型进行分类。

（一）蒸汽动力装置

根据运动方式的不同，蒸汽动力装置有往复式蒸汽机动力装置和汽轮机动力装置两种。往复式蒸汽机最早应用于海船，由于它具有结构简单、运转可靠、管理方便及噪声小等优点，在过去很长的一段时间内占据着主导地位。但由于其经济性差、体积和重量大，现在已经基本上被其他船用发动机所代替。汽轮机自装船使用以来，由于受到柴油机的挑战，一直发展不快。主汽轮机虽然单机功率大、运转平稳、摩擦和磨损小、噪声小，但其装置的热效率低，要配置重量和尺寸较大的锅炉、冷凝器、减速齿轮装置以及其他辅助机械，因此装置的总重量和尺寸均较大，这就限制了它在中小船舶上的应用。然而近年来，由于新技术新工艺的应用，使汽轮机和锅炉的效率得到了提高，不少资料表明，在功率超过 22000kW 和船速超过 20kn 时，汽轮机动力装置的优越性更为突出。

汽轮机动力装置由锅炉、汽轮机、冷凝器、轴系、管系及其他有关机械设备组成。

（二）燃气动力装置

在燃气动力装置中，根据发动机运动方式的不同，有柴油机动力装置和燃气轮机动力装置两种。

1. 柴油机动力装置

柴油机动力装置具有比较优良的性能，在现代船舶中，不论商船、渔船、工程船及军用舰艇上都得到了极为广泛的应用。目前以柴油机为主机的船舶占 98% 以上。柴油机船总功率占造船总功率的 90% 以上，可见柴油机动力装置占绝对的统治地位。在大、中型商船上所用的柴油机有大型低速机和大功率中速机两大类。这两种柴油机在激烈竞争的同时又相互促进，都在迅速发展。

大型低速柴油机动力装置自 20 世纪 60 年代起发展得特别迅速，一方面是由于当时的船舶向大型化、高速化发展，需要大功率的发动机；另一方面是由于废气涡轮增压技术的进步，为大型低速机的发展提供了条件。20 世纪 70 年代两次能源危机的冲击，从节能需要出发，船舶不再向大型化和高速化发展，除专业船舶外。一般货船的航速降至 14kn 左右。为了适应这种形势，大型低速柴油机的尺寸不但不再增加，而且缸径也都降回到 1000mm 以内。

大功率中速柴油机动力装置的重量尺寸较小，是低速柴油机的有力竞争者。在中速机动力装置中，可通过合理选配减速比，使桨转速最佳，从而提高推进装置的效率。单缸功率的提高和单机功率的增大，以及可多台发动机通过减速器驱动一个螺旋桨，都给中速机的发展创造了有利条件。特别是在机舱尺寸要求严格的滚装船和客船上，中速机的应用就更为广泛。目前中速机的耗油率虽然有显著下降，但仍然略高于低速机，运转中噪声也较大，维护管理也不如低速机方便。

2. 燃气轮机动力装置

燃气轮机的制造业自 20 世纪 30 年代开始兴盛发展，第一批作为商船主机始于 20 世纪 50 年代。它的基本工作原理与汽轮机大致相似，只是在作功的工质方面有所不同，汽轮机中使用的燃料内燃烧，使锅炉中的水加热产生蒸汽，推动叶轮作功；而燃气轮机则利用燃料在燃烧室内燃烧，产生的燃气推动叶轮作功。

3. 联合动力装置

对于民用船舶来说，主要考虑经济性，其他的问题可采用某些措施加以调整解决。对于某

些有特殊要求的船舶来说,如军用舰艇,要求尽可能提高航速和机动性,增大功率的同时还要减少装置所占排水量以提高续航力。船舶全速工况要求动力装置发出最大功率,但全速工况在船舶总航行时间中只占2%左右,船舶大部分时间是巡航工况,要求经济性高,以提高续航力。

为解决全速大功率与巡航经济性的矛盾,可采用联合动力装置。联合动力装置的类型目前有3种:汽轮机+加速燃气轮机(COSOG或COSAG)、燃气轮机+加速燃气轮机(COGAG或COGOG)、柴油机+加速燃气轮机(CODOG或CODAG)。

4. 核动力装置

核动力装置是以可控核裂变链式反应所产生的巨大热能,通过加热工质来推动汽轮机工作的一种动力装置,现有的核动力舰船或核电站几乎全部采用压力水型反应堆。核反应堆中有反应堆芯存放着核燃料(如浓缩铀U^{235}),燃料元件吸收中子后能直接产生裂变并放出新中子和巨大能量,用压力水作为中子的慢化剂和堆芯的冷却剂,裂变时释放出的能量被压力水带走,并经蒸汽发生器(热交换器)将能量传递给另一回路中的水使之成为蒸汽,压力水放热降温后再进入冷却剂循环泵,重新被送入反应堆加热,因此压力水形成一个闭合回路称为一回路。由蒸汽发生器产生的蒸汽一路进入高压汽轮机和低压汽轮机膨胀作功。通过电机,另一路蒸汽进入辅汽轮机膨胀作功驱动副发电机供全船使用。做过功的乏汽分别经主冷凝和辅冷凝器凝结成水,再由主给水泵送入蒸汽发生器,完成一个工作循环,称为二回路。

控制棒可强烈吸收中子,改变控制棒插入和从堆芯抽出的不同深度和不同速度,可控制和改变堆芯内引起核裂变链式反应的中子数目和反应状态,从而改变核堆的功率输出。中子源组件是堆芯起始工作的点火源,中子源加速并增大堆芯中子轰击的裂变反应强度。启动反应堆时总是将人工的中子源放在邻近堆芯的位置处,中子源不断放出中子,加速堆芯核燃料的裂变反应。

5. 特种动力装置

特种动力装置是指在特种用途舰艇、水下运载器和水下兵器上使用或正在研究发展的动力装置。

1)喷水推进装置

主机驱动水泵,产生高速高压的水流,向外喷出而使船舶运动的装置。在水翼艇、气垫船等中、高速船上得到应用。

喷水推进装置在加速和制动性能方面具有和变距螺旋桨相同的能力,喷水推进船舶具有卓越的高速机动性,在回转时喷水推进装置产生的侧向力可使回转半径减小。喷水推进船舶舱内噪声和振动较小,比具有螺旋桨的船舶低7~10dB(A)。

2)不依赖空气推进系统(Air independent propulsion system,AIP)

为了增大常规潜艇的水下续航力,在潜艇上增加一个舱段安装AIP系统,它采用电力传动装置,其热能机械可以是热气机、闭式循环柴油机、闭式循环蒸汽轮机或闭式循环燃气轮机,也可用燃料电池,或小型核动力装置。

3)蓄热式非传统能源

蓄热式非传统能源是指高温蓄热器将基地或母船的热能储存起来,作为高温热源供给热电直接转换器或其他热能动力机械。高温蓄热器包括有相变蓄热和无相变蓄热两种,已知的无相变蓄热材料中,石墨的蓄热能力最强,在1000K时具有0.279(kW·h)/kg的蓄热能力。热电直接转换器是以碱金属(如金属钠)为工作介质,利用固体电解质(如氢氧化铝)自阳极输送带电荷钠蒸汽离子至阴极并输出电流,钠蒸汽冷凝成液态再送至蒸发器成为钠蒸汽。完成热电转换过程。美、俄、日等国家的研究机构均已开发研究这一新技术项目。

4)采用空间传输机构的活塞式发动机

这类发动机气缸内活塞的往复运动,通过特殊的传输机构转变为轴的转动。其中包括凸轮式、摆盘式及斜盘式发动机。由于传输机构的特殊形式和多个气缸中心线与转轴中心线平行,且在其四周呈筒状布置,因而结构紧凑、重量轻,平衡性好。这些优点对于某些对单机功率、尺寸和重量指标要求较高的使用对象,如水中鱼雷兵器、坦克等具有重要意义,因而受到许多国家军事部门的关注。

三、柴油机工作原理

柴油机的基本工作原理是采用以压缩发火的方式使燃料在气缸内部燃烧,以高温高压的燃气工质在气缸中膨胀推动活塞作往复运动,再通过活塞—连杆—曲柄机构将往复运动转变为曲轴的回转运动,从而带动工作机械。根据上述原理,燃油在柴油机气缸中燃烧作功必须通过进气、压缩、燃烧膨胀(作功)、排气四个过程才能实现,经过这四个过程就作功一次,也就是完成了一个工作循环,如果这四个过程分别在活塞的四个冲程中完成的就称为四冲程柴油机,如果这四个过程分别在活塞的两个冲程中完成的就称为二冲程柴油机。

(一)四冲程柴油机工作原理及特点

1.四冲程柴油机工作原理

四冲程柴油机完成二次能量转换,即完成一次工作循环,理论上必须经过以下几个热力过程,图8-1-1所示的四个简图分别表示四个活塞行程的进行情况以及活塞、曲轴、气阀等部件的有关动作位置。

1)第一冲程——进气过程,活塞从上止点运动到下止点,空气进入气缸。

这一冲程的任务是使气缸内充满新鲜空气。活塞从上止点下行,进气阀已经打开,由于气缸容积不断增大,缸内压力下降,依靠缸内气体与大气的压差,新鲜空气经进气阀被子吸入气缸。进气阀一般均在活塞到达上止点前即提前打开(曲柄位于点1),活塞到下止点后延迟关闭(曲柄位于点2)。

2)第二冲程——压缩过程,活塞从下止点运动到上止点,工质在气缸内被压缩。

这一冲程的任务是压缩第一冲程内吸入气缸的空气,提高缸内空气的压力和温度,为燃油燃烧和膨胀作功创造条件。活塞从下死点向上运动,自进气阀关闭(曲柄到达点2)开始压缩,一直到活塞到达上止点(曲柄到达点3)为止。随着活塞的上行,缸内容积减少,空气压力和温度开始增加,在压缩过程的后期由喷油器喷入气缸的燃油与高温空气混合,加热,并自行发火燃烧。

3)第三冲程——作功(燃烧膨胀)过程,活塞从上止点运动到下止点,工质在气缸内燃烧膨胀。

这一冲程的任务是完成两次能量转变。活塞在上止点附近,由于燃油的猛烈燃烧,使气缸内的压力和温度急剧升高,高温高压的燃气(即工质)膨胀推动活塞下行而作功。由于气缸容

积逐渐增大使压力下降，在上止点后的某一时刻（曲柄位于点4）燃烧基本结束。膨胀一直到排气阀开启时结束。与进气阀一样，排气阀总是在活塞运动到达下死点前提早开启（曲柄位于点5）。

4）第四冲程——排气过程，活塞从下止点运动到上止点，废气从气缸内排出。

这一冲程的任务是将作功后的废气排出气缸外，为下一循环的新鲜空气的进入提供条件。在上一行程末期，排气阀开启时，活塞尚在下行，废气靠气缸内外的压力差经排气阀排出（自由排气），当活塞由下止点上行时，废气被活塞强行挤出气缸（强制排气），此时的排气过程是在略高于大气压力且在压力基本不变的情况下进行的。排气阀一直延迟到活塞到达上止点后某一位置（曲柄位于点6）才关闭（惯性排气）。

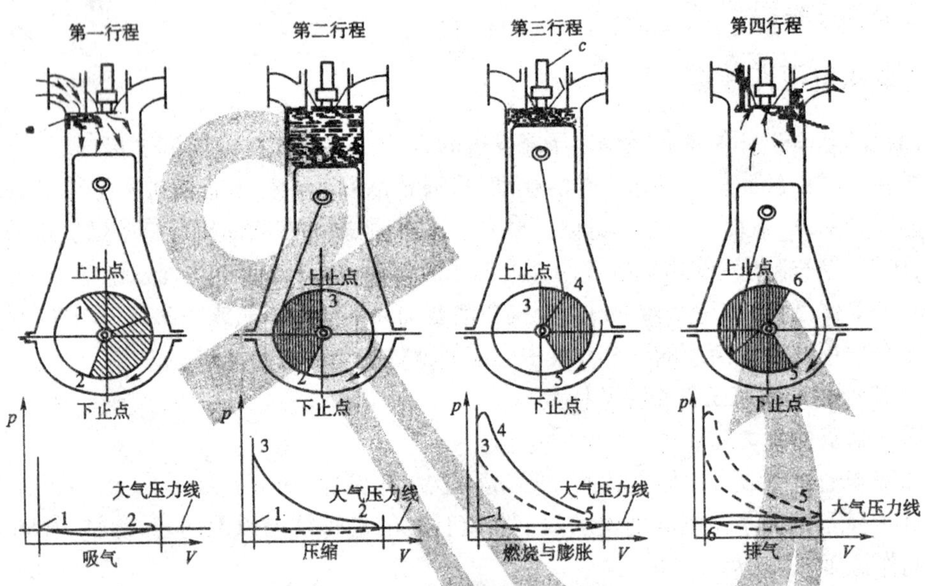

图8-1-1　四冲程柴油机工作原理

2. 四冲程柴油机的工作特点

（1）一个工作循环在曲轴转两转内完成，每一个过程都约占一个活塞冲程。

（2）在曲轴转两转过程中，进气阀、排气阀、喷油器均只启闭一次，因此凸轮轴转速比曲轴慢一半。凸轮轴转速与曲轴转速比为1∶2。

（3）每一工作循环中，只有作功冲程才对外作功，其余的三个冲程都是辅助冲程，并且要消耗一定的功率。

（4）四冲程柴油机与二冲程柴油机在结构上差别：

①二冲程柴油机不设进气阀。

②二冲程柴油机气缸套设有气口。

③二冲程柴油机增加了扫气泵。

（二）二冲程柴油机工作原理及特点

通过活塞的两个行程来完成一个工作循环的柴油机称为二冲程柴油机。在二冲程柴油机中，在气缸下部开设扫、排气口或设扫气口—气阀，并专门设置一个扫气泵。扫气泵附设在柴油机的一侧，它的转子由柴油机带动，先将空气吸入泵内压缩，经压缩后的空气储存在具有较

大容积的扫气箱中,并在扫气箱中保持一定的压力,使压力提高到高于大气压力,在活塞下行打开扫气口时,再从扫气口进入气缸驱扫废气,使废气从排气口(阀)排出,进气与排气同时进行,完成气缸内的排气和进气过程。直到活塞上行关闭扫气口为止,因此能使柴油机的排气和进气过程缩减到只占活塞行程的很少一部分。二冲程柴油机的进气和排气过程统称为换气过程,换气过程是在膨胀行程末和压缩行程初这一较短的时间内完成的。图 8-1-2 所示为一种二冲程柴油机工作原理图。

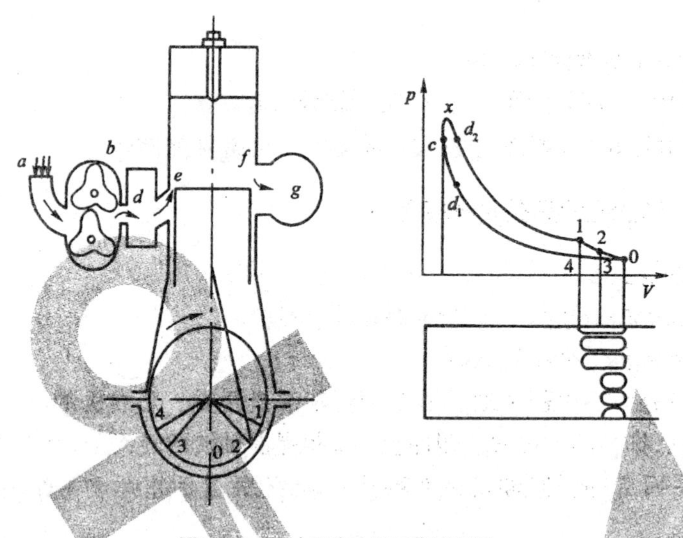

图 8-1-2 二冲程柴油机工作原理图

1. 二冲程柴油机工作原理

1)第一冲程:扫气和压缩过程

第一阶段——扫气(曲柄位置从 1-2-3)

在膨胀行程中,活塞下行,先将排气口打开(曲柄位于点 1),缸内的废气经排气口泄入到排气管(自由排气),当缸内压力降至接近扫气压力时,活塞继续下行把扫气口打开(曲柄位于点 2),同时扫气泵压送的新鲜空气经扫气口进入气缸,把气缸内的废气通过排气口(阀)挤出(强行排气)。一直到活塞经下死点并转向上行把扫气口关闭为止(曲柄位于点 3)。

第二阶段——过后排气

活塞继续上行,并把排气口关闭(曲柄位于点 4),期间缸内气体继续经排气口排出缸外,损失了进入缸内的部分新鲜空气,直到活塞封闭排气口为止(过后排气)。

第三阶段——压缩

当活塞关闭排气口并继续上行时,缸内气体才受到活塞的压缩(曲柄位置从点 4 到上止点)。

2)第二冲程:作功、排气和扫气过程

第一阶段——作功(曲柄位置从上止点附近到点 1)

活塞从上止点下行到打开排气口前,气缸内是边燃烧边膨胀的过程,燃气推动活塞下行作功。

第二阶段——自由排气

活塞打开排气口时,气缸内压力远大于排气管内压力,废气经排气口迅速排出,缸内气体压力下降至稍低于扫气空气的压力。

第三阶段——扫气

活塞继续下行并经过下止点后上行到打开扫气口前这一阶段。

2. 二冲程柴油机的特点

(1)工作循环在活塞的两个冲程即曲柄转一转内完成,扫气过程时间短,需要设扫气泵来提高进气压力以提高换气质量,不设进气阀甚至不设排气阀,只在气缸套上开排气口,使结构相对简单。

(2)凸轮轴转速与曲柄转速相同。

(3)工作循环中,活塞下行作功,上行时则靠外力驱动。

(4)进、排气过程几乎同时进行,因此具有较大的进排气重叠角。

四、柴油机类型与主要结构参数

(一)柴油机的类型

柴油机有很多不同的分类方式,通常有以下几种:

1. 四冲程柴油机和二冲程柴油机

按工作循环可分为四冲程柴油机和二冲程柴油机两类。柴油机的一个工作循环包括进气、压缩、燃烧膨胀、排气四个过程。四冲程柴油机是曲轴转两转,也就是活塞运动四个行程完成一个工作循环;而二冲程柴油机是曲轴转一转,也就是活塞运动两个行程完成一个工作循环。

2. 增压柴油机和非增压柴油机

增压柴油机和非增压柴油机的主要区别在于进气压力不同,非增压柴油机是在大气压力下进气的,而增压柴油机则是在较高的压力下进气的。

3. 低速、中速和高速柴油机

柴油机的速度可以用曲轴转速 n(rpm)或活塞平均速度 C_m 来表示。

低速柴油机 $n \leqslant 300$rpm;$C_m = 6.0 \sim 7.2$m/s。

中速柴油机 $300 < n \leqslant 1000$rpm;$C_m = 7.0 \sim 9.4$m/s。

高速柴油机 $n > 1000$rpm;$C_m = 9.0 \sim 14.2$m/s。

4. 筒形活塞式柴油机和十字头式柴油机

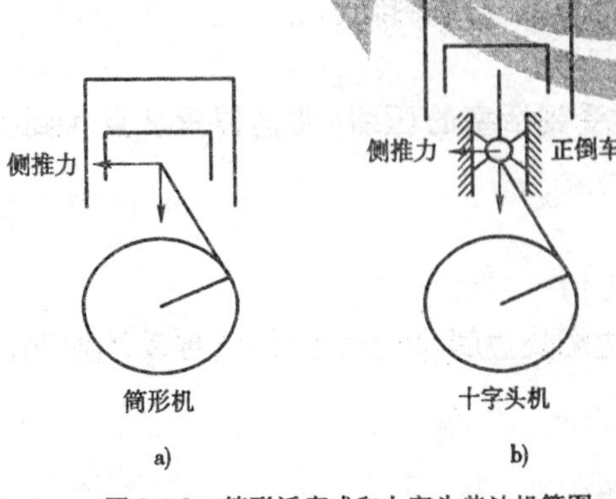

图 8-1-3 筒形活塞式和十字头柴油机简图

图 8-1-3a)为筒形活塞的示意图,它的活塞通过活塞销直接与连杆相连。这种结构的优点是结构简单、紧凑、轻便,发动机高度小;它的缺点是由于运动时有侧推力,活塞与气缸之间的磨损较大。中高速柴油机一般都采用此结构。

图 8-1-3b)所示为十字头式柴油机。它的活塞设有活塞杆,通过十字头与连杆相连接,并在气缸下部设中隔板将气缸与曲轴箱隔开。十字头式柴油机工作可靠,寿命长;它的缺点是重量和高度增大,结构复杂。大型低速二冲程柴油机

都采用这种结构。

5. 直列式和V型柴油机

柴油机通常均为多缸机，这样可以增大柴油单机功率，同时可满足船舶机动性、可靠性的要求。多缸柴油机的气缸排列可以有直列式、V型、W型等。船用柴油机均为直列式与V型两种。具有两个或两个以上直立气缸，并呈一列布置的柴油机称直列式柴油机，如图8-1-4a)所示。直列式柴油机的气缸数因曲轴刚度和安装上的限制，一般不超过12缸。当缸数超过12缸时，通常采用V型柴油机，如图8-1-4b)所示。它具有两个或两列气缸，其中心线夹角呈V型，并共享一根曲轴来输出功率。V型机气缸数可达18甚至24，气缸夹角通常为90°、60°和45°。V型机具有较高的单机功率和较小的比重量(柴油机净重量与标定功率的比值)，在中、高速柴油机中用得较多。

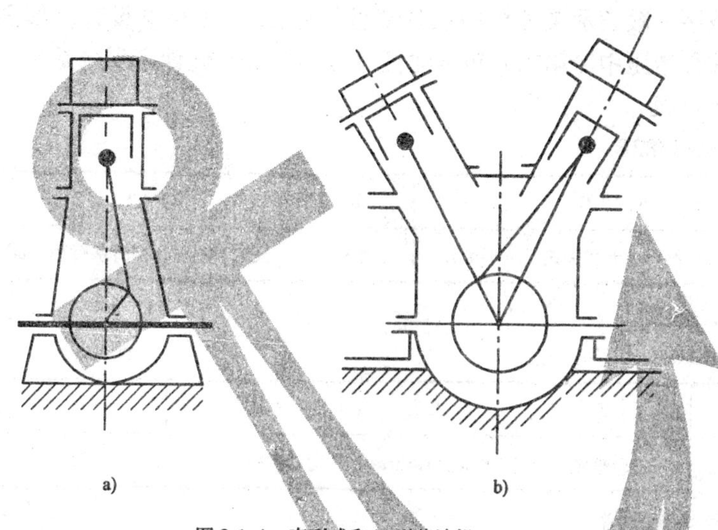

图8-1-4 直列式和V型柴油机

6. 右旋和左旋柴油机

观察者由柴油机功率输出端向自由端看，正车时按顺时针方向旋转的柴油机称右旋(转)柴油机，正车时按逆时针方向旋转的柴油机称左旋柴油机。

某些船舶的推进装置采用双机双桨推进装置。在这种船舶上，由船尾向船首看，布置在机舱右舷的柴油机采用右旋柴油机，亦称右机；布置在机舱左舷的柴油机采用左旋柴油机，亦称左机。

单台布置的船舶主柴油机通常为右旋柴油机。

7. 可逆转和不可逆转柴油机

可由操纵机构改变自身转向的柴油机称可逆转柴油机。曲轴仅能按同一方向旋转的柴油机称不可逆转柴油机。

在船上凡直接带动螺旋桨的柴油机均为可逆转柴油机；凡带有倒顺车离合器、倒顺车齿轮箱或可变螺距螺旋桨的柴油机以及船舶发电柴油机均为不可逆转柴油机。

此外，根据柴油机的用途还可以将其分为主推进柴油机和发电柴油机；根据其所用的燃料不同可以分为单燃油和双燃油柴油机。

(二)船舶柴油机的型号

每一种柴油机都有其型号。下面介绍几种主要的型号。

1. 国产柴油机型号

依据 GB725—65,柴油机的型号由数字和汉语拼音文字的首位字母组成,包括三个部分,首部为缸数符号用数字表示气缸数目,中部是机型系列代号,由冲程符号和缸径符号组成,其中由字母表示冲程数,用数字表示气缸直径。尾部是变型符号(用数字顺序表示)和机器特征(用字母表示)。

S——十字头式; D——可倒转; C——船用右机;

Ca——船用左机; Z——增压型; G——高增压;

F——风冷; ZL——中冷; E——二冲程。

最后的数字一般表示柴油机的设计变型符号,缺位为标准设计。如 Z6170ZLC—8 表示:直列 6 缸四冲程增压中冷船用右转柴油机,缸径 170mm,设计序列号是 8。

1)低速柴油机

例:6ESDZ43/82B

6	E	S	D	Z	43/82	B
气缸数	二冲程	十字头式	可倒转	增压	气缸直径(cm)/活塞行程(cm)	改进序号

2)中小型柴油机

例:8E350ZCD

8	E	350	Z	C	D
气缸数	二冲程	气缸直径(mm)	增压	船用	可倒转

2. 进口柴油机型号

1)SULZER 柴油机

例:6RTA52U

6	R	T	A	52	U
气缸数	二冲程、焊接结构十字头式	超长冲程直流扫气	机型发展型号	气缸直径(cm)	改进代号

2)MAN B&W 柴油机

例:5L(S)50MCE

5	L	S	50	MC	E
气缸数	长冲程	超长冲程	气缸直径(cm)	二冲程、十字头式、定压增压	经济性

3)三菱柴油机

例:8UEC85/180D

8	U	E	C	85	180	D
气缸数	直流扫气	废气涡轮增压	十字头式	气缸直径(cm)	活塞行程(cm)	经济性

第二节 船舶辅机常识

一、船用泵

泵是一种液体输送机械，它能将原动机的机械能转变为液体的机械能。船用泵是指符合船舶规范规定和船用技术条件要求的各种供船舶使用的泵。在船上它们经常被用来输送海水、淡水、污水、滑油和燃油等各种液体。为达到这一目的就需提高被输送液体的压力能、位能，或克服液体在管路中流动的阻力，因此从本质上说，泵是用来提高液体机械能的设备。

船用泵在现代船舶上有着十分广泛的应用，根据其用途的不同，可分为：

(1)船舶动力装置用泵。有燃油泵、润滑油泵、海水泵、淡水泵、舵机或其他液压甲板机械的液压泵、锅炉装置的给水泵、制冷装置的冷却水泵、海水淡化装置的海水泵和凝水泵等。

(2)船舶通用泵。有舱底水泵、压载水泵、消防水泵、日用淡水泵、日用海水泵、热水循环泵；还有兼作压载、消防、舱底水泵用的通用泵。

(3)特殊船舶专用泵。某些特殊用途的船舶，还设有为其特殊营运要求而设置的专用泵，例如油轮的货油泵、挖泥船的泥浆泵、打捞船上的打捞泵、喷水推进船上的喷水推进泵、无网渔船上的捕鱼泵等。

根据泵的工作原理的不同，船用泵主要有以下几类：

(一)容积式泵

容积式泵是靠工作部件的运动造成工作容积周期性地增减变化而吸排液体，当工作容积增大而压力降低时吸入液体，当工作容积减小而压力升高时排出液体，并靠挤压而直接使液体的压力能增加。根据运动部件的运动方式不同，它又可分为往复泵和回转泵两类。前者有活塞泵和柱塞泵；后者有齿轮泵、螺杆泵、叶片泵等。

(二)叶轮式泵

叶轮式泵是靠叶轮带动液体作高速回转运动，连续地产生吸排作用，把机械能传递给所输送的液体，使液体的压力能增加，并达到输送液体的目的。根据泵的叶轮和流道结构特点的不同，又可分为离心泵和旋涡泵。

(三)喷射式泵

喷射式泵是靠具有一定压力的工作流体在喷嘴中产生高速射流引射流体，然后再通过动量交换而使被引射流体的能量增加。根据所用工作流体的不同，又可分为水喷射泵、蒸汽喷射器和空气喷射器等。

泵除按工作原理的不同进行分类外，还可以按泵轴位置分为立式泵和卧式泵；按吸口数目分为单吸泵和双吸泵；按驱动泵的原动机分为电动泵、蒸汽泵和柴油机泵。一般船上都是按照泵的功能为泵命名的，如主机海水冷却泵、主机滑油泵等。

二、液压马达

在液压机械中，液压泵的作用是将原动机的机械能转变为液压油的压力能，为液压系统提供足够流量和足够压力的油液去驱动执行元件。

液压马达输出回转运动,它是液压装置的执行元件,其作用是将液压油的压力能转换为机械能,带动机械设备工作。就工作原理而言,任何容积泵(除结构上有吸、排单向阀者外),如从其一根主油管输入压力油,而从另一根主油管回油至油箱或液压泵的吸口,都能被油驱动回转而成为液压马达。若液压泵结构是对称设计的,则可以反过来作液压马达用;但很多液压泵是按高速、不可逆转设计,而液压马达却一般都要求能低速、双向转动,故液压马达和液压泵结构在细节上会有所不同。此外,液压泵总是尽量设计成速度高、尺寸小,直接改作液压马达则是高速、小扭矩液压马达,能直接拖动工作机械的低速、大扭矩液压马达需专门设计。

三、船舶锅炉

(一)船用锅炉的类型

船用锅炉是产生一定数量和参数(指温度和压力)的水蒸气或热水的设备。船舶蒸汽锅炉是船舶动力装置的重要组成部分,它的作用随船舶主机的型式和种类的不同而有所差异。

1. 主锅炉

锅炉产生的高温高压过热蒸汽用于驱动主蒸汽轮机,以推动船舶前进,这种锅炉称为主锅炉。

2. 辅锅炉

在柴油机动力装置的船舶上,锅炉产生的饱和蒸汽仅用于驱动蒸汽辅机、加热燃油、滑油及满足日常生活的需要,这种锅炉称为辅锅炉。在柴油机干货船上,一般装设一台压力为0.5~1.0MPa,产生饱和蒸汽的辅锅炉,蒸发量为0.4~2.5t/h。在柴油机油船上,因为加热货油、驱动汽轮货油泵等蒸汽辅机以及洗货油舱等需要大量蒸汽,所以一般都装设两台辅锅炉,蒸发量常在20t/h以上。在大型柴油机客船上,一般也装设两台辅锅炉以满足日常生活所需的大量蒸汽,且可以防止其中一台损坏时,影响船员和旅客的日常生活。

3. 废气锅炉

柴油机排出的废气具有很大的能量,为了充分地利用这部分能量,船上往往增设废气锅炉。废气锅炉是船舶航行时吸收柴油机主机排气的余热而产生蒸汽的设备,因此船舶定速航行时,利用主机排气的热能,将锅炉中的炉水加热成饱和蒸汽,以代替辅助锅炉提供蒸汽,同时又提高了动力装置的经济性。

船舶辅锅炉可分为火管锅炉和水管锅炉。若燃烧产生的高温烟气在受热面管中流动,管外是水,则称这种锅炉为火管锅炉;若在受热面管中流动的是水,而管外是烟气,则这种锅炉称为水管锅炉。船用锅炉按蒸汽压力高低可分为低压锅炉、中压锅炉、中高压锅炉和高压锅炉。蒸汽压力在2.0MPa以下的锅炉,称为低压锅炉;蒸汽压力介于2.0~4.0MPa之间的锅炉,称为中压锅炉;蒸汽压力介于4.0~6.0MPa之间的锅炉,称为中高压锅炉;蒸汽压力在6.0MPa以上的锅炉,称为高压锅炉。

(二)锅炉的结构及其附件

在柴油机动力装置的船上,辅锅炉应以结构简单、维护操作方便为选型的主要原则,同时也要考虑重量和尺寸应尽可能小些。下面以D型水管锅炉为例介绍锅炉的一般结构。

D型锅炉以其本体形状类似英文字母"D"而得名。它的结构布置较为合理,经济技术指标也较高。

图 8-2-1 给出了 D 型水管锅炉的结构简图。其本体由汽包 1（又称上锅筒）、水筒 2（又称下锅筒）、联箱 3、炉膛 4、水冷壁 5、蒸发管束（又称沸水管束）6 和 7、过热器 11、经济器 12 及空气预热器（位于经济器后面的烟道中，图中未示出。实际使用中过热器、经济器和空气预热器可选择安装）等部件组成。现将其主要部件介绍如下：

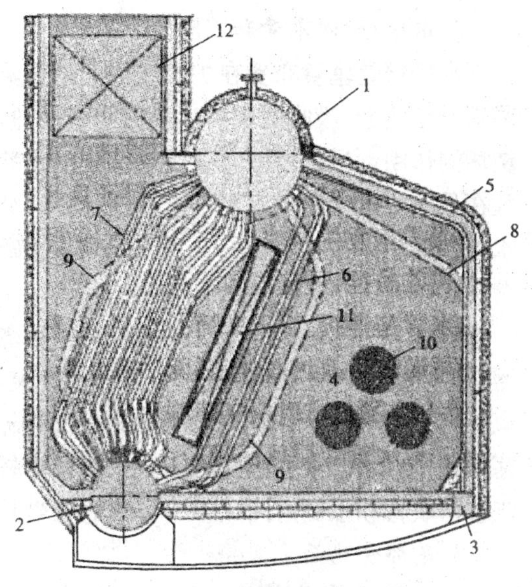

图 8-2-1 D 型水管锅炉

1-汽包；2-水筒；3-联箱；4-炉膛；5-水冷壁；6、7-蒸发管束（沸水管束）；8-联箱供水管；9-水筒供水管；10-燃烧器；11-过热器；12-经济器

1. *炉膛、炉墙和炉衣*

炉膛是燃油燃烧的场所，它的作用是提供足够的空间，使燃油得以充分燃烧。

烟气在 D 型锅炉炉膛内的理论燃烧温度可达到 1700℃左右。烟气离开炉膛后，流到蒸发管束中去。炉膛出口烟气温度不宜太高，以免高于烟气中灰分的熔点温度，使灰分融解，沾附在蒸发管束的管壁上形成积渣；同时又不能太低，以免燃烧过程进行得不充分。D 型锅炉炉膛出口烟气温度为 1100℃左右。

炉墙或炉衣将锅炉的各种受热面包围以形成炉膛和烟道，它们起隔热和密封作用。对不同部位和不同工作条件的炉墙和炉衣的性能和结构的要求是不同的。

烟气温度在 900℃以上的炉膛和高温部分的烟道，要求其能耐高温和抵抗灰渣侵蚀，并要有很好的隔热性能；为了防止外界空气漏入炉膛或烟气漏至炉舱，还得保持气密。所以一般炉墙由耐火层、隔热层和气密层叠加而成。

与火焰接触的耐火层通常采用耐火砖，隔热层可用硅藻土砖或石棉板。在新式锅炉中，只设一层兼有耐火和隔热性能的纤维成型板，其主要成分为氧化铝和氧化硅，这样不但使炉墙重量减轻，而且施工也简单。最外面的密封层为薄钢板，风口等不规则造型部位可采用耐火塑料或异形耐火砖砌成。前者对温度的波动适应性较好，但抗灰渣侵蚀能力不及耐火砖。炉底的耐火层厚度可以减半，但因为灰渣侵蚀严重，所以一般均由耐火砖砌成。

我国规范规定，炉墙和炉衣外表面温度不应大于 60℃，以免烫伤工作人员，同时也可避免散热损失过大。

在较新式的水管锅炉中，不管是炉膛还是对流烟道部位，在耐火隔热层的外面，采用一种称为双层罩壳的炉墙结构，它具有内外两层壳板，中间通以去燃烧器助燃的空气。由于助燃空气必须克服燃烧器流动阻力进入炉膛，所以其压力要比炉膛内的烟气压力大，从而消除了烟气漏入舱内的可能。另一方面，空气带走一部分热量，因而在减少锅炉散热损失、提高助燃空气温度的同时，降低了内、外壳板的温度，因此隔热层可以减薄。

在蒸发管束以后的低温烟道处，以仅由隔热层和密封层组成的炉衣为外壳。密封层由 3 mm 厚的薄钢板制成，在其内侧铺设一层隔热材料，通常为耐热纤维板或矿渣棉。

2. 水冷壁、沸水管和下降管

水冷壁是垂直布置在炉膛壁面上的密集管排,组成水循环回路的上升管。它是锅炉的主要辐射受热面,吸收的辐射热约占全部受热面传递热量的1/3;同时还起到保护炉墙不致过热烧坏的作用。通过增减布置在炉膛中的水冷壁受热面积,可以控制炉膛的出口烟气温度,使炉膛在具有一定的温度水平下既能保证良好燃烧,又能对炉墙起到冷却保护作用。为了防止在水冷壁管子中发生汽水分层现象,水冷壁管子水平倾角应大于30°,最小不得小于15°。水冷壁在汽包处吊挂,可自由向下膨胀。

沸水管是连接上、下锅筒的管束,也称蒸发管束,布置在炉膛出口侧。除前排受火焰直接照射的可属辐射换热面外,后面的沸水管束与烟气的换热方式主要是对流。烟气横向冲刷管束,设计上应避免出现烟气冲刷不到的滞流区。前三排的管距应不小于250mm,以防结渣堵塞烟道。沸水管束受热面积所占比例虽然较大,但平均蒸发率较低,一般为15~20kg/m^2·h。汽包与联箱和水筒之间还有不受热的各自独立的供水管8、9,作为自然水循环的下降管。

3. 尾部受热面

在D型水管锅炉烟道的后面,有的在蒸发受热面之后安装经济器,使锅炉效率得以提高。但由于安装了尾部受热面,使锅炉的尺寸、造价增加,管理工作也增加,所以一般只用于蒸发量大、蒸汽参数较大的大中型锅炉。

为保证锅炉的安全工作,锅炉必须配备必要的附件。锅炉附件主要有以下几种。

(1)水位计

当锅炉工作时,轮机管理人员必须随时知道锅炉的水位,以确保锅炉的安全工作。每台锅炉都规定有最高工作水位、最低工作水位、最低危险水位。锅炉正常工作时,锅炉水位应处于最高工作水位和最低工作水位之间,当水位降到最低危险水位时,警报器报警,锅炉自动熄火,以防锅炉发生干烧现象。锅炉一般装有两只水位计,若两只水位计均已损坏,锅炉应立即熄火。水位计有玻璃管式和玻璃板式,现在船舶大多采用玻璃板式水位计。

(2)安全阀

当锅炉负荷减小或炉内燃烧过于强烈,锅炉气压就会上升。为了防止压力过高对锅炉造成损伤,锅炉一定要装设安全阀,以便当气压超过一定限度时开启,使大量蒸汽排入大气,以免气压继续上升。

此外,锅炉还装有至少两个压力表和压力表阀、两个给水阀、停气阀、表面排污阀、底部排污阀、空气阀等。

四、减摇装置

船舶在航行中,海浪会使船舶产生6个自由度的摇荡,即纵摇、首摇、横摇、升沉、纵荡和横荡。其中对船舶、人员和货物产生不良影响和危害最大的是横摇,主要有:

(1)可能使船舶失去稳性而倾覆;

(2)使船体结构和设备受到损坏;

(3)引起货物移动从而使船舶重心改变危及船舶安全;

(4)使机器和仪表运转失常;

(5)使螺旋桨效率降低,船舶阻力增加,船速下降;

(6)影响各类军舰的作战能力;

(7)使船员工作和生活条件恶化。

船舶减摇装置有许多种,除舭龙骨(见图8-2-2,其减摇效果见图8-2-3)这种被动阻尼式减摇装置外,应用较多的是船舶减摇鳍。

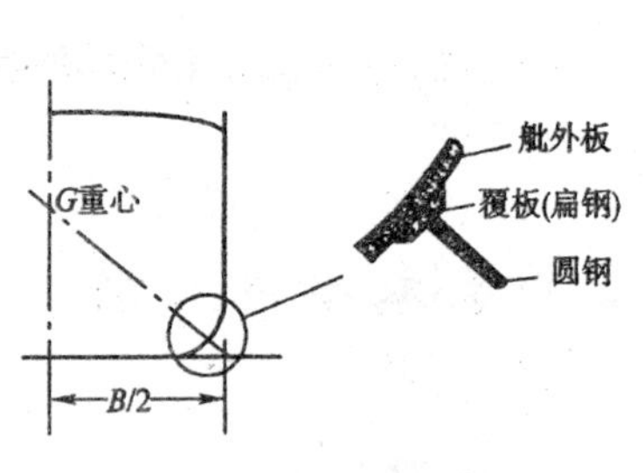

图8-2-2 舭龙骨

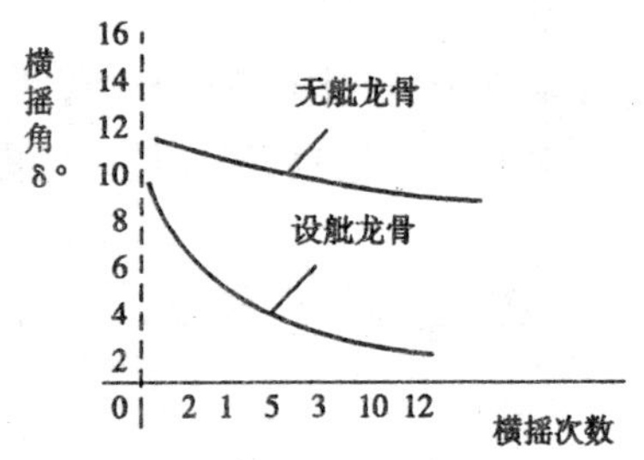

图8-2-3 舭龙骨的减摇效果

船舶减摇鳍是一种主动式减摇装置,它能根据船舶横摇角度、速度和加速度(间接反映波浪作用力矩)等信号,主动提供减摇力矩,纠正或减轻船舶横摇,减摇效果明显。工作良好的减摇鳍,可使船舶横摇角度限制在3°~5°以下。图8-2-4给出了减摇鳍的减摇原理。

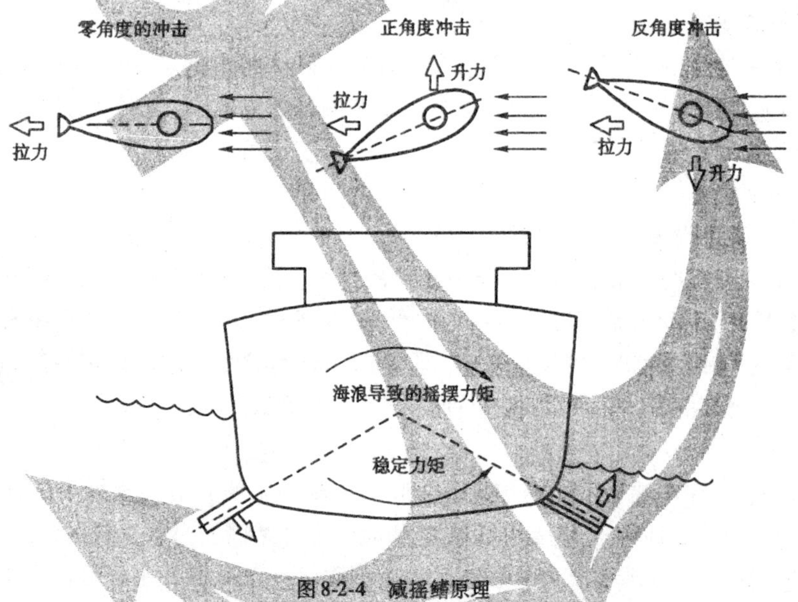

图8-2-4 减摇鳍原理

在船舶左右两舷各水平或向斜下方倾斜设置一鳍叶,其作用原理类似于舵叶和机翼。通过控制两个鳍叶的冲角,产生减摇力矩。当船速一定时,减摇力矩的大小与鳍叶的冲角有关。

当鳍叶前端向上倾斜时,产生正向升力。当鳍叶前端向下倾斜时,则产生负向升力。当两个鳍叶以一定角度倾斜时,就会在船上联合产生一个力矩,有效地减少海浪导致船舶摇摆的力矩,从而实现船舶稳定。

目前大型船舶使用的减摇鳍均为可收式。可收式又分为伸缩式和折叠式两种,鳍叶的收放和偏转采用液压为动力,收放是通过液压油缸来完成,鳍叶的偏转原理与舵叶的工作原理类似。操作方式以遥控为主,也可以机旁操作。在收放鳍叶时其冲角必须为零,在紧急情况回收鳍叶时如果冲角不为零,可通过手动调节方向控制阀使其回零后再回收,否则会造成鳍叶的

损坏。

减摇鳍在启动前,应按说明书要求对控制系统和执行机构进行全面检查,选择好控制方式(驾驶台或机旁控制)。当鳍叶伸展时应注意观察相关指示灯,如果伸展结束,应观察鳍叶角度表,检查鳍叶是否根据船舶摇摆情况在正常工作。一旦发生警报,应立即排除,然后按复位按钮系统才会恢复正常工作。

减摇鳍的日常维护也仅限于确保润滑和不漏水、不漏油,液压泵等重要部件建议送厂家维修。电气设备一般做常规检查,损坏部件应更换而不做修理。

第三节 船舶动力装置的基本操作原则

一、备车

备车通常是指在开航前使船舶动力装置及相关设备处于随时可运行状态,准备执行驾驶台发出的指令。当船舶在特殊水域、气象条件下以及过运河和关键航行设备发生故障时,根据船长或轮机长指令也需要备车。

(一)开航前备车

开航前备车的目的,是为了使船舶动力装置处于随时都能起动和运行的状态。一般情况下,因船舶动力装置类型、功率的不同,备车所需的时间长短不一,大致范围在0.5~6h之间。对于船舶柴油机动力装置,应提前1~2h备车。

(二)备车的内容

由于机型、辅助设备和动力装置布置的不同,备车的程序有所区别,但备车的内容大致相同。主要包括值班驾驶员和轮机员会签确认开航时间;在规定的开航时间1~2h前核对时钟、车钟和对舵;暖机、各动力系统准备;转车、冲车、试车等;待备车工作结束并经机、驾双方确认后,轮机员操纵车钟手柄将车钟指针摇至“STOP”位置,驾驶台车钟指针跟至并对正“STOP”位置,则表示轮机备车完毕,随时可以按车钟指令的要求操纵主机。

1.暖机

暖机是指船舶在停泊后开航前预先加热柴油机冷却系统和滑油系统中的循环液,并开动冷却水循环泵、滑油循环泵,以提高机体温度和向各运动摩擦表面供应润滑油的过程。船舶主机的暖机方法有三种:一是将运转中的发电柴油机循环冷却水通入主机冷却水中;二是利用蒸汽加热主机冷却水和润滑油;三是利用电加热器对主机冷却水加温。暖机时间随机器尺寸、环境温度、加温方式的不同而不同,应保证机器起动前冷却水温度达到50℃,机体温度达到相应的稳定状态,一般需几个小时。缸套冷却水温度低于20℃时不可起动柴油机。如果主机停车期间始终用发电机柴油机冷却水保持暖机,那么开航前就不需再提前暖机。对于滑油系统,除用蒸汽管道直接加温主机循环油柜外,亦可用滑油分油机运转分油的加温方法。暖机的目的是为了使柴油机容易起动发火,减少燃油中的硫分燃烧后生成的酸性物质对气缸壁、活塞顶的低温腐蚀,还可以减少组成燃烧室的部件在动车后产生的热应力。

2.滑油系统的准备

在开航前备车之前,应提早起动滑油分油机,对曲轴箱滑油进行加热和分离,以分出滑油

中的杂质和水分，并将滑油温度加热至38℃左右。在开航前备车时，必须检查滑油循环柜、增压器油液观察镜（或油柜）、调速器油位、尾轴润滑重力油柜、尾轴尾部密封装置润滑油柜、尾轴首部密封装置循环器和各中间轴承座等处的滑油油位。起动主滑油循环泵、凸轮轴油泵或凸轮轴升压泵，将油压调至规定值，以便将滑油送至各润滑表面，使滑油中的固体微粒和杂质在主机开车之前汇集到滤器中，减少运转后的磨损。

若采用油冷活塞，当循环泵开动后，活塞温度会逐渐升高，所以也起到暖机作用。此时，应注意观察各缸活塞的回油流量和温度，各缸活塞回油流量和温度相差不能过大。

废气涡轮增压器若属于独立式润滑系统，应开动透平油泵使滑油循环，通过观察镜检查油的流量情况。

检查气缸油柜油位，检查气缸注油器是否充满油，手动检查气缸注油器工作情况。在柴油机转车过程中，应操纵（或手动）气缸注油器，将滑油预先送到气缸壁周围，减少起动时气缸壁的磨损。

检查并注满各活动部件和起动空气系统主要阀件的润滑油杯，检查各注油点并注入滑油和油脂。

3. 冷却系统的准备

首先检查主机膨胀水柜的水位和冷却水系统中各阀门是否处于正常状态，然后开动主机淡水泵使淡水在系统中循环并排出气体。对于水冷活塞，注意观察各缸活塞玲却水的流动情况并检查循环水柜水位。对于独立冷却系统的喷油器，应开动喷油器冷却泵，检查喷油器冷却柜液位，必要时可进行加温预热。

主机起动运转之后，当主淡水冷却系统、主滑油冷却系统、活塞冷却系统和喷油器冷却系统中冷却液温度开始升高时，主机海水冷却系统立即投入运行。

4. 燃油系统的准备

检查燃油沉淀柜，轻、重油日用柜油位，并放出油柜残水，油位较低时应及时驳油，加热燃油日用柜、经燃油沉淀柜和使用中的燃油舱中的燃油，并注意调节上述舱柜的油温至规定温度。开动燃油输油泵、燃油循环泵（如果是重油停车，此泵已在运转），使燃油循环流动并驱气，检查燃油压力。如果是在重油停车状态，应加热燃油，使其进机温度上升到使用温度。主管轮机员在机舱记事板上注明各油舱的存油量及使用分配情况，开航前轮机长应将本船现存轻、重油总量以书面形式向船长报告，以备开航前报告海关。

5. 压缩空气系统的准备

当值轮机员应将主、辅空气瓶充气至规定压力，放掉气瓶及压缩空气系统中的水和残油；开启空气瓶出口阀、主停气阀，将主起动阀置于“自动”位置。打开通至汽笛的空气出口阀，以备驾驶台随时使用。对气控关闭的排气阀，其压力空气应在滑油泵起动前供应。

6. 其他准备工作

给主机辅助鼓风机送电，将其控制开关置于“自动”位置；关闭扫气箱放残阀。手动调油机构加油，检查各油泵齿条刻度. 再将调油机构置于“停车”位置，检查油泵零位是否准确。

（三）转车

转车就是用转车机或特殊的慢转装置转动主机，以检查机器各运动部件和轴系的回转情部件和轴系的回转情况以及各气缸内有无大量积水。转车前应开启示功阀，然后合上转车机，

正倒车各转车1~2转；确认机器正常后停止转车机，并使转车机与主机脱开；确认联锁装置释放，并将转车机锁在“脱开”位置。转车应在柴油机起动前尽可能晚地进行，提前时间不应超过30min。

(四)冲车

冲车是利用起动装置供给压缩空气(不供燃油)使主机转动的操作过程。利用冲车可将气缸中的杂质、残水或积油等从开启的示功阀冲出。在冲车过程中可以判断起动装置和主机工作是否正常，若有故障应排除后方可进行试车。如果主机冲车情况正常，则关闭示功阀。

(五)试车

试车的目的是为了检查起动系统、换向装置、燃油喷射系统、油量调节机构、调速器、主机及其系统、轴系和螺旋桨等是否工作正常。试车的操作，是由当值轮机员先将车钟推至正车(或倒车)微速运转位置，待驾驶台回车令后，当值轮机员进行柴油机起动操作，供油在正车微速下运转数转后停车；换向，再进行倒车(或正车)起动，供油微速运转数转后停车。在换向和起动过程中，应注意观察换向装置、起动装置、调速器及油量调节机构等动作是否灵活正常，同时注意各缸发火是否正常和主机运转是否有不正常声响。试车结果若发现不正常情况，应及时查明原因予以消除。对于直流扫气的二冲程柴油机，还应检查气阀机构等运动部件的工作状态是否正常。

试车完毕后，车钟回令手柄停在“停车”位置，此时船舶可随时起航，机电设备应始终处在当值轮机员的监管之下，轮机员不应远离操纵台，并与驾驶台保持联系。如果主机采用驾控方式，应将遥控旋钮转至“驾控”位置。

值得注意的是，转车、冲车和试车都应在征得驾驶台同意和配合的情况下进行，驾驶台应有人值守，试车时运转时间切不可过长。

二、机动操纵时的管理

船舶在进出港、靠离码头时运动状态变化比较频繁，必须保证船舶运动状态变化时，船舶动力装置有效并安全运行。当值轮机员应严格准确地执行车令，正确操纵和管理主机。

(一)机动操纵时的操作

当机舱接到驾驶台机动操纵的指令时，轮机部立即备车：

(1)主机按规定的换油程序换用轻质燃油，应避免油温突变损坏供油设备。

(2)机动操纵时应保证供电，必要时增开发电机，满足高负荷和冲击负荷的需求。

(3)空气瓶应随时补足，并保证汽笛用气。

(4)当值轮机员必须集中精力，使各运转设备的主要参数在规定的范围内，必要时进行适当调整。

(二)机动操纵时的安全事项

(1)主机起动操作时，应尽量做到一次起动成功，油门不能给得过大，防止柴油机发生冷爆、损伤机件和增加不必要的磨损。

(2)在船舶起航和加速过程中，不应加速太快，以防柴油机热负荷、机械负荷过大。

(3)机动操纵时应快速越过转速禁区，绝对禁止柴油机长时间在转速禁区内运转，防止机器发生剧烈振动和损伤轴系。

(4)在进行倒车操纵时，应控制油门，避免主机超负荷。

(三)机动操纵管理

(1)机动操纵所设定的车速应当是机动操纵转速或港速。

(2)当值轮机员除处理紧急故障外，不得远离操纵台和离开集控室。

(3)轮机长应监督轮机员进行各种操作，监控各设备运行状态，及时与驾驶台取得联系，及时处理各种突发事件。

(4)机动操纵期间，船舶航行状态多变，要随时注意配电板各仪表的工作情况，注意观察和调节冷却水、滑油的温度和压力，保持空气瓶压力在允许范同，保持正常的扫气温度和压力，注意各缸排气温度值的变化，注意各主要设备的工作状态。

(四)主机在各种航行条件下的操纵

1. 在大风浪中航行

船舶航行时，船体在推进力和阻力平衡的条件下，保持稳定船速前行。其位于水上部分受空气阻力，而水下部分则受水的阻力；当风力不大时，空气阻力很小，船舶阻力主要是水的阻力。一般水阻力与船速的平方成正比。空气阻力的大小取决于风力、风向、船体上层建筑的受风面积和船速。船舶在风浪中为保持航向，舵经常需要偏转一定角度，从而使船舶阻力进一步增加。

因此，风浪增大后，船舶的各种阻力都明显增加，在推力不变的情况下，船速就会相应降低；船速的降低使螺旋桨的进程比减小；在油门不变的情况下，柴油机转速就会下降，发出的功率也有所降低；最后船舶将在降低后的推进力与船舶阻力(船速降低时船舶空气阻力和水阻力都减小的幅度大)新的平衡情况下，以较低的航速前进。

此时，不能因为主机转速降低，用增加油门来恢复原转速，那会使柴油机循环供油量增加而最高爆发压力增高，导致机械负荷增加；相反还应该减小油门。原因是柴油机在低速运转下，如果仍保持油门不变，一方面由于废气涡轮的总能量减少，使增压器转速下降而增压压力降低，气缸内供气不足，导致燃烧恶化和废气温度升高致使气缸过热；另一方面气缸最高爆发压力不变而运动部件的惯性力减小，导致轴承负荷增加，可能引发轴承故障，所以在大风浪中航行应适当降低柴油机的转速。

2. 在浅水、窄航道和污底条件下航行

船舶在水中的阻力可分为摩擦阻力、形状阻力和兴波阻力。船舶在浅水中航行时，船体下面的水流受到海底的限制，被迫流过船体两侧而使两侧水流速度增大，从而引起摩擦阻力和形状阻力增加。此外，船舶的结构发生变化，使兴波阻力增加。因此，在船舶由深水进入浅水时，主机转速和船速都会自动下降。如要保持原定船速而增加油门，主机就会超负荷。窄航道中航行时和在浅水时相同，船舶周围的水流受到的限制阻力增大。如果浅水和窄航道同时出现，船舶阻力增加的程度会更大，更要注意不能随意加车。

船舶污底是由于船体水下部分附着的海生物增多而造成的。污底会使船舶阻力增加，船速和主机转速因而下降，如此时要保持主机原来设定的转速而加大油门，就必然会使主机超负荷。

3. 起航和加速

从开始起航到船舶定速，该时间不可过短，绝不允许柴油机刚刚运行几分钟，就将操车手

柄转至全速,这样会引起柴油机超热负荷,缸套产生裂纹。对于不同的机型,该时间的长短不一。影响该时间长短的因素有两个:一是发动机运动部件的质量惯性,二是受热部件的热惯性。一般来说,质量惯性和热惯性都小,有利于加速,而后者更为重要,在这方面中速机优于低速机。对于现代的大型低速机而言,从起动至全功率的时间至少需要30min。

4. 转弯

船舶在转弯时,船体在斜水流中航行,船舶阻力增加,同样也不能用增大油门去保持主机原来转速。在操纵船舶时也应尽可能避免突然的大舵角转弯,尤其对于设有轴带发电机的船舶更应注意。曾有船因为突然使用大舵角转向造成发电机跳电的事故。

5. 倒航

由于倒航时船舶阻力比正航时大,而且螺旋桨的效率也比较低,所以主机倒航时的转速要比正航时的转速低,一般倒航转速不超过额定转速的70% ~80%。

如果船舶是从正航转为倒航,其船舶阻力更大。特别是在紧急制动的情况下,船舶仍在前进,主机倒车运转后,当达到标定转速的40%以上时,转矩就可能会达到额定值。若转速过高,主机和轴系就会超负荷。此时操纵应根据紧急情况,控制主机转速,除非不得以,在保船不保机的情况下才能强制主机超负荷运转。

上述使船舶阻力增加的各种场合,都应注意不能增大主机油门去维持转速;相反还要适当降低油门刻度,使主机的热负荷和机械负荷都在限制范围之内。

三、运转中的管理

柴油机稳定运转后,评价一台柴油机技术状态和运转性能的主要依据是燃料在气缸中的燃烧状况和各缸负荷分配的均匀程度以及各零部件和系统的工作情况。为了保证柴油机及其装置始终处于正常技术状态,柴油机运转中应做好以下工作。

(一)热力检查

热力检查的目的是为了检查和确定发动机各缸燃烧情况及负荷分配的均匀程度。这是发动机正常运转、可靠工作的必要保证,也是衡量发动机运转性能和技术状态的主要内容之一。

运转中,应注意喷油设备技术状态的变化,特别是喷油器性能不良常引起气缸燃烧恶化和各缸负荷的变化。对喷油器的检查可以通过检测排气温度、观察排气烟色及打开示功阀观看火焰情况等方法进行。

各缸排气温度值要按说明书的要求限定,也可以参照试航报告在各负荷下所测得的数据与主机实际运行数据进行对比,找出排气温度升高的原因。各缸排气温度最大温差不应超过平均值15 ~20℃(或±5%)。同时应检查各缸冷却水、活塞冷却液及废气涡轮增压器冷却水出口温度,各缸冷却液出口温度与平均温度相比较,最大温差要小于4 ~5℃。在柴油机状态良好的情况下,排气温度只能大致反映出各缸燃烧的状态及喷油设备的情况,了解负荷分配的大概状况。为了确知各缸负荷的分配是否基本上均匀,还应在适当时机测取各缸示功图,确定最高燃烧压力和计算平均指示压力,分析和判断各缸负荷的大小和分配是否均匀,根据实测数值对各缸负荷作适当调节。通过测取展开示功图和手拉示功图,可以确定纯压缩压力、发火始点和整个燃烧过程。

为了更可靠地掌握柴油机的热力过程,最好在测示功图的同时进行油耗测定,作为衡量柴油机维护管理的标准之一。

增压空气的压力、温度，空冷器前后增压空气压差是判断柴油机燃油燃烧状况、排气温升的主要依据之一，许多船舶柴油机都因空冷器水佣、气侧（尤其是气侧）脏堵引起排气温度升高及增压器喘振。

（二）机械检查

机械检查的目的是为了保证发动机各部件和系统均处于正常的技术状态。

看、摸、听、闻是管理者既直接又简便的手段，优秀的轮机员通过人体的感觉器官判断出故障发生的苗头并及时排除，保证了机械设备正常运行。不正常的运转声响可导致机件受损；异常温差反映出机器或系统内部存在问题；刺激性气味表明机械设备温度异常高或滑油变质；运行中经常边巡检边触摸机器外部机件，从温差、振动、脉冲等角度判断设备工作是否正常；机械设备连接处、阀件等的泄漏要及时发现并迅速查明原因予以解决。

为了确保机器各部件处于正常的技术状态，除加强日常维护管理外，在航行中应加强各主要系统的管理。

1. 冷却系统的管理

巡回检查时，应注意主、副机膨胀水柜、喷油器冷却水柜液位变化并注意水量的消耗，如发现水位上升或下降，必须查明原因及时排除故障。各缸冷却水出口温度应符合说明书规定，温差应符合要求。如出现异常，应结合排气温度、喷油设备及增压系统的技术状态进行分析。水温调节符合说明书要求. 水温过低不仅使柴油机热效率下降，增加低湿腐蚀，而且受热部件因内外温差过大产生热应力会导致裂纹故障发生。水温过高则橡胶阻水圈易老化、损坏甚至炭化，发生水腔漏泄，同时冷却腔可能形成冷却水汽化，使冷却效果下降。通常大型低速机的冷却水出口温度为 65 ~70℃，海水冷却器的出口温度为 50 ~55℃。

空冷器出口的扫气温度不得低于 25℃，不得高于 45℃。

冷却系统的自动温度调节器应始终保持正常工作状态。

冷却水应按规定由大管轮每周化验一次主、副机水质，按规定的标准投药处理，必要时须化验淡水舱水质，分析冷却水质变化的原因。

2. 滑油系统的管理

大型低速柴油机主滑油循环泵出口压力一般为 0.15 ~0.4MPa。滑油冷却器前温度为 50 ~55℃，不超过 60℃，冷却器前后温差为 10 ~15℃。对高、中速柴油机滑油压力与温度值均稍高些。注意检查滑油循环柜油位，若油位发生变化应及时查明原因并排除故障。油冷式活塞的回油应保持稳定。油量不足或中断均能造成活塞烧蚀和咬缸。

对油泵和滤器前后压差的变化要注意检查，滤器清洗后必须驱气后才能转入系统工作。

加强自动清洗滤器的管理，使之始终处于有效工作状态。

加强滑油分油机的管理，保证滑油的分离净化，油质符合使用要求。为了确定滑油的质量，应每 3 ~4 个月定期取样化验，必要时全部滑油集中处理或更换。

运转中确保气缸注油器的工作正常，防止断油。

定期检查推力轴承的油温，各中间轴承油位、油温，尾轴重力油柜液位、油温，首尾密封装置油柜和循环器油位。每 3 ~4 个月取样化验一次，不得超过 6 个月。

进、排气阀杆要按时注油，防止过快磨损或咬死。

对非压力式润滑的各活动部件,要定时加注滑油或油脂。

3. 燃油系统的管理

应注意各燃油舱的合理使用,保持船舶的平衡;注意燃油的加温、驳运、沉淀、净化、储存和计量,沉淀柜中的油应驳满沉淀至规定的时间后,方能经分油机净化并驳至日用油柜,还应注意检查沉淀柜、日用柜油位和油温,按时放残水。应定期清洗燃油滤器,清洗后必须充油排气。当风浪天航行时滤器须转换清洗,避免供油中断。

注意对高压油泵、喷油器的工作状态和对高压油管的脉动情况进行检查。综合考虑泵体发热、油管脉动以及排烟温度变化等情况,分析气缸内燃烧和喷油器的工作状态。

燃油进机前要有合适的粘度范围,低速机要求的范围是 12 ~25mm^2/s,对中速机要求上限不超过 20mm^2/s。在管理中可用人工调节蒸汽供给量控制燃油雾化加热器的燃油出口温度,现代船舶柴油机都用粘度计自动控制燃油进机粘度。

4. 增压系统的管理

废气涡轮增压器是高速回转机械,在运行中要观察其运转的平衡性,有无异常振动和声响。注意检测增压器的转速、润滑和冷却情况及增压空气压力。对自带油泵式润滑系统要注意油位、油质及油泵排出情况的检测,根据情况及时添加或更换滑油。应注意强制式润滑系统中油柜的液位、循环泵的运行状况、滤器前后的压差、观察镜中油流情况等,滑油压力、温度应随时观察,并根据具体情况进行调节。

压气机流道和废气流道应按说明书规定的时同间隔喷水冲洗。压气机流道每天冲洗一次。主柴油机累计运行 300h 冲洗废气流道,因废气流道脏污状况不同,冲洗时间的长短是不一样的。当污染严重时可采用清水和化学剂交替喷射清洗的方法。按说明书的规定,废气涡轮增压器必须定期解体清洗。

空气冷却器是增压系统中的重要设备,运行中极易发生空气流道污堵现象,影响空气流通,引起燃烧恶化、排气高温甚至达到限定的报警温度,严重时发生喘振,直接影响主机运转的可靠性和船舶营运安全及经济性。为此,增压系统的空气冷却器必须定期化学清洗其气侧,空气冷却器水侧的清洗较方便.也必须定期人工清洗。

在船舶靠泊期间,应用防尘罩将消音滤器盖上,特别是装卸粉尘性货物时或港口粉尘较大时,还要考虑停止机舱风机运转,关闭通风口防止大量粉尘被吸入机舱。尽可能减少运转设备的跑、冒、滴、漏等现象,减少舱底污油水,避免大量油气充斥机舱被吸入压气机。当发生空冷器污堵时,轻者可采取用清水和清洗剂交替喷射的方法经常冲洗,污堵严重时可实现不解体浸湿式清洗。方法是:用清水和清洗剂以一定比例混合,注满底部装上盲板的空冷器,同时用蒸汽持续加温并用空气吹搅,一般需要 30h 以上方能达到清除污垢的效果,清洗效果可依压差计读数、扫气压力、扫气温度、排气温度及冷却水温度而定。

四、船舶在正常航行中,驾驶台与机舱的联系与配合

船舶正常航行中,驾驶台与机舱应注意联系。每班下班前,值班轮机员应向值班驾驶员告知主机平均转速、海水温度,值班驾驶员应向值班轮机员告知平均航速、风向和风力。每日正午交换正午报告。轮机人员在值班当中发现有不正常状态时,应及时处理;欲要减速和停车时,应先通知驾驶台,许可后方可减速和停车;若情况紧急,可先降速后通知。驾驶台需要改变

主机的转速、停车或使用大舵角时，应提前通知机舱，以便机舱进行必要的准备。

五、到港前的操作

到港前应确定主机是否需要换轻油。

1）现代船舶主机燃油系统及燃油喷射系统的设计一般都允许主机在使用重油状态停车。船舶到港时一般在下列情况下需要换轻油：

（1）停机后需要进行燃油系统设备检修；

（2）船舶需进坞修理；

（3）停车时间5天以上；

（4）当地环保法规要求使用低硫燃油。

换油操作一般应在机动操作用车前1h进行。

2）到港前应进行主机换向操作试验，以确定起动系统和换向机构工作正常。

3）在机动操作前放掉起动空气和控制空气系统凝水。

4）主机带有轴带发电机时，到港前应从电网解除轴带发电机，并与主机脱开。

六、完车后的操作

当船舶进入停泊状态后，当值轮机员接到驾驶台“完车”指令时，表明主机不再动车，应按“完车”程序做好如下工作：

（1）停掉主机的辅助鼓风机。

（2）关闭起动空气系统的主停气阀、主起动阀、空气瓶出口阀，并将空气瓶补气至规定压力。

（3）打开各缸示功阀，舍上转车机进行转车15～30min，并人工驱动气缸注油器向气缸表面注油。

（4）关闭控制和安全空气系统，并泄放系统中的空气。

（5）关闭主海水泵进出口阀及冷却器进口阀。

（6）停燃油输送泵，关闭进出口阀及日用柜出口阀。如重油停车，循环油泵继续运行，并对燃油加热保温，温度可低于正常使用温度20℃，维持30cSt的粘度；如轻油停车，关闭循环泵。

（7）打开扫气箱和满轮增压器透平侧处的放残旋塞，用防尘罩将压气机消音器滤网盖好。

（8）让主滑油泵、淡水泵继续运转15～20min，充分带走运动表面的热量，并使机体各部件均匀散热，避免因应力过大而发生故障，同时可以避免活塞头结炭。

对采用副机循环冷却水暖机的主机，应在水温未降下来之前及时换接副机淡水管系，并注意管路中各阀的开闭状态。

确认主机和其他设备正常后，航行班结束，轮机员开始轮值锚泊班或靠泊班。

七、经济航速

由于螺旋桨所消耗的功率约与柴油机的转速立方成正比，故航速的少量降低可节省大量的燃油消耗。但并非航速越小越经济，因为船舶的运输费用除了燃料费用外还有其他费用，而

且对于一定航线的船舶由于航速降低,航行时间增加,运输效率下降,也可能使经济效益减少。

营运船舶常用的经济航速有三种。

(一)最低油耗率航速

柴油机在推进特性下工作,当功率与转速变化时,其燃油消耗率 g_e 由于受到喷油量、换气质量、转速等影响,不是一个定值,一般在85%负荷时最小。

显然,柴油机在 g_e 最小时运转,其经济性最好,所以燃油消耗率 g_e 最低时的航速是经济航速。若柴油机经常在较高负荷下工作,应尽量使用最低油耗率航速。

(二)最低燃油费用航速

船舶每航行1n mile动力装置所消耗的燃料,用每海里燃料消耗量 g_n 表示。

动力装置所消耗的燃料是主机、锅炉、发电柴油机燃油消耗量之和。

g_n 是带有综合性质的指标,它既考虑动力装置本身的性能,也考虑船舶的航行条件。

当航速降低时,g_e 将会增加,但 g_n 却明显地逐渐下降,并出现一个最小值 g_{nmin},g_{nmin} 所对应的航速即为节油的经济航速,对一定的船舶其燃油费用最小。在船舶经常停航待命和降速航行时,应尽量使用最低燃油费用航速。

(三)最高盈利航速

最高盈利航速,即为营运期内盈利最大的航速。上述两种经济航速,因为只考虑了动力装置本身的经济性,所以不一定是船舶最高的盈利航速。欲获得船舶最大的盈利航速,尚需考虑船舶的折旧费、客货的周转费、运输成本及利润等因素。不同的航区、不同的船舶种类将各有其相应的最大盈利航速。

思 考 题

1. 试述船舶动力装置的组成。
2. 试述四冲程柴油机工作原理。
3. 试述二冲程柴油机工作原理。
4. 简述开航前备车的内容。
5. 营运船舶常用的经济航速有哪几种?

参考文献

[1] 洪碧光. 船舶操纵. 大连:大连海事大学出版社,2008

[2] Barrass, C. B., "Ship squat—A reply", The Naval Architect, 1981

[3] Canadian Coast Guard, Fisheries and Oceans Canada, Canadian Waterways National Manoeuvring Guidelines, June, 1999

[4] Captain Henk Hensen, Tug Use in Port, A Practical Guide, The Nautical Institute, London, 2003

[5] Ch'ng, P. W., Doctors, L. J., Renilson, M. R., 1993, "A method of calculating the ship-bank interaction forces and moments in restricted water", International Shipbuilding Progress, Vol. 40, No. 412

[6] Crane, C. L., 1979, "Manoeuvring trials of 278000 tonne DWT tanker in shallow and deep water", Transactions SNAME, New York, Vol. 87

[7] D. T. Stocks, et al, Maximization of Ship Draft in the St. Lawrence Seaway, Vol. 1: Squat Study, Transport Canada Publication No. TP13888E, June 2002

[8] Eda, H., 1971, "Directional stability and control of ships in restricted channels", Transactions SNAME

[9] Fujino, M., 1968, "Experimental studies on ship manoeuvrability in restricted waters Part I", International Shipbuilding Progress, Vol. 15, No. 168

[10] Gregory Brooks, S. Wallace Slough, The Utilisation of Escort tugs in restricted Waters, Port Technology International. 2003

[11] Hooft, J. P., "The behaviour of a ship in head waves at restricted water depth", International Shipbuilding Progress, No. 244, Vol. 21, 1974

[12] IMO MSC/Circ. 707, Guidance to the Master for avoiding dangerous situations in following and quartering seas, 19, October 1995

[13] IMO MSC/Circ. 1101, MEPC/Circ. 409, FAL/Circ. 100, Ship/Port Interface, Availability of tug assistance, 8 September 2003

[14] IMO MSC/Circ. 644 "Explanatory Notes to The Interim Standards for Ship Manoeuverability" adopted on 6 June 1994

[15] IMO Resolution A. 601(15), "IMO Resolution A. 601(15), "Provision and Display of Manoeuvring Information on Board Ships", adopted on 19 November 1987

[16] IMO Resolution A. 751(18) "Interim Standards for Ship Maneuvering", adopted on 4 November 1993

[17] IMO SLF44/INF. 3 ANY OTHER BUSINESS Guidance to the Master for avoiding dangerous situations in following and quartering seas, Submitted by Germany 13, June 2001

[18] IMO. 中华人民共和国海事局,译. 1978 年海员培训、发证和值班标准国际公约马尼拉修正案. 大连:大连海事大学出版社,2010

[19] 赵月林. 船舶操纵. 大连:大连海事大学出版社,2000

[20] 陆志材. 船舶操纵. 大连:大连海事大学出版社,2000

[21] (日)VLCC 研究会. 大型船舶操纵要点. 北京:人民交通出版社,1982

[22] 吴文樨,蒋维清,海洋船舶实船操纵性试验要素汇编. 中国造船学会船舶力学学术委员会,第五届船舶操纵性学术讨论会论文集,武汉,1989,P166~173

[23] 苏兴翘. 船舶操纵性. 北京:国防工业出版社,1981.8

[24] 伍生春,薛满福. 船舶结构与设备. 北京:人民交通出版社,2008.1

[25] 王逢辰,古文贤,郑经略. 船舶操纵与避碰. 北京:人民交通出版社,1987.12

[26] 古文贤,等. 船舶操纵. 大连:大连海事大学出版社,1995

[27] 龚雪根. 船舶操纵. 北京:人民交通出版社,2008.1

[28] 中国海事服务中心组织编审. 船舶操纵. 2008.5

[29] 郑元洲. 桥区水域船舶失控船桥碰撞应急操纵技术研究[D]. 武汉理工大学硕士学位论文,2010.5

[30] 李伟. 船舶结构与设备. 大连:大连海事大学出版社,2009

[31] 薛满福,李伟. 船舶结构与设备. 大连:大连海事大学出版社,2011